Xpert.press

Springer
*Berlin
Heidelberg
New York
Hongkong
London
Mailand
Paris
Tokio*

Die Reihe Xpert.press des Springer-Verlags
vermittelt Professionals in den Bereichen
Betriebs- und Informationssysteme, Software
Engineering und Programmiersprachen aktuell
und kompetent relevantes Fachwissen über
Technologien und Produkte zur Entwicklung
und Anwendung moderner Informationstechnologien.

Peter Mertens (Hrsg.)

XML-Komponenten
in der Praxis

Mit Beiträgen
zahlreicher Experten

Mit 87 Abbildungen, 27 Tabellen und CD-ROM

Springer

Dipl.-Math. Peter Mertens
Leiter Informationstechnik der Sparkassenakademie
für Finanzwirtschaft und Informationstechnologie
Schiffgraben 6-8
30159 Hannover
peter@pmertens.de

Additional material to this book can be downloaded from http://extras.springer.com.
ISSN 1439-5428
ISBN 3-540-44046-1 Springer-Verlag Berlin Heidelberg New York

Bibliografische Information Der Deutschen Bibliothek
Die Deutsche Bibliothek verzeichnet diese Publikation in der
Deutschen Nationalbibliografie; detaillierte bibliografische Daten
sind im Internet über <http://dnb.ddb.de> abrufbar.

Dieses Werk ist urheberrechtlich geschützt. Die dadurch begründeten Rechte, insbesondere die der Übersetzung, des Nachdrucks, des Vortrags, der Entnahme von Abbildungen und Tabellen, der Funksendung, der Mikroverfilmung oder der Vervielfältigung auf anderen Wegen und der Speicherung in Datenverarbeitungsanlagen, bleiben, auch bei nur auszugsweiser Verwertung, vorbehalten. Eine Vervielfältigung dieses Werkes oder von Teilen dieses Werkes ist auch im Einzelfall nur in den Grenzen der gesetzlichen Bestimmungen des Urheberrechtsgesetzes der Bundesrepublik Deutschland vom 9. September 1965 in der jeweils geltenden Fassung zulässig. Sie ist grundsätzlich vergütungspflichtig. Zuwiderhandlungen unterliegen den Strafbestimmungen des Urheberrechtsgesetzes.

Springer-Verlag Berlin Heidelberg New York
ein Unternehmen der BertelsmannSpringer Science+Business Media GmbH
http://www.springer.de

© Springer-Verlag Berlin Heidelberg 2003

Die Wiedergabe von Gebrauchsnamen, Handelsnamen, Warenbezeichnungen usw. in diesem Werk berechtigt auch ohne besondere Kennzeichnung nicht zu der Annahme, dass solche Namen im Sinne der Warenzeichen- und Markenschutz-Gesetzgebung als frei zu betrachten wären und daher von jedermann benutzt werden dürften.

Umschlaggestaltung: KünkelLopka, Heidelberg
Satz: Reproduktionsfertige Vorlagen vom Herausgeber
Gedruckt auf säurefreiem Papier - SPIN: 10888971   33/3142 GF   5 4 3 2 1 0

Vorwort

Die Extensible Markup Language (XML) hat sich in Unternehmen zu einem richtungweisenden Technologie-Standard entwickelt. Kenntnisse bezüglich XML stellen daher kein Spezialwissen mehr da, sondern sind beim Umgang von Entscheidern und IT-Spezialisten mit moderner Informationstechnologie unentbehrlich. Unabhängig von in Unternehmen eingesetzten IT-Systemen bietet XML ein weites Spektrum an Anwendungsmöglichkeiten. Geschäftsprozesse können mittels XML kostengünstig und effizient gestaltet werden.

Dieses Buch betrachtet den Einsatz von XML und seiner Komponenten in der Praxis. Es richtet sich gleichermaßen an Entscheidungsträger und IT-Experten aus Praxis und Wissenschaft. Das Buch hat das Ziel, aufzuzeigen in welchen Anwendungsfeldern zurzeit der Einsatz von XML zu empfehlen oder noch zu meiden ist. Hierzu stellen namhafte Autoren der Wirtschaft und aus dem Wissenschaftsbereich den aktuellen Stand der Technik dar und geben einen Ausblick in die Zukunft des Themenkomplexes XML. Anwendungsszenarien der Praxis werden diskutiert und kritisch beurteilt.

Das Buch beruht auf den Erfahrungen und Kenntnissen eines Autorenteams, das sich über viele Jahre mit Detailaspekten der Internettechnologie und der Software-Entwicklung beschäftigt hat. Es zeigt auf, welche viel versprechenden Lösungspotenziale durch den integrierten Einsatz von XML-Methoden und Konzepten eröffnet werden. Besonderer Wert bei der Beschreibung der Szenarien wurde auf eine in sich geschlossene Darstellung sowie eine Illustration durch praxisnahe Beispiele gelegt. Ausdrücklich muss betont werden, dass das Buch keine Einführung in XML darstellt.

Die Idee, das in diesem Buch niedergelegte Wissen über XML-Technologien einem größeren Leserkreis verfügbar zu machen, ist im Rahmen eines XML-Symposiums entstanden, das im Winter 2002 von der Sparkassen-Akademie für Finanzwirtschaft und Informationstechnologie in Hannover veranstaltet wurde.

Alle, die Anregungen, Verbesserungen oder Erweiterungsvorschläge zum Buch geben möchten, sind herzlich eingeladen, Kontakt mit dem Herausgeber oder den Autoren aufzunehmen. Ein besonderer Dank gilt allen, die zur Entstehung des Buches direkt oder indirekt beigetragen haben.

Rehburg-Loccum, im Oktober 2002   Peter Mertens

Inhaltsverzeichnis

1 Einführung 1

2 XML als Grundlage für standardisierte Internetschnittstellen 9
   2.1 Die kommerzielle Bedeutung der Auszeichnungssprache XML 9
       2.1.1 Heutige Einsatzgebiete und zukünftige Verbreitung der XML-Technologie 9
       2.1.2 Vorreiterrolle der USA 11
       2.1.3 Bedeutung der unterschiedlichen Betriebssysteme 12
       2.1.4 Risikofaktoren für die Verbreitung der XML-Technologie als Grundlage für standardisierte Internetschnittstellen 13
   2.2 Technische Basis von XML als Grundlage für standardisierte Internetschnittstellen 14
       2.2.1 Formen der Integration und Kommunikation 14
       2.2.2 Entwicklung der Auszeichnungssprache XML 16
       2.2.3 XML-Internetstandards für das Electronic Business 19
       2.2.4 Katalogdatenaustauschformat: BMEcat 20
       2.2.5 XML im Einsatz 21
       2.2.6 Das Zauberwort „Web Services" 23
       2.2.7 Beispiele für XML-basierte multimediale Anwendungen 24
   2.3 Fazit 26
   2.4 Literatur 27

3 Data Warehouse – Einsatz von XML und seiner Komponenten 29
   3.1 Speicherformat der Datenbestände eines Data Warehouse 30
   3.2 Ein-Schicht-Datenarchitektur 33
   3.3 Virtuelles Data Warehouse 36
   3.4 Zwei-Schicht-Datenarchitektur 38

	3.5	Drei-Schicht-Datenarchitektur	41
		3.5.1 Arbeitsschritte	42
		3.5.2 Implementierung der Schicht der vereinheitlichten Daten	44
	3.6	Einsatz von XML	46
		3.6.1 Beispiel eines Kreditinstituts	47
		3.6.2 XML-Dokumente	49
		3.6.3 XML-Attribute	53
	3.7	XML Linking Language (XLink)	54
		3.7.1 Einfacher Verweis	56
		3.7.2 Erweiterte Verweise	57
		3.7.3 Derzeitige Grenzen der XLink-Nutzung	62
	3.8	XSL-Transformation von XLink-verknüpften XML-Dokumenten	63
		3.8.1 Ausgangssituation	65
		3.8.2 Präsentation verknüpfter XML-Dokumente mittels XSLT	67
	3.9	Einschränkungen informationstechnologischer Möglichkeiten durch gesetzliche Datenschutzrestriktionen	72
		3.9.1 Geltungsbereich des Bundesdatenschutzgesetzes	74
		3.9.2 Grundsatz der Zweckbindung	75
		3.9.3 Wahrung berechtigter Interessen	76
		3.9.4 Löschung von personenbezogenen Daten	78
		3.9.5 Lösungsmöglichkeit für den Interessenkonflikt BDSG – Technische Möglichkeiten	79
	3.10	Fazit	81
	3.11	Literatur	82
4	**Ein eLearning-Portal unter Einsatz von XML und XSLT**		**85**
	4.1	Einleitung	85
	4.2	XML und XSLT zur dynamischen Webseitengenerierung	87
	4.3	Basisarchitektur der Präsentationsschicht	90
		4.3.1 Entwurf der Basisarchitektur	90
		4.3.2 Bewertung der Architektur	92
	4.4	Das Projekt OpenLearningPlatform	94
	4.5	Software-Architektur der OpenLearningPlatform	96
		4.5.1 Gesamtarchitektur	97
		4.5.2 Realisierung der Präsentationsschicht	99
	4.6	Wertung aus Sicht des Software-Engineering	106
	4.7	Fazit	109
	4.8	Abkürzungen	109
	4.9	Literatur	110

Inhaltsverzeichnis

5 Win2KSec: ein XML-basiertes Tool zur Analyse und Konfiguration sicherheitsrelevanter Einstellungen für Windows 2000 ... 113
- 5.1 Übersicht ... 113
  - 5.1.1 Funktionalität von Win2KSec ... 114
  - 5.1.2 Entscheidende Eigenschaft: Flexibilität ... 115
- 5.2 Die Rolle von XML in Win2KSec ... 115
  - 5.2.1 Übersicht ... 116
  - 5.2.2 Konfigurationsvorlagen ... 117
  - 5.2.3 Einbindung externer Programme ... 123
  - 5.2.4 Reports ... 126
  - 5.2.5 Programminterne Parameter ... 131
- 5.3 Realisierung der XML-basierten Funktionalitäten ... 133
  - 5.3.1 Einlesen und Erzeugen von XML-Dateien ... 133
  - 5.3.2 Generieren von HTML-Reports ... 134
- 5.4 Fazit ... 136
- 5.5 Abkürzungen ... 138
- 5.6 Literatur ... 138

6 MobileLogic – eine Plattform für integrierte mobile Dienste ... 141
- 6.1 Szenario ... 141
  - 6.1.1 Entwicklungsstand mobiler Netze ... 142
  - 6.1.2 Entwicklungsstand der mobilen Endgeräte ... 143
  - 6.1.3 Implikationen für die Gestaltung mobiler Dienste ... 144
  - 6.1.4 Allgemeine Anwendungsszenarien ... 148
- 6.2 Die MobileLogic-Plattform ... 152
  - 6.2.1 Gesamtarchitektur ... 154
  - 6.2.2 Der MobileLogic Server ... 155
  - 6.2.3 Der MobileLogic Client ... 156
- 6.3 Einsatz der Tamino-Mobile-XML-Datenbank ... 157
  - 6.3.1 Architektur ... 158
  - 6.3.2 Programmierschnittstellen ... 161
- 6.4 Einsatzschwerpunkte ... 164
- 6.5 Anwendungsbeispiele ... 164
  - 6.5.1 MobileFact – mobile Leistungserfassung ... 165
  - 6.5.2 Die virtuelle Hochschule ... 166
- 6.6 Zusammenfassung und Ausblick ... 166
- 6.7 Abkürzungen ... 167
- 6.8 Glossar ... 168
- 6.9 Literatur ... 170

7 Prozessmanagement auf Basis von XML 171

- 7.1 Rückversicherung 171
- 7.2 Optimierungspotenziale 172
- 7.3 Ein Fallbeispiel aus der Praxis 173
  - 7.3.1 Ausgangssituation 173
  - 7.3.2 Verbesserungsansätze 175
- 7.4 Darstellung der IT-Lösung 176
  - 7.4.1 XML als Basis der Kommunikation 176
  - 7.4.2 Anforderungen an die Prozessmanagementlösung 177
  - 7.4.3 Beschreibung der IT-Plattform 179
  - 7.4.4 Beispiel für eine XML-Nachricht 180
- 7.5 Zusammenfassung 184
- 7.6 Literatur 185

8 XML in der betrieblichen Praxis 187

- 8.1 Einsatzbereiche von XML 187
- 8.2 Klassifikation von Schnittstellen 187
- 8.3 Unternehmensinterne Schnittstellen 188
- 8.4 Externe Schnittstellen 189
- 8.5 Schnittstellen für SE-Tools 190
- 8.6 Beispiele 190
  - 8.6.1 Anbindung eines grafischen Modellierungstools an ein Repository 190
  - 8.6.2 Anbindung eines Userinterfaces an ein Repository 191
  - 8.6.3 XML in Schnittstellen eines Kundenverwaltungssystems 191
  - 8.6.4 XML in der Protokollierungsfunktion eines Kundenverwaltungssystems 193
- 8.7 Fazit und Ausblick 193

9 XML Namespaces, XML Vocabularies und XML Repositories als Basis für verbundweiten Datenaustausch 195

- 9.1 Management Summary 195
- 9.2 XML Namespaces 199
  - 9.2.1 Namespace-Konzepte in Datenbanken, Programmiersprachen und Komponentenmodellen 199
  - 9.2.2 Der W3C-Standard „Namespaces in XML" 201
  - 9.2.3 Namespace-Unterstützung in Basisstandards des W3C, in SAX und den JAX APIs der Java-Plattform 206
  - 9.2.4 Namespace-Design 208

Inhaltsverzeichnis   XI

- 9.3 XML Vocabularies 210
  - 9.3.1 Definition 211
  - 9.3.2 Beschreibungsformen für XML-Vokabulare 211
  - 9.3.3 Validierung 212
  - 9.3.4 Gestaltung und Veröffentlichung von Vokabularen 213
  - 9.3.5 Beispiele von XML-Vokabularen 214
- 9.4 XML Repositories 215
  - 9.4.1 Die Begriffe XML Registry und XML Repository 216
  - 9.4.2 Anforderungen an eine XML Registry und ein XML Repository 216
  - 9.4.3 Konkurrierende Repository-Ansätze in wichtigen XML-Standards und Initiativen 217
  - 9.4.4 Herstellerunterstützung für Registries/Repositories 217
  - 9.4.5 Bestehende globale Registries/Repositories 219
- 9.5 Zusammenhänge zwischen Namespaces, Vocabularies und Registries/Repositories 219
  - 9.5.1 Ein Validierungsszenario 220
  - 9.5.2 Was steht hinter einer Namespace-URI 221
  - 9.5.3 Spezielle Ausprägungen bei der Verwendung von XML-Schema 222
  - 9.5.4 Keine Empfehlung 222
- 9.6 Literatur 223

10 XML-gestütztes Kampagnenmanagement 225

- 10.1 Java-Programm Kampagne 226
- 10.2 Initialisierung eines XML-DOM-Parsers 229
- 10.3 Konfiguration eines DOM-Parsers 232
- 10.4 Inhaltserschließung eines XML-Dokuments 234
  - 10.4.1 Rekursives Durchlesen eines DOM-Baums 238
  - 10.4.2 Lesen von XML-Inhalten im Programm zur Anlassgenerierung 241
- 10.5 Modifikation und Generierung von XML-Dokumenten 243
  - 10.5.1 Modifikation des Eingabe-XML-Dokuments im Programm Anlassgenerierung 246
  - 10.5.2 Attribut-Bearbeitung 248
  - 10.5.3 Erzeugung eines XML-Dokuments 249
- 10.6 Speicherung von XML-Dokumenten 251
- 10.7 Fazit 254
- 10.8 Literatur 255

11 XML-Schema-Definitionen 257
11.1 XSD-Namensräume 258
11.2 Verknüpfung eines XML-Instanzdokuments
zu einem Schema 261
11.3 Element-Deklarationen 262
11.4 Definition von Datentypen mittels complexType 264
11.5 Definition von Datentypen mittels simpleType 265
11.6 Deklaration von Attributen 268
11.7 Reguläre Ausdrücke 272
11.8 Abgeleitete Datentypen mittels complexContent 274
11.9 Ersetzung von Elementen 276
11.10 Gruppierung von Elementen 278
11.11 Alternative Elementausdrücke 279
11.12 Listenelemente 281
11.13 Erweiterbare Instanz-Dokumente 282
11.14 Schema Beschreibungselemente 284
11.15 Zusammensetzung eines Schemas aus mehreren Schema-
Dokumenten 286
  11.15.1 Schema-Anweisung include 286
  11.15.2 Schema-Anweisung import 288
11.16 Fazit 290
11.17 Literatur 290

12 Web Services – vom Hype zum realen Einsatz im Finanzsektor 293
12.1 Die Web-Services-Technologie im Überblick 294
  12.1.1 SOAP – Service Oriented Architecture Protocol 295
  12.1.2 WSDL – Web Services Description Language 305
  12.1.3 UDDI –
    Universal Description, Discovery and Integration 310
12.2 Das Pilotprojekt 312
  12.2.1 Systemkontext des Rechenzentrums 312
  12.2.2 Phasenweise Projektdurchführung 314
  12.2.3 Entwicklungsprozess 315
  12.2.4 Entwicklungsumgebung 316
  12.2.5 Custom Mapping 318
  12.2.6 Ergebnisse 324
  12.2.7 Zusammenfassung 326
12.3 Abkürzungen 326
12.4 Literatur 327

13 XML reicht nicht aus 329
13.1 Beispielszenario: Produktkataloge 329
13.2 Verwendung von XML 330
13.3 Ontologiebasierte Ansätze (RDF(S)) 332
13.4 Zusammenfassung 335

14 RDF: Grundlage des Semantic Web 337
14.1 RDF und das Semantic Web 337
14.2 Resource Description Framework (RDF) 340
14.2.1 Begriffseinführungen und Beispiel 341
14.2.2 RDF-Datenmodell 344
14.2.3 RDF-Repräsentationen 346
14.3 RDF-Schema 353
14.4 Diskussion von RDF/RDFS 355
14.5 Die Einbettung von RDF in Wirtsformalismen 357
14.5.1 Austausch von erweiterbarer Semantik im Web 358
14.5.2 Spezifikation erweiterter Semantik in RDF 361
14.5.3 Generischer Erweiterungsmechanismus 365
14.6 Diskussion 373
14.7 Literatur 375

Autorenverzeichnis 381

Index 385

1 Einführung

Die Extensible Markup Language (XML), der erste Post-Internet-Standard zur Beschreibung von Daten, wurde in Kenntnis der prinzipiellen Möglichkeiten des Internets und der Schwachstellen der bis dato verwendeten De-facto-Standards entwickelt. Da XML zunehmend als Schnittstellen-Standard auf allen technischen IT-Ebenen eingesetzt wird, ist damit die Voraussetzung für eine stärkere Modularisierung der ineinander verflochtenen Ebenen der heutigen IT-Landschaften vom Frontend über Anwendungen zu Datenbanken und den Netzwerkservices bis hin zu den bestandsführenden Systemen geschaffen. XML ist nicht auf einen Anwendungsbereich beschränkt, sondern kann als grundlegender technischer Standard prinzipiell in der IT-Versorgung aller Anwendungsgebiete eingesetzt werden. Mit diesem horizontalen Potenzial ist XML für so unterschiedliche Bereiche wie die Automobilindustrie, das Gesundheitswesen, Luft- und Raumfahrt oder die Kreditwirtschaft von zunehmendem Interesse.

Neben dem Austausch elektronischer Daten deckt XML ein weites Spektrum an Anwendungsmöglichkeiten ab. Gerade die Verwendung von XML im Electronic-Business-Sektor ist nicht nur für große Unternehmen interessant. Aufgrund der kostengünstigen Implementierung und des Wegfalls von Lizenzkosten ist XML auch für Unternehmen aus dem Mittelstand durch den stetig steigenden Bedarf an Informationsaustausch im Rahmen der voranschreitenden Globalisierung von existenzieller Bedeutung.

XML bietet somit eine Grundlage als standardisierte Internetschnittstelle und ermöglicht einen einfachen und plattformunabhängigen Datenaustausch zwischen verschiedenen Applikationen. Da XML ein offenes textbasiertes Format ist, kann es genauso wie HTML über das World Wide Web kommuniziert werden. XML ist leicht erlernbar und der XML-Code ist menschenlesbar. Spezielle Anforderungen an Hardware und Netzinfrastruktur bestehen für die plattformunabhängige Auszeichnungssprache nicht.

Die einzelnen Kapitel des Buches sind unter dem Motto verfasst, XML-Anwendungen der Praxis darzustellen und kritisch zu beurteilen. Das Buch ist wie folgt aufgebaut:

Auf die technischen Aspekte von XML wird in **Kapitel 2** eingegangen und es wird ein Überblick über verschiedene Arten der Kommunikation zum Austausch von elektronischen Informationen gegeben. Weiterhin wird die Historie zur Entwicklung der Formatierungssprachen in den 60er-Jahren des zurückliegenden Jahrhunderts bis zur Auszeichnungssprache XML aufgezeigt. Anhand von XML-basierenden Applikationen und Katalogaustauschformaten wird der Funktionsumfang der Auszeichnungssprache XML demonstriert. Der Einsatz von XML als Standardformat und Schnittstelle zum Austausch von betriebswirtschaftlichen Informationen und Geschäftsdokumenten zwischen einem ERP-System und Partner- und Fremdsystemen, Web-Applikationen oder Web-Clients wird dargestellt. Das multimediale Spektrum von XML im Bereich der Kommunikation wird am Beispiel SMIL "Synchronized Multimedia Integration Language" und VoiceXML besprochen.

In **Kapitel 3** wird aufgezeigt, in welchem Maße XML im Rahmen eines Data Warehouse zum Einsatz kommen kann. U.a. findet die offizielle Empfehlung (Recommendation) bzgl. XLink Berücksichtigung, die am 27. Juni 2001 vom World Wide Web Consortium (W3C) veröffentlicht worden ist und als normative Standardreferenz betrachtet werden kann.

Es existieren drei unterschiedliche grundsätzliche konzeptionelle Ansätze für die Datenarchitektur eines Data Warehouse, die sich in der Anzahl ihrer Schichten unterscheiden. Diese werden mit ihren Vor- und Nachteilen vorgestellt und es wird diskutiert, ob der Einsatz von XML jeweils sinnvoll ist. Ein Beispiel aus der Kreditwirtschaft dient dazu, um aufzuzeigen, wie Kundendaten mittels XLink so organisiert werden, dass effektiv auf Einzelwerte zugegriffen werden kann und eine beliebige Skalierung bei stark ansteigenden Datenvolumina erfolgen kann. Weiterhin wird die XSL-Transformation von XLink-verknüpften XML-Dokumenten besprochen.

Moderne multimediale Technologien spielen inzwischen in vielen Lebensbereichen eine große Rolle. Ein besonders wichtiges und immer weiter an Bedeutung gewinnendes Einsatzgebiet ist dabei eLearning, das Lehr- und Lernprozesse durch den Einsatz moderner Softwaretechnik fördern und unterstützen soll. In **Kapitel 4** wird die Entwicklung eines internetbasierten eLearning-Portals am Fachbereich Informatik der Fachhochschule Hannover betrachtet, das den Informationsaustausch von Studierenden und Dozenten auf mehreren Kommunikationsebenen unterstützt.

Technisch basiert die OpenLearningPlatform auf einer J2EE-Mehrschichtenarchitektur. Als Erweiterung der Standard-J2EE-Architektur werden für die Realisierung der Benutzerschnittstelle XML und XSLT als fundamentale Technologien genutzt. Die XML-betreffenden Realisierungsaspekte der Präsentationsschicht der OpenLearningPlatform, insbesondere die technologie-inhärente Trennung zwischen Modelldaten, Layout-Generierung und Ablauflogik, werden detailliert diskutiert und eine entsprechende Basisarchitektur wird vorgestellt.

Das Betriebssystem Windows 2000 der Firma Microsoft ist eine der relevantesten Betriebssystemplattformen in Unternehmen. Dies gilt besonders für Server, die ihre Dienste einer Vielzahl von Benutzern zur Verfügung stellen. Vor allem vor dem Hintergrund der starken Zunahme von e- und mCommerce-Anwendungen sind die über solche Server erreichbaren Daten eines Unterneh-

1 Einführung

mens besonders schützenswert. Allerdings sind gerade Rechner, die aus dem Internet erreichbar sind, beliebtes Ziel vieler Hacker-Angriffe.

Standardkonfigurationen von Windows 2000 sind stark getrimmt auf einen einfachen Installationsvorgang, der anschließend möglichst viele Funktionalitäten und Dienste des Servers aktiviert. Unglücklicherweise eröffnet hierdurch eine Standardinstallation häufig Sicherheitslücken oder bietet potenziellen Hackern zumindest eine große Angriffsfläche. Das Einstellen aller Konfigurationsparameter auf jedem einzelnen Rechner, so dass bestehende Sicherheitsanforderungen erfüllt werden können, erfordert spezielles Knowhow und ist zudem mit sehr hohem administrativen Aufwand verbunden.

In **Kapitel 5** wird das XML-basierte Tool Win2KSec beschrieben, das die sicherheitstechnische Beurteilung von Win2000-Systemen und die Absicherung von Win2000-basierten Systemen erheblich vereinfacht. Die Programmbereiche werden beschrieben, in die XML während der Entwicklung Einzug gehalten hat: Hierzu zählen Konfigurationsvorlagen im XML-Format, durch die die Funktionalität ständig erweitert werden kann. Reports werden im XML-Format abgelegt und sind damit in nahezu beliebige Formate konvertierbar. Zur Umwandlung in HTML steht eine XSLT-Datei zur Verfügung. Einzubindende externe Programme werden in einer XML-Datei beschrieben. Durch Erweiterung dieser Datei um neue Einträge werden die zugehörigen Programme automatisch und ohne einen einzigen Programmiereingriff in Win2KSec eingebunden.

Das Internet steht vor einer erneuten Umwälzung. In nicht allzu ferner Zukunft wird die Anzahl der mobilen Internetteilnehmer, also der Teilnehmer, die über PDA, Handy, Palmtop Computer oder Notebook auf das Internet zugreifen, die Zahl der Festnetzteilnehmer übertreffen. Die zunehmende Ausbreitung immer intelligenterer, mobiler Geräte führt indes zu einem Dilemma mehrerer, paralleler Zugangsmöglichkeiten zum Internet und zu den auf dem Netz verteilten, verfügbaren persönlichen Daten.

In **Kapitel 6** wird ein umfassender Einblick gegeben, welchen Nutzen der zukünftige Endanwender aus XML als einheitlichem Dokumentformat ziehen kann, und wie der Einsatz eines zentralen Mediators zur Informationsübermittlung dazu beitragen kann, diesem Dilemma zu entgehen. Es wird verdeutlicht, warum trotz zentralem Server noch eine leistungsfähige mobile Datenhaltung (auf Basis von XML) notwendig ist, und geht jeweils auf entsprechende Anwendungsszenarien ein.

Ferner wird die von der Software AG entwickelte, mobile Lösung "MobileLogic" vorgestellt. MobileLogic ist ein Framework zur schnellen Entwicklung und Implementierung effizienter Mediatorlösungen auf Basis transparenter Datenhaltung im XML-Format. Die auf dem Server ablaufende Software organisiert den transparenten Zugriff auf heterogene Dienste, stellt Speicherplatz zur Verfügung, synchronisiert die auf den mobilen Geräten gehaltenen Daten mit den auf dem Server gespiegelten und erlaubt es Anwendern, Dienste nach Bedarf zu personalisieren. Sowohl auf der mobilen Plattform als auch auf einer zentralen Serverplattform werden XML-Datenbanksysteme zum Speichern der XML-Datenbestände eingesetzt.

Den Schwerpunkt des **Kapitels 7** bildet die unternehmensübergreifende Integration von Geschäftsprozessen. An einem Fallbeispiel aus der Versicherungsbranche wird aufgezeigt, wie die von XML und die damit verbundenen Standards in Anspruch genommen und Vorteile umgesetzt werden können. Konkret werden dabei die zwischen Rückversicherungsmakler und Rückversicherung bestehenden Prozesse und die damit verbundene Kommunikation betrachtet. Ausgangspunkt für das betrachtete Projekt war die Optimierung bestehender Prozesse in der Vetragsabwicklung. Verbesserungen durch die Einführung eines EDV-gestützten und XML-basierten Prozessmanagements werden vorgestellt.

Da die Integration zu einer großen Zahl von Marktteilnehmern möglich sein soll, spielt die Verwendung von den in der Versicherungsbranche relevanten Standards wie JV-XML eine wichtige Rolle. Aufbauend auf die dargestellten Ergebnisse der Analyse- und Designphase wurde auf Basis des Business Process Manager (BPM) von eXcelon eine Integrationsplattform realisiert, deren mehrschichtiger Aufbau beschrieben wird. Dessen durchgehend auf XML ausgerichtete Architektur basiert auf offenen Standards wie beispielsweise den Java Message Services.

Die konkrete Umsetzung der vor Einführung der Prozessmanagementkomponente manuell bearbeiteten Dokumente in XML wird im Anschluss an die Beschreibung der Integrationsplattform am Beispiel einer Prämienmeldung illustriert. Der Abschluss wird durch eine Zusammenfassung der erreichten Resultate gebildet.

Kapitel 8 fokussiert auf eine Typisierung von Schnittstellen, die sich in der betrieblichen Praxis komplexer Anwendungsentwicklung und Produktion herauskristallisiert hat. Vor dem Hintergrund unterschiedlichster technischer und fachlicher Anforderungen werden ihre Potenziale hinsichtlich einer Transformation auf XML-Technologie beleuchtet. Zur Illustration wird auf mehrere konkrete Beispiele aus unterschiedlichen Bereichen wie Software-Engineering und klassischer Anwendungsentwicklung verwiesen. Ein Hauptanliegen des Beitrags ist es, ein Gespür für die neuen Freiheitsgrade zu erhalten, die mit einer abgewogenen Verwendung von XML erreichbar sind.

XML Namespaces, XML Vocabularies, XML Registries und Repositories sind Fremdworte aus einer Tempelsprache eingeschworener Technikfreaks, die nicht dazu dienen, den Titel des **9ten Kapitels** selbsterklärend zu gestalten. Die Fragestellung „Wie können Datenverarbeitungssysteme in XML-Technologie so gestaltet werden, dass sie im Kontext weltweiter Vernetzung einsetzbar sind?" ist das Kernthema des Kapitels. Es geht vorrangig um die verteilte Verarbeitung von XML-Dokumenten, sowohl innerhalb eines Unternehmens als auch im Rahmen einer unternehmensübergreifenden verteilten Wertschöpfungskette. Nicht die Systeme als solche stehen im Visier, sondern wichtige Konzepte der

1 Einführung

XML-Technologiepalette, die Vernetzung und verteilte Verarbeitung ermöglichen.

Es werden Aspekte wie die Namenskonfliktvermeidung in XML durch Nutzung von XML-Namensräumen oder XML-Vokabulare und deren Beschreibungsformen oder Speicherung betrachtet. Der Zugriff auf diese mittels XML Registries/Repositories als komplexes Gebilde einer Infrastruktur zur XML-Datenverarbeitung wird beleuchtet. Querverweise auf andere Bereiche der Informationstechnologie und Beispiele gestalten die Thematik anschaulicher. Durch Betrachtung der einzelnen Themen wird ein fundierter Überblick geschaffen, wobei der XML-Standard zur Verwendung von Namensräumen und die Recommendation „Namespaces in XML" des World Wide Web Consortiums aufgrund ihrer Wichtigkeit und des hohen Handlungsbedarfs in diesem Umfeld detaillierter dargestellt werden.

In den Datenbeständen von Unternehmen sind viele Kundeninformationen gespeichert, die effektiv in der Kundenkontaktpflege bzw. im Marketing genutzt werden können. Als besonders wirksam hat sich die automatische Generierung von Anlässen mittels so genannter Kundenberatungsprogramme herausgestellt. In einem Anlassgenerierungsprogramm wird genau definiert, welche Informationen einen Anspracheanlass erzeugen; hierzu zählen beispielsweise Vertragsfälligkeiten, Jubiläen oder Daten, die aus Telefon-Marketing- oder Direkt-Mailing-Aktionen resultieren. Bei der programmgesteuerten Erzeugung von Anlässen werden die zur Verfügung stehenden Datenbestände daraufhin überprüft, ob einzelne Kunden bestimmte Merkmale aufweisen.

In **Kapitel 10** wird ein Ausschnitt eines Programms zur Kampagnensteuerung besprochen. Mittels Java-Code werden XML-Daten gelesen, ausgewertet, modifiziert und geschrieben. Zum Einsatz kommt der Opensource XML-Parser Xerces der Apache Software Foundation. Die aufgezeigten Codeabschnitte sind jedoch auch bei Einsatz anderer Parser nutzbar. Im Vordergrund der Betrachtungen steht das Verarbeiten von XML-Daten in Java-Programmen mit einem XML-Parser, der dem Document Object Model (DOM)-Prinzip folgt.

Dokumente, die der aktuellen XML-Spezifikation 1.0 entsprechen, werden als wohlgeformt (well-formed) bezeichnet. Die Wohlgeformtheit eines Dokuments bezieht sich lediglich auf die Syntax eines Dokuments. Es werden keine Aussagen bezüglich dem Inhalt eines Dokuments getroffen. Sollen Dokumente beschränkt werden, indem vorgeschrieben wird, welche Elemente und Attribute wie in einem Dokument auftreten dürfen oder wie diese ineinander verschachtelt sein sollen, kommen Dokument-Typ-Definitionen (DTD) oder XML-Schema-Definitionen (XSD) zum Einsatz.

In **Kapitel 11** werden anhand von Beispielen die Spezifika und Eigenschaften von XML-Schema-Definitionen (XSD) diskutiert. Grundlage ist die Empfehlung des W3C für XSD von Mai 2001. Berücksichtigung finden die vielfältigen Möglichkeiten zur Definition von Datentypen und zur Deklaration von Elementen und Attributen.

Das Thema Web Services wird von der Fachpresse derzeit als *der* Hype der IT-Landschaft bezeichnet und intensiv diskutiert. Augenscheinlich weist eine Vielzahl der Beiträge die Qualität von Marketingartikeln oder Laborstudien auf, deren Übertragung auf reale Bedingungen sehr komplex sein kann und meist eine geringe Aussagekraft für Technologie-Entscheider liefert. Diesem Umstand wird in **Kapitel 12** Rechnung getragen.

Die Web-Services-Technologie wird fachlich beleuchtet und im ersten Abschnitt an einem praktischen Beispiel sowohl IT-Entscheidern als auch Anwendungsentwicklern vermittelt. Der Abschnitt beschreibt die Komponenten SOAP, WSDL und UDDI, um die entsprechenden Grundlagen für den im zweiten Abschnitt dargestellten Verlauf eines Pilotprojekts bei einem Rechenzentrum der Kreditwirtschaft zu erarbeiten. Die Darstellung des Pilotprojekts beinhaltet neben der Architekturbetrachtung die praktische Vorgehensweise zur Erstellung von Web Services auf vorhandenen Anwendungen im Unternehmen. Hierzu wird neben einer beispielhaften Entwicklungsumgebung und dem praktischen Entwicklungsprozess auf Bandbreiten- und Performanzbetrachtungen eingegangen, so dass entsprechende Optimierungsvorschläge vorgestellt werden können. Ein besonderes Anliegen des Kapitels ist es, die im Projektverlauf festgestellten Fußangeln aufzuzeigen, um damit dem Anwendungsentwickler die eine oder andere Hilfestellung auf den Weg zu geben.

Das Semantic Web soll ermöglichen, Daten so auszutauschen, dass deren Bedeutung (Semantik) automatisiert interpretiert werden kann. Anwendungen des Semantic Web sollen mittels der ausgetauschten Daten „Schlussfolgerungen ziehen" bzw. „Überlegungen anstellen" können, um so beispielsweise als „intelligente" Agenten stellvertretend für einen Benutzer agieren zu können. Während XML für den syntaktisch interoperablen Austausch von Daten genutzt werden kann, soll RDF als Anwendung von XML – darüber hinausgehend – als Grundlage für den semantisch interoperablen Austausch dienen und die logische, inhaltsorientierte Interpretation von Daten durch Computer ermöglichen. In **Kapitel 13** wird in die Semantic-Web-Thematik eingeführt, und RDF wird als nächste Schicht über XML im Internet vorgestellt.

Die im Zusammenhang mit RDF benutzten Begrifflichkeiten werden in **Kapitel 14** an einem Beispiel beschrieben. Drei Repräsentationen des RDF-Datenmodells werden besprochen (Graph, Triple, RDF/XML). Hierbei wird insbesondere auf die EBNF-Grammatik zur XML-Linearisierung von RDF eingegangen. Die RDF-Schema-Spezifikation (RDFS) definiert Sprachmittel, die zur Erstellung so genannter RDF-Schemata dienen. Diese Sprachmittel werden dargestellt und kommentiert. Eine anschließende Diskussion der RDF-Technologien und der aktuellen Entwicklungen schließt die Einführung in RDF und RDFS ab.

RDF kann als Wissensrepräsentationssprache aufgefasst werden. Im zweiten Teil des Kapitels wird demonstriert, wie die Interpretation von RDF in einen Wirtsformalismus eingebettet werden kann. Die Semantik von RDF wird durch logische Wissensprädikate implementiert und im SWI-Prolog repräsentiert. Dies

1 Einführung

ermöglicht logisches Schließen auf RDF-Beschreibungen (Wissensbasen). Abhängig vom Einsatzgebiet bzw. von der Präferenz eines Entwicklers kann ein geeigneter Wirtsformalismus gewählt werden. Der Wirtsformalismus bestimmt das Verarbeitungsmodell und stellt eine Abfragesprache zur Verfügung.

Die Sprachmittel von RDF sind limitiert. Eine Erweiterungsmöglichkeit zur Definition von Semantik, welche über die in den RDF-Spezifikationen beschriebene Semantik hinausgeht, ist nicht vorgesehen. Es wird ein Erweiterungsmechanismus vorgestellt, der es in RDF-konformer Art und Weise erlaubt, die Semantik von RDF-Schemata mit Hilfe des Wirtsformalismus formal zu erweitern. Die Anwendung des Erweiterungsmechanismus wird an einem Beispiel aus dem Bereich der Zugriffskontrolle gezeigt. Eine Diskussion des vorgestellten Ansatzes schließt das Kapitel ab.

2 XML als Grundlage für standardisierte Internetschnittstellen

2.1 Die kommerzielle Bedeutung der Auszeichnungssprache XML

XML ist der erste Post-Internet-Standard zur Beschreibung von Daten und wurde in Kenntnis der prinzipiellen Möglichkeiten des Internets und der Schwachstellen der bis dato verwendeten De-facto-Standards entwickelt. Die XML-Technologie ist nicht Eigentum eines Unternehmens, sondern Ergebnis der Arbeit des W3-Consortiums. Ihre Entwicklung ist gekennzeichnet durch stete Verfeinerung und Weiterentwicklung benötigter branchenspezifischer Datenformate auf Basis des bestehenden Standards durch verschiedene Hersteller oder Herstellergruppen.

2.1.1 Heutige Einsatzgebiete und zukünftige Verbreitung der XML-Technologie

XML wird zunehmend als Schnittstellen-Standard auf allen technischen IT-Ebenen (vertikale Sicht) eingesetzt und schafft damit die Voraussetzung für eine stärkere Modularisierung der ineinander verflochtenen Ebenen der heutigen IT-Landschaften vom Frontend über Anwendungen zu Datenbanken und den Netzwerkservices bis hin zu den bestandsführenden Systemen. Darüber hinaus ist XML nicht auf einen Anwendungsbereich begrenzt, sondern kann als grundlegender technischer Standard prinzipiell in der IT-Versorgung aller Anwendungsgebiete eingesetzt werden. Mit diesem horizontalen Potenzial ist XML für so unterschiedliche Bereiche wie die Automobilindustrie, das Gesundheitswesen, Luft- und Raumfahrt oder die öffentliche Verwaltung von zunehmendem Interesse. Letzteres vor allem dort, wo mit XML die Grundlage eines branchenübergreifenden Datenaustauschs geschaffen wird. So bekommt

XML als grundlegende Technologie eine besondere Bedeutung bei dem Aufbau der All-Finanz-Konzerne, bei der unterschiedliche Standards z.B. zur Speicherung von Kundeninformationen von Banken, Versicherungen und Wertpapierhändlern schnell und effizient aufeinander abgestimmt werden müssen, ohne dass dabei die bestandsführenden Systeme vollständig ausgetauscht werden müssen (Abbildung 2-2).

Damit ergibt sich, dass die XML-Technologie ihre umfassende Bedeutung nicht nur durch die Verbreitung des Internets erhält, sondern auch dadurch, dass sie sowohl als Standard über alle technischen Schichten als auch über diverse Anwendungsgebiete in immer stärkerem Maße mit großem Erfolg eingesetzt wird.

Diese weitgehend im Markt geteilte Auffassung spiegelt sich in den in diesem Kapitel verwendeten Zahlen auf Basis namhafter Beratungsfirmen wie GARTNER, giga, BIKOM und IDC wider. Die Zahlen über den prognostizierten Gesamtumsatz, der auf die XML-Technologie zurückgeführt werden kann (siehe Abbildung 2-1), übersteigen die durchschnittlich erwarteten relativen Wachstumszahlen der gesamten IT-Branche um ein Vielfaches (z. B. BITKOM prognostizierte 6,9 % Wachstum des IT-Bereichs in Deutschland im Jahre 2002).

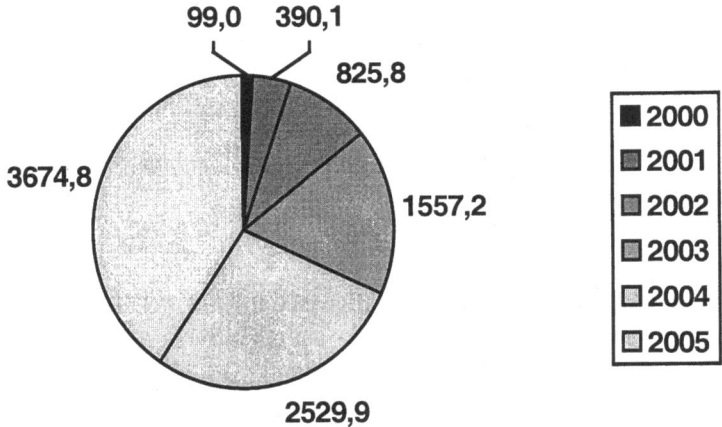

Abbildung 2-1: Weltweiter Gesamtumsatz in Mio. US-$ Umsatz

Prognostizierter weltweiter jährlicher Umsatz in Millionen US-$: Die von IDC publizierten Daten (12/2001) ergeben ein durchschnittliches jährliches Wachstum von 106 % bis zum Jahre 2005. Die Zahlen enthalten alle im Zusammenhang mit der Einführung und Entwicklung der XML-Technologie erwarteten Umsätze. Damit steht zu erwarten, dass die XML-Technologie ein Element des Konjunkturmotors sein wird, der auf eine Erholung der IT-Umsätze weltweit hindeutet.

2 XML als Grundlage für standardisierte Internetschnittstellen

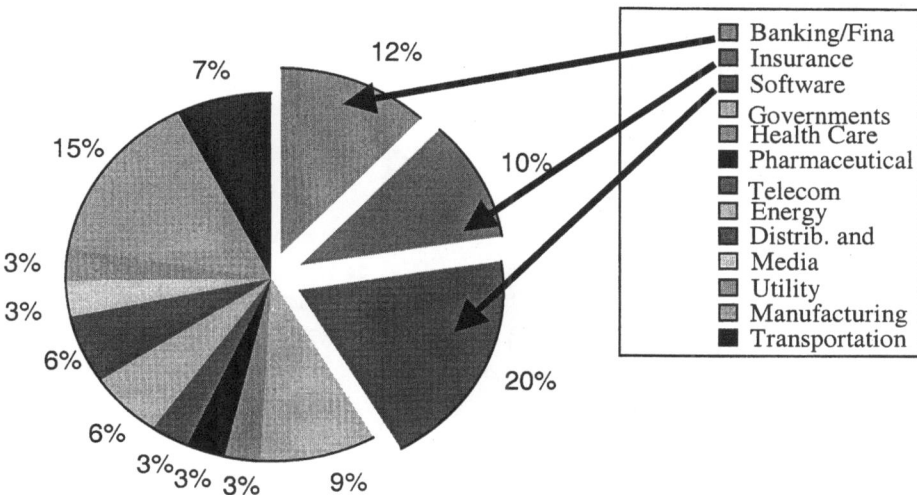

Abbildung 2-2: Heutige Marktanteile verschiedener Einsatzgebiete der XML-Technologie

Dem Einsatz der XML-Technologie kommt in den verschiedenen Branchen eine unterschiedliche Bedeutung zu. Wichtigste fachliche Branche ist (lt. giga 2002) der Finanzdienstleistungssektor. Diese Aussage wird noch dadurch verstärkt, dass das größte Segment, die „Software Services", als Branchen unabhängig ebenfalls den Finanzdienstleistungsbereich zu seinen wichtigsten Kunden zählt. Damit sind die Banken und Versicherungen mit ihren Anforderungen an einheitlichen Schnittstellen zwischen den in den letzten Jahren geschaffenen dezentralen und webbasierten Anwendungen einerseits und den Legacy-Systemen andererseits die Hauptnutznießer dieses De-facto-Schnittstellenstandards.

2.1.2
Vorreiterrolle der USA

Seit Beginn der wirtschaftlichen Bedeutung der IT-Technologie sind die Vereinigten Staaten von Amerika in der Vermarktung von innovativen Konzepten oder Lösungen fast immer führend gewesen. Oder anders herum formuliert, eine Lösung, die in Nordamerika keine Verbreitung findet, ist unabhängig von ihrer technischen Innovationskraft bedauerlicherweise meist zu einem Nischendasein verdammt. Insofern ist es berechtigt, den Einsatz der XML-Technologie auch unter dem Gesichtspunkt des regionalen Einsatzes zu betrachten. In Abbildung 2-3 wird das erwartete Wachstum der neuen Schnittstellentechnologie unter diesem speziellen Gesichtspunkt aufgeschlüsselt. Analog zu anderen erfolgreichen IT-Technologien ist hier der Norden Amerikas führend und wird es auch bleiben. Westeuropa jedoch liegt – absolut betrachtet – auf einem guten zweiten Platz, der sogar ein stärkeres prozentuales Wachstum aufweist, als es in Nordamerika der Fall ist.

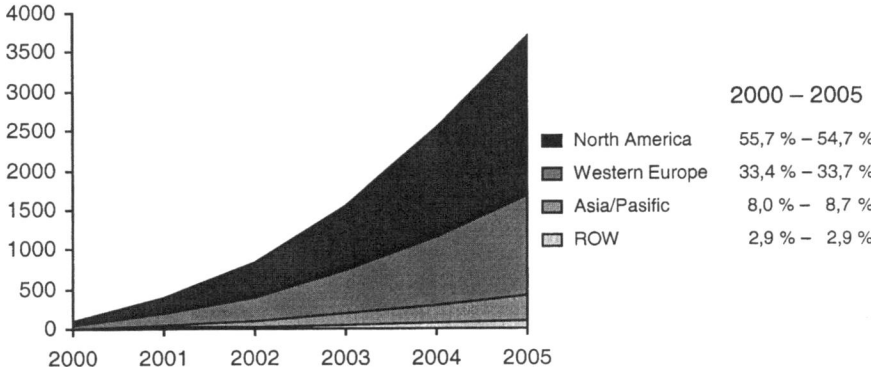

Abbildung 2-3: Prognostizierte regionale Aufteilung des XML-Marktes bis 2005 in Mio. US-$ Umsatz

Die Grafik verdeutlicht die Annahme (IDC 12/2001), dass es bei einem annähernd gleich bleibenden Umsatzwachstum im Umfeld der XML-Technologie in den USA und in Westeuropa bleiben wird. Hierbei kann von einer technischen Vorreiterrolle der USA ausgegangen werden, die kurze Zeit später in ihren Auswirkungen auch den Rest der Welt beeinflussen wird.

2.1.3
Bedeutung der unterschiedlichen Betriebssysteme

Im letzten Jahrzehnt ist es zu einem verstärkten Einsatz dezentraler Client/Server-Systeme in der Industrie und damit einhergehend zur Verbreitung der dazugehörigen Betriebssysteme gekommen. Da längst nicht alle Versprechungen dieser neuen Technologie gehalten werden konnten, ist es in den letzten Jahren insbesondere im Finanzdienstleistungssektor zu einer so genannten Renaissance des Mainframe mit seinen ausgereiften Möglichkeiten der sicheren Speicherung bestandsführender und juristischer Daten gekommen. Trotz dieser weiterhin gültigen Bedeutung der Mainframesysteme für große bestandsführende IT-Systeme werden die 32-Bit-Systeme über alle Anwendungen hinweg betrachtet ihren Vorsprung weiter ausbauen. Dies hat zur Folge, dass XML als prinzipielle betriebssystemunabhängige Technologie seine analoge Verbreitung erfährt (s. Abbildung 2-4).

Die Grafik veranschaulicht die Bedeutung der XML-Technologie für alle Betriebssysteme.

2 XML als Grundlage für standardisierte Internetschnittstellen

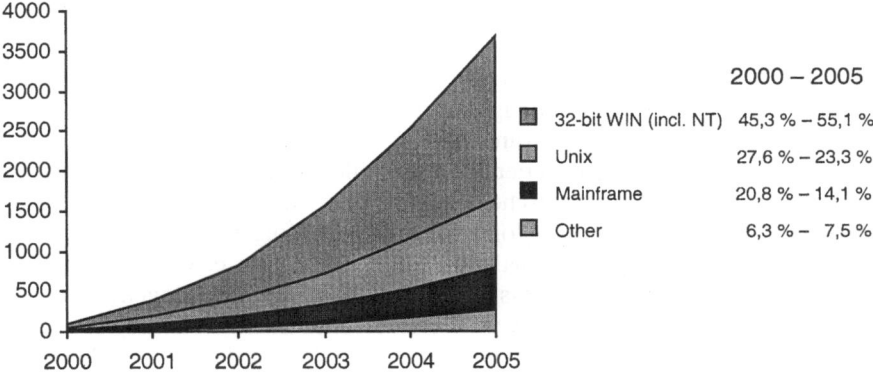

Abbildung 2-4: Prognostizierte betriebstechnische Aufteilung des XML-Marktes bis 2005 in Mio. US-$ Umsatz

Der unterschiedliche Wachstum bezogen auf einzelne Betriebssysteme geht zurück auf die sich unterschiedlich entwickelnde Marktbedeutung der Betriebssysteme selbst. Hier wird ein Vorsprung der 32-Bit-Systeme bei gleichzeitigem Bedeutungsrückgang aller anderen Systeme erwartet (IDC 12/2001).

2.1.4
Risikofaktoren für die Verbreitung der XML-Technologie als Grundlage für standardisierte Internetschnittstellen

Nachdem sich Internet und Intranet als das grundlegende elektronische Kommunikationsmittel für den Austausch von textuellen und grafischen Informationen durchgesetzt haben und weitere Bereiche wie die Übermittlung von Bild und Ton zurzeit konzipiert werden, zeichnen sich inzwischen auch die Grenzen des Einsatzes diese Mediums immer deutlicher ab. Diese liegen nicht so sehr im Bereich der technischen Kapazität von Übertragung, Speicherung oder Verarbeitung, sondern eher in den Bereichen der prinzipiellen Akzeptanz, der Semantik und der verfügbaren und akzeptierten Standards.

2.1.4.1
Mangelnde Akzeptanz des Internets durch die Endbenutzer

Die mangelnde Akzeptanz des Endbenutzers (also von uns allen), dem das Medium Internet berechtigterweise als noch zu unsicher erschien, um z.B. seine Kreditkartennummer im Netz zu verwenden oder das Bedürfnis beim Produktkauf auf ein haptisches Gefühl nicht verzichten zu wollen, hat letztendlich zu den nicht erfüllten Erwartungen des B2C-Geschäfts geführt. Hier lernt der Markt zurzeit auf für viele Anbieter etwas schmerzhafte Weise realistische Geschäftsmodelle von unrealistischen zu trennen.

2.1.4.2
Semantik und Standards

Während XML bei der Bewältigung des zuerst genannten Aspekts keine oder nur eine flankierende Hilfestellung (beim Aufbau transparenter und damit sicherer Verbindungen) geben kann, so ist XML zum Aufbau semantisch reichhaltiger und standardisierter Schnittstellen insbesondere zwischen heterogenen Systemen einen entscheidenden Schritt nach vorne gegangen. Die technischen Details dieser Technologie werden in den folgenden Kapiteln näher betrachtet. Hier soll nur noch mal auf das bereits oben erwähnte kritische Faktum hingewiesen werden, dass unterschiedliche Firmen ausgehend vom W3C-Standard proprietäre zusätzliche Features entwickeln und anbieten, um über diese Alleinstellungsmerkmale alte Kunden an ihre Produkte zu binden und neue Kunden zu gewinnen suchen. Gleichzeitig besteht die Gefahr, dass das W3-Consortium durch die zu langsame Entwicklung benötigter Standards dieser Entwicklung noch Vorschub leistet. Wenn es den weltweit agierenden großen Anbietern gelingen sollte, hier kurzzeitige Eigeninteressen zurückzustellen, wird die vorgezeichnete Entwicklung nicht aufzuhalten sein und XML als „Lingua Franca des Internets"[1] diesem großartigen digitalen Kommunikationsmittel eine zukunftsweisende Grundlage geben und damit die gesamte Informationstechnologie positiv beeinflussen.

2.2
Technische Basis von XML als Grundlage für standardisierte Internetschnittstellen

Im nachfolgenden Abschnitt möchten wir auf den praktischen Einsatz der Auszeichnungssprache XML als Standardschnittstelle für das Internet eingehen und Lösungsszenarien für den betriebswirtschaftlich relevanten, elektronischen Datenaustausch vorstellen.

2.2.1
Formen der Integration und Kommunikation

Um Formen des elektronischen Datenaustauschs zu beschreiben, lassen sich grob drei Arten der Kommunikation unterscheiden (Abbildung 2-5):
1. Die Mensch-zu-Mensch-Kommunikation: Hierbei werden Informationen von Firma A nach Firma B ausgetauscht. Diese einfachste Form der elektronischen Kommunikation direkt vom Arbeitsplatz basiert auf standardisierten Techniken unter Anwendung von Intranet-Browsern und arbeitet in der Regel problem- und störungsfrei.

---

[1] vgl. Shepherd, D.: XML, 2002

2 XML als Grundlage für standardisierte Internetschnittstellen

2. Die Mensch-zu-Anwendung-Kommunikation: Bei dieser Gruppe handelt es sich um eine Browser-basierte Geschäftsbeziehung zwischen einem User/Client und einer Applikation – mit oder ohne Marketplace –, dem eCommerce. Kommunikationsmedium für diese immer häufiger genutzte „Online-Geschäftsbeziehung" ist das Internet. Die bekanntesten Vertreter dieser Gruppe sind der Bücherversand Amazon.de, Online-Reisebüros und Reservierungsmöglichkeiten für Hotel, Oper und Theater. Nicht außer Acht gelassen werden sollten die elektronischen Informationsdienste, Online-Kataloge und Recherchen wie Preisabfragen, Produktinformationen oder Ankunfts- und Abflugzeiten bei Flugzeug oder Bahn. Diese Art der Kommunikation ist einem permanenten Wandel und einer rasanten Weiterentwicklung unterzogen. Die so genannten Standards sind häufig Standards eines Zusammenschlusses einer Interessengemeinschaft.

3. Die Maschine-zu-Maschine-Kommunikation: Bei dieser dritten Art der Kommunikation handelt es sich vornehmlich um einen weniger sichtbaren, aber dennoch immens wichtigen Bestandteil der automatischen Anwendungsverknüpfung innerhalb eines Konzerns und über Konzerngrenzen hinweg. Gut bekannt ist allen der elektronische Datenaustausch mittels EDIFACT (Electronic Data Interchange for Administration Commerce and Transport), oftmals als "nightmare of paperless office" bezeichnet. Dieser Integration von Anwendungen auf Konzernebene und über die Grenzen hinweg wird in den nächsten Jahren ein boomender Markt nachgesagt. So prognostiziert WinterGreen Research für den Einsatz von EAI-Tools (Enterprise Application Integration) zur Verknüpfung von Applikationen auf Basis des Internets eine Umsatzsteigerung innerhalb der nächsten vier Jahre von 800 %! Ein weiterer Schauplatz der Anwendungsintegration, auf den sich unsere Aufmerksamkeit fokussiert, ist der Einsatz von so genannten Business Integration Servern oder Business Connectoren (von z. B. webMethods oder Shinka Technologies), die zur plattformübergreifenden Verknüpfung von Anwendungen auf den Einsatz des Internetstandards XML setzen.

Die Abbildung 2-5 gibt einen Überblick über die drei Formen des elektronischen Datenaustauschs:

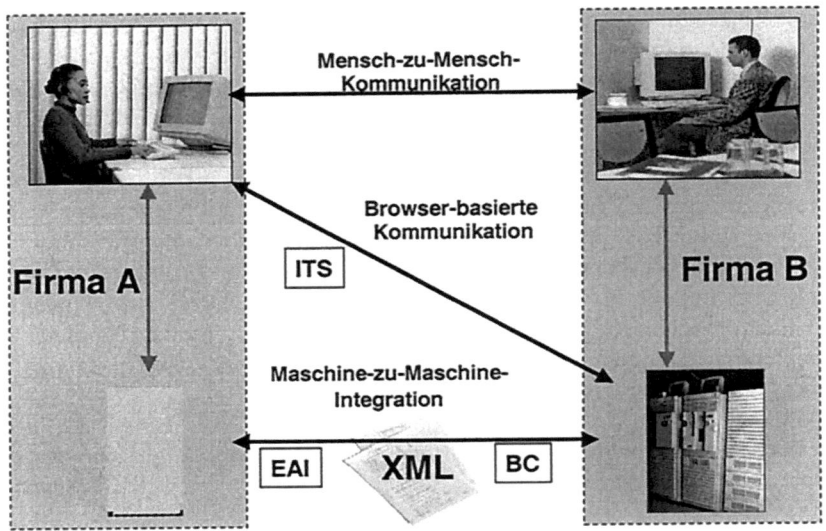

Abbildung 2-5: Formen der Kommunikation

2.2.2
Entwicklung der Auszeichnungssprache XML

Nur kurz möchten wir auf die Historie zur Entwicklung von XML eingehen[2]:

- 1960 Entwicklung von „Formatierungssprachen" (TEX, TROFF):
  Diese ersten elektronischen Formate dienten eher der einfachen Beschreibung des Aussehens der Dokumente als der Beschreibung ihrer Struktur und ihres Inhalts.
- Ende 1960 „generische Codierung" mit deskriptiven Tags (GenCode):
  Verwendung von deskriptiven Tags anstatt eines Formatierungscodes.
- 1970 GML (Generalized Markup Language):
  Dokumente, die mit dieser Auszeichnungssprache codiert wurden, konnten von verschiedenen Programmen bearbeitet, formatiert und inhaltsorientiert durchsucht werden.
- 1980 SGML (Standard Generalized Markup Language):
  Verwendung für die Codierung von Dokumenten wie Journals, Bücher und z. T. Tabellen. Seit 1983 Industriestandard / seit 1986 ISO-Standard.
- Anfang 1990 HTML (Hypertext Markup Language) – Abkömmling der SGML:

---

[2] vgl. Ray, E.: Einführung in XML, 2001

2 XML als Grundlage für standardisierte Internetschnittstellen

Durchbruch für die generische Codierung. Mitarbeiter am CERN (Europäischen Forschungsinstitut f. Teilchenphysik) schufen einen kompakten und effizienten SGML-Dokumententyp für Hypertext-Dokumente.

- 1998 XML (eXtensible Markup Language) – Abkömmling der SGML: Momentane Idealform aller Auszeichnungssprachen: XML besitzt einen geringeren Sprachumfang als SGML bei gleichzeitig verallgemeinerndem Charakter und annäherndem Funktionsumfang. XML-Version 1.0 am 10. Februar 1998 vom W3C.org zum Standard erhoben.

2.2.2.1
Meta-, Markup- und Stilsprachen

Im Laufe der zurückliegenden Dekade hat sich eine Vielzahl von „Internetsprachen" ausgebreitet: HTML, JAVAScript, XML, CSS, Flash, CGI oder Perl. In einem kurzen Überblick wollen wir die Zusammenhänge zwischen Meta-, Markup- und Stilsprache beschreiben:

Die bedeutendste Sprachfamilie stellt die der Auszeichnungssprachen dar. Zu ihr gehören beispielsweise die Sprachen HTML, XML oder WML, die von der Mutter aller Auszeichnungssprachen SGML abstammen. SGML definiert als Metasprache selbst keine Internetseiten, sondern beschreibt ihrerseits die übrigen Auszeichnungssprachen. Siehe hierzu Abbildung 2-6. Da SGML selbst eine zu umfangreiche Sprache für die kleinen Webbrowser darstellt, wurde eine frei erweiterbare Auszeichnungssprache – XML – entwickelt. Bei nur ca. 20 % des Sprachumfanges von SGML besitzt XML jedoch 80 % der Funktionalität und den verallgemeinernden Charakter ihrer Mutter. SGML und XML unterscheiden sich von HTML durch eine vollständige Trennung der Darstellung eines Dokuments und seinem Inhalt. An dieser Stelle kommen die Stilsprachen (Stylesheet Languages) ins Spiel, die ein explizites Layout bzw. eine Formatierung eines Dokuments festlegen. Die Stilsprache für SGML ist DSSSL (Document Style Semantics and Specification Language), die von XML heißt XSL (XML Stylesheet Language). Sowohl die Web-Sprache HTML als auch XML können auch die Stilsprache CSS (Cascading Style Sheets) nutzen. SGML und XML legen ihrerseits die speziellen Eigenschaften von Markup-Sprachen über plattformübergreifende DTDs (Document Type Definitions) fest. So basiert beispielsweise HTML auf einer wohldefinierten DTD, die festlegt, welche Tags erlaubt und an welcher Position diese zu benutzen sind.

In den letzten 10 Jahren hat sich HTML als Internetstandard durchgesetzt. Dies liegt vor allem an der leichten Erlernbarkeit der Sprache, an der einfachen Link-Verknüpfung und den zumeist kostenlos aus dem Internet verfügbaren Tools. Eine Trennung von Inhalt und Stil ist für XML charakteristisch. XML ist eine Metadaten-zentrierte Sprache, die Auszeichnungen für Daten und nicht für Stile definiert. Stile lassen sich an XML-Dokumente mit Hilfe von CSS und XSL anfügen.

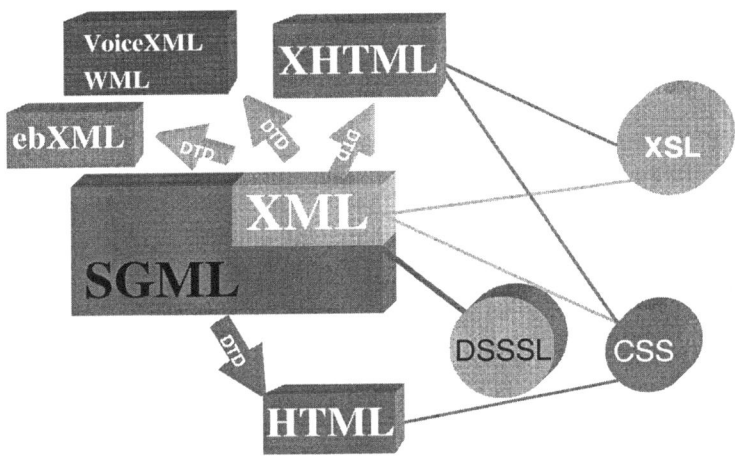

Abbildung 2-6: Meta-, Markup- und Stilsprachen

2.2.2.2
XML als Kommunikationsstandard

EDI (Electronic Data Interchange) hat bereits vor etwa einem viertel Jahrhundert eine systemübergreifende Normierung von Datensätzen versucht. Der Erfolg von EDI und von Abkömmlingen wie EDIFACT war geteilt:

Einerseits funktionierte EDI in Unternehmen zum Austausch von elektronischen Daten problemlos und schnell, andererseits hat EDI nie den durchschlagenden Erfolg auf breiter Ebene geschafft. Nach dem Start vor über 20 Jahren wenden weltweit erst etwa 125.000 Unternehmen und Organisationen EDI an. Nur etwa 2 Prozent (~80.000) aller US-Unternehmen setzen EDI ein. Hauptsächlich wird EDI in Großkonzernen eingesetzt, etwa das VDA-Format bei Kfz-Herstellern, oder das EDI-Subset SWIFT in Banken als vielleicht die bekanntesten EDI-Vertreter. Hohe Kosten und große Komplexität bei Implementierung und Systempflege schrecken kleine und mittlere Unternehmen von dem Einsatz des traditionellen EDI ab. Hier wird auch das Hauptproblem von EDI deutlich: Jede Geschäftsbeziehung muss separat definiert und implementiert werden – EDI ist diesbezüglich äußerst unflexibel.

Ein weiteres Problem stellt die kryptische Sprache von EDI dar. Unerfahrene Anwender oder Programmierer können dem komplizierten Coding nur minimalen Informationsgehalt entlocken. Solche Einschränkungen sind mit der globalen Welt des eBusiness nur sehr schlecht in Einklang zu bringen. Der alleinige Transport von Feldern und Feldinhalten im Batch-Betrieb ist keine Grundlage für spontane webbasierte Geschäftstransaktionen. Ziel muss also eine durchgängige Verfügbarkeit des Internets sein, mit der jeder Arbeitsplatz und jeder Haushalt die Vorteile des internetbasierten eCommerce nutzen kann.

eBusiness und Internet brauchen einen allgemeinen Standard für den elektronischen Datenaustausch, den das unflexible Konzept von EDI nicht bieten kann.

Vor diesem Hintergrund wird deutlich, warum Unternehmen und Interessengruppen sich zu Organisationen zusammenschließen und sich einem branchenübergreifenden XML-Standard zuwenden. Die Vorteile von XML im Vergleich zu EDI liegen auf der Hand: XML ist Internet-optimiert, als offener und weltweiter Standard zugelassen, leicht zu erlernen, leicht verständlich und vor allem über die DTD und damit über die Tags an den jeweiligen anwendungsbezogenen Verwendungszweck anpassbar.

XML verfolgt im Gegensatz zum EDI auch einen globaleren Ansatz: XML ist nicht nur für den Austausch elektronischer Daten kreiert worden, vielmehr deckt diese Sprache ein weites Spektrum an Anwendungsmöglichkeiten ab: So lassen sich digitalisierte Bilder (Blaupausen, Röntgenbilder etc.), Bestelllisten, Journals, Bücher, Kataloge, Musik- und Sprachdateien beschreiben.

Die Verwendung von XML auf dem Electronic-Business-Sektor ist nicht nur für große Unternehmen realisierbar, sondern aufgrund der kostengünstigen Implementierung und dem Wegfall von Lizenzkosten gerade für Unternehmen aus dem Mittelstand von existenzieller Bedeutung. So resultiert aus der engeren Anbindung an Geschäftspartner, Zulieferer und Kunden über die Nutzung der webbasierten Infrastruktur ein großer wirtschaftlicher Vorteil durch Verkürzung von Bestell-, Informations- und Produktzyklen gegenüber den Firmen, die das World Wide Web nicht in dieser Form nutzen. Daraus ergibt sich ein weiterer Vorteil gegenüber EDI, da sich Anwendungen in Echtzeit integrieren lassen und stets die aktuellsten Informationen einem Kunden zur Verfügung gestellt werden können.

2.2.3
XML-Internetstandards für das Electronic Business

Die Standardisierung für den Austausch von Daten und Informationen zwischen kommunizierenden Systemen begann in den 80er-Jahren mit der Integration von Geschäftsprozessen auf Prozessebene innerhalb eines Unternehmens. Zu diesem Zweck mussten Anwendungen und Formate der auszutauschenden Informationen eine einheitliche Struktur erhalten. Über die Schritte der Standardisierungen auf Firmen- und Konzernebenen in den 90er-Jahren mit Hilfe von proprietären Integrationslösungen und Standardsoftware, die für Lösungen interne Applikationen hervorbrachten, setzt nunmehr die Standardisierung auf globaler Ebene ein. Wollen zwei Geschäftspartner Internet-basierend in Verbindung treten, sind internationale Standards unabdingbar. So müssen alle an einer Transaktion beteiligten Geschäftspartner das gleiche Verständnis der Geschäftslogik besitzen. Zum Beispiel sollte für den Anbieter der direkte Verkauf einer Ware dieselbe Bedeutung wie für den Käufer haben – Verkauf auf Kommissionsbasis stellt hierbei eine Fehlinterpretation des Begriffs Verkauf dar. Neben einer gemeinsamen Beschreibungssprache der ausgetauschten Dokumente müssen auch die semantischen Bedeutungen, also dasselbe Verständnis über die inhaltliche Bedeutung der Felder, von beiden Partnern gleich interpretiert werden. Dazu ist ebenfalls die gemeinsame Verwendung von standardisierten Elementen und Attributen (die Syntax) zu deren Nutzung wichtig. Auch müssen Standards zu Sicherheitsaspekten in Betracht gezogen werden. Gerade die Sicherheitsimplementierung beim Austausch von vertraulichen, elektronischen Daten über das Internet ist eine tragende Säule im Bereich des eCommerce. Vertraulichkeit, Nichtabstreitbarkeit und Unverfälschtheit sowie die Authentizität der beteiligten Parteien muss stets eindeutig und jederzeit nachprüfbar sein. Der Inhalt vertraulicher Daten in elektronischen Dokumenten darf nur dem berechtigten Empfänger zugänglich sein; der Abschluss eines Vertrages via Internet muss auch vor Gericht Bestand haben und der Empfänger eines Geschäftsdokuments muss in die Lage versetzt werden, das Abändern einer Nachricht auf dem Transportweg zwischen dem Sender und ihm nachzuprüfen. Die wichtigste Voraussetzung für das globale Electronic Business ist jedoch die Verwendung eines standardisierten Zeichensatzes. Mehrdeutigkeiten bei der Zeicheninterpretation müssen ausgeschlossen werden. XML verwendet dafür den UNICODE-Zeichensatz Version 3.0, der alle darstellbaren Zeichen aller Sprachen dieser Welt beinhaltet.

Um diese Parameter als technische Randbedingungen für den Austausch für Geschäftsinformationen auf XML-Basis über das Internet zu definieren, schließen sich Interessengruppen und Organisationen zusammen. Beispiele für diese Interessenübereinkünfte sind ebXML (Electronic Business XML) und xCBL (XML Common Business Library) oder BMEcat (Bundesverband Materialwirtschaft, Einkauf und Logistik – Kataloge). Es ist somit kein Wunder, dass rund 40 Firmen in den USA bereits ein proprietäres XML-Format namens "Commerce XML" (cXML, in der aktuellen Version 1.2.007) entwickelt haben. Zu den Beteiligten gehören solch potente Anbieter von Business-to-Business-Software wie Ariba und Sterling Commerce. cXML soll die Bildung von Handelsgemeinschaften im Netz unterstützen. Daran anlehnend gibt es für andere Bereiche auch schon die ersten Substandards: so zum Beispiel die auf XML aufbauende Chemical Markup Language (CML) für die Darstellung komplizierter chemischer Strukturen oder eine Synchronized Multimedia Integration Language (SMIL) für die Verwaltung von Multimedia-Inhalten.

2.2.4
Katalogdatenaustauschformat: BMEcat

BMEcat ist ein standardisiertes Format für den Austausch multimedialer, elektronischer Produktdaten und Kataloge zwischen Lieferanten und Kunden und basiert auf dem Internetstandard XML[3]. Die Version 1.0 des Standards

---

[3] vgl. BMEcat.Org Homepage: http://www.bmecat.de/deutsch/index.asp, Stand Januar 2002

2 XML als Grundlage für standardisierte Internetschnittstellen

wurde im November 1999 in Frankfurt verabschiedet. Die fachlichen Entwicklungen wurden von Fraunhofer IAO, Stuttgart, und den Universitäten Essen und Linz durchgeführt. Der Standard BMEcat schließt eine Lücke, die sich durch die Digitalisierung der Märkte und das Fehlen eines allgemein akzeptierten Standards zu einem dringlichen Problem für alle Unternehmen entwickelt hat, die international wettbewerbsfähig bleiben wollen. Allein im Internet kursieren über 160 verschiedene Katalogsprachen. Ein Unternehmen wie der Siemens-Konzern mit 220.000 Lieferanten stößt hier ebenso an Grenzen wie auf der anderen Seite der Lieferant, der für jeden Kunden seinen Katalog in einem anderen Format erstellen muss. Auf beiden Seiten wird BMEcat die Kosten für die Unternehmen erheblich reduzieren.

BMEcat schafft mit der einfachen Übernahme von Katalogdaten aus den unterschiedlichsten Formaten insbesondere die Voraussetzung, um in Deutschland den Warenverkehr zwischen Unternehmen im Internet voranzubringen. Der XML-basierte Standard BMEcat wurde zuerst in Pilotprojekten erfolgreich umgesetzt und die Markteinführung von den Softwareunternehmen Oracle und JBA Deutschland als offizielle Technologiepartner unterstützt.

BMEcat bietet einen Standard für den Austausch multimedialer, elektronischer Produktdaten und Kataloge zwischen Lieferanten und Kunden. Darüber hinaus lassen sich mit BMEcat Katalogstrukturen abbilden, Produkte einheitlich klassifizieren und multimediale Informationen wie Bilder, Grafiken, Video- und Sounddateien einbinden.

2.2.5
XML im Einsatz

Am Beispiel des B2B Integration Servers (Business Connector) von webMethods möchten wir den Einsatz von XML als Standardformat und Schnittstelle zum Austausch von Informationen und Dokumenten zwischen einem ERP-System und Partner- und Fremdsystemen, Web-Applikationen oder Web Clients vorstellen.

Die Standardisierung von elektronischen Geschäftsbelegen bzw. der zugrunde liegenden Semantik wird eher von offenen Industrievereinigungen als von Regulierungsinstitutionen vorangetrieben. Um die eigenen Wettbewerbsvorteile zu sichern, sind Unternehmen bestrebt, diese entstehenden Standards schnell zu unterstützen. Der Business Connector liefert hierzu ein leicht zu bedienendes grafisches Werkzeug zur Konvertierung und Abbildung von internen und XML-basierenden Dokumenten.

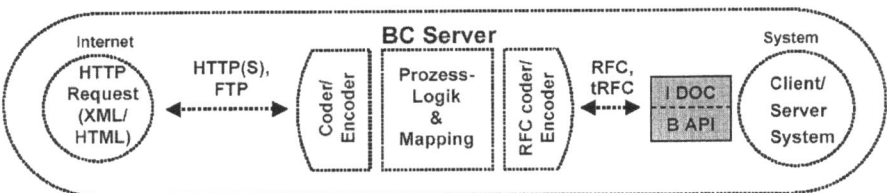

Abbildung 2-7: Die Rolle des BCs in XML-Szenarien

Der Business Connector basiert auf offenen Standards für die Kommunikation über das Internet. Er nutzt das allgemein verfügbare Hypertext Transfer Protocol (HTTP), um XML-Geschäftsbelege über das Internet auszutauschen. Damit können alle Applikationslösungen für die elektronische Geschäftsabwicklung eingesetzt werden. Mit XML, der Lingua Franca des Internets, können Geschäftsdokumente anwendungs- und systemübergreifend übermittelt werden. XML definiert eine gemeinsame Struktur für alle Arten von Geschäftsbelegen. Neben der Unterstützung der Internetanwendungen stehen in zunehmendem Maße Informationen auf herkömmlichen Webseiten bereit. So sind z. B. Kataloge von Beschaffungs- und Verkaufslösungen über das Internet verfügbar und somit für den einzelnen Benutzer einfach aufzurufen. eCommerce, der Handel über das Internet, ist nur mit einem sicheren Informationsaustausch möglich. Mit dem Business Connector stehen alle gängigen Sicherheitsfunktionen für das Internet, wie z. B. die Authentifizierung der Geschäftspartner und der sichere Austausch von Geschäftsdokumenten, zur Verfügung. Hierzu wird die Standard-Verschlüsselungstechnologie SSL (Secure Socket Layer) unterstützt. Mit Zertifikaten und digitalen Signaturen wird die Authentifizierung von Geschäftspartnern und die Nachweisbarkeit des Austauschs gewährleistet.

Die Aufgaben des BCs für XML-Szenarien in Verbindung mit dem ERP-System kann in drei Teile unterteilt werden:

1. Entschlüsseln von eingehenden und Verschlüsseln von ausgehenden XML-Dokumenten. Dieses wird entweder automatisch ausgeführt, oder die notwendigen Dienste werden bereits durch den Business Connector zur Verfügung gestellt.
2. Wird ein Dokument mit Geschäftslogik mit dem BC verarbeitet, kann ein Daten-Mapping durchgeführt werden. Die Logik dazu muss vom Sendenden zur Verfügung gestellt werden, da für die Art der Applikation die Semantik eines Dokuments bekannt sein muss.
3. Decodieren ankommender und Verschlüsseln ausgehender RFC-Container: Dieses wird immer automatisch durchgeführt, wenn ein BAPI in einem ERP-System aufgerufen, oder wenn ein IDoc gesendet wird.

2.2.6
Das Zauberwort „Web Services"

Um die im Internet verfügbaren Applikationen besser erreichbar und nutzbar zu machen, sollen so genannte Web Services definiert werden.

Der inzwischen oft falsch verstandene Begriff des Web Services steht für eine Systemarchitektur, die verteilte Anwendungen auf Basis von Web-Standards wie XML und HTTP lose koppelt. Für Unternehmen geht es darum, vorhandene oder neu programmierte Geschäftslogik mit standardisierten Web-Services-Schnittstellen auszustatten. Die Funktionalität der Programme steht dann anderen, ebenfalls auf den Web-Services-Standards (SOAP, WSDL und UDDI) basierenden Anwendungen, zur Verfügung – sei es innerhalb des Unternehmens oder außerhalb. Die Idee UDDI (Universal Description, Discovery and Integration) wurde im September 2000 von Ariba, IBM und Microsoft ins Leben gerufen und sieht vor, ein globales, plattformunabhängiges Netzwerk zu schaffen, Informationen über Unternehmen in einem globalen Register abzulegen (Universal Discription), Geschäftspartner zu ermitteln (Discovery) und Geschäftsprozesse über Unternehmensgrenzen hinweg zu beschreiben und nutzbar zu machen.

WSDL (Web Services Description Language) beschreibt diese netzwerkbasierten Dienste und definiert das Format von Objekten, unabhängig davon, welches Protokoll (SOAP, XML etc.) oder welche Codierung (MIME: Multipurpose Internet Mail Extensions) sie systemabhängig verwenden. Ein Beispiel für einen Web Services bietet die Homepage von „Wer-liefert-was": http://web.wlwonline.de.

SOAP ist ein plattformunabhängiges, XML-basiertes Protokoll der Middleware, über das die verschiedenen Anwendungen per HTTP miteinander kommunizieren, praktisch die Schnittstellen zwischen dem Applikationsserver und dem Internet. SOAP ist verantwortlich für Methodenaufrufe zwischen einem Client und dem Server und deren Beschreibung. SOAP legt fest, wie ein komplexes XML-Dokument in HTML „verpackt" und versendet wird. Noch sind die Kerntechnologien wie SOAP, WSDL und UDDI nicht als offene Standards verabschiedet, doch die Chancen für Web Services stehen gut: Die ursprünglich von Microsoft und IBM gestartete Initiative verfolgt im Vergleich zu Corba und DCOM einen gewissermaßen minimalistischen Ansatz. Die große Herausforderung für Web Services besteht darin, die zwei großen verbliebenen Lager, Java und Microsoft, zu verbinden. Die Redmonder realisieren Web Services mit ihrem System .NET, einer sprachenunabhängigen Komponentenarchitektur für verteilte Applikationen. Zahlreiche Hersteller von Windows-Anwendungen wollen .NET unterstützen – was dabei abseits der Marketing-Aussagen technisch entsteht, wird sich im Laufe des Jahres 2002 zeigen.

2.2.7
Beispiele für XML-basierte multimediale Anwendungen

Abschließend wollen wir mit SMIL und VoiceXML zwei XML-basierte Anwendungen vorstellen, die das multimediale Spektrum von XML aufzeigen.

2.2.7.1
SMIL

SMIL, seit August 2001 in der Version 2.0 W3C-Standard, steht für "Synchronized Multimedia Integration Language" und könnte die universelle Layoutsprache auf der Grundlage von XML für das WWW werden, um ein exakt definiertes, zeitliches und räumliches Zusammenfügen einzelner Texte, Bilder, Animationen, Videos und Töne zu ermöglichen und damit mehrere Multimedia-Elemente als Gesamtkomposition darzustellen. Hierzu lassen sich die unterschiedlichen Formate zu einer einheitlichen Präsentation zusammenfassen, wobei die einzelnen Objekte physikalisch nicht auf einem Server lokalisiert sein müssen. SMIL unterstützt die Multilingualität, d.h., dass zu einer eingespielten Videopräsentation der Client die gewünschte Sprachversion wählen kann. Einsatzgebiete für diese Art der Online-Präsentationen könnten webbasierte Schulungen über das Internet, Firmenpräsentationen oder Transaktionsassistenten für Online-Banking sein, wobei ein Video in gewünschter Sprache als Assistent den Client durch die Transaktionen für beispielsweise Kontoeröffnung oder Geldtransfers führt.

In der aktuellen Streaming-Software G2 von Real Networks für das Abspielen von Filmen oder Audiodateien im Internet wird SMIL schon eingesetzt. Kombiniert mit einem intelligenten Abonnentensystem und einem Schutzsystem für Urheberrechte könnte sich darauf aufsetzend schon bald ein kommerzieller Multimedia-Informationsdienst im Internet entwickeln.

Voice Extensible Markup Language ist ein Standard, mit dem der Inhalt des Internets über Sprache und Telefon verfügbar gemacht werden soll. Entwickelt wurde es im März 1999 durch ein Forum, das von AT&T, IBM, Lucent Technologies und Motorola gegründet wurde. Mittlerweile hat sich die Teilnehmerzahl im VoiceXML-Forum auf über 150 vervielfacht und andere bedeutende Unternehmen aus dem Technologiesektor wie France Telecom, Hewlett Packard und Novell beteiligen sich an der Weiterentwicklung des Sprachübertragungsstandards.

2.2.7.2
VoiceXML

Die Voice Extensible Markup Language soll den sprachbasierten Zugriff auf Internetdienste ermöglichen. Als Frontend genügt ein normales Telefon.

2 XML als Grundlage für standardisierte Internetschnittstellen

VoiceXML stellt dabei lediglich die dazu notwendige Beschreibungssprache – eine Anwendung der Extensible Markup Language (XML) – bereit.

Für eine funktionierende sprachbasierte Web-Applikation ist ein VoiceXML-Interpreter notwendig, der den Code ausführt und die notwendigen Systeme zur Sprachein- und -ausgabe zur Verfügung stellt. Jedes VoiceXML-Dokument beschreibt einen interaktiven Dialog, der dann von dem VoiceXML-Interpreter durchgeführt wird.

Die VoiceXML-Dialoge lassen sich in Forms und Menus unterteilen. Forms bieten Informationen an und sammeln den Input, Menus stellen Auswahlen dar und definieren den nächsten Schritt in einem Dokument oder der Applikation.

Ein Dokumentenserver verarbeitet die Anfragen einer Client-Anwendung. Der Applikationsserver produziert als Antwort VoiceXML-Dokumente, die vom Interpreter bearbeitet werden. Der Context kontrolliert Nutzereingaben parallel zum VoiceXML-Interpreter.

Der Interpreter und der Context kontrollieren die Implementationsplattform. Der Context kann für das Erkennen eingehender Anrufe verantwortlich sein, VoiceXML-Dokumente anfordern und den Dialog mit dem Client fortsetzen, während der Interpreter den Dialog beaufsichtigt. Die Implementierungsplattform erzeugt Ereignisse als Antwort auf Nutzeraktionen und Systemereignisse.

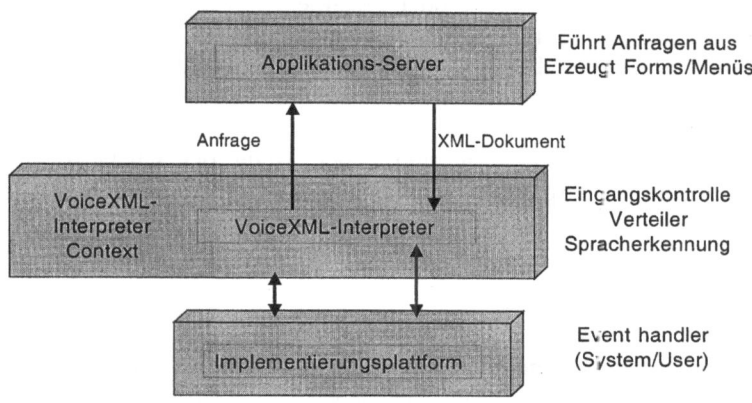

Abbildung 2-8: VoiceXML – die Architektur

VoiceXML soll die Erstellung von Audio-Dateien ermöglichen, die sowohl digitale Audiodaten (*.wav), synthetische Sprachausgabe, die Erkennung von menschlicher Spracheingabe und DTMF-Tonwahl-Signalen, als auch die Aufzeichnung von gesprochenen Antworten beinhalten können. VoiceXML-Dokumente werden serverseitig aufbereitet und Dokumenteninhalte an Endgeräte (Voice-fähige Telefone, WAP-Handy, Palms etc.) übertragen. Das Telefon (Client) wandelt hierbei Dialoge in Sprachausgabe um und erkennt Spracheingaben (oder anderen Input) inklusive dessen Umwandlung. Ein weiteres Ziel ist es, die Vorteile schon existierender Web-Applikationen und

Webinhalte weiter zu nutzen, insbesondere unter den Gegebenheiten von Dialog-basierter Telekommunikation.

Die Architektur des VoiceXML-Systems ist in Abbildung 2-8 schematisch dargestellt.

Die VoiceXML-Dialoge (`<vxml>`...`</vxml>`) lassen sich generell in Forms (`<form/>`) und Menus (`<menu/>`) unterteilen. Forms bieten Informationen an und sammeln den Input, Menus stellen dagegen Auswahlen dar und definieren den nächsten Schritt in einem Dokument oder der Applikation.

Ein Dokumentenserver (Web-Server) verarbeitet die Anfragen einer Client-Anwendung, dem VoiceXML-Interpreter, über den VoiceXML-Interpreter Context. Der Server produziert als Antwort VoiceXML-Dokumente, die vom Interpreter bearbeitet werden. Der Context kontrolliert Nutzereingaben parallel zum VoiceXML-Interpreter.

Der Interpreter und der Context kontrollieren die Implementationsplattform. Beide teilen sich die Aufgaben. Der Context kann beispielsweise in einer interaktiven Voice-Response-Anwendung für das Erkennen eingehender Anrufe verantwortlich sein, VoiceXML-Dokumente anfordern und den Dialog mit dem Client fortsetzen, während der Interpreter den Dialog nach der Antwort beaufsichtigt. Die Implementierungsplattform erzeugt Ereignisse als Antwort auf Nutzeraktionen (gesprochene oder geschriebene Eingaben) und Systemereignisse (Zeitverlauf). Einige dieser Ereignisse werden von dem Interpreter selbst ausgeführt, während andere auf dem Kontext ausgeführt werden.

Eine VoiceXML-Session startet, wenn der Nutzer beginnt, mit einem Kontext zu kommunizieren, wird fortgesetzt, solange XML-Dokumente erzeugt, geladen und bearbeitet werden, und endet, wenn der Client, das XML-Dokument oder der Interpreter dies verlangen.

2.3
Fazit

XML ist eine offizielle Empfehlung der W3C.org und liegt seit November 1999 in der aktuellen Version 1.0 vor. Die neuesten Informationen und neuesten Spezifikationen im Umfeld von XML sind unter der Webadresse `http://w3c.org/XML/` auf der Website des World Wide Web Consortiums erhältlich.

Die Vorteile von XML liegen auf der Hand: XML bietet eine Grundlage als standardisierte Internetschnittstelle und ermöglicht einen einfachen und plattformunabhängigen Datenaustausch zwischen verschiedenen Applikationen. Da XML ein offenes textbasiertes Format ist, kann es genauso wie HTML über das World Wide Web kommuniziert werden. XML ist leicht erlernbar und der XML-Code ist menschenlesbar. Spezielle Anforderungen an Hardware und Netzinfrastruktur bestehen für die plattformunabhängige Auszeichnungssprache nicht. Ein weiterer Vorteil von XML ist die Möglichkeit des gezielten Zugriffs auf Inhalte in einem Dokument.

Die Aussichten sind gut für diese noch junge Technologie der Auszeichnungssprache. Das überwältigende Interesse manifestiert sich in der rasant steigenden Anzahl von Begleittechnologien, die wie Pilze aus dem Boden schießen, und der stetig wachsenden Anzahl an XML-Anwendungen und XML-Tools. Jedoch bleibt abzuwarten, ob eine Standardisierung der Anwendungen und Formate (Katalogformate und standardisierte Bibliotheken für den Austausch von Geschäftsbelegen im Bereich von B2B und eCommerce) einhergeht mit dem Tempo der Weiterentwicklung von XML oder ob weiterhin jede Interessengemeinschaft ihren eigenen „Standard" verwirklicht.

2.4 Literatur

Behme, H., Mintert, S.: XML in der Praxis. Addison-Wesley Verlag, München, 2000

BMEcat.Org Homepage: `http://www.bmecat.de/deutsch/index.asp`, Stand Januar 2002

Buxmann, P., Harder, Th., Weitzel, T.: Electronic Business und EDI mit XML. dpunkt Verlag, Heidelberg, 2001

Ray, E.: Einführung in XML. O'Reilly Verlag, Köln, 2001

Shepherd, D.: XML. Markt & Technik Verlag, München, 2002

3 Data Warehouse – Einsatz von XML und seiner Komponenten

In diesem Kapitel wird aufgezeigt, in welchem Maße XML[4] im Rahmen eines Data Warehouse zum Einsatz kommen kann. XML wurde von einer 1996 unter der Schirmherrschaft des World Wide Web Consortium (W3C) gegründeten Arbeitsgruppe entwickelt, die ursprünglich bekannt war als das SGML Editorial Review Board. U.a. findet die offizielle Empfehlung (Recommendation) bzgl. XLink[5] Berücksichtigung, die am 27. Juni 2001 vom World Wide Web Consortium (W3C) veröffentlicht worden ist und als normative Standardreferenz betrachtet werden kann.

Es existieren drei unterschiedliche grundsätzliche konzeptionelle Ansätze[6] für die Datenarchitektur eines Data Warehouse, die sich in der Anzahl ihrer Schichten unterscheiden. Diese werden mit ihren Vor- und Nachteilen vorgestellt und es wird diskutiert, ob der Einsatz von XML sinnvoll ist. Ein Beispiel aus der Kreditwirtschaft dient dazu, um aufzuzeigen, wie Kundendaten so organisiert werden, dass effektiv auf Einzelwerte zugegriffen werden kann und eine beliebige Skalierung bei stark ansteigenden Datenvolumina erfolgen kann.

Alle 20 Monate verdoppelt sich die Menge der Informationen auf der Welt. Es stehen heute auf der ganzen Welt der Menschheit mehr Informationen zur Verfügung als jemals zuvor. In der Vergangenheit wurden sie mit Hilfe von Printmedien interessierten Gruppen zur Verfügung gestellt. Im Zeitalter der elektronischen Datenverarbeitung werden viele Informationen maschinell erfasst und in elektronischen oder optischen Speichermedien abgelegt. Für den einzelnen Menschen ist es nicht mehr möglich diese riesigen Datenbestände zu überblicken oder sogar auszuwerten. Die Mächtigkeit der in Datenbanken abgelegten Informationen ist zu groß, als dass ohne Unterstützung durch geeignete Computerprogramme eine Aufarbeitung der Datenbestände als Ganzes

---

[4] vgl. W3C: Recommendation Extensible Markup Language (XML), Version 1.0
[5] vgl. W3C: Recommendation XML Linking Language (XLink), Version 1.0
[6] vgl. Devlin, Barry: Data Warehouse – from Architecture to Implementation, 1997, S. 63–77

noch möglich ist. Im Fokus stehen hierbei Data-Warehouse-Lösungen, die umfangreiche Informationen in Form von Daten vorhalten.

Ein Data Warehouse soll Datenbasis für alle Informationssysteme sein. Im Unterschied zu Transaktionssystemen (OLTP) ist es[7]

- vollständig integriert, für gleiche Entitäten existieren eindeutige Namenskonventionen, Maßeinheiten etc.
- subjektorientiert, Daten sind auf Sach- oder Themengebiete ausgerichtet und nicht wie bei OLTP-Systemen prozessorientiert oder funktionsorientiert.
- nicht flüchtig, Änderungen von Feldinhalten bleiben nachvollziehbar durch Historisierung von Informationen. Der Ablauf des Unternehmens wird durch historisierte Informationen widergespiegelt.
- time-variant, Daten sind nach Perioden geordnet, da Anfragen sich meist an Zeitperioden orientieren.
- non-volatile, die Werte eines Data Warehouse sollen nachträglich nur im Ausnahmefall geändert werden.

3.1 Speicherformat der Datenbestände eines Data Warehouse

Bei der Konzeption eines Data Warehouse ist die Frage des Datenformates und der Datenspeicherung zu klären. Sollen vereinheitlichte Daten physikalisch ausgeprägt werden, muss ein performantes, skalierbares Datenbank-Managementsystem gewählt werden. Der parallele Einsatz von abweichenden DBMS widerspricht direkt dem Ziel, die Daten in einem einheitlichen Format Informationssystemen zur Verfügung zu stellen. Zur Speicherung von abgeleiteten Daten sollte möglichst das gleiche DBMS wie für vereinheitlichte Daten gewählt werden, um Datenumkonvertierungen zu vermeiden. Dieser Anforderung wird jedoch nicht immer entsprochen werden können. Werden Alt- oder Fremd-Informationssysteme eingesetzt, ist die Entscheidung für ein bestimmtes DBMS bereits gefällt worden und ein DBMS-Wechsel kann zu große Migrationskosten verursachen.

Informationssysteme sollen unterschiedliche betriebswirtschaftliche Regelkreise abdecken, hier kann es aufgrund abweichender Anforderungen erforderlich sein, ein DBMS zu wählen, das optimal Einzelanforderungen erfüllt. Folgende Datenhaltungsmöglichkeiten kommen für ein Data Warehouse und Informationssysteme in erster Linie in Frage:

- relationale Datenbank-Managementsysteme

---

[7] vgl. Hansen, Wolf Rüdiger: Das Data Warehouse – Lösung zur Selbstbedienung der Anwender, 1995, S. 42

3 Data Warehouse – Einsatz von XML und seiner Komponenten

- OLAP unterstützende DBMS
- objektorientierte DBMS
- deduktive DBMS
- XML-Datenbestände

Am verbreitetsten sind zurzeit Lösungen, in denen relationale DBMS zum Einsatz kommen. Einzelne Data Marts werden häufig so organisiert, dass OLAP-Technologien genutzt werden, um schnelle Datenauswertungen entsprechend eines Datenwürfels mit betriebswirtschaftlichen Dimensionen zu ermöglichen. Ein ausschließliches Nutzen von OLAP für ein komplettes Informationssystem ist nicht möglich, da nicht alle von Endnutzern verlangten Daten in einem OLAP-Datenwürfel integriert werden können. Wird ein OLAP-Würfel bzgl. Einzeldatenfeldern und betriebswirtschaftlichen Dimensionen zu mächtig, sinkt die Gesamtperformanz der OLAP-Lösung. Parallel sind andere Datenhaltungsformen erforderlich. Diese Anforderungen haben die Hersteller von Datenbank-Managementsystemen erkannt und integrieren in ihre bewährten relationalen DBMS OLAP-Ansätze. Diesen Weg haben beispielsweise IBM ab ihrer DB2-Version 7 beschritten und integrieren einen so genannten DB2-OLAP-Server in das relationale DB2-System, andere Hersteller gehen einen ähnlichen Weg.

Objektorientierte und deduktive DBMS finden selten Anwendung für Informationssysteme und Data-Mining-Systeme. Ihr Einsatz für ein Unternehmens-Data-Warehouse scheint zurzeit aus Performanzgründen noch nicht sinnvoll.

Große Verbreitung hat in den letzten Jahren das XML-Datenformat gefunden. Erst im Februar 1998 wurde die Empfehlung des W3C für die Extensible Markup Language (XML) 1.0 im Internet veröffentlicht. Für wichtige XML-Komponenten, wie XPath[8], XSLT[9] oder XLink, wurden offizielle Empfehlungen der W3C erst in den Jahren 1999 bis 2001 verbreitet. Mit Nachdruck werden XML und seine Komponenten weiterentwickelt.

Eine entscheidende Anforderung eines Data Warehouse an eine Datenhaltung ist die Wahl eines performanten DBMS. Ein Data Warehouse, das aus sequenziellen XML-Dokumenten besteht, kann ausgeschlossen werden, da hierbei Funktionalitäten wie beispielsweise das Management von Benutzer-Zugriffsmöglichkeiten oder die Unterstützung von Roll-Back-Funktionalitäten nicht berücksichtigt werden können. Gängige relationale DBMS bieten jedoch inzwischen die Möglichkeit XML-Daten direkt zu speichern. Durch Einsatz des DB2 XML Extender können beispielsweise XML-Daten in DB2 integriert werden. Mit dem Produkt Tamino der Software AG ist eines der ersten DBMS in reiner XML-Speichertechnologie auf dem Markt. Andere Anbieter werden sicherlich mit ähnlichen Angeboten folgen. In Zukunft stehen in jedem Fall leistungsfähige DBMS zur Verfügung, die XML-Daten performant speichern und ähnliche Features wie aktuelle relationale DBMS bieten.

---

[8] vgl. W3C: Recommendation XML Path Language (XPath), Version 1.0
[9] vgl. W3C: Recommendation XSL Transformations (XSLT), Version 1.0

XML bietet die in der Tabelle 3-1 aufgeführten Vorteile gegenüber alternativen Speichermethoden:

Einfachheit	XML ist für Menschen gut lesbar und kann von Computern leicht verarbeitet werden
Offenheit	XML ist ein herstellerunabhängiger W3C-Standard, der von den Marktführern der Softwarebranche unterstützt wird
Erweiterbarkeit	die Menge der XML-Tags ist nicht begrenzt und kann beliebig erweitert werden
selbstbeschreibend	XML-Objekte können ohne Schemata gespeichert werden, da Metadaten in Form von Tags und Attributen enthalten sind; zur Validierung von XML-Objekten können darüber hinaus jedoch Dokumenttyp-Definitionen, kurz DTD, oder XML-Schemata verwandt werden
maschinenlesbare Kontextinformationen	Interpretation des Inhalts eines XML-Dokuments wird durch Kontextinformationen wie Tags, Attribute und Elementstrukturen ermöglicht
Trennung von Inhalt und Darstellung	XML-Tags beschreiben ausschließlich Inhalte, mit Hilfe von XSL Style Sheets können XML-Objekte dargestellt oder in beliebige technische Formate konvertiert werden
Einbettung unterschiedlicher Datentypen	XML-Objekte können sämtliche Datentypen enthalten – von einfachen Zahlen und Texten über Multimedia-Daten (Bild, Ton, Video) bis hin zu aktiven Komponenten (Java-Applet, ActiveX).
Einbindung bestehender Daten	bestehende Datenstrukturen wie relationale Datenbanken oder Dateisysteme können auf XML abgebildet werden, mittels XML werden alle bestehenden Datenstrukturen abgedeckt und verschiedene Datenformate unterstützt
verteilte XML-Daten	XML-Objekte können aus verschachtelten Elementen bestehen, die auf mehrere XML-Objekte verteilt sind, die auf entfernten Servern gespeichert sein können

Tabelle 3-1: Vorteile von XML als Speichermethode

Viele Unternehmen der Computerindustrie haben ihre Unterstützung für XML angekündigt oder bereits verwirklicht. Microsoft wird XML als Austauschformat für seine Office-Produktlinie einsetzen. SAP unterstützt XML mit dem SAP Business Connector für R/3.

Die Konzeption der Datenarchitektur steht für ein Data Warehouse an einer der ersten Stellen, da das Ziel, ein vollständig integriertes System zu schaffen, höchste Priorität hat. Für alle EDV-Anwendungen ist die Konzeption der Datenarchitektur von entscheidender Wichtigkeit, sie bestimmt maßgeblich die

Entwicklungsumsetzung und deren späteren Erfolg. Dieses gilt sowohl für operationale Systeme als auch für ein Data Warehouse.

Es existieren drei grundsätzlich unterschiedliche konzeptionelle Ansätze[10] für die Datenarchitektur eines Data Warehouse, die sich in der Anzahl ihrer Schichten unterscheiden. Diese werden mit ihren Vor- und Nachteilen vorgestellt und es wird diskutiert, ob der Einsatz von XML sinnvoll ist. Alle Betrachtungen beziehen sich auf eine unternehmensweite Sicht, in der keine operationalen Einzelanwendungen, sondern die Gesamtanwendungsarchitektur zugrunde liegt.

3.2
Ein-Schicht-Datenarchitektur

Eine gemeinsame Datenhaltung für operationale Systeme und für Informationssysteme weist die Ein-Schicht-Datenarchitektur (siehe Abbildung 3-1) auf. Alle Daten werden nur einmal in einer gemeinsamen Datenschicht abgespeichert und werden direkt von operationalen Systemen und Informationssystemen genutzt[11]. Es wird keine Unterscheidung zwischen Datentypen vorgenommen, sowohl aktuelle für operationale Systeme als auch zusammengefasste Daten für Informationssysteme werden in einer gemeinsamen Schicht hinterlegt.

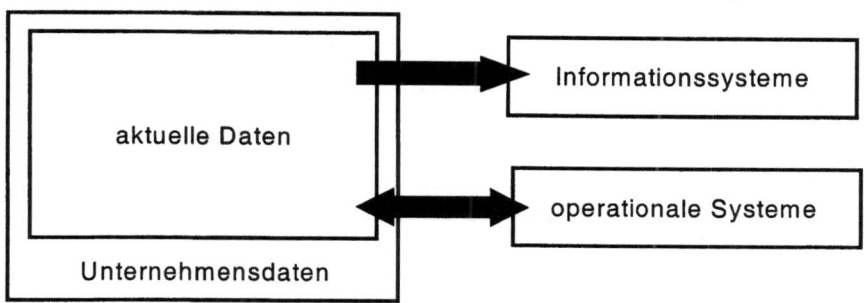

Abbildung 3-1: Ein-Schicht-Datenarchitektur

Operationale Systeme lesen die Inhalte der aktuellen Daten aus und führen Änderungen in ihnen durch, sie greifen sowohl in lesender als auch in schreibender Form auf die aktuellen Daten zu.

In der Kreditwirtschaft dienen Datenbestände operationalen Systemen wie z.B. GIRO, SPAR oder DEPOT A/B sowohl als Input als auch Output. Mittels Transaktionen werden operationale Systeme gesteuert und dadurch aktuelle

---

[10] vgl. Devlin, Barry: Data Warehouse – from Architecture to Implementation, 1997, S. 63–77
[11] vgl. Mertens, Peter, Wieczorrek, Hans Wilhelm: Data X Strategien – Data Warehouse, Data Mining und operationale Systeme für die Praxis, 2000, S. 112 ff.

Datenbestände abgefragt und verändert, im Zahlungsverkehr werden beispielsweise Überweisungen durch spezielle Transaktionen getätigt.

Hingegen greifen Informationssysteme auf aktuelle Datenbestände grundsätzlich nur lesend zu, sie verändern keine aktuellen Daten. Auswertungen von Informationssystemen können beschleunigt werden, indem zusammengefasste Daten erzeugt und abgelegt werden.

Die Nutzung von identischen Datenbeständen durch operationale Systeme und Informationssysteme hat die Vorteile, dass

- kein technischer Aufwand für die Speicherung von Daten ausschließlich für Informationssysteme entsteht,
- wenig Datenspeicher durch gemeinsame Hinterlegung benötigt wird,
- die vorhandenen Metadaten der operationalen Systeme für Informationssysteme genutzt werden können.

Bei Datenarchitektur-Diskussionen müssen die unterschiedlichen Charakteristiken von operativen und Data-Warehouse-Daten Berücksichtigung finden (vgl. Tabelle 3-2).

	operative Systeme	Data Warehouse
Inhalt	detaillierte, aktuelle, nicht historisierte Geschäftsdaten	vereinheitlichte, detaillierte, verdichtete, historisierte Daten auch aus externen Quellen und umfassende Metadaten
Zweck	Unterstützung und Abwicklung der Geschäftsprozesse	Informationen für Controlling, dispositive und strategische Entscheidungen
Aktualität	online, real-time	in der Regel älter als ein Tag
Modellierung	funktionsorientiert	standardisiert, endbenutzertauglich, sachgebietsorientiert
Update	laufend und konkurrierend	ergänzend, Historisierung von Daten
Zustand	redundant, inkonsistent, unnormalisiert, verschlüsselt	integrierte Datenbasis
Abfragen	strukturiert im Programmcode	komplexe, wechselnde Fragestellungen und vorgefertigte Standardauswertungen

Tabelle 3-2: Charakteristika von operativen und Data-Warehouse-Daten[12]

Die unterschiedlichen Charakteristiken haben zur Folge, dass operationale Systeme nur aktuelle Daten verarbeiten und in ihren Datenbeständen vorhalten,

---

[12] vgl. Zügel, Werner: Datenmanagement und Information Warehouse, 1995, S. 327

3 Data Warehouse – Einsatz von XML und seiner Komponenten

jedoch nur wenige historisierte Daten, die für Informationssysteme erforderlich sind.

OLTPs erfordern ständig genügend Ressourcen, da sie von vielen Anwendern simultan genutzt werden. Dieses kann bei ständig steigendem Transaktionsaufkommen nur ermöglicht werden, wenn die operativen Datenbestände für eine transaktionsorientierte Verarbeitung optimiert sind. Von operationalen transaktionsorientierten Systemen wie GIRO, SPAR und DEPOT A/B werden in der Kreditwirtschaft bei großen Instituten Millionen Konten und Depots verwaltet.

Als Basis für operative Systeme werden heute in der Regel relationale Datenbanksysteme genutzt. In Fällen, in denen operative Systeme bereits zu Beginn der Siebzigerjahre konzipiert und eingeführt worden sind und seit dem eine vollständige Neuentwicklung nicht stattgefunden hat, sind auch heute noch das IMS-Datenbanksystem oder seltener QSAM-, VSAM-Dateien anzutreffen. IMS ist ein hierarchisches Datenbanksystem für MVS-Großrechner. QSAM- und VSAM- Dateien sind satzorientierte Dateiformate für MVS-Großrechner.

Relationale Datenbanksysteme, aber auch hierarchische DBMS korrelieren gut mit dem Konzept von Transaktionen, da Transaktionen in der Regel nur wenige spezielle Kontendatensätze verändern. Bei Informationssystemen werden relationale, objektorientierte oder deduktive DBMS eingesetzt, andererseits sind hierarchische Datenbanken völlig ungeeignet. Die Eigenschaft von hierarchischen DBMS, schnell auf einen gezielten Datensatz zugreifen zu können, ist bei Transaktionen ein Vorteil, jedoch bei einem Informationssystem nicht ausschlaggebend.

Datenbestände für Informationssysteme müssen so organisiert sein, dass in Abfragen Einzeldaten verknüpft herangezogen werden, um Auswertungen auf beispielsweise Konten-, Kunden- oder Geschäftsstellenbasis zu erzeugen. Relationale Datenbank-Managementsysteme unterstützen Datenverknüpfungen direkt mit Table-Join-Funktionalitäten. Datenbestände für Informationssysteme und für operationale Systeme müssen somit unterschiedlich modelliert sein.

Geschwindigkeitsvorteile ergeben sich bei Abfragen weiterhin durch denormalisierte Daten. Bei einer Denormalisierung werden die logisch, aufgrund bestimmter Anomalien zerlegten Daten wieder zusammengeführt und entsprechende Redundanzen aufgebaut. Die betrachtete Menge eines Informationssystems ist im Gegensatz zu Transaktionen operationaler Systeme die Verknüpfung vieler Datensätze. Informationssysteme sollen betriebswirtschaftlich bedeutende, relevante Informationszusammenhänge aufzeigen. Um den Informationsgehalt von Daten zu steigern, können Verknüpfungen auf der Menge von Tabellen durchgeführt werden. Verknüpfungen von Tabellen werden durch Einsatz von Indizes auf unterschiedliche Spalten von Tabellen z.B. bei relationalen Datenbanksystemen stark beschleunigt.

Performante Informationssysteme setzen häufig auf die OLAP (Online Analytical Processing)-Methode, der Speicherungs- und Abfragemöglichkeit entsprechend eines Datenwürfels mit betriebswirtschaftlichen Dimensionen.

Aufgrund der Hauptcharakteristika der Ein-Schicht-Datenarchitektur eines Data Warehouse, der gemeinsamen Datenhaltung für operationale Systeme und für Informationssysteme, müssen Speicherungsmethoden zum Einsatz kommen, welche die Anforderungen von operationalen Systemen mit Priorität erfüllen, um die Geschäftsprozesse eines Unternehmens performant zu unterstützen. Werden operationale Systeme neu konzipiert, kann ein relationales DBMS mit XML-Unterstützung oder eine XML-Datenbank gewählt werden.

3.3 Virtuelles Data Warehouse

Ohne zusätzlichen Aufwand für das Erstellen von Datenreplikationen kann ein virtuelles Data Warehouse eingeführt werden. Es kann schneller als die im Folgenden dargestellten Konzepte implementiert werden, da neben den Datenbeständen für operationale Systeme keine zusätzlichen Datenbestände benötigt werden. So genannte Middleware Tools setzen Zugriffe auf das virtuelle Data Warehouse durch direktes Lesen von operationalen Datenbeständen so um, dass für Benutzer der Eindruck entsteht, ein physikalisches Data Warehouse liege vor.

Zur Trennung von Host-Systemen, auf denen operationale Anwendungssysteme ausgeführt werden, und Client-Systemen, an denen Benutzer Informationssysteme nutzen, wird eine zusätzliche Middleware-Rechnerschicht eingefügt. Für Computersysteme der Middleware-Schicht wird häufig auch der Begriff Applikationsserver im Rahmen einer Drei-Schicht-Rechnerarchitektur genutzt. Bzgl. ihres Leistungsvermögens führende Systeme sind zurzeit u.a. BEA WLS/WLE oder IBM Websphere. Hierbei wird zum Datenaustausch zwischen Applikationsserver und Client, der in der Regel als Web-Client ausgeprägt ist, gängige Internettechnologie genutzt. Auf der Client-Seite ist lediglich ein Webbrowser erforderlich, der Berechnungsergebnisse darstellt. Entsprechend eines genutzten Fat- oder Thin-Client-Ansatzes wird mehr oder weniger viel Programmcode auf der Client-Seite ausgeführt. Hierbei können beispielsweise Corba-, JavaBeans-, JavaServlets- oder JavaServerPages-Technologien zum Einsatz kommen, obige Applikationsserver unterstützen alle Ansätze.

Bei der Konzeption einer Drei-Schicht-Rechnerarchitektur werden Applikationsserver und Client-Systeme direkt aufeinander abgestimmt. Hingegen handelt es sich bei den, auf den Host-Systemen ausgeführten, operationalen Systemen um Altanwendungen, die nur in Ausnahmefällen auf Internettechnologien basieren. Diese Systeme müssen jedoch bei Einführung eines virtuellen Data Warehouses zum Datenaustausch mit Applikationsserver verknüpft

3 Data Warehouse – Einsatz von XML und seiner Komponenten

werden. Der Vorteil der Vermeidung von zusätzlichen Datenredundanzen wird teuer erkauft[13]:

- Operationale Systeme verlangen für die Durchführung ihrer Prozesse völlig andere Datenstrukturen als Informationssysteme. Operationale Datenbestände sind transaktionsorientiert ausgelegt, indem Daten zusammenhängend für Transaktionen speziell abgelegt werden. Zur Optimierung werden Daten häufig repliziert. Nutzer, die operationale Daten direkt als Input für Informationssysteme nutzen wollen, stehen vor dem Problem der Auswahl der richtigen Daten.
- Operationale Datenbestände als Ganzes weisen nur eine eingeschränkte Datenqualität auf, da sie uneinheitlich sind. Daten haben unterschiedliche Formate und unterliegen verschiedenen Randbedingungen, die keinen direkten Vergleich erlauben. Durch inkorrektes Ableiten und Nutzen von Daten entstehen leicht Inkonsistenzen. Wenn Nutzer Zugriff auf alle operationalen Daten erhalten, können bedeutungslose, sehr rechenaufwendige Vergleichsanalysen durch das Heranziehen von Daten, die verschiedenen Randbedingungen unterliegen, erstellt werden.
- Für Informationssysteme sind historische Daten unverzichtbar, diese sind jedoch in operationalen Datenbeständen nicht existent, da nur aktuelle Daten vorgehalten werden.
- Die Umsetzung von Zugriffen auf ein virtuelles Data Warehouse durch Middleware Tools auf operationale Datenbestände verlangt sehr viel Rechenkapazität. Das Gesamtsystem wird durch komplexe Join-Zugriffe stark belastet, was zur Folge hat, dass die Performanz von Transaktionen sinkt.
- Sowohl unterschiedliche Transaktionen als auch komplexe Join-Zugriffe von Informationssystemen stellen ihre Datenbankkommandos an die gleichen vorhandenen Datenbankverwaltungssysteme. Dateneinfügungen, -updates und -abfragen werden parallel von operationalen Systemen und Informationssystemen gestellt. Zugriffskonflikte auf Datenbanken können bei einem hohen Aufkommen von Datenbankkommandos entstehen. Dateneinfügungen und -updates von Transaktionen bewirken beispielsweise ein Sperren einzelner Tabellen während der Datenänderungen. Informationssysteme können zu solch einem Zeitpunkt keine Datenfelder gesperrter Tabellen lesen, Datenbankabfragen werden so verzögert. Während der Analyse von Daten verändern sich die Quelldatenbestände von Informationssystemen. Dieses kann zur Folge haben, dass zu unterschiedlichen Zeitpunkten gestartete Analysen verschiedene Ergebnisse aufweisen können. Drill-Down-Analysen ergeben unter Umständen nur schwer nachzuvollziehende Datenergebnisse. Unter keinen Umständen sollte den ausschließlich lesenden Informationssystemen ein Sperren einzelner Tabellen erlaubt werden. Ein Datenbank-Deadlock, hervorgerufen durch ein gegen-

---

[13] vgl. Devlin, Barry: Data Warehouse – from Architecture to Implementation, 1997, S. 66/67

seitiges Sperren einzelner Tabellen und Datenbankbereiche durch Transaktionen und Join-Zugriffe von Informationssystemen, wäre sonst die unausweichliche Folge.

3.4 Zwei-Schicht-Datenarchitektur

Differierende Anforderungen von operationalen und Informationssystemen an die Struktur von Datenbeständen finden bei der Ein-Schicht-Datenarchitektur keine Berücksichtigung. Operationale Systeme verlangen für die Erfüllung ihrer Prozesse aktuelle Daten, auf welche sie mittels Transaktionen in lesender und schreibender Form zugreifen. Im Gegensatz dazu benötigen Informationssysteme nicht die Komplexität von aktuellen Daten, sondern abgeleitete Daten, welche beispielsweise Zusammenfassungen und Historisierungen umfassen. Sie verändern die abgeleiteten Daten nicht, da sie nur lesend ihre Inhalte nutzen (siehe Abbildung 3-2).

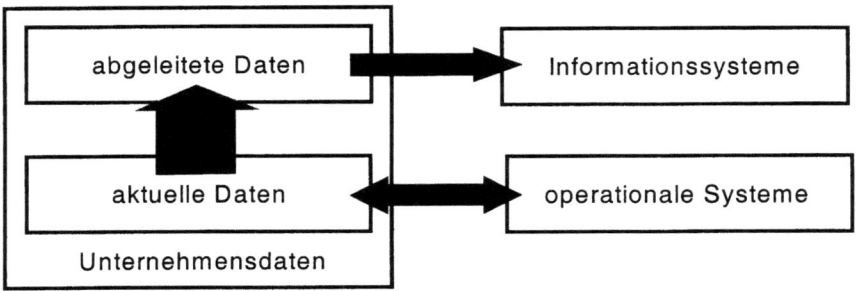

Abbildung 3-2: Zwei-Schicht-Datenarchitektur

Bei der Zwei-Schicht-Datenarchitektur können die Anforderungen von Informationssystemen erfüllt werden, da speziell für jedes Informationssystem die benötigten von aktuellen Daten abgeleiteten Bestände zur Weiterverarbeitung bereitgestellt werden können. Für jedes System können exakt zugeschnittene Daten als Basis verfügbar gemacht werden.

Durch eine physikalische Trennung von aktuellen Daten und abgeleiteten Daten kann die Performanz von operationalen Transaktionen durch Auswertungen mittels Informationssystemen nicht herabgesetzt werden. Gegen eine gemeinsame Nutzung von Datenbeständen durch operationale Systeme und Informationssysteme spricht, dass sie unterschiedliche Anforderungen an Datenbankverwaltungssysteme stellen. Daten sollten technisch für die jeweiligen Systeme optimiert hinterlegt werden (siehe Tabelle 3-3).

Nachteil der Zwei-Schicht-Datenarchitektur ist, dass Teile der aktuellen Daten mehrmals repliziert werden, um Anforderungen unterschiedlicher Informationssysteme zu erfüllen. Die Datenschicht „abgeleitete Daten" wird

3 Data Warehouse – Einsatz von XML und seiner Komponenten

nicht durch einen einheitlichen Datenbestand verkörpert, sondern besteht aus einer Vielzahl von Datenbeständen, welche oft gleiche Daten enthalten. Es existieren in der Regel große inhaltliche Übereinstimmungen und Abhängigkeiten bezüglich der abgebildeten Datenkataloge einzelner Datentöpfe. Datenbestände werden mehrmals dupliziert, was zur Folge hat, dass viel Speicherplatz für abgeleitete Daten benötigt wird. Es fehlt oftmals ein einheitliches Konzept für die Datenbereitstellung für Informationssysteme.

DBMS-Anforderungen	OLTP	Informationssysteme
Random Access	High	Low
Sequential Access	Low-Med	High
Massive Scans	Low	High
Number of Users	High	Low-Med
Response Time	High	Low-Med
Database Size	Med	High
Log Data Updates	High	Low
Data Locking	High	Low
Data Availibilty	High	Med-High

Tabelle 3-3: Anforderungen an Datenbankverwaltungssysteme[14]

Neue Anforderungen von Informationssystemen an Datenbestände werden umgesetzt, indem neue abgeleitete Bestände aus operationalen Beständen gebildet werden. Es werden für neue Informationssysteme laufend neue Datentöpfe errichtet[15], welche zwangsläufig inhaltliche Überschneidungen bezüglich ihres Dateninhaltes haben. Die Hauptproblematik ist, dass die aktuellen Daten nicht einheitlich sind und Inkonsistenzen aufweisen. Die aktuellen Daten müssen so für jede neue Datenbereitstellung eines Informationssystems aufs Neue gelesen, vereinheitlicht und Inkonsistenzen beseitigt werden (siehe Abbildung 3-3).

Die Zwei-Schicht-Datenarchitektur ist hauptsächlich in stark homogenen Anwendungslandschaften vorzufinden, die als EDV-System zentralisierte Großrechnersysteme nutzen. Zentrale Systeme erleichtern häufiges Replizieren von Daten, da das Daten-Management leichter ist und Replizierungsprozesse einfacher gesteuert werden können als in verteilten Systemen. Dieses Szenario ist in Rechenzentren anzutreffen, welche ihre Ursprünge Ende der Sechziger- oder Anfang der Siebzigerjahre haben. Zu ihnen zählen Rechenzentren der Finanzwirtschaft, bei denen bestehende operationale Systeme und Datenbestände für Informationssysteme ständig erweitert werden. Ihre Anwendungslandschaft ist historisch gewachsen.

---

[14] vgl. Seibold, Gerhard: Dimensionales Design für massiv parallele Decision Support Systeme (DSS), 1995, S. 109
[15] vgl. Devlin, Barry: Data Warehouse – from Architecture to Implementation, 1997, S. 68

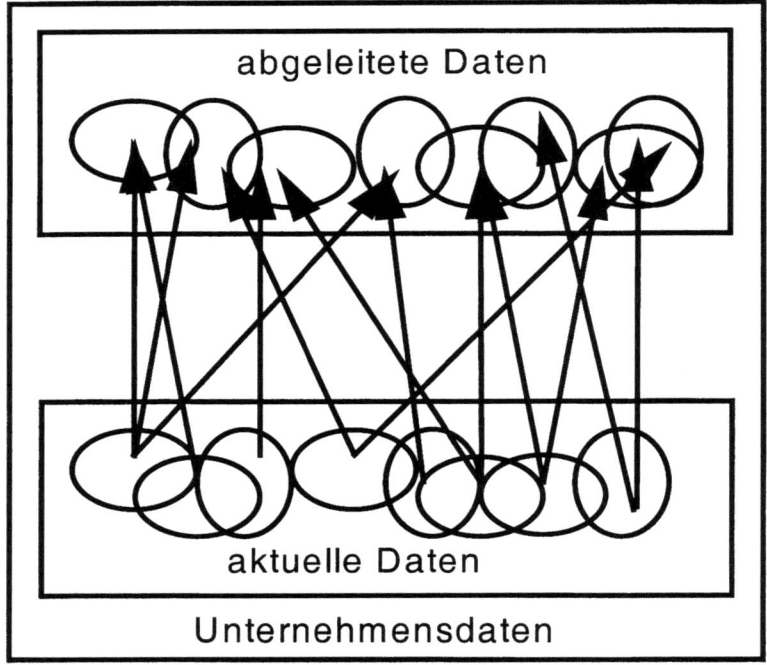

Abbildung 3-3: Versteckte Verknüpfungen bei der Zwei-Schicht-Datenarchitektur

Für ein Data Warehouse, das ausschließlich Daten für ein bestimmtes Informationssystem zur Lösung eines bestimmten betriebswirtschaftlichen Regelkreises bereitstellt, wird der Begriff Data Mart benutzt. Es handelt sich um ein Architekturkonzept, welches der Zwei-Schicht- oder der Drei-Schicht-Datenarchitektur zugeordnet werden kann. Data Marts werden bei der Zwei-Schicht-Datenarchitektur direkt mit Daten aus den operationalen Systemen gefüllt. Durch ihren speziellen Zuschnitt auf die Anforderungen eines bestimmten Informationssystems sind sie nur eingeschränkt für andere Informationssysteme nutzbar. Nur die Vereinigung von mehreren Data Marts kann Informationssysteme für andere betriebswirtschaftliche Regelkreise mit Daten versorgen.

Durch den Einsatz von Data Mart können schnell erste Erfolge erzielt werden. Bei der Erstellung eines Data Mart sind jedoch die gleichen hohen Maßstäbe anzusetzen wie bei der Erstellung eines unternehmensweiten Data Warehouse. Mit der Anzahl der Informationssysteme zur Lösung unterschiedlicher betriebswirtschaftlicher Regelkreise steigt gleichzeitig die Zahl der Data Marts. Die Wartung und die Pflege der einzelnen Data Marts kann nur effektiv erfolgen, wenn für alle Data Marts ein homogener Aufbau gewählt wird. Durch die Vereinigung verschiedener Data Marts mit identischem Aufbau kann ein unternehmensweites Data Warehouse gebildet werden. Datenintegrität betrachtet über alle Informationssysteme kann nur garantiert werden, wenn einzelne Data Marts ein vereinheitlichtes Datendesign haben. Ist dies nicht der Fall, sind Auswertungen und Analysen unterschiedlicher Informationssysteme die Folge, die abweichende, nicht vergleichbare Ergebnisse produzieren. Weichen einzelne Data Marts bezüglich Ausrichtung und Aufbau voneinander ab, kann deren Vereinigung kein Data Warehouse ergeben.

3.5
Drei-Schicht-Datenarchitektur

Aufgezeigte Nachteile der Zwei-Schicht-Datenarchitektur können durch den Einsatz einer weiteren Schicht zwischen den Schichten der „aktuellen Daten" und der „abgeleiteten Daten" vermieden werden. Die Bereitstellung von Daten für Informationssysteme erfolgt bei der Drei-Schicht-Datenarchitektur in zwei Schritten. Zunächst werden die aktuellen Daten vereinheitlicht und im zweiten Schritt werden sie abgeleitet (siehe Abbildung 3-4).

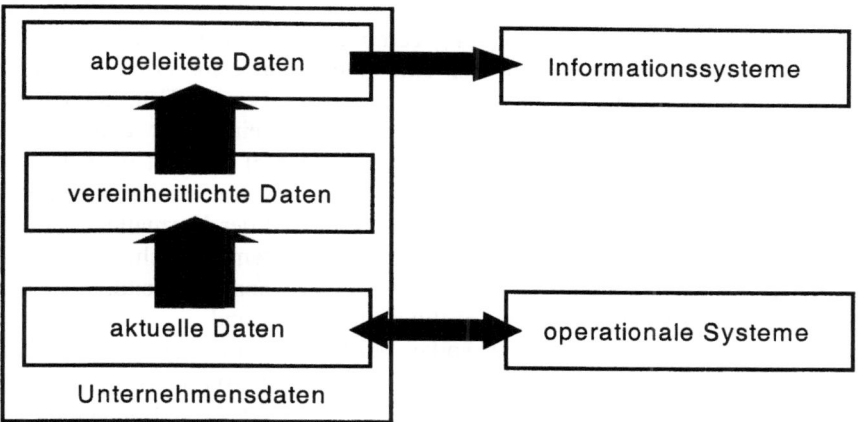

Abbildung 3-4: Drei-Schicht-Datenarchitektur

Alle für operationale Systeme erforderlichen Daten werden durch die Schicht „aktuelle Daten" repräsentiert. Die Datenstruktur ist durch die Zielsetzungen der operationalen Systeme prozess- und transaktionsorientiert. Unabhängig von der physikalischen Realisierung der Datenhaltungen steht hierbei nicht die gesamte Anwendungslandschaft im Vordergrund, sondern ausschließlich die Anforderungen des einzelnen operationalen Systems. Diese besitzen abhängig von ihrem Entwicklungszeitraum unterschiedliche Datenhaltungen, wobei neben dem Benutzen von verschiedenen technischen Basen und Formaten auch verschiedene Zeitmodalitäten zum Einsatz kommen können.

Es genügt nicht, Daten aus der Schicht der „aktuellen Daten" in die Schicht der „abgeleiteten Daten" zu kopieren. Alle Daten sollten völlig neu modelliert und vereinheitlicht werden. Ein Unternehmensdatenmodell muss entwickelt werden, welches die Basis für die Schicht „vereinheitlichte Daten" darstellt. Einzelne Datenentitäten werden im Unternehmensdatenmodell herausgearbeitet und modelliert. Jedes einzelne System mit seinen Datenbasen muss integriert werden, und die Relationen zwischen unterschiedlichen Systemen sind genauestens zu bestimmen.

In der Kreditwirtschaft ist es z.B. erforderlich, die Datenbestände aus den Systemen Giro und Spar mit den Datenbeständen aus dem Zahlungsverkehr zu verknüpfen, oder in Finanzverbünden Kundendaten der Kreditwirtschaft und der Versicherungswirtschaft untereinander abzugleichen. Abweichungen in technischen Formaten können im Unternehmensdatenmodell leicht korrigiert werden. Schwieriger und aufwendiger ist die Überprüfung und im Abweichungsfall die Behebung, ob gleiche Schlüsseltabellen und Begriffe einheitlich in den Systemen umgesetzt worden sind. In einer Schlüsseltabelle werden für unterschiedliche Spezifika und Ausprägungen kurze alphanumerische Codes EDV-technisch festgelegt. Für die Kreditwirtschaft sind beispielsweise Codes für die einzelnen Arten von Girokonten üblich: Privatgirokonto (PG), Geschäftsgirokonto (GG), Avalkonto (AV), Termingeldkonto (TG) usw.

Es ist zu kontrollieren, ob die für eine Integration erforderlichen Datenschlüssel gleichen Schlüsseltabellen unterliegen. Ist dieses der Fall, können sie direkt übernommen werden, im anderen Fall kann ein neuer einheitlicher Schlüssel durch die Kombination vorhandener Schlüssel gebildet werden. Hat keine Neuentwicklung aller operationalen Systeme erst vor kurzem stattgefunden, sind Abweichungen zwischen einzelnen Systemen der Normalfall, welche ihren Ursprung darin haben, dass die operationalen Systeme oft schon seit Ende der Sechziger- oder Anfang der Siebzigerjahre bestehen und seitdem in der Regel unabhängig voneinander weiterentwickelt worden sind.

Das Unternehmensdatenmodell sollte bezüglich seines Aufbaus offen gegenüber jeglichen Erweiterungen sein. Die Integration von neuen operationalen Systemen muss möglich sein, ohne bereits eingefügte Daten abändern zu müssen. Darüber hinaus muss die Möglichkeit bestehen, Daten externer Anbieter wie beispielsweise von dem Datendienst Reuters aufnehmen zu können. Daten in der Schicht der „vereinheitlichten Daten" sollten in normalisierten Relationen physikalisch gespeichert werden.

3.5.1
Arbeitsschritte

Der Arbeitsprozess, der die Schicht der „vereinheitlichten Daten" füllt, zieht aus verschiedenen Quellen, die sowohl heterogen als auch räumlich verteilt sein können, Daten heran, um sie vereinheitlicht in einem Abbild des Unternehmensdatenmodells abzuspeichern. Die gebildete Schicht stellt eine Basis für

3 Data Warehouse – Einsatz von XML und seiner Komponenten

jegliche Informationssysteme dar, die nach den Anforderungen der Endbenutzer designed sein können. Hauptziel ist es, Inkonsistenzen und Unschärfen in den aktuellen Daten zu korrigieren, ohne den Inhalt von Daten zu verändern. Es werden in diesem Prozessschritt keinerlei neue Daten gebildet.

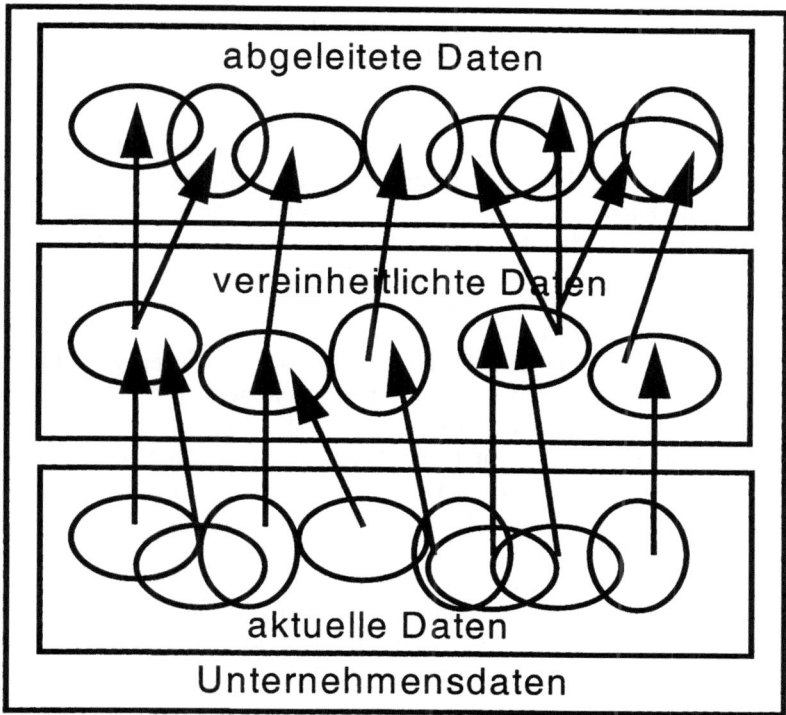

Abbildung 3-5: Relationen der Drei-Schicht-Datenarchitektur

Erst im zweiten Arbeitsschritt „Ableiten von Daten aus der Schicht der vereinheitlichten Daten in die Schicht der abgeleiteten Daten" können neue Daten durch Transformieren oder Kombinieren gebildet werden und in der Schicht der „abgeleiteten Daten" abgelegt werden[16]. Individuell können für jedes Informationssystem speziell zugeschnittene abgeleitete Daten zur Verfügung gestellt werden, in denen auch neu gebildete Daten eingestellt werden können (siehe Abbildung 3-5).

Es muss verhindert werden, dass Endbenutzer direkten Zugriff auf die Schicht der „vereinheitlichten Daten" erhalten, da diese in einer normalisierten Form organisiert ist. Zweck dieser Schicht ist es, die gesamten Unternehmensdaten entsprechend dem Unternehmensdatenmodell aufzunehmen. Sie ist

---

[16] vgl. Devlin, Barry: Data Warehouse – from Architecture to Implementation, 1997, S. 72

in keinster Weise abfrageorientiert, so dass Auswertungen, die oftmals zahlreiche Tabellen einbeziehen, zu viel Verarbeitungszeit benötigen würden. Direkte Auswertungen auf den Bestand der vereinheitlichten Daten würden so die Gesamtperformanz zu stark belasten.

Der Daten-Ableitungsschritt ist bei der Drei-Schicht-Datenarchitektur einfacher aufgebaut als der entsprechende Schritt bei der Zwei-Schicht-Datenarchitektur, da die Quelle für diesen Schritt eine konsistente Umsetzung des Unternehmensdatenmodells ist. Das Ergebnis des Ableitungsschrittes ist bei beiden Architekturen identisch, jedoch müssen die Inkonsistenzen der aktuellen Daten bei der Zwei-Schicht-Datenarchitektur für alle abgeleiteten Daten jeweils einzeln korrigiert werden. Bei jeder erneuten Einführung einer weiteren Ableitung von Daten kann aufs Neue von der Erstellung der Schicht der vereinheitlichten Daten profitiert werden.

Sowohl die Füllung der Schicht der vereinheitlichten Daten als auch die Durchführung von Ableitungen benötigen Rechenkapazitäten. Bei der Drei-Schicht-Datenarchitektur muss im Gegensatz zu der Zwei-Schicht-Datenarchitektur nur einmal die Schicht der vereinheitlichten Daten gefüllt werden und kann anschließend für einen einfacheren Ableitungsschritt genutzt werden. Bei der Zwei-Schicht-Datenarchitektur sind für jede Ableitung Daten jeweils separat zu vereinheitlichen. Durch das Einfügen der Schicht der vereinheitlichten Daten kann Rechenkapazität gespart werden, da der Vereinheitlichungsprozess nur einmal für neu einzufügende Daten durchgeführt werden muss.

Die getätigten Vorleistungen bei der Drei-Schicht-Datenarchitektur amortisieren sich schnell. Ein Data Warehouse gehört zu der Gruppe der Anwendungen mit einer langen Einsatzzeit, es steht nicht der kurzfristige Erfolg im Vordergrund, sondern eine Anwendung zu kreieren, die auch zukünftigen Anforderungen genügen muss. In der Finanzwirtschaft werden Anwendungen grundsätzlich über viele Jahre hinweg eingesetzt, Neuentwicklungen nach weniger als 10 Jahren sind selten. Durch stetige Weiterentwicklung werden Anwendungen ständig neuen Anforderungen angepasst, das einstige Grundkonzept bleibt jedoch erhalten. Entsprechend sollte auch bei einem Data Warehouse verfahren werden, die Drei-Schicht-Datenarchitektur ist so anderen Konzepten wegen ihrer Zukunftsausrichtung vorzuziehen.

3.5.2
Implementierung der Schicht der vereinheitlichten Daten

Eine der Kernfragen bei der Drei-Schicht-Datenarchitektur ist, ob die Schicht der vereinheitlichten Daten physikalisch umgesetzt oder ob sie nur temporär für die Erstellung der abgeleiteten Daten erzeugt werden soll? Es sprechen mehrere

Erkenntnisse für eine physikalische Repräsentierung der vereinheitlichten Daten[17], welche im Folgenden diskutiert werden.

Ein Hauptgrund für die Konzipierung der Schicht der vereinheitlichten Daten ist, dass die Datenbelieferung von neu zu erstellenden Informationssystemen erleichtert werden soll. Die Erstellung von Datenbasen wird durch vereinheitlichte Daten stark vereinfacht, da Abweichungen und Inkonsistenzen in den aktuellen Daten der operationalen Systeme auf dem Schritt zu den vereinheitlichten Daten bereits korrigiert worden sind. Die Nutzung der vereinheitlichten Datenbestände wird erleichtert, da sie in normalisierter Form entsprechend dem Unternehmensdatenmodell vorliegen.

Wird physikalisch die Schicht der vereinheitlichten Daten nicht umgesetzt, sind Designer gezwungen, direkt die Datenbestände der operationalen Systeme und externen Quellen anzuzapfen und eine Korrektur der Eingabedaten selbst vorzunehmen. Es muss ein Datenvereinheitlichungsprozess speziell für die benötigten Daten der Informationssysteme entwickelt werden. Für jeden abgeleiteten Datenbestand müssten mittels Middleware Tools Eingabebestände unterschiedlicher Herkunft gelesen und während der Laufzeit vereinheitlicht werden. Es wird somit das ressourcenaufwendige immer wiederkehrende Einlesen und Vereinheitlichen von Daten für jeden abgeleiteten Datenbestand aufs Neue durchgeführt, dieses ist bei mehreren abgeleiteten Datenbeständen aufwendiger, als wenn die „Schicht der vereinheitlichten Daten" physikalisch ausgebildet würde und für Ableitungen direkt zur Verfügung gestellt würde. Parallel laufen für verschiedene Informationssysteme ähnliche Ableitungs- und Vereinheitlichungsschritte ab, welche neben den Design- und Entwicklungsaufwänden auch mehr Rechnerkapazitäten und Speicherbedarf benötigen, als wenn direkt eine Schicht der vereinheitlichten Daten implementiert würde.

Der Prozess, aktuelle Daten heranzuziehen und in Form des Unternehmensdatenmodells neu organisiert zu speichern, ist sehr kompliziert und fehlerträchtig. Es ist unökonomisch, diesen Schritt für jedes Informationssystem aufs Neue durchzuführen. Er sollte für das gesamte Unternehmen nur einmal von einer Modellierungsgruppe durchgeführt werden. Sowohl die operationalen Systeme als auch das Unternehmensdatenmodell unterliegen einer stetigen Weiterentwicklung, die verlangen, dass die Schicht der vereinheitlichten Daten ständig angepasst werden muss. Die Modellierungsgruppe sollte weiterhin Nutzer bei der Ableitung von Daten für Informationssysteme unterstützen.

Das Nutzen von bereits abgeleiteten Datenbeständen kann keine Alternative für die physikalische Umsetzung der Schicht der vereinheitlichten Daten sein, da nicht gewollte Abhängigkeiten zwischen verschiedenen Datenbeständen für differierende Informationssysteme entstehen würden. Die Vergangenheit hat gezeigt, dass dieses zu Problemen der Datenkonsistenz führen kann, da Daten aus mehreren abgeleiteten Datenbeständen kombiniert werden müssen, die oftmals nicht einheitlich sind.

---

[17] vgl. Devlin, Barry: Data Warehouse – from Architecture to Implementation, 1997, S. 75–77

3.6
Einsatz von XML

Die Schnittstelle zu operationalen Systemen und zu externen Datenanbietern wird vom Extraktions-Manager gesteuert. Ein Extraktions-Manager hat die Aufgabe, Schnittstellen des Data Warehouse zu Datenbeständen operationaler Systeme und externer Datenanbieter bereitzustellen. Daten aus externen Quellen sind zu extrahieren. Die Problematik, auf Daten zugreifen zu müssen, die in verschiedenen technischen Systemen gespeichert sind, ist zu lösen. Felder aus einzelnen Quellen sind zu vereinheitlichen. Abweichungen bezüglich Ausrichtung und Formate zwischen operationalen Systemen und externen Datenanbietern oder sogar operationalen Systemen untereinander sind eher die Regel als die Ausnahme. Datenaustauschschnittstellen zu Systemen, die auf anderen Hardwareplattformen basieren, oder zu abweichenden Datenbanksystemen müssen eingerichtet werden.

Techniken zum Datenaustausch wie beispielsweise CORBA sollen an dieser Stelle nur der Vollständigkeit halber genannt werden, unser Fokus liegt auf dem Einsatz von XML. Die extrahierten Daten müssen dem Data-Warehouse-Manager über eine festgelegte interne Schnittstelle zur Verfügung gestellt werden.

Da die Datenbestände des Data Warehouse im XML-Format hinterlegt werden sollen, ist es nahe liegend, dass Daten aus Quellbeständen direkt im XML-Format extrahiert werden. Die Daten von operationalen Systemen sind in Datenbank-Managementsystemen gespeichert. Liegt hierbei ein aktuelles DBMS zugrunde, wird die Aufgabe direkt vom Softwarehersteller des DBMS unterstützt, indem die Möglichkeit gegeben ist, Datenwerte in Form von XML-Objekten zu exportieren. IBM bietet hierzu für sein relationales DBMS den so genannten DB2 XML Extender an, mit dessen Hilfe XML-Dokumente erzeugt oder auf deren Inhalt zugegriffen werden kann.

Liegt dem jeweiligen operationalen System kein DBMS zugrunde, das solche Technologien standardmäßig bereitstellt, können jedoch trotzdem XML-Dokumente strukturiert erzeugt werden. Für gängige Hochsprachen wie beispielsweise C++ oder Java werden die Programmbibliotheken SAX- und DOM-APIs zur Verfügung gestellt, mit denen XML-Dokumente geparst oder generiert werden können.

Werden Unternehmensprozesse mit so genannter Standard-Branchen-Software abgebildet, so bieten diese die Möglichkeit, Daten im XML-Format zu exportieren. SAP nutzt hierzu beispielsweise den SAP Business Connector für R/3.

Da nicht die Möglichkeit besteht auf die Quelldatenbanken von externen Datenanbietern zuzugreifen, sollte mit diesen vereinbart werden, dass Daten im XML-Format übermittelt werden. Ist dieses nicht der Fall, so können während einer Übergangszeit Datenlieferungen, die in der Regel aus sequenziellen

Dateien bestehen, unter Nutzung von SAX- und DOM-APIs in XML-Dokumente konvertiert werden.

Zusammenfassend kann gesagt werden, dass Technologien eingesetzt werden können, um unter Steuerung eines Extraktions-Managers XML-Dokumente bereitzustellen. Hauptaufgabe ist es, XML-Dokumente so zu organisieren, dass alle Unternehmensdaten in einem XML-basierten Data Warehouse gespeichert werden können.

3.6.1
Beispiel eines Kreditinstituts

Ein Beispiel aus der Kreditwirtschaft zeigt, wie Kundendaten so organisiert werden, dass effektiv auf Einzelwerte zugegriffen werden kann und eine beliebige Skalierung bei stark ansteigenden Datenvolumina erfolgen kann. Folgende Beispielrechnung verdeutlicht die Anforderung:

Kreditinstitut X hat 1 Million Kunden, die im Durchschnitt drei Konten bei dem Institut nutzen. Werden pro Kunde 100 nur einmal gespeicherte Datenfelder und weitere 50 Datenfelder angenommen, die im Durchschnitt 25-mal historisiert werden, so wird bei einem mittleren Speicherbedarf von 20 Byte pro Datenfeld für die Kundenstammdaten ein Speicherbedarf von

1.000.000 Kunden x (100 einmalige Felder + 50 historisierte F. x 25) x 20 Byte pro Feld =

1.000.000 x 1.350 x 20 Byte = 27.000.000.000 Byte = ca. 27 Gigabyte
benötigt.

Pro Konto werden 200 nur einmal gespeicherte Datenfelder und 200 jeweils im Durchschnitt 100-mal zu historisierende Datenfelder angenommen. Der Speicherbedarf für die Konten wäre:

3.000.000 Konten x (200 einmalige + 200 historisierte x 100 Felder) x 20 Byte =

3.000.000 x 20.200 x 20 Byte = 1.212.000.000.000 Byte = 1,2 Terabyte

Obige Beispielrechnung unterstreicht, dass XML-Objekte unbedingt skalierfähig organisiert werden müssen. XML-Objekte müssen effektiv auf separate XML-Dokumente verteilt werden. Ein Kompromiss zwischen zu großen XML-Dokumenten und einer zu feinen Separierung muss gefunden werden. Von vornherein sind Ansätze auszuschließen, in denen die Daten eines Kontos, eines Kunden oder sogar einer kompletten Filiale in einem XML-Dokument gespeichert werden. Auch wenn die maximale Größe eines XML-Dokuments nur von dem Dateisystem oder dem genutzten DBMS zur XML-Speicherung begrenzt ist, sind zu mächtige XML-Dokumente zu vermeiden. Bei einem Zugriff auf Einzeldatenfelder muss immer ein komplettes XML-Dokument herangezogen werden. Auf den Inhalt von XML-Dokumenten wird zugegriffen, indem diese geparst werden. Parser basieren in der Regel auf SAX- oder DOM-APIs. Bei Nutzung der Simple API for XML (SAX) wird sequenziell ein XML-

Dokument nur bis zu der relevanten Datenstelle durchsucht, folgende Bereiche werden nicht eingelesen. Gegensätzlich verfährt die API für das Document Object Model (DOM); bei Gebrauch von DOM wird ein XML-Dokument erst komplett in den Arbeitsspeicher eingelesen und anschließend auf zutreffende XML-Elemente überprüft. Unabhängig eines eingesetzten Parsers sollten XML-Dokumente nicht zu groß sein, um performante Zugriffe zu erlauben. Daten können auf einzelne XML-Dokumente unter Nutzung der XLink-Technologie verteilt werden.

Unser Beispielkreditinstitut ordnet seine Kunden einzelnen Filialen zu, die wiederum zu Marktbereichen zusammengefasst werden. Einzelne Kunden nutzen mehrere Konten, zu denen Zinssätze, Umsatzdaten, Salden usw. historisiert werden.

Name	Anzahl	Beschreibung
institut[Bankleitzahl].xml	1	enthält Informationen zum Kreditinstitut, zu Marktbereichen, zu Filialen und XLink zu allen Kunden-Dokumenten
kunde[Kundennummer].xml	1..∞	enthält Informationen zu den Kunden mit der Kundennummer x, wie Name, Geburtsdatum, Adresse etc., und XLink zu Umsatzdaten und Depotbeständen der Konten des jeweiligen Kunden
kunde[Kundennummer]konto[Kontonummer]umsatz[Stichtagsdatum].xml	0..∞	enthält Umsatzdaten zu einem bestimmten Konto y eines Kunden x des Monats z
kunde[Kundennummer]depot[Depotnummer]bestand[Stichtagsdatum].xml	0..∞	enthält die Depotbestände des Kontos y des Kunden x zum Stichtag t

Tabelle 3-4: XML-Dokumente eines Data Warehouse für ein Kreditinstitut

In der Tabelle 3-4 sind einige XML-Dokumente aufgeführt, die eine Teilmenge möglicher Datenfelder eines Data Warehouse für ein Kreditinstitut enthalten. Eine produktive Data-Warehouse-Lösung besteht aus weiteren XML-Dokumenten mit zusätzlichen Datenfeldern. Mit den gewählten Dokumenten wird das Prinzip der Datenseparierung deutlich. Ein Produktivsystem würde beispielsweise das so genannte Instituts-XML-Dokument in weniger umfangreiche Marktbereichs- und Filial-Dokumente separieren, die mittels XLink miteinander verbunden wären. Aus Übersichtsgründen wird hier eine vereinfachte Version beschrieben.

3.6.2
XML-Dokumente

In Listing 3-1 wird ein Ausschnitt des XML-Dokuments `institut[Bankleitzahl].xml` dargestellt.

```xml
<?xml version="1.0"?>
<!DOCTYPE Kreditinstitut SYSTEM "institut.dtd">
<Kreditinstitut xmlns:xlink="http://www.w3.org/1999/xlink"
    Stichtag="18.07.2001">
    <Name>Hamburger Bank</Name>
    <Bankleitzahl>32323232</Bankleitzahl>
    <Marktbereich>
        <Name>Eppendorf</Name>
        <Filiale>
            <Name>Schiffgraben 5</Name>
            <Kunde>
                <Vorname>Hans</Vorname>
                <Nachname>Klein</Nachname>
                <Kundennummer>73823232</Kundennummer>
                <Kundendatenverweis xlink:type="simple"
                    xlink:title="Kundendaten"
                    xlink:href="kunde73823232.xml"/>
            </Kunde>
            <Kunde>
                <Vorname>Wilfried</Vorname>
                <Nachname>Stahl</Nachname>
                <Kundennummer>65398327</Kundennummer>
                <Kundendatenverweis xlink:type="simple"
                    xlink:title="Kundendaten"
                    xlink:href="kunde65398327.xml"/>
            </Kunde>
            ...
        </Filiale>
        <Filiale>
            <Name>Kampstrasse 23</Name>
            ...
        </Filiale>
        ...
    </Marktbereich>
    <Marktbereich>
        <Name>Altona</Name>
        ...
    </Marktbereich>
    ...
</Kreditinstitut>
```

Listing 3-1: XML-Dokument `institut[Bankleitzahl].xml`

Die XML-Verarbeitungsanweisung (Processing Instruction) in der 1. Zeile gibt an, dass es sich bei den folgenden Zeilen um XML-Code handelt, der dem XML-Standard der Version 1.0 entspricht. In der zweiten Zeile wird festgelegt, dass das XML-Dokument der Document Type Definition (DTD) `institut.dtd` unterliegt. Eine Document Type Definition ist ein zentraler Bestandteil eines XML-Dokuments. In ihr werden die Grundregeln für die

Auf enthaltene Daten der einzelnen XML-Dokumente kann direkt oder mittels einem übergeordneten XML-Dokument unter Nutzung von XLink zugegriffen werden.

Struktur eines Dokuments festgelegt. Die DTD definiert, wie die Elemente ineinander verschachtelt werden können und welche Attribute diesen zugeordnet werden können. Dokumente, die der Spezifikation des XML-Standards entsprechen, werden als wohlgeformte Dokumente bezeichnet. Erfüllen diese zusätzlich die Anforderungen einer DTD oder XML-Schema-Definition (XSD), so liegen gültige Dokumente vor (vgl. Abbildung 3-6).

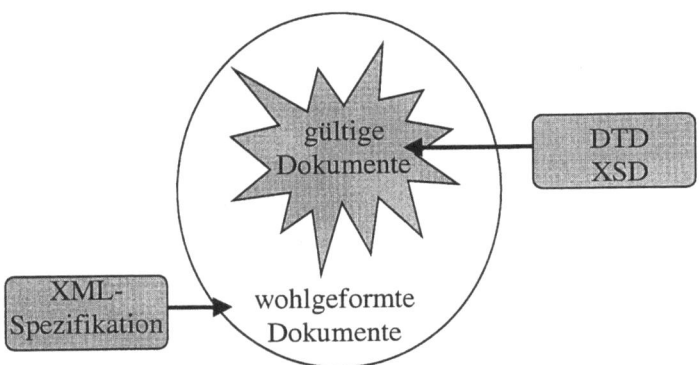

Abbildung 3-6: Wohlgeformte und gültige XML-Dokumente

Eine Document Type Definition kann innerhalb oder außerhalb eines XML-Dokuments festgelegt werden, bei DTD innerhalb eines Dokuments muss diese zwingend am Anfang der Datei stehen. Hier gibt der Zusatz SYSTEM an, dass es sich um eine externe Datei handelt. Grundsätzlich sollten externe DTD verwandt werden, da diese für eine ganze Klasse von XML-Dokumenten genutzt werden können. Die Syntax und Struktur eines XML-Dokuments sollte durch einen validierenden Parser anhand einer DTD überprüft werden. Mit der Nutzung eines validierenden Parser kann eine wichtige Hauptanforderung an ein Data Warehouse standardmäßig erfüllt werden; ein Data Warehouse soll Datenbestände vollständig integriert vorhalten. Für gleiche Entitäten sollen eindeutige Namenskonventionen und Maßeinheiten sichergestellt werden. Nicht verschwiegen werden darf, dass ein Validieren von XML-Dokumenten ein rechenaufwendiger Vorgang ist, der die Gesamtperformanz eines Data Warehouse stark herabsetzen kann. Hierbei kann jedoch folgender Kompromiss angewandt werden. Die Validierungsfunktionalität eines Parsers kann über einen Parameter ein- und ausgeschaltet werden. Während des Testens, der Abnahme und direkt nach der Änderung von Data-Warehouse-Funktionalitäten sollte unbedingt die Möglichkeit des Validieren von XML-Dokumenten genutzt werden. Während des gesicherten Produktionsbetriebes kann hingegen auf die Kontrollmöglichkeit verzichtet werden, um die Performanz zu steigern.

Das unbedingte Sicherstellen von integrierten Datenbeständen ist bei einem Data Warehouse von herausragender Wichtigkeit. Fatal ist, dass fehlende Werte,

3 Data Warehouse – Einsatz von XML und seiner Komponenten

falsche Formate etc. nicht sofort bei einem Einstellen in Datenbestände erkannt werden, sondern erst oft Monate später bei Datenauswertungen. Einige Leser haben sicherlich eigene negative Erfahrungen in dieser Hinsicht gemacht, wenn sich in der Produktion herausstellt, dass ein Teil der Datenwerte offensichtlich falsch ist. Gerade bei langjährig eingesetzten operationalen Systemen sind teilweise Daten abhanden gekommen durch Fehler oder durch Neuorganisationen von Datenbanken. Bereits 20% fehlerhafte Daten können Auswertungen von Informationssystemen völlig unbrauchbar machen.

Die dritte Zeile enthält lediglich einen in <!-- und --> eingeschlossenen Kommentar. Der eigentliche Inhalt unseres XML-Dokuments beginnt mit der 4. Zeile, dem Wurzelelement "Kreditinstitut", in dem alle weiteren XML-Elemente eingeschachtelt sind. Zur Verknüpfung der einzelnen Kundendaten wird XLink verwandt, mittels des Attributes xmlns:xlink="http://www.w3.org/1999/xlink" wird der Namensraum der Linking-Funktionalität angegeben.

Datenwerte können nur korrekt verwandt werden, wenn bekannt ist, zu welchem Zeitpunkt diese erhoben worden sind. Es muss klar ersichtlich sein, ob es sich um aktuelle oder vergangenheitsbezogene Datenwerte handelt. Bei allen XML-Dokumenten wird hierzu einheitlich ein Attribut im Wurzelelement verwandt, das den Stichtag eines XML-Dokuments angibt. Der Aufbau der weiteren eingeschachtelten XML-Elemente wird anhand der zugeordneten DTD institut.dtd in Listing 3-2 verdeutlicht.

```
<?xml version="1.0" encoding="UTF-8"?>
<!ELEMENT Kreditinstitut (Name, Bankleitzahl,
    Marktbereich+)>
<!ATTLIST Kreditinstitut
    xmlns:xlink CDATA #REQUIRED
    Stichtag CDATA #REQUIRED>
<!ELEMENT Name (#PCDATA)>
<!ELEMENT Bankleitzahl (#PCDATA)>
<!ELEMENT Marktbereich (Name, Filiale+)>
<!ELEMENT Filiale (Name, Kunde+)>
<!ELEMENT Kunde (Vorname, Nachname, Kundennummer,
    Kundendatenverweis)>
<!ELEMENT Vorname (#PCDATA)>
<!ELEMENT Nachname (#PCDATA)>
<!ELEMENT Kundennummer (#PCDATA)>
<!ELEMENT Kundendatenverweis EMPTY>
<!ATTLIST Kundendatenverweis
    xlink:type (simple) #FIXED "simple"
    xlink:href CDATA #REQUIRED
    xlink:role CDATA #IMPLIED
    xlink:arcrole CDATA #IMPLIED
    xlink:title CDATA #IMPLIED
    xlink:show (new|replace|embed|other|none) #IMPLIED "none"
    xlink:actuate (onLoad|onRequest|other|none) #IMPLIED "none">
```

Listing 3-2: Dokument Type Definition institut.dtd

Einträge in jeder DTD werden mittels Schlüsselwörtern klassifiziert. In unserem Beispiel werden mit <!ELEMENT ... > neue XML-Objekte und mit <!ATTLIST ... > Attribute einzelner XML-Objekte definiert. Darüber hinaus können in einer DTD Entitäten, Datentyp-Notationen oder Kommentare verwandt werden. Logische Strukturen werden mit Hilfe der ELEMENT-Definition und den zugehörigen ATTLIST-Deklarationen bestimmt, und physische Strukturen werden durch ENTITY und NOTATION definiert.

Der wichtigste Bestandteil einer DTD ist das Element. Es legt fest, welche Markups (Markierungen) genutzt werden dürfen. Markups bestehen aus Start-Tags, End-Tags, Tags (Formatierungsanweisungen) für leere Elemente, Entity-Referenzen, Zeichenreferenzen, Kommentaren, Begrenzungen für CDATA-Abschnitte, Dokumenttyp-Deklarationen und Processing Instructions. Der Inhalt eines Elements steht zwischen dem Start- und dem End-Markup.

Mit der Hilfe von Elementen kann Text in XML-Dokumenten ausgezeichnet werden, indem dieser durch das Start-Tag und das End-Tag umschlossen wird.

```
<Kundennummer>73823232</Kundennummer>
```

Das Element Kundennummer enthält eine Zeichenfolge. Das Schlüsselwort #PCDATA (parsed character data) in der DTD gibt an, dass der Inhalt des Elementes aus beliebigen Zeichenfolgen bestehen darf, die vom Parser analysiert und weiterverarbeitet werden:

```
<!ELEMENT Bankleitzahl (#PCDATA)>
```

Optional zu #PCDATA kann der CDATA-Typ (»character data«) zur Deklaration von Daten verwandt werden, die vom Parser nicht analysiert werden und ohne Änderung an eine Anwendung übermittelt werden. PCDATA werden zur Umsetzung von Markup-Befehlen in Daten durch Parser verwendet.

Die XML-Elemente Name, Bankleitzahl, Vorname und Nachname umschließen ebenfalls beliebige Zeichenketten.

Zeichen	Bedeutung
()	eingeschachtelte Elemente werden mittels Klammern gruppiert, innerhalb von Klammern können weitere Gruppierungen mittels Klammern gebildet werden
,	mittels Komma verbundene Typen sind mit logisch UND verknüpft und sind alle erforderlich
|	durch »|« verbundene Typen sind mit logisch ODER verknüpft und sind optional
?	Fragezeichen nach einer Elementbezeichnung bestimmt ein optionales Element, das nicht zwingend in einem übergeordneten Element auftreten muss, es kann null- oder einmal auftreten
*	Sternchen hinter einer Elementbezeichnung definiert ein Element, welches beliebig oft in einem übergeordneten Element auftreten kann
+	Pluszeichen hinter einer Elementbezeichnung gibt an, dass ein oder mehrere Elemente innerhalb eines übergeordneten Elementes enthalten sein müssen

Tabelle 3-5: Definition von eingeschachtelten Elementen

3 Data Warehouse – Einsatz von XML und seiner Komponenten

Elementhierarchien werden erstellt, indem Elemente nicht einfach nur Text enthalten, sondern weitere Elemente umschließen, wobei der Inhalt eines Elementes aus weiteren Inhalten besteht. Hierzu muss in einer DTD festgelegt werden, welche Elemente innerhalb von anderen enthalten sein können oder müssen, wobei die einzelnen Elemente in Klammern nach dem übergeordneten Element festgelegt werden.

```
<!ELEMENT Kreditinstitut (Name, Bankleitzahl, Marktbereich+)>
```

Das Element Kreditinstitut umschließt die Elemente Name, Bankleitzahl und Marktbereich. Durch die Bestimmung der durch Kommata getrennten Elemente wird auch deren Reihenfolge innerhalb des umschließenden Elementes Kreditinstitut festgelegt. Die DTD für das Element Kreditinstitut legt fest, dass die in Klammern aufgeführten Elemente zwingend auftreten müssen, wobei das Element Marktbereich, festgelegt durch ‚+', mehrmals auftreten kann.

In Tabelle 3-5 sind alle Möglichkeiten aufgeführt, wie Elemente definiert werden können, die innerhalb eines übergeordneten Elementes als Inhalt enthalten sind.

Gegenüber den übrigen Elementen abweichend ist das Element Kundendatenverweis, es enthält weder Zeichenketten noch eingeschlossene Elemente. Es wird als leer definiert:

```
<!ELEMENT Kundendatenverweis EMPTY>
```

Das Element Kundendatenverweis ist trotzdem nicht ohne Aufgabe, es enthält Attribute, deren Inhalte zu den eigentlichen Kundendaten verweisen.

3.6.3
XML-Attribute

Mittels Attributen können Elemente Optionen beinhalten. In einer DTD wird eine Attribut-Deklaration durch das Schlüsselwort ATTLIST eingeleitet, dem der Elementname, zu dem das Attribut zugeordnet ist, der Name und der Wertetyp des Attributes folgen. Durch den Parameter #REQUIRED (erforderlich) wird angegeben, dass die Bestimmung eines Attributes unbedingt erforderlich ist, alternativ kann mittels #IMPLIED (implizit) festgelegt werden, dass ein Attribut nicht zwingend angegeben werden muss.

```
<!ATTLIST Kundendatenverweis
    xlink:type (simple) #FIXED "simple"
    xlink:href CDATA #REQUIRED
    xlink:role CDATA #IMPLIED
    xlink:arcrole CDATA #IMPLIED
    xlink:title CDATA #IMPLIED
    xlink:show (new|replace|embed|other|none) #IMPLIED "none"
    xlink:actuate (onLoad|onRequest|other|none) #IMPLIED "none">
```

Hier sind dem Element Kundendatenverweis die drei Attribute xlink:type, xlink:title und href zugeordnet, die jeweils vom Wertetyp CDATA sind und deren Angabe bei Nutzung des Elementes zwingend erforderlich ist. Es besteht die Möglichkeit für Attribute, bei der Definition Vorgabewerte anzugeben, die mittels dem Schlüsselwort #FIXED zu einem festen nicht alternativen Vorgabewert festgelegt werden können. Darüber hinaus kann durch Angabe einer Aufzählung, bestehend aus einer Reihe von Werten, ein Wertebereich vorgegeben werden, aus dem ein Wert ausgewählt werden kann.

`xlink:show (new|replace|embed|other|none) #IMPLIED` `"none"` gibt an, dass dem Attribut `xlink:show` der Wert `new`, `replace`, `embed`, `other` oder `none` zugewiesen werden kann. Erfolgt keine Angabe, wird standardmäßig der Wert `none` für das Attribut angenommen.

Der Vorteil von Vorgabewerten ist, dass die Dateilänge von XML-Dokumenten um wenige Byte reduziert werden kann. Dieses impliziert jedoch den zwingenden Einsatz eines validierenden Parsers, dem ständig die zugeordnete DTD zur Verfügung stehen muss, da in XML-Dokumenten fehlende Attributwerte vom Parser aus der jeweiligen DTD übernommen werden müssen. Ein nichtvalidierendes Parsen zur Performanzsteigerung ist durch fehlende Attributwerte bei Nutzung von Vorgabewerten für Attribute nicht möglich. Der Vorteil reduzierter XML-Dokumente wird teuer durch die wegfallende Möglichkeit des nichtvalidierenden Parsens erkauft.

Sollen Attribute beliebige Zeichenketten als Wert enthalten, so wird dieses in der DTD ausschließlich mit dem Datentyp CDATA deklariert. Eine Nutzung von PCDATA ist nicht möglich, da Attributwerte ohne Veränderung durch einen Parser direkt eine Anwendung erreichen sollen. In Attributen sollen keine Markup-Befehle enthalten sein, die von einem Parser umgesetzt werden.

3.7
XML Linking Language (XLink)

Am 27. Juni 2001 ist vom World Wide Web Consortium (W3C) eine offizielle Empfehlung (Recommendation) bzgl. XLink[18] veröffentlicht worden, die als normative Standardreferenz betrachtet werden kann. Für XLink existiert der Namensraum `xmlns:xlink="http://www.w3.org/1999/xlink"`, mit dem XML-Elementen XLink-Eigenschaften zugewiesen werden.

Bei einem Data Warehouse soll XLink genutzt werden, um XML-Dokumente miteinander zu verknüpfen, die die Datenbestände eines Kreditinstitutes abbilden. Genutzt werden so genannte einfache und erweiterte Links, die im Folgenden beschrieben werden.

Die von HTML bekannte Möglichkeit, Verweise zwischen Dateien, Dateiteilen oder Bildern mittels Hyperlinks herzustellen, wird durch XLink auf XML-Dokumente übertragen. Es existieren zwei Arten von XLink, die so genannten einfachen (simple) und erweiterten (extended) Verweise zwischen Dokumenten, wobei die erste Methode dem von HTML bekannten Vorgehen entspricht.

---

[18] vgl. W3C: Recommendation XML Linking Language (XLink), Version 1.0

3 Data Warehouse – Einsatz von XML und seiner Komponenten

Adressangaben beinhalten sowohl in HTML als auch in XML einen Universal Resource Identifier (URI), spezifiziert mittels der RFC 2396: Uniform Resource Identifier aus dem Jahr 1995.

Die offizielle Empfehlung sieht für XLink-Elemente acht unterschiedliche Attribute vor, deren Auftreten erforderlich (E) oder optional (O) ist. In Tabelle 3-6 sind in der Senkrechten die Attribute und in der Waagerechten die einzelnen XLink-Typen aufgeführt.

XLink-Typ \ Attribut	simple	extended	locator	arc	resource	title
type	E	E	E	E	E	E
href	O	E				
role	O	O	O		O	
arcrole	O			O		
title	O	O	O	O	O	
show	O				O	
actuate	O				O	
label			O		O	
from				O		
to				O		

Tabelle 3-6: XLink-Attribute entsprechend W3C Recommendation

Das Attribut xlink:type ist das einzige, welches in allen XLink-Elementen zwingend angegeben werden muss, es bestimmt den Typ des jeweiligen XLink-Elements. In Tabelle 3-7 sind die Aufgaben und Beschreibungen der einzelnen XLink-Attribute aufgeführt.

XLink-Attribut	Beschreibung
type	Typ eines XLink-Elements, möglich sind simple, extended, locator, arc, resource oder title
href	enthält interne oder externe Adressangabe entsprechend URI-Spezifikation
role	Funktion eines XLink
arcrole	Funktion eines Bogens zwischen zwei Ressourcen
title	Titel eines XLink
show	Angabe, wie mit href referenzierter Ressource verfahren werden soll, fünf Möglichkeiten: new: Ressource soll in neues Fenster, Rahmen etc. geladen werden replace: Ressource soll im aktuellen Fenster, Rahmen etc. dargestellt werden embed: Ressource wird in das angezeigte Dokument eingebettet

XLink-Attribut	Beschreibung
	`other`: Art der Weiterverarbeitung wird durch andere Markup-Befehle im Link bestimmt `none`: jeweilige Anwendung wird Art der Weiterverarbeitung überlassen
`actuate`	Angabe, wann referenzierte Ressource geladen wird, vier Möglichkeiten: `onLoad`: beim Laden der Start-Ressource wird sofort referenzierte geladen `onRequest`: vor Laden wird Aktion des Benutzers erwartet `other`: Zeitpunkt des Ladens durch andere Markup-Befehle im Link bestimmt `none`: Zeitpunkt des Ladens wird Anwendung überlassen
`label`	Platzhalter für eine Klasse von URI, die in einem `resource`- oder `locator`-Element bestimmt wird; mehreren URI kann ein Platzhalter zugewiesen werden
`from`	Auftreten nur im XLink-Element vom Typ `arc`, das einen Bogen von einem `label` zu einem anderen angibt; `from` gibt an, von wo verzweigt wird
`to`	siehe Attribut `from`; `to` gibt an, wohin bei einem Bogen verzweigt wird

Tabelle 3-7: Beschreibung der XLink-Attribute

3.7.1
Einfacher Verweis

Im XML-Dokument `institut[Bankleitzahl].xml` wird ein XLink vom Typ `simple` genutzt, um eine Verknüpfung zwischen den Institutsdaten und den einzelnen Kundendaten herzustellen.

```
<Kundendatenverweis xlink:type="simple"
    xlink:title="Kundendaten" xlink:href="kunde73823232.xml"/>
```

Ein so genannter einfacher Verweis wird hier gewählt, da alle zu einem Kunden gehörenden Daten mittels eines XML-Dokuments `kunde[Kundennummer].xml` zusammengefasst werden; die zugehörige DTD ist in Listing 3-2 dargestellt. Es wird pro Kunde eine Verknüpfung zu genau einem XML-Dokument hergestellt (siehe Abbildung 3-7). Ein XLink vom Typ `simple` löst diese Aufgabe. Über das referenzierte XML-Dokument kann auf alle zu einem Kunden gespeicherten Informationen zugegriffen werden, es enthält Informationen zu den Kunden mit der Kundennummer x, wie Geburtsdatum, Adresse etc., und mehrere XLink zu Umsatzdaten und Depotbeständen der Konten des jeweiligen Kunden.

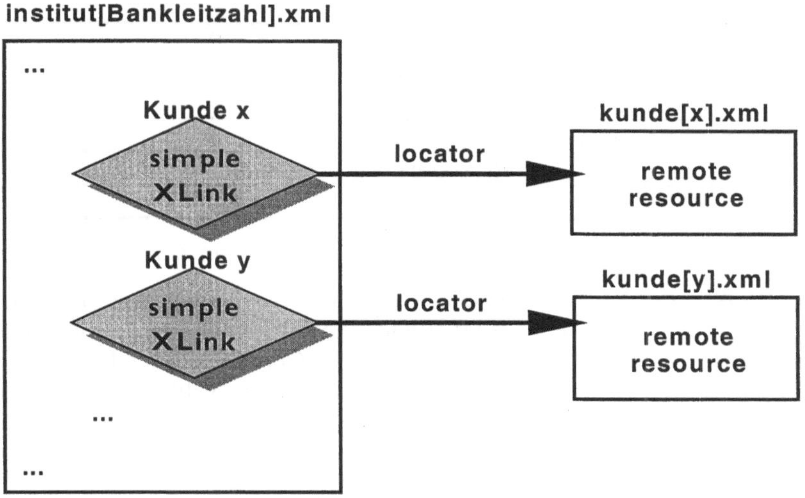

3 Data Warehouse – Einsatz von XML und seiner Komponenten

institut[Bankleitzahl].xml

```
Kunde x  -- simple XLink -- locator --> kunde[x].xml (remote resource)
Kunde y  -- simple XLink -- locator --> kunde[y].xml (remote resource)
```

Abbildung 3-7: Nutzung XLink vom Typ „simple"

Umsatzdaten und Depotbestände eines Kunden werden zwecks Historisierung auf mehrere XML-Dokumente separiert. Hierzu wird ein XLink vom Typ extended genutzt, um Verknüpfungen vom Dokument kunde[Kundennummer].xml zu den mehrmals auftretenden XML-Dokumenten kunde[Kundennummer]konto[Kontonummer]umsatz[Stichtagsdatum].xml und kunde[Kundennummer]depot[Depotnummer]bestand[Stichtagsdatum].xml herzustellen.

3.7.2 Erweiterte Verweise

Erweiterte XLink bieten im Gegensatz zu einfachen XLink die Möglichkeit, Verweise zu mehr als einer Ressource zu enthalten. Beliebig viele Ressourcen können so miteinander verbunden werden. Ein erweiterter XLink besteht aus einem Element, das durch das Attribut xlink:type="extended" gekennzeichnet ist und das mehrere Kindelemente enthält.

Die eingeschachtelten Kindelemente können vom Typ arc, locator, resource oder title sein, deren Aufgaben in Tabelle 3-8 beschrieben aufgeführt werden.

xlink:type	Beschreibung
arc	spezifiziert Verzweigungsregeln zwischen Ressourcen, die in Elementen vom Typ locator oder resource angegeben werden
locator	bestimmt entfernte Ressource
resource	bestimmt lokale Ressource
title	Titel eines erweiterten XLink

Tabelle 3-8: Aufgaben der Kindelemente eines erweiterten XLink

Die Struktur des XML-Dokuments kunde[x].xml wird in der Abbildung 3-8 gezeigt, die mittels dem XML-Editor XML Spy aus einer hinterlegten Dokument Typ Definition generiert worden ist. Generell ist der Einsatz eines leistungsfähigen XML-Editors zu empfehlen. Bei der Wahl eines geeigneten Tools sollte geprüft werden, dass folgende Funktionalitäten Unterstützung finden:

- strukturierte Editierung von XML-Objekten
- Validierung von XML-Objekten
- strukturierte Editierung von Dokument Typ Definition / XML-Schema-Editierung
- Generierung von DTD und XML-Schema aus bestehenden XML-Dokumenten
- Validierung von DTD und XML-Schema
- Editierung und Transformation von XSL

Besonders nützlich ist die Möglichkeit, in einem ersten Schritt zu einem vorhandenen XML-Dokument eine DTD bzw. ein XML-Schema generieren zu lassen und dieses händisch zu prüfen und zu überarbeiten. Zur Generierung ist ein XML-Dokument heranzuziehen von möglichst generellem Character.

Die Möglichkeiten eines erweiterten XLink werden in den zwei XML-Elementen Umsaetze und Depotbestand genutzt. Es werden Verknüpfungen zu Klassen von XML-Dokumenten zur Aufnahme von Umsatz- und Depotbestandsdaten hergestellt. Der Aufbau der zwei angesprochenen XML-Elemente wird anhand eines Ausschnittes des XML-Dokuments kunde[x].xml in Listing 3-3 gezeigt.

3 Data Warehouse – Einsatz von XML und seiner Komponenten

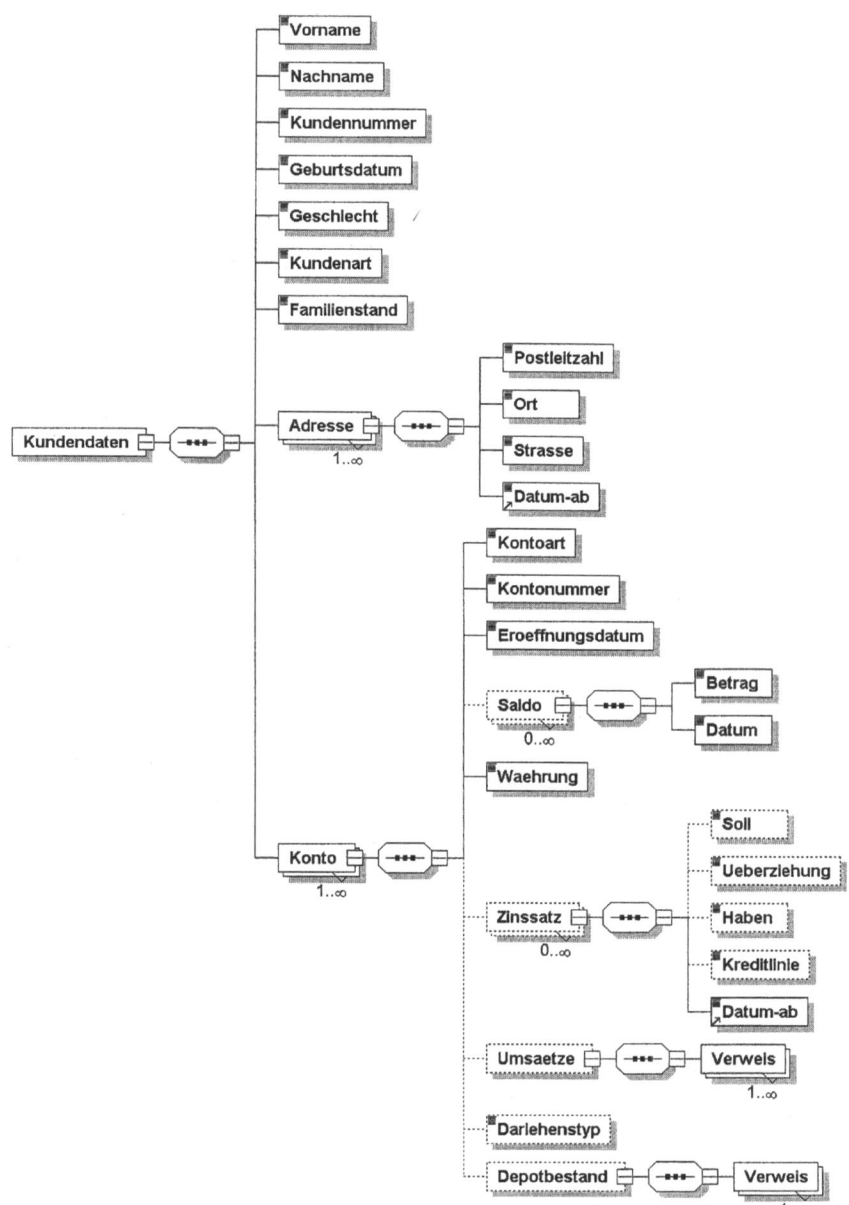

Abbildung 3-8: Struktur des XML-Dokuments `kunde[x].xml`, generiert mittels XML Spy

```xml
<?xml version="1.0"?>
<!DOCTYPE Kundendaten SYSTEM "kunde.dtd">
<Kundendaten xmlns:xlink="http://www.w3.org/1999/xlink"
Stichtag="18.07.2001">
   <Vorname>Hans</Vorname>
   <Nachname>Klein</Nachname>
   <Kundennummer>73823232</Kundennummer>
   ...
   <Konto>
      <Kontoart>Giro</Kontoart>
      <Kontonummer>15623578</Kontonummer>
      ...
      <Umsaetze xlink:type="extended"
          xlink:title="Tagesumsaetze">
         <Verweis xlink:type="locator" xlink:href=
            "kunde73823232konto15623578umsatz20010731.xml"
            Stichtag="31.07.2001"/>
         <Verweis xlink:type="locator"xlink:href=
            "kunde73823232konto15623578umsatz20010629.xml"
            Stichtag="29.06.2001"/>
         <Verweis xlink:type="locator" xlink:href=
            "kunde73823232konto15623578umsatz20010531.xml"
            Stichtag="31.05.2001"/>
         ...
      </Umsaetze>
   </Konto>
   <Konto>
      <Kontoart>Depot</Kontoart>
      <Kontonummer>88220647</Kontonummer>
      ...
      <Depotbestand xlink:type="extended"
          xlink:title="Bestände des Depots">
         <Verweis xlink:type="locator" xlink:href=
            "kunde73823232depot88220647bestand20010718.xml"
            Stichtag="18.07.2001"/>
         <Verweis xlink:type="locator" xlink:href=
            "kunde73823232depot88220647bestand20010629.xml"
            Stichtag="29.06.2001"/>
         <Verweis xlink:type="locator" xlink:href=
            "kunde73823232depot88220647bestand20010330.xml"
            Stichtag="30.03.2001"/>
         ...
      </Depotbestand>
   </Konto>
</Kundendaten>
```

Listing 3-3: Ausschnitt des XML-Dokuments `kunde[x].xml` mit erweitertem XLink

Die XML-Elemente Umsaetze und Depotbestand sind vom Typ `extended` und enthalten jeweils entsprechend der Anzahl zu verknüpfender externer XML-Dokumente mit Umsätzen und Depotbeständen mehrere XML-Elemente vom Typ `locator`, in denen unter `xlink:href` die entsprechende URI hinterlegt ist.

Referenzierte XML-Dokumente zur Speicherung von Umsatzdaten enthalten u.a. Informationen zu Betrag, Umsatzart, Wertstellungstag, Buchungstext, Fremdkonto und Fremd-Bankleitzahl. In einem Dokument werden alle Umsätze eines Monats zu einem Konto gespeichert, als Stichtag ist jeweils der Monatsultimo, der letzte Geschäftstag in einem Monat, zugeordnet. Durch die Ausgliederung der Umsatzdaten aus einem übergeordneten Kunden-Dokument wird

3 Data Warehouse – Einsatz von XML und seiner Komponenten

sichergestellt, dass das XML-Dokument kunde[x].xml über die Laufzeit nicht zu umfangreich wird. Nach Buchungsschluss müssen aktuelle Umsätze im Data Warehouse gespeichert werden. Hier kann zwischen zwei Fällen unterschieden werden:

Am Ende des ersten Geschäftstages eines Monats wird ein neues Umsatz-Dokument erstellt, das die Umsätze des ersten Buchungstages enthält. Dieses wird durch Einfügung eines XLink-Elements vom Typ locator im Element Umsaetze mit dem Dokument kunde[x].xml verknüpft. An allen anderen Geschäftstagen eines Monats wird das jeweilige Monatsumsatz-Dokument um neu hinzugekommene Einzelumsätze erweitert. Für den zugeordneten Stichtag des aufzubauenden Umsatz-Dokuments kann bei der Erstellung direkt der Monatsultimo gewählt werden, um immer wiederkehrende Änderungen des Stichtages im übergeordneten Dokument kunde[x].xml zu vermeiden, so dass dieses nur einmal pro Monat bezüglich den Umsätzen modifiziert werden muss.

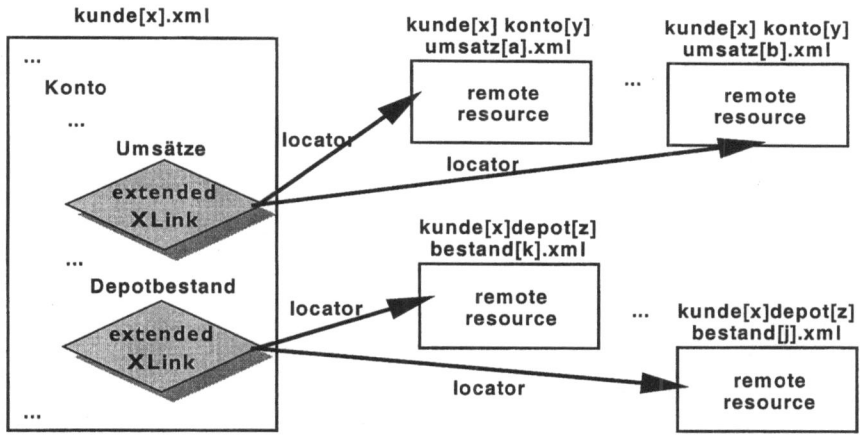

Abbildung 3-9: Nutzung XLink vom Typ „extended"

Einzelne Umsätze werden so im Data Warehouse langfristig gespeichert und brauchen in den operationalen Systemen nicht vorgehalten zu werden. Zu definieren bleibt, über wie viele Jahre Umsatzdaten gespeichert werden sollen. Der strukturelle Ansatz erlaubt eine nahezu beliebige Skalierung (vgl. Abbildung 3-9). Durch den Einsatz von URI-Referenzierungen ist der Speicherungsort von Monatsumsätzen frei wählbar. Dennoch ist zu empfehlen, nach einer angemessenen Frist von z.B. 6 Jahren Einzelumsätze zu löschen und parallel verdichtete Informationen auf Monats- und Jahresbasis wie Summe der Haben-/Sollumsätze, Anzahl Haben-/Sollumsätze oder durchschnittliche Umsätze zu berechnen und vorzuhalten. Mittels XSL- oder des Einsatzes von SAX-/ DOM-API können neue XML-Elemente komfortabel erzeugt werden.

Bei den gespeicherten Depotbeständen wurde ähnlich verfahren, wobei nach jeder Depotbestandsänderung alle Bestände in einem referenzierten Dokument gespeichert werden. Zu jedem Einzelpapier werden Informationen wie u.a. Wertpapiertyp, Kennnummer, Bezeichnung, Stückzahl, Nennwert, Kurs, Währung, Zins und Fälligkeitsdatum hinterlegt. Alternativ zur Speicherung aller Bestände in jeweils neuen Dokumenten könnten auch jeweils nur die Depotänderungen hinterlegt werden. Bei umfangreichen Depotbeständen mit häufigen Transaktionsaufkommen kann somit Speicherplatz gespart werden. Gangbar wäre ein Kompromiss, dass jeweils zum Monatsultimo im aktuellen Jahr und zum Jahresultimo in vorhergehenden Jahren die Gesamtbestände vorgehalten werden. Der jeweils tagesaktuelle Depotbestand kann aus hier nicht näher betrachteten Depotkauf und -verkaufsdaten berechnet werden.

Die zugrunde liegende Document Type Definition bez. der erweiterten XLink ist in Listing 3-4 aufgeführt.

```
<?xml version="1.0" encoding="UTF-8"?>
<!ELEMENT Kundendaten (..., Konto+)>
<!ATTLIST Kundendaten
   xmlns:xlink CDATA #REQUIRED
   Stichtag CDATA #REQUIRED>
<!ELEMENT Konto (..., Umsaetze?, Depotbestand?)>
...
<!ELEMENT Depotbestand (Verweis+)>
<!ATTLIST Depotbestand
   xlink:type (extended) #FIXED "extended"
   xlink:role CDATA #IMPLIED
   xlink:title CDATA #REQUIRED>
<!ELEMENT Umsaetze (Verweis+)>
<!ATTLIST Umsaetze
   xlink:type (extended) #FIXED "extended"
   xlink:role CDATA #IMPLIED
   xlink:title CDATA #REQUIRED>
<!ELEMENT Verweis EMPTY>
<!ATTLIST Verweis
   xlink:type (locator) #FIXED "locator"
   href CDATA #REQUIRED
   xlink:role CDATA #IMPLIED
   xlink:title CDATA #IMPLIED
   xlink:label NMTOKEN #IMPLIED
   Stichtag CDATA #REQUIRED>
```

Listing 3-4: Ausschnitt der DTD des XML-Dokuments `kunde[x].xml` mit XLink vom Typ `extended`

3.7.3 Derzeitige Grenzen der XLink-Nutzung

Noch nicht alle in der offiziellen Empfehlung des W3C vom 27. Juni 2001 enthaltenen Funktionalitäten können zurzeit in vollem Umfang genutzt werden. Die Möglichkeit einen Bogen (`arc`) zwischen lokalen oder entfernten Ressourcen herzustellen, kann in XML-Dokumenten genutzt werden, findet jedoch in aktuellen Webservern/-browsern zurzeit noch keine direkte Unterstützung. Der Opensource Browser Mozilla unterstützt zum Beispiel zurzeit lediglich einfache XLink, erweiterte XLink werden nicht dargestellt. Da der Netscape Browser auf dem Source-Code von Mozilla basiert, gilt für diesen das Gleiche wie für Mozilla bezüglich der Unterstützung von XLink.

Standardisierte Methoden müssen entwickelt werden, die erweiterte XLink berücksichtigen und die bspw. einen Bogen zwischen Ressourcen auf zwei oder mehr Hyperlinks in HTML-Dokumenten umsetzen. Hierzu wird aus einer Menge von XML-Dokumenten, die mittels XLink untereinander verknüpft sind, eine HTML-Darstellung generiert. XML-Tags enthalten ausschließlich Inhalte, die mit Hilfe von XSL Style Sheets dargestellt werden können. Der Inhalt von XML-Dokumenten kann präsentiert werden, indem XML-Dokumente und zugehörige XSL-Dokumente an einen Browser übertragen werden und lokal unter Nutzung eines XSLT-Prozessors eine Darstellung generiert wird. Verbreitet ist hingegen die Methode, dass auf einem Webserver mit Hilfe von XSLT-Prozessoren HTML-Dokumente erzeugt werden und diese an den Browser übermittelt werden. Erste Ansätze wie der XLink-Prozessor von Fujitsu oder X2X von Empolis Content Management unterstützen erweiterte Xlink, andere Anbieter werden folgen.

Bei der Strukturierung von umfangreichen Datenbeständen wie bei einem Data Warehouse sollte der XLink-Ansatz unbedingt Berücksichtigung finden, um eine zukunftsweisende Verknüpfung von Informationen auf der Basis von standardisierten Ansätzen sicherzustellen.

3.8 XSL-Transformation von XLink-verknüpften XML-Dokumenten

Ein Data Warehouse kann im XML-Datenformat so strukturiert werden, dass Informationen historisiert, Datenbestände skaliert und effektiv auf Einzelwerte zugegriffen werden kann. Informationen werden hierzu auf mehrere untereinander verlinkte XML-Dokumente separiert. Zur Verknüpfung einzelner XML-Dokumente wird XLink[19] genutzt, das am 27. Juni 2001 vom World Wide Web Consortium (W3C) veröffentlicht worden ist und als normative Standardreferenz betrachtet werden kann. Hier wird aufgezeigt, wie mit Hilfe von XSL-Transformationen mehrere XML-Dokumente, die mittels XLink untereinander verknüpft sind, in alternative Formate umgewandelt werden können. Grenzen von XSLT und Alternativen zu XSLT werden besprochen.

Bevor wir starten, müssen jedoch einige grundlegende Begriffe im Umfeld von XSLT geklärt und gegeneinander abgegrenzt werden. Die Extensible Stylesheet Language (XSL)[20] ist eine Sprache, in der Formatvorlagen von XML-Dokumenten und somit visuelle Ausgaben spezifiziert werden können.

---

[19] vgl. W3C: Recommendation XML Linking Language (XLink), Version 1.0
[20] vgl. W3C: Recommendation Extensible Stylesheet Language (XSL), Version 1.0

Sie besteht aus den drei Teilen XSL Transformation (XSLT)[21], XML Path Language (XPath)[22] und XSL Formatting Objects (XSL FO). Sowohl XSL als auch XSLT werden in der bekannten XML-Syntax erstellt.

XSL Transformation (XSLT) ist eine Sprache, mit der XML-Dokumente in ein alternatives Format transformiert werden. Ursprünglich wurde XSLT entwickelt, um komplexere Darstellungen wie die Generierung von Tabellen aus Inhalten und Indizes zu ermöglichen. Heute wird XSLT als generelle XML-Prozesssprache genutzt, um beispielsweise automatisiert HTML-Webseiten aus XML-Daten zu erzeugen. Darüber hinaus besteht die Möglichkeit, in Formate wie beispielsweise XHTML oder WML umzuwandeln. Seit dem 16. November 1999 wird seitens des World Wide Web Consortium (W3C) die XSL Transformations (XSLT), Version 1.0, empfohlen. Die Version 1.1 hat am 24. August 2001 den Stand eines so genannten W3C-Arbeitspapiers erreicht.

Mit Hilfe der XML Path Language (XPath) kann auf Teile eines XML-Dokuments zugegriffen werden. Es wird ermöglicht, beliebige XML-Elemente und XML-Attribute zu adressieren. Die aktuelle Empfehlung bzgl. der XML Path Language (XPath), Version 1.0, wurde analog zu XSLT am 16. November 1999 vom W3C veröffentlicht. Die XPath-Funktionalitäten werden von XSLT genutzt, um zu transformierende XML-Bestandteile zu bestimmen.

XSL Formatting Objects (XSL FO) ist ein XML-Vokabular zur Festlegung von erweiterten Darstellungsmöglichkeiten. Dieser Wortschatz definiert eine Menge von Elementen und zugehörigen Attributen, die Formatting Objects (FOs) und Properties genannt werden und jeweils Elemente und Attribute eines XSL Stylesheet (Formatvorlage) sind.

Ein XSL Stylesheet ist eine Datei, die ähnlich der von HTML bekannten Cascading Style Sheets beschreibt, wie Elemente eines XML-Dokuments in Bezug auf Schriftart/-größe, Farbe, vertikaler und horizontaler Ausrichtung, Gliederung, Tabellen oder auch Behandlung von Leerräumen dargestellt werden sollen. Die aktuelle Empfehlung bezüglich Extensible Stylesheet Language (XSL), Version 1.0, wurde am 28. August 2001 vom W3C veröffentlicht.

FOs beschreiben die Struktur des darzustellenden Dokuments, wie beispielsweise Seitenreihenfolgen oder Tabellenstile. Dokumenteigenschaften werden meistens von CSS 2 berechnet, aber XSL definiert darüber hinaus auch zusätzliche Darstellungsanweisungen für kompliziertere Stylings. Es stehen Methoden zur Verfügung, die unter Nutzung der Formatting Objects eines XSL Stylesheet ein Dokument in Seitenbeschreibungssprachen wie PDF, PostScript oder RTF darstellen.

Ein XML-Dokument kann in ein Dokument transformiert werden, das Formatierungsinformationen in Form von XSL FO nutzt. In Abbildung 3-10 ist dieser zweistufige Verarbeitungsvorgang von XML-Dokumenten mittels XSL und XSLT dargestellt.

---

[21] vgl. W3C: Recommendation XSL Transformations (XSLT), Version 1.0
[22] vgl. W3C: Recommendation XML Path Language (XPath), Version 1.0

3 Data Warehouse – Einsatz von XML und seiner Komponenten

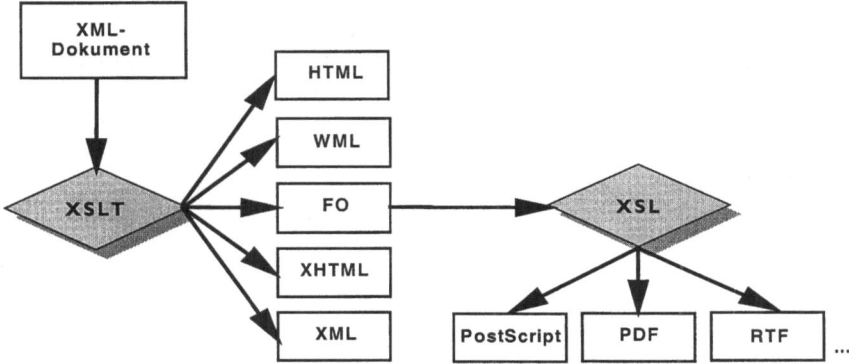

Abbildung 3-10: Einsatz von XSLT und XSL

Im Folgenden soll der Fokus auf XSLT liegen. Das Konzept von XSLT beruht darauf, dass alle Daten während einer XSLT-Verarbeitung in Baumstrukturen hinterlegt sind. Templates (Schablonen) werden genutzt, um Transformationsregeln auf einzelne XML-Elemente anzuwenden. Startend mit dem Wurzelelement eines XML-Dokuments werden verzweigend Unterregeln auf eingeschachtelte XML-Elemente angewandt. Bezogen auf jedes XML-Element können Inhalte kopiert, verändert oder auch ignoriert werden.

3.8.1
Ausgangssituation

Die Kundendaten eines Kreditinstitutes sollen für Informationssysteme im XML-Datenformat hinterlegt werden. Die Hauptanforderungen an die Struktur der Daten sind, dass Informationen historisiert, Datenbestände skaliert und effektiv auf Einzelwerte zugegriffen werden kann. Informationen müssen hierzu auf mehrere XML-Dokumente separiert werden, die untereinander verknüpft sein sollen.

XLink bietet die Möglichkeit, Verknüpfungen zu einem XML-Dokument mittels einfachen XLink und zu mehreren Dokumenten mit Hilfe von erweiterten XLink herzustellen. Zur Demonstration der Methode wird ein vereinfachter Ausschnitt eines XML-basierten Data Warehouse herangezogen, der die XLink-Funktionalitäten nutzt. Hierzu wird zwischen vier unterschiedlichen XML-Dokumenttypen unterschieden. Je Kreditinstitut enthält ein XML-Dokument Informationen zum Kreditinstitut, zu Marktbereichen, zu Filialen und einfache XLink zu allen Kundendokumenten. Bezüglich eines Kunden wird jeweils ein Kundendokument vorgehalten, in dem Informationen zum Kunden selbst, wie Name, Geburtsdatum, Adresse etc., und erweiterte XLink zu Umsatzdaten und zu Depotbeständen gespeichert werden. Zu einem Stichtag werden jeweils historisierte Umsatz- und Depotdaten in XML-Dokumenten gespeichert.

Kundendaten werden somit in einem übergeordneten Kundendokument und mehreren Umsatz- und Depotdokumenten gespeichert (vgl. Abbildung 3-11).

Ein Ausschnitt aus dem XML-Dokument kunde[x].xml ist in Listing 3-3 dargestellt. Unser Hauptfokus soll auf den erweiterten (extended) XLink liegen, die Verweise zu Umsatz- und Depotbestandsdokumenten enthalten. Auf die Darstellung eines einfachen (simple) XLink wird verzichtet, da dessen Verarbeitung der des erweiterten XLink ähnlich ist.

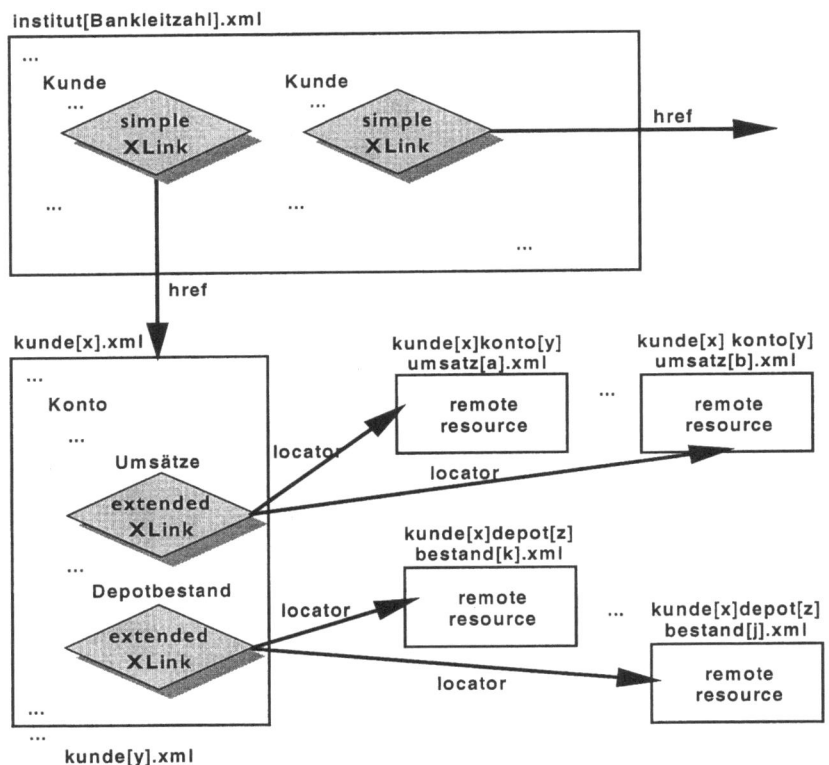

Abbildung 3-11: Mittels XLink verknüpfte XML-Dokumente

Entsprechend der offiziellen XLink-Spezifikation sind die Verknüpfungen in den XML-Elementen Umsaetze und Depotbestand hinterlegt: xlink:type gibt an, dass es sich um erweiterte XLink mit Titel Tagesumsätze bzw. Bestände des Depots handelt. Die entfernten Ressourcen werden jeweils in eingeschachtelten XML-Elementen Verweis vom XLink-Typ locator im Attribut xlink:href hinterlegt. Eine allgemeine Beschreibung von XLink einschließlich zugeordneter Document Type Definition ist vom W3C veröffentlicht worden.

3.8.2
Präsentation verknüpfter XML-Dokumente mittels XSLT

Der XSL-Standard sieht vor, dass auch innerhalb der XML-Datei ein Verweis auf das Stylesheet gegeben werden kann. Die Verknüpfung eines XML-Dokuments mit einer zugeordneten XSL-Datei erfolgt mittels der Processing Instruction `<?xml:stylesheet href="... .xsl" type="text/xsl"?>`. Die PI bestimmt, dass zum Präsentieren des Inhaltes eines XML-Dokuments die Transformationsanweisungen, der unter `href` angegebenen XSL-Datei, herangezogen werden. In unserem Beispiel wird das XSL-Dokument `kunde-html.xsl` genutzt. Zurzeit unterstützen Browser diese Funktionalität noch nicht direkt, da diese keinen XSLT-Prozessor integriert haben. Eine Lösung stellt das Java Publishing Framework Cocoon dar, das unter dem Servlet Container Tomcat eingesetzt werden kann. Cocoon ruft bei der Anforderung durch einen Browser für die Darstellung eines XML-Dokuments bei zugeordneter XSL-Datei einen XSLT-Prozessor auf und übermittelt das Ausgabeergebnis an einen Browser.

XSLT soll genutzt werden, um mit XLink verknüpfte XML-Dokumente in das HTML-Format zu transformieren. Ausgehend von einem übergeordneten Dokument können mit XLink referenzierte Dokumente mit der XSL-Funktion `document(...)` eingebunden werden.

Entsprechend der Separierung umfangreicher Datenbestände auf mehrere XML-Dokumente ist es sinnvoll, die Transformationsanweisungen nicht in einem umfangreichen XSL-Dokument zu hinterlegen, sondern auf mehrere Dokumente zu verteilen. Weitere XSL-Dateien können per Verweis innerhalb eines XSL-Stylesheet integriert werden. Der Vorteil hierbei ist, dass Templates (Schablonen) auf XML-Elemente bei anderen Aufgabenstellungen wieder genutzt werden können. Die Wiederverwendung von fertigen XSL-Dokumenten wird durch die Anweisung `<import href="... .xsl"/>` erleichtert. Exemplarisch können Transformationsanweisungen für die Präsentation von Instituts-, für Kunden-, für Umsatz- oder Depotbestandsdaten betrachtet werden, die gleiche Templates durch Nutzung der Import-Anweisung einsetzen (siehe Abbildung 3-12).

Das generelle Vorgehen wird anhand der XSL-Dokumente `kunde-html.xsl` und der Import-Dokumente `kunde-html-incl.xsl` und `umsaetze-html-incl.xsl` verdeutlicht. XSL-Dokumente enthalten Schablonen-Anweisungen (template rules), mit denen XML-Elemente in alternative Formate transformiert werden können. Mittels Schablonen wird geregelt, welche Elemente aus dem Eingabedokument Berücksichtigung finden und in welcher Form diese im Zieldokument ausgegeben werden. Muster (pattern) im Attribut `match` geben an, auf welche Knoten der Eingabe sich ein Template bezieht.

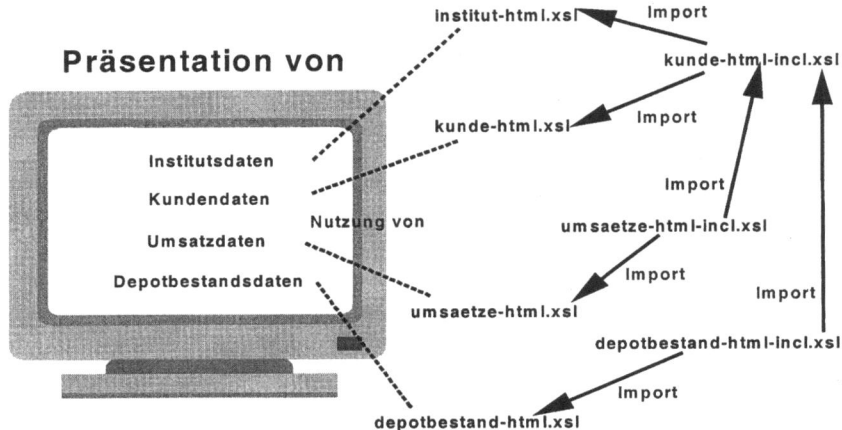

Abbildung 3-12: Wiederverwendung von Templates mittels Import

Im XSL-Dokument `kunde-html.xsl` werden durch Nutzung der Schablone `<xsl:template match="/Kundendaten">` mit einem Muster für `/Kundendaten` alle entsprechenden XML-Root-Elemente gewählt (vgl. Listing 3-5). Bei dem XML-Kundendaten-Element handelt es sich um das Wurzelelement der Dokumente `kunde[x].xml` (vgl. Listing 3-3). Da das Wurzelelement aufgrund seiner Definition in einem XML-Dokument jeweils nur einmal auftreten kann, werden die durch das Template eingeschachtelten HTML-Tags nur einmal erzeugt. In einer Überschrift wird durch die Anweisung `<xsl:value-of select="Vorname"/>` der Vorname des Kunden ausgegeben. Durch `<xsl:if test='Konto!=""'>` wird geprüft, ob Kontendaten vorhanden sind. Im positiven Fall wird durch `<xsl:apply-templates select="Konto">` ein Template für XML-Elemente mit Namen `Konto` aufgerufen. Da jeder Kunde mehrere Konten nutzen kann, werden diese durch die Anweisung `<xsl:sort select="..."/>` aufsteigend nach `Kontoart` und `Kontonummer` sortiert weiterverarbeitet.

```
<?xml version="1.0"?>
<xsl:stylesheet xmlns:xsl="http://www.w3.org/1999/XSL/Transform"
version="1.0">
   <xsl:import href="kunde-html-incl.xsl"/>
   <xsl:template match="/Kundendaten">
   <html>
      <head>
      <title>Kundendaten</title>
      </head>
      <body bgcolor="#ffffff">
      <h4>Vorname: <xsl:value-of select="Vorname"/>
         Nachname: <xsl:value-of select="Nachname"/>
         ...
      </h4>
      ...
      <xsl:if test='Konto!=""'>
```

3 Data Warehouse – Einsatz von XML und seiner Komponenten

```
            <xsl:apply-templates select="Konto">
               <xsl:sort select="Kontoart"/>
               <xsl:sort select="Kontonummer"/>
            </xsl:apply-templates>
         </xsl:if>
      </body>
   </html>
   </xsl:template>
</xsl:stylesheet>
```

Listing 3-5: Ausschnitt des XSL-Dokuments `kunde-html.xsl`

Dem Gedanken der Wiederverwendung von Schablonen folgend ist das Template bzgl. XML-Elementen mit Namen `Konto` im XSL-Dokument `kunde-html-incl.xsl` beschrieben (vgl. Listing 3-6). Bei jedem Konto werden Steuerdaten verarbeitet und eine Schablone für `Konto/Umsaetze/Verweis` wird aufgerufen. Kunden-/Konten-Daten sind unter Nutzung von erweiterten XLink auf mehrere XML-Dokumente verteilt. Bei der Verarbeitung müssen mehrere Dokumente herangezogen werden, die mittels dem Attribut `href` referenziert werden.

Gute Dienste erweist die Funktion `document($link)`, mit der die Elemente eines weiteren XML-Dokuments eingebunden und verarbeitet werden. Durch die Anweisung `<xsl:apply-templates select="document($link)"/>` wird eine Schablone auf alle Elemente des durch die Variable `link` angegebenen XML-Dokuments aufgerufen. Mittels der Anweisung `<xsl:variable name="link">` wird zuvor die Variable `link` mit dem Inhalt des Attributes `href` gefüllt, und diese zum Laden des angegebenen XML-Dokuments genutzt. Die Funktion `document($link)` bietet eine wichtige Funktionalität zum Auswerten von untereinander verknüpften Dokumenten.

```
<?xml version="1.0"?>
<xsl:stylesheet xmlns:xsl=http://www.w3.org/1999/XSL/Transform
     version="1.0">
<xsl:import href="umsaetze-html-incl.xsl"/>
<xsl:template match="Konto">
   Daten der Kontoart
   <font color="#FF0000">
      <xsl:value-of select="Kontoart"/></font>
   mit der Kontonummer
   <font color="#FF0000">
      <xsl:value-of select="Kontonummer"/></font>
   ...
   <xsl:if test='Umsaetze!=""'>
      <table bgcolor="#C0C0C0" cellpadding="0"
         border="0" width="100%" cellspacing="10">
      <xsl:apply-templates select="Umsaetze/Verweis">
         <xsl:sort select="Umsaetze/Verweis/@Stichtag"/>
      </xsl:apply-templates>
      </table>
   </xsl:if>
</xsl:template>
<xsl:template match="Konto/Umsaetze/Verweis">
   <xsl:if test="position()=1">
      <font color="#FF0000">Kontenumsätze</font>
      <tr>
      <td valign="top">
```

```
          <font color="#FF0000">Betrag</font>
        </td>
        <td valign="top">
          <font color="#FF0000">Wertstellungstag</font>
        </td>
        ...
      </tr>
    </xsl:if>
    <xsl:variable name="link">
      <xsl:value-of select="@href"/>
    </xsl:variable>
    <xsl:apply-templates select="document($link)"/>
  </xsl:template>
</xsl:stylesheet>
```

Listing 3-6: Ausschnitt des zu importierenden XSL-Dokuments `kunde-incl-html.xsl`

Hier werden Verweise auf Umsätze und Depotbestände mittels erweiterter XLink beschrieben. Dokumente die Umsatzdaten enthalten, haben ein Wurzelelement mit Namen `Umsaetze`. In Listing 3-7 ist ein Ausschnitt eines XSL-Dokuments aufgeführt, das Umsatzelemente verarbeitet.

```
<?xml version="1.0"?>
<xsl:stylesheet xmlns:xsl=
  "http://www.w3.org/1999/XSL/Transform" version="1.0">
  <xsl:template match="/Umsaetze">
    <xsl:apply-templates select="Umsatz"/>
  </xsl:template>
  <xsl:template match="Umsatz">
    <tr>
      <td valign="top">
        <xsl:value-of select="format-number(Betrag,'##,##0.00')"/>
      </td>
      <td valign="top">
        <xsl:value-of select="Umsatzart"/>
      </td>
      ...
    </tr>
  </xsl:template>
</xsl:stylesheet>
```

Listing 3-7: Ausschnitt des zu importierenden XSL-Dokuments `umsaetze-html-incl.xsl`

Ein XML-Dokument vom Typ `kunde[x].xml` wird durch einen Browser dargestellt, nachdem es durch eine XSL-Transformation unter Heranziehung eines zugeordneten XSL-Dokuments in ein HTML-Dokument umgewandelt worden ist. In Abbildung 3-13 ist eine Browserausgabe eines Dokuments dargestellt, welches XLink-Verweise zu weiteren XML-Dokumenten enthält. Unter Nutzung der XSL-Funktion `document(...)` werden die Inhalte mehrerer Dokumente verknüpft in einer HTML-Datei dargestellt.

Zur automatischen Transformation von XML-Dokumenten unter Berücksichtigung der hinterlegten XSL-Informationen wurde hier das Java Publishing Framework Cocoon unter dem Servlet Container Tomcat genutzt.

Bei Konten vom Typ Darlehen, Giro oder Spar ist in einem Datenfeld jeweils der aktuelle Saldo hinterlegt. Dieser wird pro Konto mit der Anweisung `<xsl:value-of select="format-number(Saldo,'##,##0.00'`

3 Data Warehouse – Einsatz von XML und seiner Komponenten

)"/> im Zieldokument, formatiert auf zwei Nachkommastellen, ausgegeben. XSL bietet die Möglichkeit, einfache Datenaggregierungen durchzuführen, mittels `<xsl:value-of select="format-number(sum(Konto/Saldo,'##,##0.00')"/>` werden die Salden akkumuliert ausgegeben. Hierbei kann die Menge der zu verarbeitenden Elemente mittels Bedingungen eingeschränkt werden. Ausgehend von einem übergeordneten XML-Element werden alle Kindelemente verarbeitet, hier ist `Saldo` ein Kindelement von `Konto`.

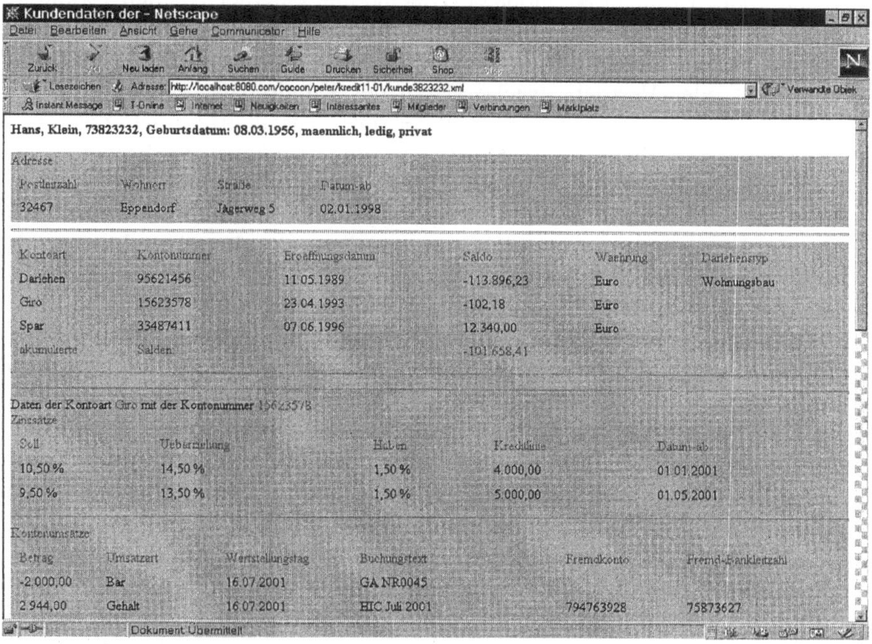

Abbildung 3-13: Browserausgabe eines XML-Dokuments durch Java Publishing Framework Cocoon

Komplexere Verdichtungen sind mittels XSL in einem Schritt nicht möglich, es können nur Elemente des Ursprungsdokuments als Input für Aggregierungen dienen. Erhaltene Berechnungen oder Variableninhalte können bei einem Transformationslauf nicht in einem zweiten Schritt weiterverarbeitet werden. Eine wenig elegante Lösung können mehrstufige XSL-Transformationen darstellen, wobei der Output eines ersten Laufes als Input einer zweiten Transformation dient. Alle Möglichkeiten bezüglich Verdichtungen etc. bieten die Verarbeitung von XML-Dokumenten mittels Java oder C++-Programmen unter Nutzung von Bibliotheken wie DOM oder SAX-API für den Zugriff oder zum Schreiben von XML-Dokumenten.

3.9 Einschränkungen informationstechnologischer Möglichkeiten durch gesetzliche Datenschutzrestriktionen

Aktuelle Versionen von Informationssystemen bieten Anwendern eine Vielfalt von Auswertungsmöglichkeiten wie noch nie zuvor. Mittels Data-Warehouse-Systemen können Daten operationaler Systeme und externer Quellen verknüpft in einer einheitlichen und integrierten Form Informationssystemen zur Verfügung gestellt werden. Technisch ist es heute möglich, für Controlling-, Management- oder Vertriebszwecke Daten der Kundschaft bzw. potenzieller Kunden auszuwerten. Cross-Selling-Potenziale auszunutzen ist das Ziel vertriebsorientierter Manager. In Konzernen oder Holdings, die Produkte aus unterschiedlichen Sparten in ihrem Portefeuille haben, können Kundendaten aus verschiedenen Geschäftsfeldern herangezogen und verknüpft werden, um interessante Kundengruppen zu selektieren und diese gezielt und effektiv mittels zugeschnittener Marketingaktionen anzusprechen. Durch den konsequenten Einsatz von in Data-Warehouse-Systemen enthaltenen Informationsbeständen und Data-Mining-Technologien können zusätzliche Marktanteile erobert werden. Manager begrüßen sehr die technischen Möglichkeiten der Datenverknüpfung innerhalb von Konzernen oder strategischen Verbünden.

Ein Data Warehouse ist ein aggregierter, strukturierter Datenbestand, der primär aus den operationalen Datenbeständen eines Unternehmens gefüllt wird. Das Data Warehouse bildet eine strategische Datenbasis, die um externe Daten wie von Reuters, Schufa etc. ergänzt werden kann.

Data-Mining-Werkzeuge werden eingesetzt, um die scheinbar zusammenhanglosen Daten eines Data Warehouse nach bisher unbekannten, wissenswerten Zusammenhängen zu durchsuchen. Data-Mining-Algorithmen suchen selbstständig nach unbekannten, bisher verborgenen Mustern, Verhalten und Trends. In Abgrenzung zu SQL-Abfragen, Reportgeneratoren und OLAP-Werkzeugen beinhaltet Data Mining keine Analysevorgänge, die explizite Informationen erzeugen. Data-Mining-Systeme haben implizite Informationen als Ergebnis.

Informationssysteme bieten die Möglichkeit, Umsätze nach Regionen, Angeboten oder Kundenklassen auszuwählen und beispielsweise Mittelwerte, Varianzen und Überschreitungen zu ermitteln. Mit Hilfe der Clusteranalyse können Kundenklassen, interessantes Kundenverhalten, Unsicherheiten oder Gefährdungen ermittelt werden. Teilweise bieten Data-Warehouse-Lösungen die Möglichkeit von aggregierten zu operationalen Daten mit Hilfe von Drill-Down-Funktionalitäten zu navigieren.

Analysten wollen häufig folgende Fragen mit Hilfe von Informationssystemen lösen:

3 Data Warehouse – Einsatz von XML und seiner Komponenten

- Welches Angebot sollte welchem Kunden unterbreitet werden?
- Welche Kunden sind wechselgefährdet?
- Mit welchen Kunden kann ein hoher Deckungsbeitrag erzeugt werden?
- Mit Hilfe welcher Medien kann ein Kunde am effektivsten beworben werden?
- Welcher Umsatz wird im nächsten Jahr mit welchem Kunden erzielt?

Im Bundesdatenschutzgesetz (BDSG) ist die Auswertung von Kundendaten gesetzlich geregelt.

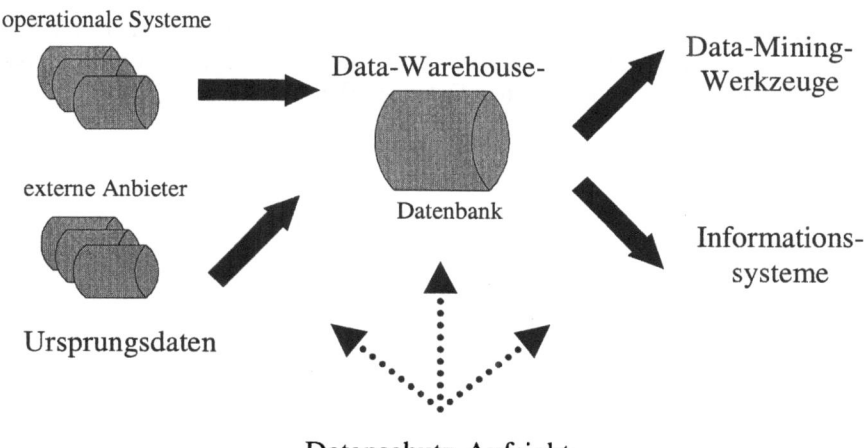

Abbildung 3-14: Data Warehouse – Datenschutz

Ziel dieses Abschnitts ist es, aufzuzeigen, welchen Einfluss gesetzliche Vorgaben auf den Einsatz von DV-Systemen haben und wie mittels korrekter Verfahrenswege ein hoher Nutzen trotz gesetzlicher Einschränkungen erzielt werden kann. Ein Kern des Bundesdatenschutzgesetzes ist der Grundsatz der Zweckbindung. Personenbezogene Daten dürfen nur zu dem Zweck weiterverarbeitet werden, zu dem sie auch erhoben worden sind. Die Reichweite des Zweckbindungsgrundsatzes ist für die Zulässigkeit einer Verarbeitung personenbezogener Daten in Data-Warehouse-, Data-Mining-Systemen und Informationssystemen von ausschlaggebender Bedeutung.

IT-Spezialisten präsentieren Managern gerne die nahezu unendlichen Nutzungsmöglichkeiten ihrer informationstechnologischen Systeme, ohne auf rechtliche Restriktionen des Datenschutzes bei der Verarbeitung von personenbezogenen Daten hinzuweisen. Den korrekten Einsatz von DV-Anwendungen muss das einsetzende Unternehmen selbst sicherstellen. Ein Verschließen der Augen vor gesetzlichen Regelungen kann auf Dauer für Unternehmen durch Verhängung von Sanktionen hohe Folgekosten bereiten. Manager sind gut beraten, wenn parallel zur Einführung von DV-Systemen ein Einsatzkonzept der Anwendungen unter Einbeziehung des Bundesdatenschutzgesetzes erstellt wird.

3.9.1
Geltungsbereich des Bundesdatenschutzgesetzes

Das Bundesdatenschutzgesetz erstreckt sich auf das Nutzen und Verarbeiten von personenbezogenen Daten. In Bezug auf die Verarbeitung und Nutzung von anonymisierten Daten findet das BDSG keine Anwendung. Es muss genauestens zwischen personenbezogenen und anonymen Daten unterschieden werden. Nach dem BDSG ist das Speichern, Verändern oder Übermitteln von nicht öffentlichen personenbezogenen Daten strafbar.

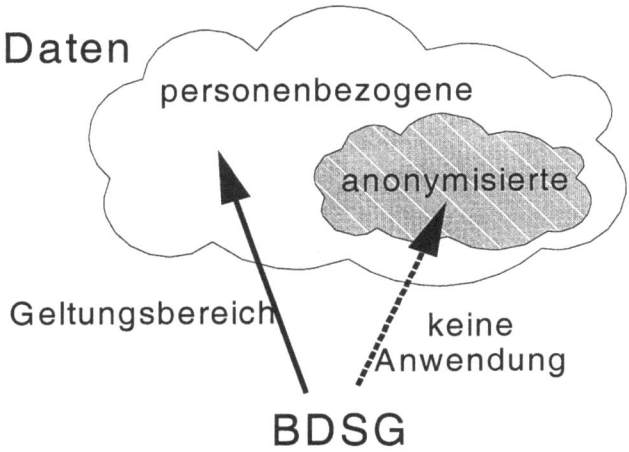

Abbildung 3-15: Geltungsbereich des Bundesdatenschutzgesetzes (§3 BDSG)

Personenbezogene Daten sind Einzelangaben über persönliche oder sachliche Verhältnisse und Daten von bestimmbaren Personen (§3 BDSG). Bestimmbarkeit liegt vor, wenn eine natürliche Person durch Daten nicht eindeutig identifiziert werden kann, jedoch mit Hilfe anderer Informationen festgestellt werden kann. Ein Beispiel für Bestimmbarkeit ist, wenn eine Person durch Angaben wie Gehalt, Beruf, Titel, Alter, Vereine oder Arbeitsort zwar nicht direkt zugeordnet werden kann, aber die präzisen Angaben nur durch eine Person erfüllt werden können.

Anonyme Daten bilden das Gegenteil zu den personenbezogenen Daten. Personenbezogene Daten können anonymisiert werden, so dass Einzelangaben über persönliche oder sachliche Verhältnisse nicht mehr oder nur mit einem unverhältnismäßig großen Aufwand an Kosten, Zeit und Arbeitskraft einer bestimmten oder bestimmbaren natürlichen Person zugeordnet werden können.

Bei kontenbezogenen Daten werden personenbezogene Daten mittels Algorithmen anonymisiert, indem Namen, Kunden-, Konto-, Telefonnummern oder Wohnortinformationen in Datensätzen auf einen Zufallswert abgeändert oder gelöscht werden. Wohnortangaben können so abgewandelt werden, dass in Datensätzen für Statistikauswertungen Informationen bezüglich einer Wohnortregion enthalten bleiben. Bei allen Anonymisierungsalgorithmen muss im Einzelfall überprüft werden, ob ein Zusammenhang zu einer bestimmten natürlichen Person hergestellt werden kann. Daten werden anonymisiert, indem personenbezogene Daten ausgelesen werden und in einer nicht zuordenbaren Form in einem zusätzlichen Datenbestand gespeichert werden. Ein ausschließliches Entfernen von Namen und Wohnortangaben ist sicherlich nicht ausreichend. Mit Hilfe von Stammdateninformationen könnte ansonsten mit vertretbarem Aufwand eine Reanonymisierung durchgeführt werden.

3.9.2
Grundsatz der Zweckbindung

Nach dem Bundesdatenschutzgesetz ist eine Verarbeitung und Nutzung von personenbezogenen Daten nur in den Fällen zulässig, in denen es durch das BDSG ausdrücklich erlaubt ist, oder wenn der Betroffene einer Verarbeitung seiner personenbezogenen Daten zugestimmt hat (§4 BDSG).

Im Rahmen der Zweckbindung eines Vertragsverhältnisses oder eines vertragsähnlichen Vertrauensverhältnisses dürfen für die Erfüllung eigener Geschäftszwecke personenbezogene Daten verarbeitet und genutzt werden (§28 BDSG). Hierbei ist zu beachten, dass Daten nur in dem Maße verarbeitet werden dürfen, wie es für die Erfüllung des Vertragszieles erforderlich ist. Mit der Vertragserfüllung beider Parteien endet das Recht einer Verarbeitung personenbezogener Daten. Eine Verarbeitung über das Vertragsende hinaus ist nur unter der Berücksichtigung vertragsähnlicher Vertrauensverhältnisse erlaubt. Hierunter sind vor- und nachvertragliche Zeitbereiche zu verstehen.

Mit dem Ziel einer Vertragsanbahnung können Daten vor einem Vertragsabschluss verarbeitet werden. Nach der Vertragserfüllung ist eine Datenverarbeitung gerechtfertigt, wenn Kundendaten für weitere Auskünfte gegenüber dem Kunden vorgehalten werden. Hierbei ist jedoch ein weiteres Verarbeiten und Nutzen restriktiv zu handhaben, die Zweckbindung der personenbezogenen Daten ist zu berücksichtigen. Nach dem Erfüllen eines Vertrages erlaubt §28 BDSG Abs.1 Satz 1 nur ein Vorhalten der Daten des Kunden in dem Maße, wie es für die Vertragsabwicklung erforderlich war.

Daten, die erhoben worden sind, jedoch für die Vertragserfüllung nicht notwendig waren, sind mit dem Erreichen des Vertragszieles nicht mehr weiterzuverarbeiten. Eine Auflistung von Bestellungen eines Kunden und ein Abgleich mit entsprechenden Lieferungen und Zahlungseingängen ist beispielsweise erlaubt, da dieses für die Erreichung eines Vertragszieles erforderlich ist. Sind alle Bestellungen erfolgt und alle Rechnungen beglichen, ist der

Vertragszweck erfüllt und eine Verarbeitung und Nutzung aufgrund des Vertragsverhältnisses nicht mehr zulässig.

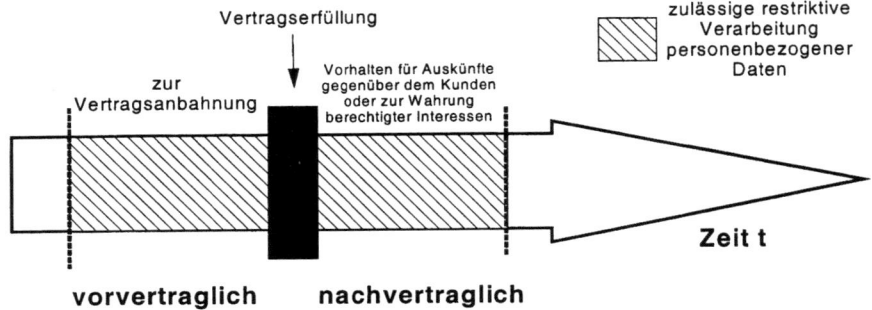

Abbildung 3-16: Verarbeitung personenbezogener Daten (§28 BDSG)

3.9.3
Wahrung berechtigter Interessen

Ein Speichern, Verändern, Übermitteln und Nutzen von personenbezogenen Daten ist über die Zweckbindung hinaus für eigene Geschäftszwecke zulässig, wenn seitens der speichernden Stelle berechtigte Interessen existieren und schutzwürdige Interessen eines Betroffenen nicht die berechtigten Interessen der speichernden Stelle überwiegen (§28 BDSG Abs.1 Satz 2). Ein berechtigtes Interesse einer speichernden Stelle kann beispielsweise die Nutzung von Daten für Werbezwecke oder zur Marktbeobachtung sein. Hierbei muss jedoch die Voraussetzung erfüllt sein, dass die personenbezogenen Daten hierfür tatsächlich erforderlich sind, ansonsten sind anonymisierte Daten heranzuziehen.

Bei dem Einsatz von Data-Warehouse- und Informationssystemen für kundenorientierte Direktwerbung liegt bei der speichernden Stelle ein berechtigtes Interesse zur Nutzung von personenbezogenen Daten vor, die Kundenbeziehung soll mittels der Unterbreitung von weiteren Angeboten vertieft werden. Schwierigkeiten bereitet oftmals das Abwägen von berechtigten Interessen einer speichernden Stelle gegenüber dem schutzwürdigen Interesse von Kunden.

Ein berechtigtes Interesse einer speichernden Stelle findet seine Grenzen in der Zusammenführung verschiedener Datenbestände von unterschiedlichen speichernden Stellen. Ein Verknüpfen personenbezogener Daten mehrerer Unternehmen ist nicht zulässig, da jedes Unternehmen im Sinne des BDSG speichernde Stelle ist. Personenbezogene Daten dürfen nicht an fremde Unternehmen ohne Zustimmung des Betroffenen weitergegeben werden. Ein datenaufnehmendes Unternehmen ist „Dritter" und kann kein berechtigtes Interesse für die Nutzung von personenbezogenen Daten, die ein fremdes Unternehmen erhoben hat, geltend machen.

3 Data Warehouse – Einsatz von XML und seiner Komponenten

Das BDSG reglementiert auch die Weitergabe und die Nutzung von personenbezogenen Daten innerhalb eines Konzerns oder einer Holding. Entscheidend ist, dass jedes einzelne Unternehmen datenverarbeitende Stelle im Sinne des BDSG ist. Innerhalb einer mehrere Banken und Versicherungen umfassenden Holding kann ein Ziel darin bestehen, Kundendaten, die in Bank- und Versicherungsgeschäften erhoben wurden, zu verknüpfen. Dieses ist mit der Begründung der Wahrung berechtigter Interessen nicht zu rechtfertigen. Sowohl Banken als auch Versicherungen sind einzelne speichernde Stellen. Sollen Kundendaten verknüpft innerhalb einer Holding ausgewertet werden, so müssen diese an einzelne Tochterunternehmen „datenschutzrechtlich" übermittelt werden, weil jedes Tochterunternehmen datenschutzrechtlich „Dritte" ist. Hierfür fehlt es jedoch an der Voraussetzung, da für die Übermittlung die Erfüllung eigener Geschäftszwecke im berechtigten Interesse der speichernden Stelle liegen muss. Da ein Analyseinteresse jedoch beim Empfänger und nicht beim Absender liegt, fehlt es an einer Voraussetzung für eine Übermittlung.

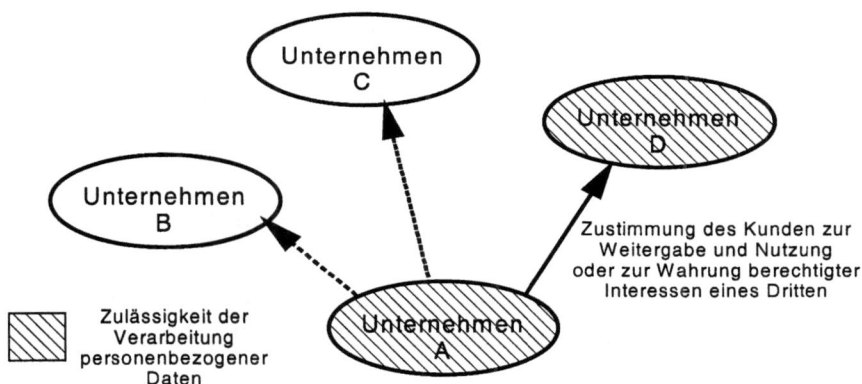

Abbildung 3-17: Weitergabe personenbezogener Daten eines Kunden an Dritte

Personenbezogene Daten dürfen an „Dritte" weitergegeben werden, wenn diese zur Wahrung von berechtigten Interessen des Dritten erforderlich sind. In einem Konzern der Kredit- oder Versicherungswirtschaft wäre beispielsweise die Weitergabe und die Nutzung von Daten von Kredit- oder Versicherungsbetrügern erlaubt, da ein berechtigtes Schutzinteresse aller Konzerntöchter vorliegt. In allen Fällen ist jedoch abzuprüfen, ob nicht ein schutzwürdiges Interesse eines Betroffenen einem berechtigten Interesse eines Dritten überwiegt.

Werden sensible Daten eines Betroffenen aus unterschiedlichen Vertragszusammenhängen ohne seine Kenntnis und Zustimmung zusammengeführt und genutzt, liegt ein überwiegend schutzwürdiges Interesse vor. Die Erstellung von Kundenprofilen, die persönliche Gewohnheiten und Verhaltensweisen eines

Betroffenen widerspiegeln, verletzt die Persönlichkeitsrechte eines Betroffenen (§1 BDSG). Ein schutzwürdiges Interesse ist umso größer, je detaillierter und aussagekräftiger ein sich ergebenes Profil des Betroffenen durch eine Zusammenführung verschiedener Datenbestände ist. Werden personenbezogene Daten, die persönliche Interessen und Neigungen eines Kunden erkennen lassen, ohne seine Zustimmung und Kenntnis an Dritte weitergegeben, überwiegt das schutzwürdige Interesse eines Betroffenen das berechtigte Interesse einer speichernden Stelle oder eines Dritten.

Ein Betroffener hat das Recht durch Widerspruch gegenüber einer speichernden Stelle die Nutzung oder Weitergabe seiner Daten für Zwecke der Werbung oder der Markt- und Meinungsforschung zu verhindern. Eine speichernde Stelle oder ein Datenempfänger ist dazu verpflichtet, die personenbezogenen Daten eines Betroffenen bei Widerspruch zu sperren; ein weiteres Nutzen ist nicht erlaubt.

3.9.4
Löschung von personenbezogenen Daten

Personenbezogene Daten sind zu löschen, wenn der Zweck für ihre Speicherung nicht mehr vorliegt. Im Regelfall sind personenbezogene Daten nach Erfüllung des Vertragszwecks zu löschen (§35 BDSG). Von einer Löschung ist abzusehen, wenn gesetzliche oder vertragliche Aufbewahrungsfristen vorliegen oder wenn durch eine Löschung schutzwürdige Interessen des Betroffenen beeinträchtigt würden.

§1	Zweck und Anwendungsbereich des Bundesdatenschutzgesetzes: – Persönlichkeitsrecht zum Schutz personenbezogener Daten
§3	Begriffsbestimmungen: – personenbezogene Daten, Datei, Akte – Erheben, Verarbeiten, Verändern, Übermitteln, Sperren, Löschen, Nutzen und Anonymisieren von personenbezogenen Daten
§4	Zulässigkeit der Datenverarbeitung und -nutzung: – Einwilligung des Betroffenen
§28	Datenspeicherung, -übermittlung und -nutzung für eigene Zwecke: – Nutzung als Mittel für die Erfüllung eigener Geschäftszwecke – Wahrung berechtigter Interessen der speichernden Stelle – Wahrung berechtigter Interessen eines Dritten – Widerspruch des Betroffenen bei der speichernden Stelle bezüglich Nutzung und Übermittlung seiner personenbezogenen Daten
§35	Berichtigung, Löschung und Sperrung von Daten

Tabelle 3-9: Relevante Artikel des Bundesdatenschutzgesetzes in Bezug auf Data-Warehouse-Nutzungen

Ist es nicht oder nur mit unverhältnismäßigem Aufwand möglich, personenbezogene Daten zu löschen, so sind die Daten für eine Übermittlung und Nutzung zu sperren. Gesperrte Daten dürfen ohne Einwilligung des Betroffenen nur an Dritte übermittelt oder genutzt werden, wenn dieses im Interesse der speichernden Stelle oder eines Dritten unerlässlich ist.

3.9.5
Lösungsmöglichkeit für den Interessenkonflikt BDSG – Technische Möglichkeiten

Durch das Recht auf informationelle Selbstbestimmung hat jeder Einzelne das Recht, selbst über die Preisgabe und Verwendung seiner persönlichen Daten zu entscheiden. Data-Warehouse- und Data-Mining-Ansätze können der Zielsetzung des BDSG entgegenstehen. Sie können in Unternehmen mit dem Ziel eingeführt werden, möglichst viele Daten aufbereitet zur Verfügung zu stellen. Ein Data Warehouse bietet die Möglichkeit, Daten ohne konkrete Zweckbindung abzulegen.

Es existiert ein Interessenkonflikt zwischen Data-Warehouse-, Data-Mining- und Informationssystemen einerseits und dem Datenschutz von personenbezogenen Daten andererseits. Der Konflikt ist jedoch lösbar.

Keinerlei Berührungspunkte mit dem BDSG entstehen, wenn

- ausschließlich Auswertungen bzgl. aggregierter Daten stattfinden;
- keine Einzeldatenabfragen durchgeführt werden;
- keine Auswertungen über zu kleine Datenmengen erfolgen;
- kein Rückgriff auf operationale Datenbestände erfolgt;
- keine Drill-Down-Funktionalitäten genutzt werden;
- Abfragen protokolliert und kontrolliert werden.

Werden nur anonymisierte Daten ausgewertet, findet das BDSG keine Anwendung.

Personenbezogene Daten dürfen nur im Rahmen des Vertragszweckes genutzt werden. Eine personenbezogene Speicherung in einem Data Warehouse verletzt das BDSG, da dieses eine Speicherung auf Vorrat ohne Zweckbindung darstellt.

Trotz des Grundsatzes der Zweckbindung bei Auswertung personenbezogener Daten wird der Einsatz von Data-Warehouse- und Data-Mining-Lösungen nicht ausgeschlossen. Neben der Auswertung von anonymisierten Daten ist die Speicherung von personenbezogenen Daten mit Einwilligung des Kunden möglich. Hierfür ist es erforderlich, dass der Kunde hinreichend über Möglichkeiten personenbezogener Auswertungen informiert wird und einer weitergehenden Speicherung seiner personenbezogenen Daten zustimmt.

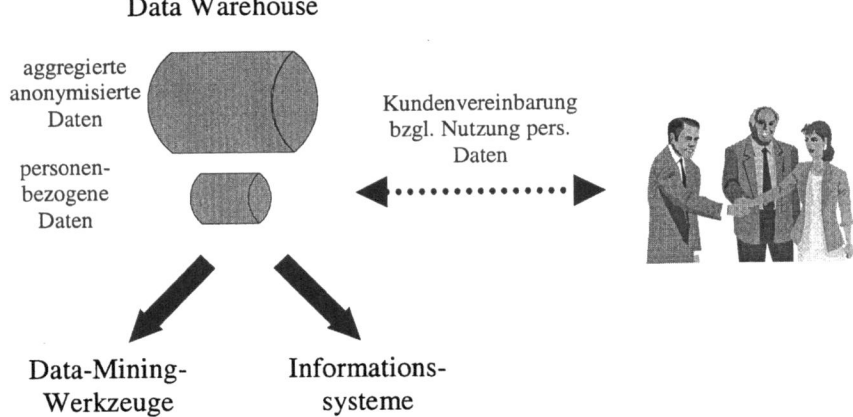

Abbildung 3-18: Datenschutzkonforme Data-Warehouse-Lösung

Eine datenschutzgerechte DV-Lösung kann durchaus als Werbeargument bei der Gewinnung von neuen Kunden und zur Pflege und Intensivierung einer Kundenbeziehung genutzt werden. Durch ein offenes korrektes Verhalten bezüglich den personenbezogenen Daten kann ein Kunde zusätzlich Vertrauen zu einem Unternehmen gewinnen.

In der Kredit- und Versicherungswirtschaft kann beispielsweise ein Kunde so beraten werden, dass er den Nutzen einer Datenweitergabe in einer Finanzgruppe für sich erkennt. Auch für einen Kunden kann es vorteilhaft sein, dass seine personenbezogenen Daten im festgelegten Umfang ausgewertet werden, weil er so gezielt über für ihn interessante Angebote und Produkte informiert werden kann. Durch eine Klassifizierung seiner Person braucht der Kunde keine Werbung in allgemeiner Breite ertragen, sondern kann seinen Nutzen aus für ihn maßgeschneiderten Angeboten ziehen. Stimmt ein Kunde einer Datenweitergabe seiner personenbezogenen Daten innerhalb einer Gruppe der Kredit- und Versicherungswirtschaft zu, so kann er beispielsweise als Hausbesitzer direkt mit einem passenden Angebot bezüglich einer Wohngebäudeversicherung beworben werden.

Sowohl für Kunden als auch für Unternehmen können sich Vorteile durch die Auswertung und Nutzung von personenbezogenen Daten ergeben. In jedem Fall ist es jedoch wichtig, dass ein Unternehmen das Vertrauen eines Kunden nicht missbraucht und personenbezogene Daten ausschließlich im Interesse des Kunden einsetzt. Grundsätzlich gilt, dass Vertrauen von Kunden erworben und vertieft werden muss.

3.10
Fazit

Zur Speicherung der Bestände eines Data Warehouse ist ein performantes Datenbankmanagementsystem zu wählen. Ein Data Warehouse, das aus sequenziellen XML-Dokumenten besteht, kann ausgeschlossen werden, da hierbei Funktionalitäten wie beispielsweise Verwaltung von Benutzer-Zugriffsmöglichkeiten oder die Unterstützung von Roll-Back-Funktionalitäten nicht berücksichtigt werden können. Gängige relationale DBMS bieten jedoch inzwischen die Möglichkeit, XML-Daten direkt zu speichern. Durch Einsatz des DB2 XML Extender können beispielsweise XML-Daten in DB2 integriert werden. Mit dem Produkt Tamino der Software AG ist eines der ersten DBMS in reiner XML-Speichertechnologie auf dem Markt. Andere Anbieter werden sicherlich mit ähnlichen Angeboten folgen. In Zukunft stehen in jedem Fall leistungsfähige DBMS zur Verfügung, die XML-Daten performant speichern und ähnliche Features wie aktuelle relationale DBMS bieten.

Aus Quellbeständen sollten Daten möglichst direkt im XML-Format extrahiert werden. Liegt ein aktuelles DBMS zugrunde, wird die Aufgabe direkt vom Softwarehersteller des DBMS unterstützt, indem die Möglichkeit gegeben ist, Datenwerte in Form von XML-Objekten zu exportieren. IBM bietet hierzu für sein relationales DBMS den so genannten DB2 XML Extender an, mit dessen Hilfe XML-Dokumente erzeugt oder auf deren Inhalt zugegriffen werden kann.

Liegt einem operationalen System kein DBMS zugrunde, das XML-Technologien standardmäßig bereitstellt, so können XML-Dokumente unter Einsatz von SAX- und DOM-Parsern individuell geparst oder generiert werden.

Durch die Zergliederung auf separate XML-Dokumente unter Nutzung der XLink-Technologie können XML-Objekte skalierfähig organisiert werden. Hierbei muss ein Kompromiss zwischen zu großen XML-Dokumenten und einer zu feinen Separierung ermittelt werden. Auch wenn die maximale Größe eines XML-Dokuments nur von dem Dateisystem oder dem genutzten DBMS zur XML-Speicherung begrenzt ist, sind zu mächtige XML-Dokumente zu vermeiden, da bei einem Zugriff auf Einzeldatenfelder immer ein komplettes XML-Dokument herangezogen werden muss.

Es existieren zwei Arten von XLink, die so genannten einfachen (simple) und die erweiterten (extended) Verweise zwischen Dokumenten, wobei die erste Methode dem von HTML bekannten Vorgehen entspricht. Bei der Strukturierung von umfangreichen Datenbeständen wie bei einem Data Warehouse sollte der XLink-Ansatz unbedingt Berücksichtigung finden, um eine zukunftsweisende Verknüpfung von Informationen auf der Basis von standardisierten Ansätzen sicherzustellen.

XSLT kann genutzt werden, um mit XLink verknüpfte XML-Dokumente in das HTML-Format zu transformieren. Entsprechend der Separierung umfangreicher Datenbestände auf mehrere XML-Dokumente ist es sinnvoll, die Transformationsanweisungen nicht in einem umfangreichen XSL-Dokument zu hinterlegen, sondern auf mehrere Dokumente zu verteilen. Der Einsatz eines Publishing Framework ermöglicht es, zur Laufzeit XML-Dokumente durch einen XSLT-Prozessor entsprechend einer zugeordneten XSL-Datei in HTML-Dokumente umzuwandeln und diese auf einem Browser darzustellen.

3.11 Literatur

Bundesdatenschutzgesetz, Bundesdruckerei, Bonn, 2001

Devlin, Barry: Data Warehouse – from Architecture to Implementation. Addison-Wesley Longman, Reading Massachusetts, 1997

Hansen, Wolf Rüdiger: Das Data Warehouse – Lösung zur Selbstbedienung der Anwender. In: Bullinger, H.-J. (Hrsg.): Fraunhofer Institut für Arbeitswirtschaft und Organisation (IAO), IAO-Forum mit Anwendungsberichten. IRB Verlag, Stuttgart, 1995, S. 33–48

Mertens, Peter, Wieczorrek, Hans Wilhelm: Data X Strategien – Data Warehouse, Data Mining und operationale Systeme für die Praxis. Springer-Verlag, Berlin, Heidelberg, New York, 2000

Seibold, Gerhard: Dimensionales Design für massiv parallele Decision Support Systeme (DSS). In: Bullinger, H.-J. (Hrsg.): Fraunhofer Institut für Arbeitswirtschaft und Organisation (IAO), IAO-Forum mit Anwendungsberichten. IRB Verlag, Stuttgart, 1995, S. 95–143

W3C: Recommendation Extensible Markup Language (XML), Version 1.0. http://www.w3.org/TR/1998/REC-xml-19980210, 1998

W3C: Recommendation XML Path Language (XPath), Version 1.0. http://www.w3.org/TR/1999/REC-xpath-19991116, 1999

W3C: Recommendation Extensible Stylesheet Language (XSL), Version 1.0. http://www.w3.org/TR/2001/PR-xsl-20010828, 2001

W3C: Recommendation XSL Transformations (XSLT), Version 1.0. http://www.w3.org/TR/1999/REC-xslt-19991116, 1999

W3C: Recommendation XML Linking Language (XLink), Version 1.0. http://www.w3.org/TR/2000/REC-xlink-20010627, 2001

Zügel, Werner: Datenmanagement und Information Warehouse. In: Bullinger, H.-J. (Hrsg.): Fraunhofer Institut für Arbeitswirtschaft und Organisation (IAO), IAO-Forum mit Anwendungsberichten. IRB Verlag, Stuttgart, 1995, S. 317–33

4 Ein eLearning-Portal unter Einsatz von XML und XSLT

4.1 Einleitung

Moderne multimediale Technologien spielen inzwischen in vielen Lebensbereichen eine große Rolle. Ein besonders wichtiges und immer weiter an Bedeutung gewinnendes Einsatzgebiet ist dabei eLearning, das Lehr- und Lernprozesse durch den Einsatz moderner Softwaretechnik fördern und unterstützen soll. Im eLearning wird Lernen als kooperativer Prozess verstanden, in dem alle Beteiligten (Studierende, Dozenten, Experten usw.) mit- und voneinander lernen können. Die Lernprozesse sollten dabei weder orts- noch zeitgebunden sein, sondern sowohl innerhalb als auch außerhalb einer Institution, bspw. einer Hochschule, stattfinden können. Um solche Lernprozesse zu ermöglichen, bedarf es geeigneter, internetbasierter Softwaresysteme, die ein Höchstmaß an Kommunikation und Interaktion zwischen allen Beteiligten gestatten und fördern.

Im Folgenden werden konkrete Erfahrungen und Ergebnisse aus dem Projekt OpenLearningPlatform vorgestellt, in dem ein eLearning-Portal für den Fachbereich Informatik der Fachhochschule Hannover entwickelt wird. Dieses eLearning-Portal unterstützt den Informationsaustausch von Studierenden und Dozenten auf mehreren Kommunikationsebenen. So können bspw. multimediale Daten, Dokumente oder Nachrichten in unterschiedlicher Form über das Internet ausgetauscht werden. Darüber hinaus bietet das System einen strukturierten und individuellen Zugriff auf die Daten, indem jeder Benutzer eine personalisierte Sicht auf die ihn betreffenden Informationen erhält.

Bei der Entwicklung des Systems wurde eine fortschrittliche Standardarchitektur für internetbasierte Systeme auf Basis von J2EE verwendet, die die klassische Einteilung eines Softwaresystems in verschiedene Schichten widerspiegelt[23].

---

[23] vgl. Brössler, P., Siedersleben, J. (Hsrg): Softwaretechnik, 2000

Aus softwaretechnischer Sicht ist die Präsentationsschicht, die die Benutzerschnittstelle für den Client bereitstellt, von besonderem Interesse. Bei einem internetbasierten System, wie der OpenLearningPlatform, besteht die Benutzungsoberfläche aus Webseiten in einer Auszeichnungssprache, wobei zumeist HTML verwendet wird. Aktuell rücken verstärkt aber auch andere Endgeräte, wie Personal Digital Assistants (PDA) und Mobiltelefone, die andere Web-Oberflächen erfordern, in den Blickpunkt. Auch die OpenLearningPlatform unterstützt so genanntes Multi-Channeling, indem sie sowohl HTML-Benutzungsoberflächen für normale PC-Clients als auch WML-Oberflächen für WAP-Mobiltelefone bereitstellt. Dabei werden fast alle Webseiten dynamisch erzeugt, um in ihnen systeminhärente und personalisierte Daten aufzunehmen. Die Realisierung komplexer Web-Oberflächen erfordert eine entsprechende Software-Architektur für die Präsentationsschicht, um Standard-Qualitätsanforderungen wie Wartbarkeit, Erweiterbarkeit und Wiederverwendbarkeit gerecht zu werden.

Im Folgenden wird die Realisierung der Präsentationsschicht der OpenLearningPlatform, die als fundamentale Technologien XML und XSLT nutzt, detailliert vorgestellt. Dabei werden im Einzelnen folgende Themen behandelt.

Der nachfolgende Abschnitt stellt zunächst die Transformationssprache XSLT vor. Hierbei wird gezeigt, wie XSLT zur Generierung dynamischer Web-Benutzungsoberflächen auf Basis von XML-Daten eingesetzt werden kann.

Um komplexe Web-Oberflächen dynamisch erzeugen zu können, bedarf es einer strukturierten Architektur der Software, die den Anforderungen modernen Software-Engineering gerecht wird. Deshalb wird das Konzept einer tragfähigen Basisarchitektur präsentiert, mit der unter Verwendung von XML-Daten und XSLT-Stylesheets die Benutzerschnittstelle eines internetbasierten Systems realisiert werden kann. Der Leitgedanke des vorgestellten Entwurfs ist die Umsetzung des Model-View-Controller-Musters und gewährleistet somit die softwaretechnische Entkoppelung der Daten der Anwendung, der Datendarstellung sowie der Verarbeitung der aufgetretenen Eingabeereignisse.

Nach einer kurzen Vorstellung der fachlichen Schwerpunkte des Projekts wird anschließend gezeigt, wie diese Basisarchitektur bei der Entwicklung des eLearning-Portals praktisch eingesetzt wird. Anschließend werden ausgewählte Implementierungsaspekte anhand von Beispielen vorgestellt und diskutiert.

Zum Schluss werden die Eigenschaften der präsentierten Architektur und des mit ihr verbundenen Vorgehens aus Sicht des Software-Engineering und auf Basis unserer Projekterfahrungen bewertet. Besonderes Gewicht erfährt bei dieser Diskussion die Praxistauglichkeit der XSLT-Technologie. Dabei wird auch ein Vergleich mit alternativen Technologien, bspw. JavaServer Pages (JSP), unternommen.

4.2
XML und XSLT zur dynamischen Webseitengenerierung

Professionelle Web-Informationssysteme stellen ihre Inhalte durch dynamisch generierte Formate, meist HTML-Seiten, den Benutzern zur Verfügung. Die Daten, in der Regel das Ergebnis eines Geschäftsprozesses oder einer Datenbankabfrage, müssen hierzu in ein mit einer Auszeichnungssprache ausgezeichnetes Dokument transformiert werden.

Für die Verarbeitung und Darstellung von XML-Daten wurde eigens die Sprache XSL (eXtensible Stylesheet Language) entworfen[24]. Die Spezifikation von XSL umfasst zwei Teile:

- XSLT (XSL Transformation), eine Sprache zur Transformation von XML-Daten in ein anderes XML-Format und
- XSL FO (XSL Formatting Objects), eine Sprache zur Formatierung von XML-Daten.

Die Transformationssprache XSLT bietet die Möglichkeit, gegebene XML-Daten in beliebige andere XML-Strukturen zu überführen. Voraussetzung für eine erfolgreiche Transformation ist die Wohlgeformtheit der Eingabedaten, d.h., die Eingabedaten müssen einer Reihe von XML-Syntaxregeln genügen. Die Transformation wird durch einen so genannten XSLT-Prozessor durchgeführt. Der Prozessor liest die XML-Daten und das XSLT-Stylesheet ein, wendet die im Stylesheet spezifizierte Transformation auf die Daten an und gibt das erzeugte Ausgabeformat als Ergebnis zurück. Da sowohl XHTML als auch WML (Wireless Markup Language) auf Basis von XML spezifiziert sind, d.h., es existiert eine XML-DTD für XHTML und eine XML-DTD für WML, lassen sich folglich aus beliebigen XML-Daten durch ein entsprechendes XSLT-Stylesheet dynamisch HTML- oder WML-Seiten generieren.

Ein XSLT-Stylesheet ist selbst wiederum ein wohlgeformtes XML-Dokument. XSLT besteht aus einer Reihe von Markups, mit denen Regeln zur Umwandlung von Elementen eines XML-Dokuments spezifiziert werden können. Der XSL-Namensraum (mit dem Präfix `xsl` und der URI `http://www.w3.org/1999/XSL/Transform`) definiert die XSLT-Elemente, die die Transformation beschreiben. Das Wurzelelement `<xsl:stylesheet>` muss alle Elemente in einem XSLT-Stylesheet umschließen. Mit dem XSLT-Element `<xsl:template match="XPath-Ausdruck">` werden Transformationsregeln definiert, die auf einen bestimmten Bereich eines XML-Dokuments angewendet werden sollen. Eine Transformationsregel besteht aus zwei Teilen – einem Muster (`pattern`) und einer Aktion (`action`).

---

[24] vgl. Tidwell, D.: XSLT, 2001

- Das Muster wird als Wert des Attributs match definiert. Ein Muster legt fest, welche Elemente der XML-Eingabestruktur transformiert werden sollen. Dies erfolgt mittels eines XPath-Ausdrucks[25] – einer speziellen Navigationssprache für XML-Strukturen. Zum Beispiel definiert das Element <xsl:template match="person"> eine Regel, die auf alle Elemente <person> im XML-Dokument passt.
- Den Aktionsteil bilden alle Zeichendaten und XSLT-Elemente, die zwischen dem Start- und Ende-Tag eines <xsl:template>-Elements eingeschlossen sind. Wenn das Muster auf den aktuell betrachteten Teil der XML-Struktur passt, werden die im Aktionsteil enthaltenen Zeichendaten, die nicht zur XSLT-Spezifikation gehören, unverändert in die XML-Ausgabestruktur übernommen und die enthaltenen XSLT-Elemente ausgeführt.

Durch das Ausführen der Transformationsregeln auf die entsprechenden Teile der XML-Eingabestruktur wird somit eine neue XML-Struktur erzeugt.

Die Funktionsweise von XSLT soll anhand eines einfachen Beispiels demonstriert werden. Das Listing 4-1 zeigt beispielhafte Benutzerinformationen im XML-Format, wie sie typischerweise bei der Anmeldung eines Benutzers auftreten. Diese Informationen sollen nun dynamisch in eine Begrüßungsseite eingefügt werden, die dem Benutzer nach dem erfolgreichen Anmeldevorgang als personalisierte Rückmeldung angezeigt wird.

```
1  <user>
2     <person>
3        <lastname>Mustermann</lastname>
4        <firstname>Franz</firstname>
5        <email>franz.mustermann@inform.fh-hannover.de</email>
6        <pwd>geheim</pwd>
7     </person>
8  </user>
```

Listing 4-1: Benutzerdaten in XML

Der Beispiel-Code in Listing 4-2 zeigt das XSLT-Stylesheet zur Generierung der Begrüßungsseite in HTML. In der Begrüßungsseite sollen dynamisch der Vor- und Nachname, die E-Mail-Adresse und das Passwort des angemeldeten Benutzers angezeigt werden. Das Stylesheet besteht aus XSLT-Elementen, durch die zwei Regeln zur Transformation der Eingabedaten spezifiziert sind. Die erste Transformationsregel (Zeile 5 bis 12) passt auf das Wurzelelement der Eingabe (match="/") und erzeugt das Grundgerüst für unsere HTML-Ausgabe. Durch das XSLT-Element <xsl:apply-templates/> werden auf alle Kindelemente des aktuellen Elements, in diesem Fall des Wurzelelements, die passenden Transformationsregeln angewendet.

So wird bspw. in den Zeilen 14 und 16 durch <xsl:template match="person"> und <xsl:value-of select="firstname"/>

---

[25] vgl. Bach, M.: XSL und XPath, 2000

aus der XML-Datei die Zeichenkette extrahiert, die sich innerhalb des Elements
`<firstname>` befindet, das sich wiederum im `<person>`-Element befindet.

```
1   <?xml version="1.0"?>
2   <xsl:stylesheet xmlns:xsl=
3   "http://www.w3.org/1999/XSL/Transform" version="1.0">
4
5     <xsl:template match="/">
6       <html>
7         <head><title>XSLT-Beispiel</title></head>
8         <body>
9           <xsl:apply-templates />
10        </body>
11      </html>
12    </xsl:template>
13
14    <xsl:template match="person">
15      <h1>
16        Welcome <xsl:value-of select="firstname" />
17                <xsl:text> </xsl:text>
18                <xsl:value-of select="lastname" />
19      </h1>
20      <hr/>
21      Your E-Mail:
22      <I>
23        <xsl:value-of select="email"/>
24      </I><BR/>
25      Your Password:
26      <I>
27        <xsl:value-of select="pwd"/>
28      </I><BR/>
29    </xsl:template>
30
31  </xsl:stylesheet>
```

Listing 4-2: XSLT-Stylesheet zur Generierung einer Begrüßungsseite

Die durch die Transformation generierte HTML-Seite ist in Listing 4-3 dargestellt. Man erkennt den HTML-Code aus den Aktionsteilen der Transformationsregeln sowie die Benutzerdaten aus der XML-Eingabestruktur, die in den HTML-Code eingefügt wurden.

```
1   <html>
2     <head>
3       <title>XSLT-Beispiel</title>
4     </head>
5     <body>
6       <h1>Welcome Franz Mustermann</h1>
7       <hr>
8       Your E-Mail:
9       <I>franz.mustermann@inform.fh-hannover.de</I>
10      <BR>
11      Your Password:
12      <I>geheim</I>
13      <BR>
14    </body>
15  </html>
```

Listing 4-3: Ergebnis der Transformation in HTML

Mit Hilfe eines XSLT-Prozessors (z.B. XALAN von Apache (http://xml.apache.org)) lassen sich die in einem XSLT-Stylesheet festgelegten Transformationsregeln auf ein XML-Dokument anwenden. Der Prozessor bekommt als Eingabe zum einen die XML-Daten (Listing 4-1), zum anderen ein XSLT-Stylesheet (Listing 4-2) und liefert als Ergebnis der Transformation wiederum XML-Daten (Listing 4-3). Aus einem XML-Datensatz lassen sich somit durch Einsatz unterschiedlicher Stylesheets unterschiedliche Ausgabeformate generieren – neben HTML auch bspw. WML.

4.3 Basisarchitektur der Präsentationsschicht

Mit der Komplexität und Professionalität von modernen internetbasierten Systemen wachsen auch die Anforderungen an die Präsentationsschicht. Sie ist in der Regel für eine Vielzahl komplexer Benutzerinteraktionen verantwortlich und muss sämtliche Aufgaben der Dialogkontrolle (Logik) sowie der Darstellung (Layout) der Webseiten realisieren.

4.3.1 Entwurf der Basisarchitektur

Die im Folgenden entwickelte Basisarchitektur soll diesen Anforderungen mit einem flexiblen und modularen Software-Design gerecht werden. Insbesondere bei komplexen Anwendungen ist eine entsprechende eigene Software-Architektur für die Präsentationsschicht unumgänglich. Zunächst sollen anhand eines typischen Ablaufs die genauen Aufgaben der Präsentationsschicht für webbasierte Systeme voneinander abgegrenzt werden:

- Anforderung eines Web-Clients:
  Die Anforderung eines Web-Clients muss im (Web-)Server entgegengenommen und identifiziert werden.
- Ausführung eines Geschäftsprozesses:
  Jede Client-Anforderung löst einen entsprechenden Geschäftsprozess aus, der einen Dienst in der Applikationsschicht ausführt. Dabei werden die benötigten Daten gesucht, ggf. geändert und an die Präsentationsschicht zurückgereicht.
- Erzeugung einer Webseite:
  Anschließend müssen die Ergebnisse des Geschäftsprozesses dem Client in einer entsprechenden Webseite mitgeteilt werden. Die Erstellung dieser Seite bedarf zweier Schritte.
  Zunächst muss ein Rahmen (Template) ausgewählt werden, der alle statischen Anteile der Seite enthält, bspw. immer angezeigten Text oder GUI-Komponenten, wie Schaltflächen, Links usw. Wie dieser Rahmen aussieht, bspw. ob HTML oder WML verwendet werden muss, hängt vom Typ des Web-Clients sowie ggf. seinen Besonderheiten ab. Im zweiten

4 Ein eLearning-Portal unter Einsatz von XML und XSLT

Schritt müssen in diesen Rahmen die aktuellen prozessbezogenen Daten aufgenommen werden, d.h., die auszugebende Markup-Seite wird dynamisch erzeugt.

- Rücksendung der Webseite an den Client:
In einem letzten Schritt muss die erzeugte Seite an den Client als Rückmeldung auf seine Anforderung zurückgesandt werden.

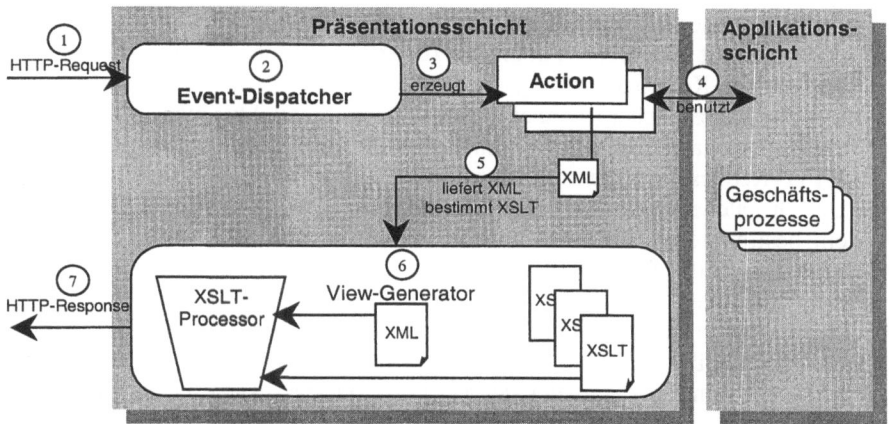

Abbildung 4-1: Basisarchitektur der Präsentationsschicht mit XSLT

Das maßgebliche Ziel bei der Entwicklung einer Architektur für die Präsentationsschicht eines webbasierten Informationssystems ist eine Trennung des Layouts der dynamisch generierten Webseiten von der dazugehörenden Dialogkontrolle. Dabei hat sich folgende moderne Standard-Architektur etabliert[26]: Die Erzeugung der Webseiten (View-Komponenten) wird mittels XML/XSLT realisiert, für die Dialogkontrolle erfolgt eine Aufteilung in einen Event-Dispatcher und 1 bis n Action-Klassen. Diese Architektur kann auch auf andere Technologien zur dynamischen Generierung von Webseiten übertragen werden, bspw. auf JavaServer Pages[27].

Als zentrale Anlaufstelle für jedes vom Client ausgelöste Ereignis dient der Dispatcher. Anhand eines übergebenen Kommandostrings instanziiert er eine separate Action-Klasse, in der die für ein bestimmtes Benutzerereignis durchzuführenden Aktionen ausgelagert sind. In den Action-Klassen werden bspw. Daten aus der Applikationsschicht beschafft und an eine View-Komponente zur Anzeige weitergeleitet. Durch diese Verteilung entsteht ein sehr modulares und flexibles Design. Bestehende Applikationen lassen sich leicht um

---

[26] vgl. Alur, D., Crupi, J., Malks, D.: Sun Java Center: J2EE patterns, http://developer.java.sun.com/developer/technicalArticles/J2EE/patterns/, 2001

[27] vgl. Bruns, R., Dunkel, J., Holitschke, A.: JavaServer Pages oder XSLT, JavaSPEKTRUM, 4/2002, S. 60–66

neue Funktionalitäten erweitern, denn es muss lediglich eine neue Action-Klasse (Action-Handler) mit der entsprechenden Ablauflogik hinzugefügt werden. Darüber hinaus muss sichergestellt sein, dass der Dispatcher diese neue Action-Klasse bei Bedarf instanziiert.

Die Abbildung 4-1 stellt den Verlauf der serverseitigen Verarbeitung eines Ereignisses in schematischer Form dar.

1. Aufgrund einer Benutzerinteraktion löst der Client einen HTTP-Request aus und übergibt sämtliche Parameter (bspw. aus einem HTML-Formular) sowie einen Kommandostring, der die Benutzerinteraktion identifiziert.
2. Der Event-Dispatcher (in einer Java-basierten Architektur meist ein Servlet, andere Mechanismen wie CGI sind aber ebenfalls möglich) empfängt den HTTP-Request und wertet ihn aus.
3. Der Dispatcher instanziiert eine entsprechende Action-Klasse, in der die für ein bestimmtes Benutzerereignis durchzuführenden Aktionen ausgelagert sind. Das heißt, für jede Art von Client-Anforderung gibt es eine eigene Action-Klasse.
4. Die konkrete Action-Klasse greift auf die Objekte und Methoden der Geschäftslogik zu und veranlasst die notwendigen Operationen, bspw. werden die Parameter des HTTP-Requests ausgelesen und der Geschäftslogik zur Persistenzsicherung übergeben.
5. Innerhalb der konkreten Action-Klasse wird, unter Rückgriff auf die Objekte der Geschäftslogik, ein XML-Datensatz generiert. Das für die Transformation zu verwendende XSLT-Stylesheet wird bestimmt und zusammen mit den durch die Action-Klasse generierten XML-Daten an den XSLT-Prozessor weitergereicht.
6. Der Prozessor wird gestartet. Die Generierung der Ausgabesprache erfolgt in einer XSLT-Transformation. Dabei wird der XML-Datensatz gemäß den in dem Stylesheet spezifizierten Transformationsregeln umgewandelt.
7. Das Ergebnis der Generierung wird in den Output-Stream des Response-Objekts geschrieben und als HTTP-Response an den Client zurückgesendet.

4.3.2
Bewertung der Architektur

Als grundlegendes Architekturprinzip für die Entwicklung von grafischen Benutzerschnittstellen hat sich das Model-View-Controller-Muster (MVC-Muster) durchgesetzt. Das MVC-Muster legt die Trennung der Zuständigkeiten (separation of concerns) der Komponenten einer Benutzerschnittstelle fest, indem es zwischen den Daten der Anwendung (model), der Darstellung der Daten auf der Benutzungsoberfläche (view) und der Kontrolle (control) der Verarbeitung der aufgetretenen Eingabeereignisse unterscheidet.

- Model:
  Die darzustellenden Daten der Geschäftslogik (model) werden der Benut-

zungsoberfläche – hier den Webseiten – in Form eines XML-Datensatzes zur Verfügung gestellt. Das genaue Format des Datensatzes kann mit den Mitteln von XML durch eine DTD bzw. ein XML-Schema formal spezifiziert werden. Damit lässt sich auch leicht validieren, ob der Datensatz in korrekter Form vorliegt, bspw. durch einen Standard-XML-Parser (z.B. Xerces von Apache (http://xml.apache.org)). Der XML-Datensatz kann als strukturierte Beschreibung der darzustellenden Daten verstanden werden – er ist somit vollständig von der Applikationsschicht entkoppelt.

- View:
Die View-Komponente ist für die dynamische Erzeugung einer Webseite verantwortlich. Sie muss also das Layout der Seite vorgeben und dafür Sorge tragen, dass die benötigten Modelldaten in die Seite integriert werden. Die Views werden hier durch XSLT-Stylesheets repräsentiert, die die XML-Daten des Modells in Webseiten transformieren. Dazu wird ein Standard-XSLT-Prozessor, bspw. XALAN von Apache, genutzt.
Bei der Transformation werden lediglich die XML-Daten und das angegebene Stylesheet verwendet. Die XSLT-Stylesheets sind dabei völlig von den Daten entkoppelt – sie kennen lediglich die formale Definition der XML-Daten und besitzen einen ausschließlich lesenden Zugriff. Die Stylesheets kennen zwar deren Struktur, besitzen jedoch kein weiteres Wissen über die XML-Daten, bspw. auf welche Weise sie erzeugt wurden. Die Generierung der Views ist somit vollständig von der Steuerung der Verarbeitungsschritte in der Applikations- und in der Präsentationsschicht entkoppelt.

- Controller:
Die Dialogkontrolle (controller) stellt die Verbindung zwischen Modelldaten und View her. Sie muss zum einen die Modelldaten bereitstellen, zum andern die Erzeugung der Webseiten anstoßen.
Diese Aufgaben werden in der Basisarchitektur vom Dispatcher und den Action-Klassen wahrgenommen. Der Dispatcher interpretiert die Anforderung des Clients und delegiert die weitere Verarbeitung an eine geeignete Action-Klasse. Innerhalb der Action-Klasse wird nach Zugriff auf die Geschäftslogik das Modell als XML-Datensatz erzeugt, der zusammen mit einem passenden XSLT-Stylesheet an den XSLT-Prozessor übergeben wird.

In der vorgestellten Architektur erfolgt somit eine strikte Trennung von Modelldaten, die im XML-Format bereitstehen, den Views, die durch XSLT-Stylesheets repräsentiert werden, und der Kontrolle, die in den Action-Klassen implementiert wird.

4.4
Das Projekt OpenLearningPlatform

eLearning hat sich innerhalb der letzten Jahre zu einem signifikanten Bestandteil des Studiums an Hochschulen entwickelt. Voraussetzung für das eLearning ist eine intensive und ortsungebundene Kommunikation zwischen allen am Lernprozess Beteiligten. Dazu bedarf es einer geeigneten softwaretechnischen Infrastruktur, um über das Internet sämtliche benötigten Informationen in einer integrierten Plattform zur Verfügung zu stellen. Aktuell ist man von diesem Ziel jedoch oft weit entfernt, denn meist werden Lehrbausteine isoliert und mit unterschiedlichsten Technologien vorgehalten. So gibt es bspw. File-Server für Skripte und Übungsaufgaben, Web-Server für allgemeine Informationen und interne Nachrichten, Mailing-Listen, Aushänge in Schaukästen usw. Diese Situation ist durch eine Reihe von Nachteilen geprägt.

- Es existieren nebeneinander isolierte Einzellösungen in Form vieler verschiedener Systeme, in die sich die Nutzer jeweils gesondert einarbeiten müssen.
- Die Kommunikation erfolgt vornehmlich unidirektional durch den Abruf zentral bereitgestellter Informationen. Eine aktive Kommunikation zwischen den verschiedenen Gruppen und Benutzern ist in der Regel nicht möglich.
- Die Nutzer bekommen keine Unterstützung bei der Auswahl der für sie relevanten Daten. Sie müssen stattdessen den kompletten Datenbestand durchsuchen.

Das Ziel des Projektes OpenLearningPlatform ist der Aufbau einer integrierten Kommunikationsplattform (eLearning-Portal) für den Einsatz von eLearning und Multimedia in Lehre und Studium. Das eLearning-Portal zeichnet sich durch die folgenden charakteristischen Merkmale aus:

- Es ist ein homogenes und integriertes internetbasiertes Softwaresystem für alle Ebenen der hochschulinternen Kommunikation.
- Beliebige multimediale Lehrbausteine werden in der OpenLearning-Platform integriert.
- Das System bietet einen personalisierten Zugang zu den eLearning-Diensten.

Die Abbildung 4-2 veranschaulicht im Überblick die wesentlichen von der OpenLearningPlatform zur Verfügung gestellten Dienste. Hierbei werden die Ebenen der Kommunikation in eine Fachbereichs- und eine Lehrveranstaltungsebene differenziert.

Die Fachbereichsebene stellt allen Studierenden und Lehrenden lehrveranstaltungsübergreifende Dienste zur Verfügung. Ein so genannter Info-Kanal dient dem Austausch von Nachrichten und Informationen. Autorisierte Personen

4 Ein eLearning-Portal unter Einsatz von XML und XSLT

können dezentral Nachrichten eingeben, die dann den betroffenen Systemnutzern nach ihrer Anmeldung im System angezeigt werden. Ein weiterer wichtiger Dienst ist ein Informationspool, der den dezentralen Zugriff über das Internet auf jegliche Form von Dokumenten und multimedialen Lehrbausteinen zulässt. Dazu gehören Text-Dokumente, wie bspw. Semestertermine und Prüfungsordnungen, aber auch Online-Bibliotheken für Tutorials, Videos, Online-Bücher, Audios und Software.

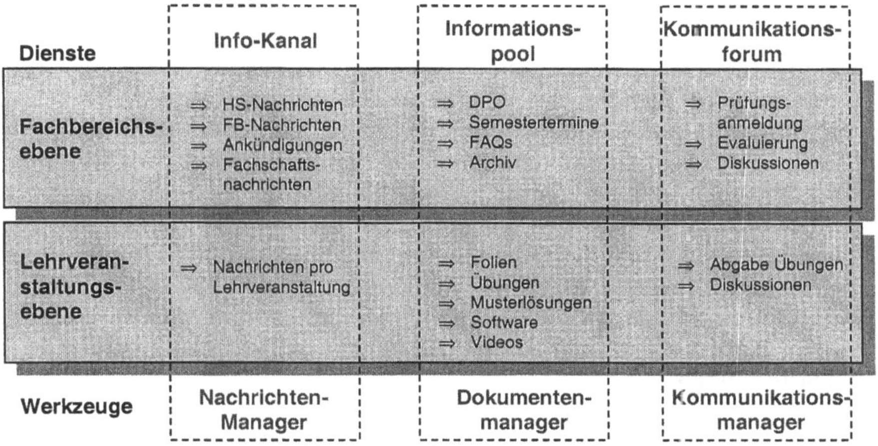

Dienste	Info-Kanal	Informations-pool	Kommunikations-forum
Fachbereichs-ebene	⇒ HS-Nachrichten ⇒ FB-Nachrichten ⇒ Ankündigungen ⇒ Fachschafts-nachrichten	⇒ DPO ⇒ Semestertermine ⇒ FAQs ⇒ Archiv	⇒ Prüfungs-anmeldung ⇒ Evaluierung ⇒ Diskussionen
Lehrveran-staltungs-ebene	⇒ Nachrichten pro Lehrveranstaltung	⇒ Folien ⇒ Übungen ⇒ Musterlösungen ⇒ Software ⇒ Videos	⇒ Abgabe Übungen ⇒ Diskussionen
Werkzeuge	Nachrichten-Manager	Dokumenten-manager	Kommunikations-manager

Abbildung 4-2: Fachliche Struktur und Dienste der OpenLearningPlatform

Sämtliche Dienste, die den unmittelbaren Austausch von Informationen, insbesondere durch die Studierenden, unterstützen, werden im Kommunikationsforum zusammengefasst. Das Kommunikationsforum ermöglicht es bspw. in einem Diskussionskanal Meinungen auszutauschen und Probleme mit Kommilitonen und Dozenten zu diskutieren oder sich zu Prüfungen bzw. Lehrveranstaltungen anzumelden. Darüber hinaus können die Studierenden auf der Fachbereichsebene die sie betreffenden Lehrveranstaltungen individuell abbonieren und abbestellen – dies erlaubt u.a. eine personalisierte Darstellung der für einen Studierenden relevanten Informationen.

Die Lehrveranstaltungsebene unterstützt die Kommunikationsprozesse, die sich auf eine einzelne Lehrveranstaltung, bspw. eine Vorlesung oder ein Projekt, beziehen. Der Info-Kanal ermöglicht hier den Austausch lehrveranstaltungsbezogener Nachrichten, wie bspw. eine Terminverschiebung oder die Bekanntgabe eines speziellen Abgabetermins. Der Informationspool enthält nun alle Lehrmaterialien, die für eine Lehrveranstaltung vorliegen, bspw. Skripte, Folien, Übungsaufgaben, Projektpläne und Software. Mit Hilfe des Kommunikationsforums können im Rahmen einer Lehrveranstaltung alle erforderlichen Informationen ausgetauscht werden. Dazu gehören die Unterstützung des Übungsbetriebs durch die Abgabe von Übungsaufgaben und die Bereitstellung von Musterlösungen sowie eine direkte Kommunikation in Form von Chat-Gruppen, FAQs, Dozenten-Fragestunden usw.

Zusammenfassend lässt sich die OpenLearningPlatform durch die folgenden Eigenschaften charakterisieren.

- Das eLearning-Portal ermöglicht mobiles Lernen, d.h., über das Internet ist von jedem Ort zu jeder Zeit ein Systemzugang möglich. Durch die weitere Unterstützung mobiler Endgeräte, wie PDAs oder WAP-Mobiltelefone, wird eine noch umfangreichere Nutzung im Sinne eines pervasive oder ubiquitous Computing ermöglicht[28].
- In der OpenLearningPlatform werden die angezeigten Daten an den angemeldeten Benutzer angepasst. Dadurch verbessert sich die Systemergonomie in großem Maße, weil aufwendiges Suchen oder eine Navigation durch den gesamten Datenbestand vermieden wird. Ein Benutzer bekommt zunächst nur zu denjenigen Lehrveranstaltungen Informationen, die er auch abboniert hat.
- Darüber hinaus soll die bidirektionale Kommunikation zwischen allen Hochschulgruppen gefördert werden. Es werden nicht nur Informationen zum Lesen, d.h. passiv, zur Verfügung gestellt, sondern allen Beteiligten ist auch der direkte Austausch von Informationen durch das Kommunikationsforum möglich.
- Ein weiterer wichtiger Aspekt ist – wie bei jedem Web-Informationssystem – die Einhaltung von Sicherheitsstandards. Auch in der OpenLearningPlatform können sensitive personenbezogene Daten, wie bspw. Prüfungsergebnisse, übertragen werden. Aus diesem Grunde sollen in dem eLearning-Portal sichere Protokolle wie SSL und strenge Authentifizierungsmechanismen, bspw. durch Einsatz von Smartcards, verwendet werden. Entsprechende Mechanismen werden in einem gesonderten Projekt bewertet und realisiert.

4.5
Software-Architektur der OpenLearningPlatform

In diesem Abschnitt wird zunächst die gesamte Software-Architektur der OpenLearningPlatform im Überblick vorgestellt und jede Systemschicht kurz andiskutiert. Anschließend erfolgt eine detailliertere Betrachtung der architekturellen Aspekte der Präsentationsschicht – insbesondere im Hinblick auf den Einsatz von XML und XSLT.

---

[28] vgl. Schiller, J.: Mobile Communications, 2000

4 Ein eLearning-Portal unter Einsatz von XML und XSLT

4.5.1
Gesamtarchitektur

Ein eLearning-Portal sollte eine Software-Architektur aufweisen, die den Standardanforderungen an geschäftskritische Web-Informationssysteme genügt, d.h. Transaktionssicherheit, gute Performanz und hohe Verfügbarkeit bietet. Mit der OpenLearningPlatform werden zunächst einige hundert Anwender am Fachbereich Informatik der Fachhochschule Hannover kontinuierlich arbeiten und deren Systemakzeptanz hängt von den genannten Faktoren in hohem Maße ab.

Darüber hinaus soll die OpenLearningPlatform als eine Art Standard- oder Branchenlösung an unterschiedlichen Fachbereichen und Hochschulen eingesetzt werden können, so dass auch die Skalierbarkeit und Portabilität der Applikation von großer Bedeutung ist. Deshalb sollte es möglich sein, das System bei zunehmenden Leistungsanforderungen auf mehrere Server-Rechner zu verteilen.

Außerdem sollte die Erweiterbarkeit und Wartbarkeit durch ein modulares und flexibles Design, in dem Softwareschichten mit klar voneinander getrennten Aufgabenbereichen definiert sind, erreicht werden.

Um diesen Entwurfszielen gerecht zu werden, wird zur Realisierung der OpenLearningPlatform das J2EE (Java 2 Enterprise Edition) Framework[29] von Sun Microsystems eingesetzt, das eine Mehrschichten-Architektur (multi tier architecture) vorgibt, die u.a. auch auf die Entwicklung internetbasierter Systeme ausgerichtet ist. Die Abbildung 4-3 zeigt die verschiedenen Schichten einer J2EE-Architektur für eine webbasierte Applikation.

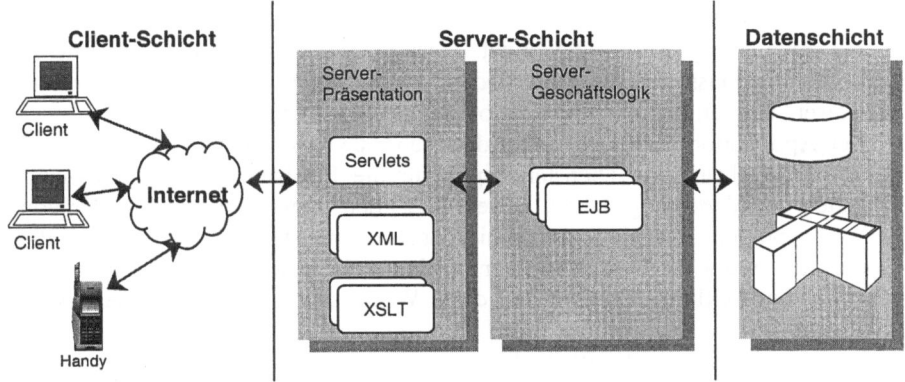

Abbildung 4-3: J2EE-Architektur für internetbasierte Systeme

---

[29] vgl. Sun Microsystems: Simplified Guide to the J2EE Platform, http://java.sun.com/j2ee/j2ee_guide.pdf, 1999

Auf den Clients wird den Benutzern in einem Standard-Browser die Benutzungsoberfläche angeboten, um mit dem System zu interagieren. Dabei sind unterschiedliche Arten von Clients denkbar. Im Normalfall werden Arbeitsplatzrechner verwendet, die in WWW-Browsern HTML-Seiten anzeigen. Für einige Prozesse – wie bspw. das Anzeigen von Kurznachrichten, den *Messages of the Day* – macht es aber auch Sinn, andere Ausgabegeräte, wie bspw. WAP-Mobiltelefone, einzusetzen und somit so genanntes Multi-Channeling zu unterstützen[30]. Wie schon erläutert, liegt es in der Verantwortung der Präsentationsschicht, die passende Benutzungsoberfläche für den spezifischen Client zu generieren.

In der OpenLearningPlatform basiert diese Schicht auf der in Abschnitt 4.3.1 vorgestellten Basisarchitektur, um mit Hilfe von XML und XSLT das Model-View-Controller-Entwurfsmuster umzusetzen. Für die technische Realisierung wird innerhalb von J2EE ausschließlich Java verwendet, d.h., der Dispatcher ist ein Servlet und die Action-Klassen sind ebenfalls in Java implementiert. Physikalisch befindet sich die Präsentationsschicht auf einem (Web-)Server, der über eine Servlet-Engine verfügt. Dies kann ein eigenes Produkt sein, bspw. Tomcat von Apache (http://jakarta.apache.org/tomcat), aber auch ein im Applikationsserver integrierter Web-Server. Bei der Entwicklung wurden sowohl Tomcat wie auch der im Bea WebLogic 6.1. (http://www.bea.com) integrierte Web-Server genutzt. Auf die konkrete Realisierung der Präsentationsschicht der OpenLearningPlatform geht der nachfolgende Abschnitt anhand ausgewählter Aspekte im Detail ein.

Innerhalb der Geschäftslogikschicht werden sämtliche anwendungsspezifischen fachlichen Prozesse umgesetzt. Bei der Realisierung mittels J2EE sind alle fachlichen Objekte als in einem Applikationsserver residierende Enterprise JavaBeans (EJB)[31] implementiert. Datentragende Objekte werden in EJB durch so genannte Entity Beans abgebildet. Klassen, die Geschäftslogik realisieren und deshalb ausschließlich Methoden, aber keine persistenten Attribute aufweisen, werden in Form von Session Beans implementiert.

Der Applikationsserver verwaltet den Lebenszyklus von EJB-Objekten und stellt eine Vielzahl von Diensten bspw. für die Persistenz von Entity-Bean-Objekten zur Verfügung. Damit befreit J2EE den Anwendungsentwickler von der aufwendigen Realisierung technischer Basisdienste und erlaubt ihm die Konzentration auf die Umsetzung der fachlichen Funktionalitäten. Letztendlich führt die Entwicklung mit J2EE auf diese Weise zu deutlichen Produktivitätsgewinnen.

Erste Erfahrungen mit EJB-Architekturen zeigen jedoch, dass nur durch den Einsatz spezieller EJB-Entwurfsmuster ein performantes Systemverhalten sichergestellt werden kann. Ein Hauptproblem ist, dass jeder Zugriff auf ein

---

[30] vgl. Schreier, U., Gerschwiler, M., Giradin, D., Junghojann, J., Wüst, T.: Adaptierbare Frontend-Architekturen, OBJEKTspektrum, 4/2000, S. 18 ff.
[31] vgl. Sun Microsystems: Enterprise JavaBeans Specification, Version 2.0, Proposed Final Draft 2, www.javasoft.com/products/ejb/docs.html, 24. 4. 2001

EJB-Objekt entfernt (remote) – d.h. mit entsprechendem Overhead – erfolgt. Um dieses Problem abzuschwächen, werden in der OpenLearningPlatform durchgängig das Value-Object- und das Session-Bean-Fassade-Entwurfsmuster angewendet[32]. Die wesentliche Grundidee dieser beiden Entwurfsmuster ist, dass Clients nur mit Session Beans arbeiten, die den Zugriff auf die Entity Beans kapseln. Zwischen Client und Server werden so genannte Value-Objekte ausgetauscht, in die die Daten der Entity Beans kopiert werden. Der Client arbeitet nur mit diesen Value-Objekten, deren Methoden keine Netzzugriffe und damit auch keinen Overhead im Gegensatz zu Entity Beans verursachen.

Die Entwicklung von EJB-Applikationen ist relativ komplex und bedarf deshalb einer entsprechenden Werkzeugunterstützung. Zur Generierung der Interfaces und Deployment-Deskriptoren setzen wir das sehr hilfreiche Open-Source-Werkzeug ejbGen (http://beust.com/cedric/ejbgen) ein. Der Deployment-Schritt wird durch das ant-Tool aus dem Apache–Projekt (http:jakarta.apache.org/ant) unterstützt.

In der Datenschicht residieren sämtliche Systemdaten. Dabei können grundsätzlich verschiedene Technologien wie Datenbanken, Directory-Systeme, XML-Repositories oder auch ERP/Legacy-Systeme eingesetzt werden. In der OpenLearningPlatform kommt als relationales Datenbanksystem Oracle 8i zum Einsatz.

Insgesamt ist der Einsatz von J2EE auch deshalb von großem Vorteil, weil damit ein offener Standard genutzt wird, den eine Vielzahl von J2EE-konformen Applikationsservern unterstützen. Auf diese Weise kann die OpenLearningPlatform je nach Leistungsanforderungen auf verschiedenen Produktplattformen betrieben werden. Die aktuelle Entwicklung nutzt den EJB-konformen Applikationsserver Bea WebLogic 6.1. mit EJB 2.0-Container und integriertem Web-Server sowie Oracle 8i als Datenbanksystem.

Um die OpenLearningPlatform an verschiedene Einsatzumgebungen und Anforderungen flexibel und ohne Änderungen am Source-Code anpassen zu können, sind sämtliche Systemparameter in XML-Konfigurationsdateien ausgelagert, die bei Systemstart mit Hilfe des JAXP-API[33] ausgelesen werden und der Initialisierung des Gesamtsystems dienen. Die Änderung der Konfigurationsdateien ermöglicht somit ohne eigene Compilierung der Sourcen eine Anpassung an die Produktionsumgebung.

4.5.2
Realisierung der Präsentationsschicht

Die Präsentationsschicht der OpenLearningPlatform ist gemäß der Vorgaben der in Abschnitt 4.3.1 vorgestellten Basisarchitektur entwickelt worden. Die

---

[32] vgl. Dunkel, J., Müller-Steding, T.: Performanzsteigerung durch EJB-Entwurfsmuster, OBJEKTspektrum 2/2002, S. 39–48
[33] vgl. McLaughlin, B.: Java und XML, 2001

Abbildung 4-4 zeigt einen Ausschnitt aus dem Klassendiagramm der Präsentationsschicht, durch das die Architektur aus Abbildung 4-1 verfeinert wird. Die konkrete Implementierung umfasst noch wesentlich mehr Klassen, entspricht aber konzeptionell dem dargestellten UML-Modell.

Zentraler Einstiegspunkt für alle Client-Anfragen (also für alle HTTP-Requests) ist die Klasse `FrontControllerServlet`, in der die Aufgaben des Event-Dispatchers in Form eines Java-Servlets realisiert sind. Die `service()`-Methode des Servlets wird bei jedem HTTP-Request aufgerufen, und ihr werden als Argumente die Parameter der Client-Anfrage übergeben. Wichtigster übergebener Parameter ist ein Kommandostring, durch den das System die Benutzerinteraktion identifizieren kann.

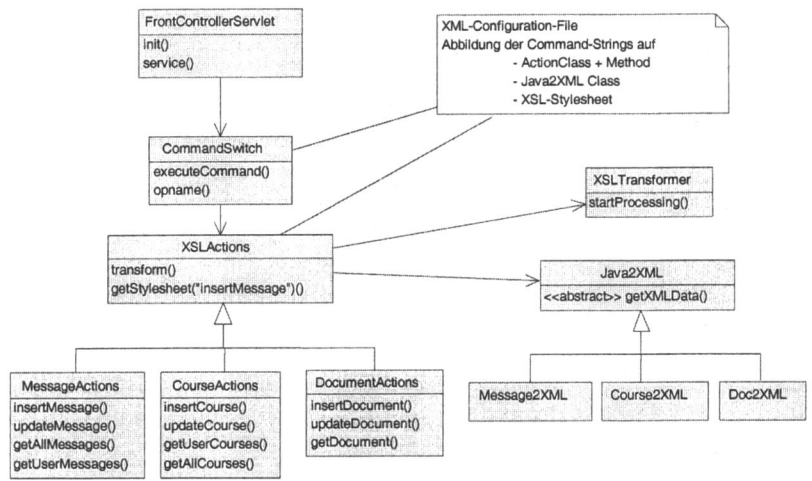

Abbildung 4-4: Klassendiagramm der Präsentationsschicht

Mit dem ersten Aufruf des `FrontControllerServlet` wird die gesamte Klassenhierarchie mit Hilfe des Reflection-Mechanismus[34], den Java bereitstellt, einmalig initialisiert. Die Initialisierung liest mehrere XML-Konfigurationsdateien (`XML-Configuration-File`) aus. Neben plattformspezifischen Systemparametern enthalten die Konfigurationsdateien vor allem die Abbildung der unterstützten Kommandostrings (a) auf die Action-Klasse bzw. die auszuführende Methode, (b) auf die Klasse zur Generierung von XML sowie (c) auf das einzusetzende XSLT-Stylesheet.

Anstatt wie in der Basisarchitektur vorgesehen, jede erlaubte Client-Anfrage in einer separaten Action-Klasse zu implementieren, wird jede Client-Anfrage durch eine spezifische Action-Methode behandelt, wobei alle Action-Methoden eines fachlichen Dienstes in einer Action-Klasse zusammengefasst sind. Beispielsweise enthält die Klasse `MessageActions` alle Action-Methoden

---

[34] vgl. Horstmann, C.S., Cornell, G.: Core JAVA 2 – Volume 1, 1999

für den Info-Kanal. Die Klasse `CommandSwitch` bildet mit Hilfe der Angaben aus den Konfigurationsdateien den Kommandostring auf die konkrete Action-Klasse und in dieser auf die konkrete Action-Methode ab, die die Client-Anfrage realisiert. Beispielsweise würde eine Anfrage zum Ändern einer Nachricht (Kommandostring `updateNachrichten` im XSLT-Stylesheet in Listing 4-5 Zeile 70-71) durch die Methode `updateMessage()` der Klasse `MessageActions` bearbeitet. Das Ausführen der Action-Methode startet die fachlichen Abläufe in der Server-Geschäftslogikschicht und liefert als Ergebnis ein Java-Objekt mit den Ergebnisdaten des Geschäftsprozesses. Nach der erfolgreichen Verarbeitung der fachlichen Abläufe geht die Kontrolle zurück an die Klasse `CommandSwitch`, von der aus durch den Aufruf der Methode `transform()` der Klasse `XSLActions` die Generierung der Benutzungsoberfläche angestoßen wird.

Zur Generierung der Benutzungsoberfläche müssen

a) die Ergebnisdaten, die noch als Java-Objekt vorliegen, in XML umgewandelt werden,
b) muss das für die Transformation zu verwendende XSLT-Stylesheet bestimmt werden und
c) muss der XSLT-Prozessor mit den XML-Daten und dem Stylesheet gestartet werden.

Die Erzeugung der XML-Daten aus dem Java-Objekt bzw. den Java-Objekten erfolgt in der Klasse `Java2XML` bzw. einer Unterklasse dieser Klasse. Da jeder fachliche Dienst der OpenLearningPlatform andere Datenstrukturen erfordert, existiert pro Dienst eine abgeleitete Klasse von `Java2XML`. In dieser Klasse wird mittels des JDOM-API[35] aus dem Java-Objekt eine XML-Struktur aufgebaut. Beispielsweise findet die Erzeugung der JDOM-Struktur für den Nachrichten-Manager in der Klasse `Message2XML` statt. Diese XML-Struktur und das aufgrund der Angaben in der Konfigurationsdatei bestimmte XSLT-Stylesheet werden in der Klasse `XSLTTransformer` dem XSLT-Prozessor als Eingabe übergeben und der Prozessor gestartet (durch Aufruf der statischen Methode `startProcessing()`). Eingesetzt wird der XSLT-Prozessor XALAN von Apache (`http://xml.apache.org`). Das Ergebnis des Transformationsprozesses ist die generierte Benutzungsoberfläche, die als HTTP-Response zurück an den Client gesendet wird.

Beispielhaft zeigt Listing 4-4 die durch die Klasse `Message2XML` generierte XML-Struktur einer Nachricht bzw. der Liste mehrerer Nachrichten im Info-Pool. Jede Nachricht enthält als Parameter ein Erscheinungsdatum, ein Verfallsdatum, den Namen des Verantwortlichen, die Bezugsgruppe (z.B. der gesamte Fachbereich oder eine spezielle Lehrveranstaltung), den Titel und natürlich den eigentlichen Inhalt der Nachricht. Als Meta-Datum gibt das XML-Element `<darfEditieren>` in Zeile 22 an, ob der aktuelle Benutzer diese

---

[35] vgl. McLaughlin, B.: Java und XML, 2001

Nachricht verändern darf oder nicht. Nachrichten dürfen als Standard ausschließlich von dem Verfasser der originären Nachricht selbst editiert werden. Das in Listing 4-5 auszugsweise angegebene XSLT-Stylesheet transformiert diese Nachrichten in ein HTML-Ausgabeformat und realisiert somit die Benutzungsoberfläche des Nachrichten-Managers.

```
1   <xml-news-show>
2     <Nachricht>
3       <NachrichtenId>1</NachrichtenId>
4       <Erscheinungsdatum>
5         <Datum>
6           <Tag>01</Tag>
7           <Monat>01</Monat>
8           <Jahr>2001</Jahr>
9         </Datum>
10      </Erscheinungsdatum>
11      <Verfallsdatum>
12        <Datum>
13          <Tag>01</Tag>
14          <Monat>02</Monat>
15          <Jahr>2001</Jahr>
16        </Datum>
17      </Verfallsdatum>
18      <VerantwortlicherName>Ralf Bruns</VerantwortlicherName>
19      <Gruppe>Fachbereich</Gruppe>
20      <Titel>Vorlesung IS III</Titel>
21      <Inhalt>Die Uebungen IS III finden ...</Inhalt>
22      <darfEditieren darf="ja" />
23    </Nachricht>
24    <Nachricht>
25      ...
26    </Nachricht>
27    ...
28  </xml-news-show>
```

Listing 4-4: XML-Struktur einer Nachricht bzw. Liste aller Nachrichten

Der XSLT-Prozessor startet den Transformationsprozess mit dem Wurzelelement der XML-Eingabe. Auf dieses Wurzelelement wird die in Zeile 7–18 angegebene Transformationsregel angewendet (Attribut `match="/"`), die das HTML-Grundgerüst in das Ausgabeformat schreibt. Um eine einheitliche Formatierung aller Webseiten der OpenLearningPlatform zu erreichen, sind die Formatierungsanweisungen, soweit möglich, in ein Cascading Style Sheet (mit dem Dateinamen `style-main.css`) ausgelagert, das in Zeile 11 und 12 in die HTML-Ausgabe eingebunden wird. Das XSLT-Element `<xsl:apply-templates/>` in Zeile 15 sorgt dafür, dass auf alle Kindelemente des aktuellen XML-Elements, in diesem Fall also auf alle Kindelemente des Wurzelelements (d.h. auf alle Nachrichtenelemente `<Nachricht>`), die passenden Transformationsregeln angewendet werden.

```
1   <?xml version="1.0" encoding="ISO-8859-1"?>
2   <xsl:stylesheet
3      xmlns:xsl="http://www.w3.org/1999/XSL/Transform"
4      version="1.0">
5     <xsl:output method="html"/>
6
7     <xsl:template match="/">
8       <html>
```

```
 9      <head>
10        <title>OpenLearningPlatform</title>
11        <link rel="stylesheet" type="text/css"
12              href="stylesheets/style-main.css"/>
13      </head>
14      <body>
15        <xsl:apply-templates />
16      </body>
17     </html>
18    </xsl:template>
19
20    <xsl:template match="/xml-news-show/Nachricht">
21      <p>
22      <form action="http://xyz.inform.fh-hannover.de:8080/fabel">
23        <xsl:apply-templates />
24      </form></p>
25    </xsl:template>
26
27    <xsl:template match="/xml-news-show/Nachricht/NachrichtenId">
28      <input name="NachrichtenId" type="hidden">
29        <xsl:attribute name="value">
30          <xsl:apply-templates />
31        </xsl:attribute>
32      </input>
33      <input name="aktion" type="hidden" value="getNachricht" />
34    </xsl:template>
35
36    <xsl:template match="/xml-news-show/
37        Nachricht/Erscheinungsdatum">
38      <font class="infosNachricht">
39        <xsl:apply-templates />
40      </font>
41    </xsl:template>
42    ...
43    <xsl:template match="/xml-news-show/Nachricht/Verfallsdatum">
44    </xsl:template>
45    ...
46    <xsl:template match="/xml-news-show/
47        Nachricht/VerantwortlicherName">
48      <font class="infosNachricht">
49        <xsl:apply-templates />
50          <br/>
51      </font>
52    </xsl:template>
53    ...
54    <xsl:template match="/xml-news-show/Nachricht/Titel">
55      <h1>
56        <xsl:apply-templates />
57      </h1><br/>
58    </xsl:template>
59
60    <xsl:template match="/xml-news-show/Nachricht/Inhalt">
61        <xsl:apply-templates />
62    </xsl:template>
63
64    <xsl:template match="/xml-news-show/Nachricht/darfEditieren">
65      <p><font class="klein">
66        <xsl:choose>
67          <xsl:when test="@darf='ja'">
68            <input type="submit" name="Button"
69                                 value="Nachricht editieren"/>
70            <input type="hidden" name="Kommando"
71                                 value="updateNachrichten"/>
72            <input type="hidden" name="Action"
73                                 value="getNachrichten"/>
74          </xsl:when>
75          <xsl:when test="@darf='nein'">
```

```
76            </xsl:when>
77          </xsl:choose>
78        </font></p>
79        <p><hr/></p>
80    </xsl:template>
81 </xsl:stylesheet>
```

Listing 4-5: XSLT-Stylesheet für Nachrichten-Manager

Die Transformationsregel in Zeile 20–25 erzeugt pro Nachricht ein HTML-Formular, in das alle Daten dieser Nachricht eingefügt werden. Die nachfolgenden Regeln (Zeile 27–62) fügen sukzessiv die einzelnen Informationen aus der XML-Struktur in die HTML-Struktur ein. Da das Verfallsdatum nicht ausgegeben werden soll, ist der Aktionsteil der entsprechenden XSLT-Regel (Zeile 43–44) leer.

Jede Nachricht soll in einem separaten HTML-Formular dargestellt werden, da in HTML nur in einem Formular durch Auslösen einer Schaltfläche (Submit-Button) ein HTTP-Request ausgelöst werden kann, mit dem Daten der Formularelemente vom Client zum Server übertragen werden. Da der Benutzer seine eigenen Nachrichten verändern können soll, wird eine entsprechende Schaltfläche eingefügt, deren Auslösen den Editiervorgang startet, d.h., ein HTTP-Request wird mit den notwendigen Parametern zum Server geschickt und dort wird die Oberfläche zum Nachrichteneditieren generiert, mit den Daten der zu editierenden Nachricht gefüllt und per HTTP-Response zurück an den Client gesendet. Damit nun nicht erst auf dem Server die Berechtigung eines Benutzers zur Veränderung einer bestimmten Nachricht verifiziert werden muss, werden ausschließlich bei den Nachrichten Schaltflächen eingefügt, die der angemeldete Benutzer selbst erstellt hat und somit auch editieren darf.

Hierzu wertet die Transformationsregel in Zeile 64–80 das XML-Element <darfEditieren> in einer bedingten Anweisung aus und erzeugt eine entsprechende Schaltfläche nur, wenn der Wert des Attributs darf gleich "ja" ist <xsl:when test="@darf='ja'">. Neben der sichtbaren Schaltfläche zum Absenden der Anfrage werden außerdem zwei verdeckte Felder (<input type="hidden"...>) erzeugt (Zeile 70–73), deren Werte als Parameter mit dem HTTP-Request übertragen werden und als Kommandostring dem Dispatcher-Servlet mitteilen, welches Kommando (value= "updateNachrichten") ausgeführt werden soll. Über diesen Kommandostring erfolgt dann auf dem Server aufgrund der Einträge in den Konfigurationsdateien die Identifikation der auszuführenden Action-Klasse bzw. -Methode. Alle anderen Nachrichten werden ohne Editiermöglichkeit angezeigt. Der Benutzer bekommt also nur die Funktionalitäten auf der Benutzungsoberfläche angeboten, die er aufgrund seiner Berechtigungsprüfung auch ausführen darf.

4 Ein eLearning-Portal unter Einsatz von XML und XSLT

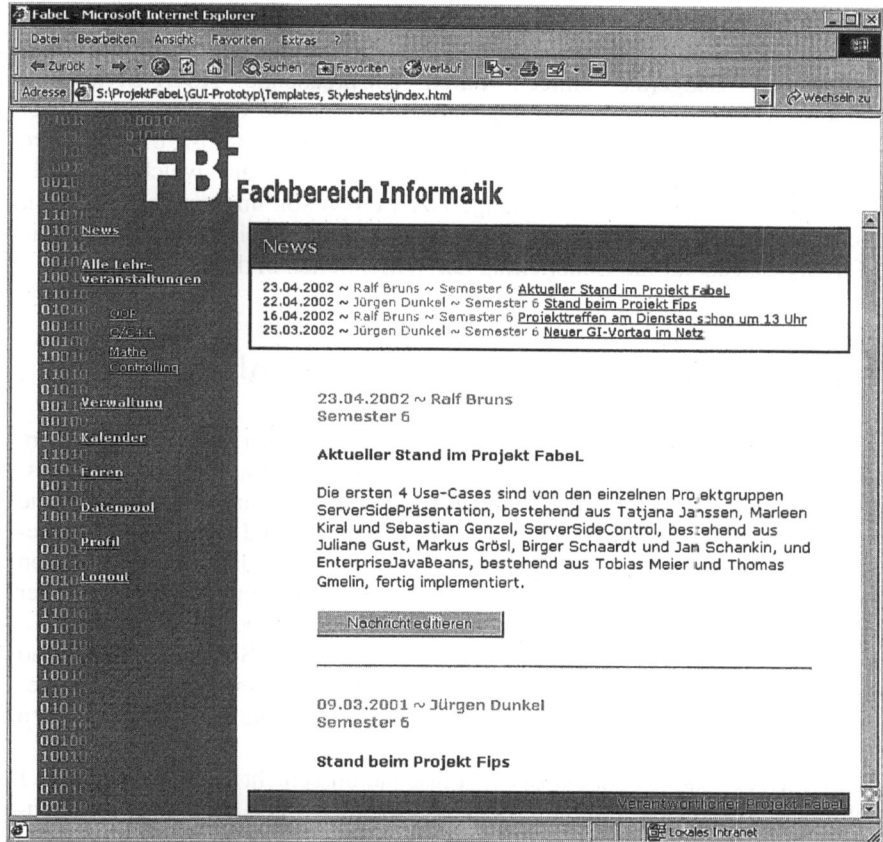

Abbildung 4-5: Browser-Darstellung des Nachrichten-Managers

Damit in der Präsentationsschicht auf dem Server entschieden werden kann, welche der angezeigten Nachrichten editiert werden soll, wird der Wert des XML-Elements <NachrichtenId> aus der XML-Struktur als Attributwert mittels des XSLT-Elements <xsl:attribute> in ein verdecktes Feld geschrieben. Somit wird auch die eindeutige Identifikationsnummer der Nachricht bei einem HTTP-Request zum Server übertragen (siehe Regel in Zeile 27–34), so dass die entsprechende Action-Klasse die richtige Nachricht identifizieren kann.

Das Ergebnis des Transformationsprozesses ist eine personalisierte HTML-Seite, die genau die Nachrichten anzeigt, die den angemeldeten Benutzer betreffen. Die resultierende grafische Benutzungsoberfläche des Nachrichten-Managers ist in Abbildung 4-5 dargestellt.

Die OpenLearningPlatform soll neben WWW-Browsern auf Arbeitsplatzrechnern auch weitere Endgeräte unterstützen. Zunächst soll der Info-Kanal auch als Dienst für WAP-fähige Mobiltelefone angeboten werden, so dass die neuesten Nachrichten zusätzlich über ein Handy abgefragt werden können. Aufgrund der flexiblen Software-Architektur der OpenLearningPlatform lassen sich weitere Endgeräte einfach durch entsprechende XSLT-Stylesheets unterstützen. Der Ablauf der Anfrageverarbeitung sowie die Generierung der XML-Daten bleiben unverändert. Lediglich in Klasse XSLActions wird aufgrund der Parameter des HTTP-Requests entschieden, welches XSLT-Stylesheet für die Transformation eingesetzt werden soll und somit implizit für welches Endgerät die Benutzungsoberfläche dient. Zurzeit befinden sich die XSLT-Stylesheets für die Generierung der WML-Seiten in der Entwicklung.

4.6
Wertung aus Sicht des Software-Engineering

An die Qualität von internetbasierten Softwaresystemen sind die gleichen, hohen Ansprüche zu stellen wie an die Qualität von klassischen Informationssystemen. Entscheidend für die Qualität eines Softwareproduktes ist die zugrunde liegende Architektur der Software. Nachfolgend wird die Software-Architektur der Präsentationsschicht der OpenLearningPlatform anhand von Qualitätskriterien diskutiert, die sich im Software-Engineering bei der Entwicklung professioneller Softwaresysteme seit langem bewährt haben[36].

Essenzielle Anforderungen an jedes professionelle Softwaresystem sind Wartbarkeit, Erweiterbarkeit und Wiederverwendbarkeit, also Software-Bausteine verändern, hinzufügen oder in anderen Kontexten verwenden zu können.

Das mit der Basisarchitektur der Präsentationsschicht in Abschnitt 4.3.1 vorgestellte MVC-Muster verteilt die Verantwortlichkeiten der Benutzerschnittstelle auf verschiedene Software-Bausteine mit klar umrissenen Aufgaben, dies sind in der OpenLearningPlatform die Dispatcher- und Action-Klassen sowie die XSLT-Stylesheets, und schafft so die Basis für die genannten Anforderungen. Durch diese Verteilung entsteht ein sehr modulares und flexibles Design. Bestehende Applikationen lassen sich leicht um neue Funktionalitäten erweitern, da lediglich eine neue Action-Klasse bzw. Action-Methode mit der entsprechenden Ablauflogik hinzugefügt werden muss. Darüber hinaus muss sichergestellt sein, dass das Dispatcher-Servlet diese neue Action-Klasse bei Bedarf instanziiert, und zwar durch einen entsprechenden Eintrag in die XML-Konfigurationsdatei. Innerhalb einer konkreten Action-Klasse wird, unter Rückgriff auf die Objekte der Geschäftslogik, ein XML-Datensatz generiert. Bei der XSLT-Transformation werden lediglich die XML-Daten und das angegebene XSLT-Stylesheet verwendet. Ein Rückgriff auf die Daten der Geschäftslogik ist nicht möglich. Anpassungen der Software sind somit klar lokalisiert und betreffen nur spezifische Komponenten.

---

[36] vgl. Sommerville, I.: Software Engineering, 2001

Im Gegensatz zu alternativen Technologien für die dynamische Webseitengenerierung, wie z.B. JavaServer Pages, unterstützt der XSLT-Ansatz das MVC-Muster implizit. Es liegt eine inhärente Trennung von Modelldaten, die im XML-Format bereitgestellt werden, und den Views, die durch die XSLT-Stylesheets realisiert werden, vor. Die Stylesheets sind dabei vollständig von den Daten separiert. Sie kennen lediglich die Spezifikation der formalen Struktur der XML-Daten, in der OpenLearningPlatform spezifiziert durch XML-Schema[37]. Außer dem Wissen über die Struktur der Daten benötigt ein XSLT-Stylesheet keine weiteren Informationen über die Daten. Die Art und Weise der Generierung der XML-Daten hat keinerlei Einfluss auf die Stylesheets. Die Aufgaben der Kontrolle (Erzeugung der XML-Daten, Bestimmung des XSLT-Stylesheet und Aufruf des XSLT-Prozessors) sind eindeutig definiert und können offensichtlich nicht in der View-Komponente, d.h. den XSLT-Stylesheets, durchgeführt werden – die Trennung zwischen Modelldaten, Layout-Komponenten und Ablaufkontrolle ist also technologieinhärent und führt auf jeden Fall zu einer strukturierten Software-Architektur.

Weiterhin muss ein Softwaresystem natürlich so performant wie möglich sein, um die Akzeptanz des Benutzers zu gewinnen. Webseiten dynamisch zu erzeugen, ist zweifelsohne immer aufwendiger als der einfache Abruf von statischen Webseiten.

XSLT eilt aufgrund der durchzuführenden Transformation der Ruf voraus, nicht besonders effizient zu sein. Die Erfahrungen aus dem Projekt OpenLearningPlatform mit XSLT-Stylesheets bestätigen dies nicht. Stattdessen hat sich der Einsatz von XSLT im beschriebenen eLearning-Kontext als sehr effizient erwiesen. Hierbei ist wichtig zu betonen, dass in unserer Anwendung nur XML-Daten geringer Komplexität transformiert werden, was aber der Standardfall für Webseiten, die nur begrenzte Datenmengen anzeigen können, sein dürfte. Insbesondere durch Vorcompilierung und Caching lassen sich noch weitere Effizienzgewinne erzielen. Jedoch muss man besondere Sorgfalt auf den effizienten Einsatz der Transformationsregeln und die Wahl des XSLT-Prozessors legen[38]. Dass sich die Prozessoren doch signifikant in ihrer Performanz unterscheiden, belegen Benchmark-Tests zum Leistungsverhalten von XSLT-Prozessoren[39].

Anwendungsabhängig sollte geprüft werden, welche Webseiten wirklich dynamisch generiert werden müssen und welche statisch bleiben könnten. Bei den dynamischen Seiten kann eine einmalige Vorgenerierung in Betracht gezogen werden, wenn sich deren Daten nicht permanent ändern.

Erheblichen Einfluss auf die Qualität des Produkts hat auch der Software-Entwicklungsprozess. Software-Entwicklung im Team erfordert die Untergliederung eines Projekts in Teilprojekte mit eindeutig abgegrenzten Aufgaben

---

[37] vgl. McLaughlin, B.: Java und XML, 2001
[38] vgl. Burke, E. M.: Java and XSLT, 2001
[39] vgl. Kuznetsov, E., Dolph, C.: XSLT Performance Benchmarks, http://www.datapower.com/XSLTMark/, 2001

und Rollen. Eine nahe liegende Aufgabenteilung für die Entwicklung einer Präsentationsschicht ergibt sich anhand des MVC-Musters an der Schnittstelle zwischen der Dialogkontrolle und der Präsentation. Die XSLT-Stylesheets sind klar von der Dialogkontrolle entkoppelt, da die Schnittstelle lediglich aus der Definition der Struktur der XML-Daten besteht. Ist die Struktur spezifiziert, können die Teilprojekte nahezu unabhängig voneinander durchgeführt werden. Diese deutliche Trennung fördert eine konsequente Rollenverteilung zwischen Software-Entwicklern und Web-Designern, minimiert die Abhängigkeiten zwischen den Teilprojekten erheblich und reduziert somit auch die Gesamtkomplexität. Die Software-Entwickler brauchen sich nicht mit dem Layout der Webseiten zu beschäftigen und verwenden stattdessen einfach die von den Web-Designern erstellten XSLT-Stylesheets.

Neben diesen fundamentalen Vorteilen der Verwendung von XML und XSLT bei der Entwicklung einer strukturierten Software-Architektur existieren jedoch noch signifikante Defizite bei der Durchgängigkeit von Methoden und Werkzeugen. Diese Defizite gelten aber generell für die Entwicklung der Präsentationsschicht internetbasierter Systeme und sind nicht spezifisch für den im Projekt gewählten Ansatz.

Allgemein anerkannter Standard zur Modellierung objektorientierter Systeme ist die Unified Modeling Language (UML[40]), die für alle Phasen des Software-Entwicklungsprozesses durchgängig verwendet werden kann. Allerdings gibt es bei der Modellierung der Präsentationsschicht internetbasierter Systeme noch keine standardisierte Unterstützung durch die UML. Die UML ermöglicht ausschließlich die Modellierung von zueinander in Beziehung stehenden Klassen. Für Web-spezifische Modellelemente wie HTML-Seiten, XSLT-Stylesheets und XML-Daten gibt es keine speziellen Sprachkonstrukte, obwohl ein wesentlicher und komplexer Anteil des Softwaresystems in ihnen umgesetzt ist. In der Regel behilft man sich mit entsprechenden nicht standardisierten Erweiterungen wie bspw. eigenen Stereotypen[41], was oft jedoch nur unzureichend die Komplexität dieser Elemente abbildet.

Vergleichbar der Modellierung strebt man auch bei den Werkzeugen, wie bspw. den Software-Entwicklungsumgebungen, eine durchgehende Unterstützung an. Dabei stellt sich das Problem, dass zwei ungleiche Welten zusammengeführt werden müssen: einerseits die Applikationsklassen für Geschäftslogik und Dialogkontrolle, andererseits die XML-Daten und XSLT-Stylesheets für die Oberflächengenerierung. Auch anscheinend integrierte Werkzeuge können diesen Konflikt nicht vollständig auflösen. Entsprechende Brüche durch die unterschiedlichen Modellwelten bestehen zwangsläufig (eigene Editoren, kein durchgängiges Debugging etc.).

---

[40] vgl. Stevens, P., Pooley, R.: UML – Softwareentwicklung mit Objekten und Komponenten, 2001

[41] vgl. Conallen, J.: Modeling WebApplications with UML, http://www.conallen.com/whitepapers/webapps/ModelingWebApplications.htm, 1999

4.7 Fazit

Der Gegenstand des Projekts OpenLearningPlatform ist die Entwicklung eines internetbasierten eLearning-Portals zur Unterstützung der Lernprozesse am Fachbereich Informatik der Fachhochschule Hannover. Technisch basiert die OpenLearningPlatform auf einer J2EE-Mehrschichtenarchitektur, mit der Besonderheit, dass XML und XSLT in der Präsentationsschicht eingesetzt werden.

Abweichend von der Standard-J2EE-Architektur, in der JavaServer Pages für die Generierung der Webseiten der Benutzungsoberfläche vorgesehen sind, haben wir eine Basisarchitektur für die Präsentationsschicht vorgestellt, die stattdessen auf den Technologien XML und XSLT basiert. Der wesentliche Vorteil, der sich durch den Einsatz von XML und XSLT ergibt, liegt in der technologieinhärenten Trennung zwischen Modelldaten, Layout-Generierung und Ablauflogik, was fast zwangsläufig zu einer strukturierten Software-Architektur und zu einer Entkopplung der Software-Bausteine führt. Aufgrund dieser inhärenten Umsetzung des MVC-Musters sind XML und XSLT konzeptionell anderen Technologien zur Webseitengenerierung überlegen.

Wie flexibel und modular die vorgestellte Architektur ist, zeigt sich äußerst eindrucksvoll bei der Realisierung des Info-Kanals als Dienst für WAP-fähige Mobiltelefone. Ohne Änderungen an den Java-Klassen lässt sich allein durch weitere XSLT-Stylesheets der zusätzliche Dienst implementieren.

Die bestehenden Defizite in der fehlenden Durchgängigkeit von Methoden und Werkzeugen haben sich auch in unserem Projekt deutlich negativ bemerkbar gemacht. Insbesondere die fehlende Unterstützung bei der Fehlersuche während der Entwicklung hat sich als das größte Manko erwiesen.

Aufgrund unserer Erfahrungen aus dem Projekt lässt sich zusammenfassend feststellen, dass XML und XSLT sehr gut für den professionellen Einsatz in einer Mehrschichtenarchitektur geeignet sind.

4.8 Abkürzungen

CGI	Common Gateway Interface
CSS	Cascading Style Sheet
DTD	Document Type Definition
EJB	Enterprise JavaBean
FAQ	Frequently Asked Questions
GUI	Graphical User Interface
HTML	Hypertext Markup Language
HTTP	Hypertext Transfer Protocol
JAXP	Java API for XML Parsing

JDOM	Java Document Object Model
JSP	JavaServer Page
J2EE	Java 2 Enterprise Edition
MVC	Model-View-Controller
PDA	Personal Digital Assistant
SSL	Secure Socket Layer
UML	Unified Modeling Language
URI	Uniform Resource Identifier
WAP	Wireless Access Protocol
WML	Wireless Markup Language
XHTML	eXtensible Hypertext Markup Language
XML	eXtensible Markup Language
XSL	eXtensible Stylesheet Language
XSL FO	XSL Formating Objects
XSLT	XSL Transformation

4.9 Literatur

Alur, D., Crupi, J., Malks, D.: Sun Java Center: J2EE patterns. http://developer.java.sun.com/developer/technicalArticles/J2EE/patterns/, 2001

Bach, M.: XSL und XPath. Addison-Wesley Verlag, München, 2000

Brössler, P., Siedersleben, J. (Hsrg): Softwaretechnik. Carl Hanser Verlag, München, Wien, 2000

Bruns, R., Dunkel, J., Holitschke, A.: JavaServer Pages oder XSLT. In: JavaSPEKTRUM, 4/2002, S. 60–66

Burke, E. M.: Java and XSLT. O'Reilly Verlag, Köln, 2001

Conallen, J.: Modeling WebApplications with UML. http://www.conallen.com/whitepapers/webapps/ModelingWebApplications.htm, 1999

Dunkel, J., Müller-Steding, T.: Performanzsteigerung durch EJB-Entwurfsmuster. In: OBJEKTspektrum 2/2002, S. 39–48

Horstmann, C. S., Cornell, G.: Core JAVA 2 – Volume 1. Prentice Hall, Englewood Cliffs, N.J., 1999

Kuznetsov, E., Dolph, C.: XSLT Performance Benchmarks.
http://www.datapower.com/XSLTMark/, 2001

McLaughlin, B.: Java und XML. O'Reilly Verlag, Köln, 2001

Schiller, J.: Mobile Communications. Addison-Wesley Longman, Reading Massachusetts, 2000

Schreier U., Gerschwiler, M., Giradin, D., Jungjohann, J., Wüst, T.: Adaptierbare Frontend-Architekturen. In: OBJEKTspektrum, 4/2000, S.18 ff.

Sommerville, I.: Software Engineering. Addison-Wesley Longman, Reading Massachusetts, 2001

Stevens, P., Pooley, R.: UML – Softwareentwicklung mit Objekten und Komponenten. Addison-Wesley Verlag, München, 2001

Sun Microsystems: Enterprise JavaBeans Specification, Version 2.0. www.javasoft.com/products/ejb/docs.html, Proposed Final Draft 2, 24. 4. 2001

Sun Microsystems: Simplified Guide to the J2EE Platform.
http://java.sun.com/j2ee/j2ee_guide.pdf, 1999

Tidwell, D.: XSLT, O'Reilly Verlag, Köln, 2001

5 Win2KSec: ein XML-basiertes Tool zur Analyse und Konfiguration sicherheitsrelevanter Einstellungen für Windows 2000

5.1 Übersicht

Das Betriebssystem Windows 2000[42] der Firma Microsoft ist eine der relevantesten Betriebssystemplattformen in Unternehmen. Dies gilt besonders für Server, die ihre Dienste einer Vielzahl von Benutzern zur Verfügung stellen. Vor allem vor dem Hintergrund der starken Zunahme von E- und M-Commerce-Anwendungen sind die über solche Server erreichbaren Daten eines Unternehmens besonders schützenswert. Allerdings sind gerade Rechner, die aus dem Internet erreichbar sind, beliebtes Ziel vieler Hacker-Angriffe[43].

Standardkonfigurationen von Windows 2000 sind stark getrimmt auf einen einfachen Installationsvorgang, der anschließend möglichst viele Funktionalitäten und Dienste des Servers aktiviert. Unglücklicherweise eröffnet hierdurch eine Standardinstallation häufig Sicherheitslücken oder bietet potenziellen Hackern zumindest eine große Angriffsfläche. So befindet sich beispielsweise die Schwachstelle „Default installs of operating systems and applications" an Position 1 der Kategorie „Top Vulnerabilities That Affect All Systems" in der von SANS/FBI veröffentlichten Liste „The Twenty Most Critical Internet Security Vulnerabilities"[44].

Das Einstellen aller Konfigurationsparameter auf jedem einzelnen Rechner, so dass bestehende Sicherheitsanforderungen erfüllt werden können, erfordert spezielles Know-how und ist zudem mit sehr hohem administrativen Aufwand verbunden.

---

[42] vgl. Solomon, D. A., Russinovich, M.: Inside Microsoft Windows 2000, 2000
[43] vgl. McClure, S., Scambray, J., Kurtz, G.: Hacking Exposed, 1999
[44] vgl. SANS Institute resources: http://www.sans.org/top20.htm

5.1.1
Funktionalität von Win2KSec

Im Rahmen eines Kooperationsprojekts mit der Firma T-Systems ISS GmbH wurde im Fachbereich Informatik der Fachhochschule Hannover das Programm Win2KSec entwickelt.

Win2KSec unterstützt den Administrator durch weitgehende Automatisierung der Analyse und der Konfiguration sicherheitsrelevanter Einstellungen von Windows-2000-Systemen. Eine grafische Oberfläche (GUI) sorgt für komfortable und einfache Bedienbarkeit (siehe Abbildung 5-1).

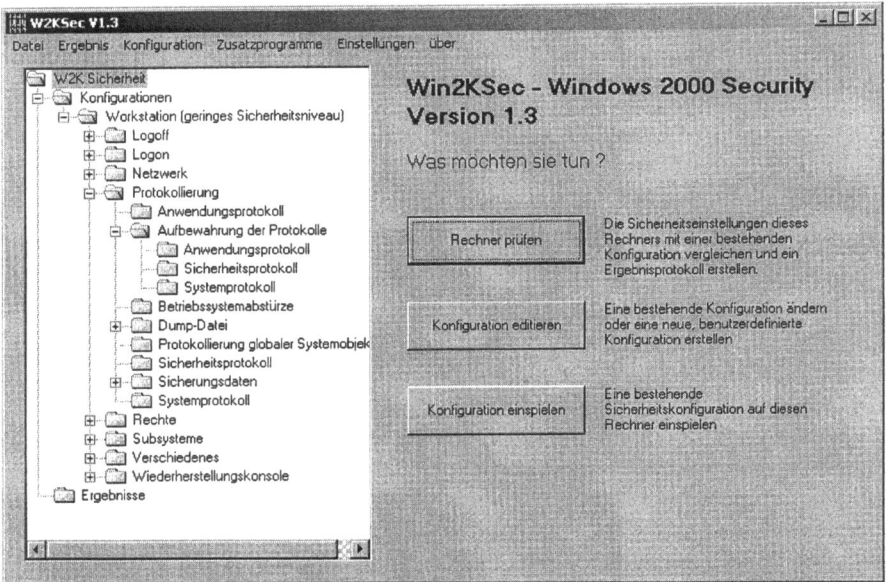

Abbildung 5-1: Das Hauptfenster von Win2KSec

Das Hauptfenster von Win2KSec teilt sich in folgende zwei Bereiche:

- Den Win2KSec-Sicherheits-Baum
  Hier werden alle im Verlaufe des Programms importierten bzw. erstellten Konfigurationen sowie die Ergebnisse von Prüfungen angezeigt.
- Die Hauptanzeige
  Hier wird jeweils der aktuelle Dialog mit dem Benutzer angezeigt.

Eine Überprüfung eines Rechners, im Folgenden „Rechnerprüfung" oder kurz „Prüfung" genannt, wird durch so genannte Konfigurationsvorlagen gesteuert. Diese enthalten in so genannten Konfigurationen Angaben darüber, welche sicherheitsrelevanten Einstellungen überprüft werden sollen und aus welchen Parametern mit zugehörigen Werten sich diese Einstellungen

5 Win2KSec: ein XML-basiertes Tool

zusammensetzen. Die Werte der Parameter – meist Registrierungsschlüssel[45] – können auch von einem bereits nach bestimmten Sicherheitskriterien konfigurierten Server eingelesen werden, so dass vergleichende Analysen auf anderen Systemen oder zu einem späteren Zeitpunkt auf demselben System durchgeführt werden können.

Win2KSec erzeugt zu jedem Analyselauf einen detaillierten Ergebnisbericht.

Es folgt eine Übersicht über die wichtigsten Funktionalitäten und Eigenschaften von Win2KSec:

- Erstellen, Modifizieren, Laden und Speichern von Konfigurationen,
- Prüfung eines Rechners anhand von Konfigurationen,
- Einspielen von Konfigurationen auf einen Rechner,
- Erstellen und Exportieren von Ergebnis-Reports,
- Einbindung externer Programme mit der Möglichkeit zur Integration der Ergebnisse in den Report,
- einfach zu bedienende Oberfläche sowie
- installationsfreie Verwendung.

5.1.2 Entscheidende Eigenschaft: Flexibilität

Eine der wichtigsten Anforderungen an Win2KSec war von Anfang an die nach größtmöglicher Flexibilität. Konkret wurde gefordert, dass

- die zu prüfenden Einstellungen ohne Programmiereingriffe angepasst und erweitert werden können,
- alle Einstellungen und Konfigurationsparameter von Win2KSec in menschenlesbarer Form vorliegen,
- Reports in verschiedenen Formaten generiert werden,
- beliebige externe Programme von Win2KSec aus gestartet und deren Ergebnisse in den Report integriert werden können.

Wie in den folgenden Abschnitten detailliert erläutert wird, hat XML[46] eine entscheidende Rolle zur Erfüllung dieser Flexibilitätsansprüche gespielt.

5.2 Die Rolle von XML in Win2KSec

Die Rolle von XML in Win2KSec wird im weiteren Verlauf aus Gründen der Vereinfachung grundsätzlich am Beispiel der Rechnerprüfung erläutert. Sinngemäß lassen sich die getroffenen Aussagen aber auch auf das Einspielen von Konfigurationen auf einen Rechner übertragen.

---

[45] vgl. Tidrow, R.: Windows NT 4 Registry und Troubleshooting, 1997
[46] vgl. Eckstein, R.: XML kurz & gut, 2002

5.2.1
Übersicht

Aufgrund der in Abschnitt 5.1.2 genannten Flexibilitätsansprüche kristallisierte sich XML im Laufe der Spezifikations- und Designphase von Win2KSec recht schnell als geeignete Technologie heraus.

Zunächst nur für die Definition der Konfigurationen vorgesehen, hielt XML nach und nach Einzug in fast alle Bereiche von Win2KSec.

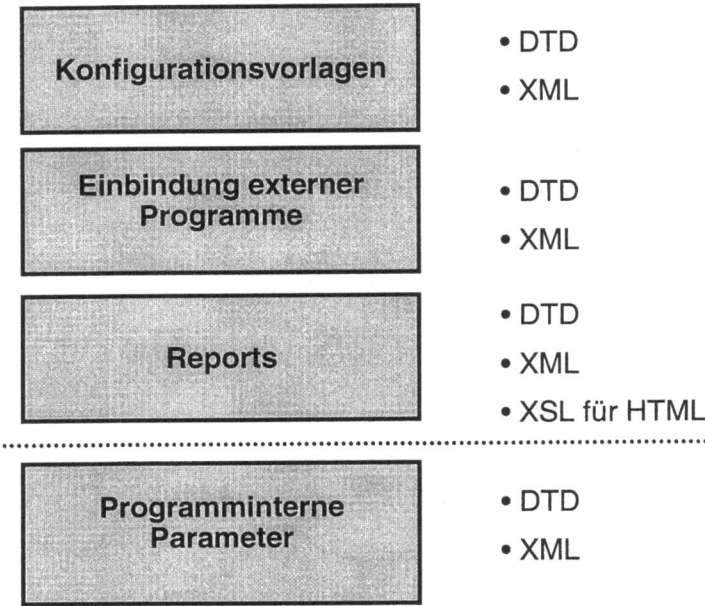

Abbildung 5-2: Die Rolle von XML in Win2KSec

In Win2KSec[47] wird XML folgendermaßen verwendet (siehe Abbildung 5-2):

- Konfigurationsvorlagen:
  Konfigurationsvorlagen beinhalten eine Sammlung von sicherheitsrelevanten Einstellungen, die durch Win2KSec überprüft werden sollen. Konfigurationsvorlagen werden in XML definiert. Das Format für Konfigurationsvorlagen ist in einer DTD definiert.
  Details hierzu werden in Abschnitt 5.2.2 erläutert.
- Einbindung externer Programme:
  In Win2KSec können beliebige externe Programme so eingebunden werden, dass sie von Win2KSec aus direkt oder im Rahmen einer Rechnerprü-

---
[47] Version 1.31

5 Win2KSec: ein XML-basiertes Tool

fung gestartet werden können. Außerdem besteht die Möglichkeit, die Ergebnisse eines externen Programms in den Ergebnisbericht zu einer Rechnerprüfung zu integrieren. Dies ist vor allem bei externen Security-Tools sinnvoll und sehr hilfreich. Die einzubindende externen Programme werden in einer XML-Datei beschrieben. Das Format für die XML-Dateien zur Beschreibung der Einbindung externer Programme ist in einer DTD definiert.
Details hierzu werden in Abschnitt 5.2.3 erläutert.

- Reports:
Die Ergebnisse einer Rechnerprüfung werden in Win2KSec selbst in einer baumartigen Verzeichnisstruktur dargestellt. Die Ergebnisse können aber auch exportiert und in einem HTML-Browser angezeigt werden. Die exportierten Reports werden im XML-Format abgelegt. Das Format für Reports ist in einer DTD definiert. Die Umwandlung in HTML ist durch ein XSLT-Dokument[48] beschrieben.
Details hierzu werden in Abschnitt 5.2.4 erläutert.

- Programminterne Parameter:
Programminterne Parameter beschreiben Einstellungen, die von den Programmierern für das Programm festgelegt wurden. Auch die programminternen Parameter werden durch eine XML-Datei mit zugehöriger DTD beschrieben.
Details hierzu werden in Abschnitt 5.2.5 erläutert.

5.2.2 Konfigurationsvorlagen

Konfigurationsvorlagen beinhalten eine Sammlung von sicherheitsrelevanten Einstellungen, die durch Win2KSec überprüft werden sollen. Konfigurationsvorlagen werden im XML-Format in Konfigurationsdateien abgelegt. Die syntaktischen Regeln sind in einer DTD-Datei abgelegt.

5.2.2.1 Die Struktur von Konfigurationsvorlagen

Eine Konfigurationsdatei beinhaltet mindestens eine Konfiguration (`Configuration`). Alle Konfigurationen müssen über das Tag `ConfigName` eindeutig identifizierbar sein. Der Block, der die Konfigurationen aufnimmt, wird mit dem Tag `ConfigFile` eingeleitet.

Eine Konfiguration ist eine Sammlung von Einstellungen (`Setting`). Außerdem enthält eine Konfiguration eigene Attribute, die durch die jeweiligen Tags eingeleitet werden. Diese Attribute sind in folgender Tabelle 5-1 zusammengestellt.

---
[48] vgl. Tidwell, D: XSLT, 2001

Attribut / Tag	Beschreibung
Configuration	Umschließendes Tag der Konfiguration
ConfigName	Name der Konfiguration
Author	Autor der Konfiguration
Date	Datum der letzten Änderung
Version	Versionsnummer
Comments	Platz für Anmerkungen zur Konfiguration

Tabelle 5-1: Attribute und Tags einer Konfiguration

Ein Setting beinhaltet mindestens einen Schlüssel (Key). Außerdem enthält ein Setting eigene Attribute, die durch die jeweiligen Tags eingeleitet werden. Diese Attribute sind in folgender Tabelle 5-2 zusammengestellt.

Attribut / Tag	Beschreibung
Setting	Umschließendes Tag für eine Einstellung
SetName	Name der Einstellung
Description	Beschreibung, was mit der Einstellung gesteuert wird
Path	Der Pfad im Baum von Win2KSec, an dem die Einstellung erscheinen soll
CurrentValue	Aktueller Wert der Einstellung
Type	Einstellungstyp; wichtig für die Visualisierung und Überprüfung (siehe Abschnitt 5.2.2.2)
Association	Bei Assoziationen werden hier die Assoziativnamen definiert (siehe Abschnitt 5.2.2.2).

Tabelle 5-2: Attribute und Tags eines Settings

Ein Key entspricht einem Schlüssel in der Registrierungsdatenbank[49]. Die folgende Tabelle 5-3 zeigt die Attribute und zugehörigen Tags eines Schlüssels.

Attribut / Tag	Beschreibung
Key	Umschließendes Tag für einen Schlüssel
RegKey	Pfad des Keys in der Registrierungsdatenbank
KeyType	Typ des Registrierungsdatenbankschlüssels; wichtig beim Schreiben in die Registry
Value	Bei Assoziationen werden hier die verschiedenen Einstellungsmöglichkeiten abgelegt (siehe Abschnitt 5.2.2.2).

Tabelle 5-3: Attribute und Tags eines Schlüssels

Folgendes Listing 5-1 zeigt einen Ausschnitt aus einer Konfigurationsvorlage nach der oben beschriebenen Struktur mit einem Setting vom Typ string und einem Key vom Schlüsseltyp string.

---

[49] vgl. Walther, F. R.: registry guide, 2001

```
1    <?xml version="1.0" encoding="ISO-8859-1"?>
2    <!DOCTYPE ConfigFile SYSTEM "..\W2K_ConV1_0.dtd">
3    <!--W2KSecurity - Konfiguration XML Version 1.0 Organisation:
4    Fachbereich Informatik, Fachhochschule Hannover und T-Systems
5    ISS GmbH-->
6    <ConfigFile>
7       <Configuration>
8          <ConfigName>Workstation (geringes
9             Sicherheitsniveau)</ConfigName>
10         <Author>Marcus Danlowski</Author>
11         <Date>07.09.01</Date>
12         <Version>1.0</Version>
13         <Comments>Richtlinien für einen Workstation-Rechner mit
14            einem geringen Sicherheitsniveau</Comments>
15         <Setting>
16           <SetName>Bildschirmschoner einrichten</SetName>
17           <Description>Stellt den benutzten Bildschirmschoner
18             ein</Description>
19           <Path>Verschiedenes/Bildschirmschoner/Einrichten</Path>
20           <CurrentValue>c:\windows\system32\*.scr</CurrentValue>
21           <Type>string</Type>
22           <Comment>Standardmäßig soll ein Bildschirmschoner
23             eingestellt sein</Comment>
24           <Key>
25             <RegKey>HKCU\Control
26                Panel\Desktop\SCRNSAVE.EXE</RegKey>
27             <KeyType>string</KeyType>
28           </Key>
29         </Setting>
30         ...
31      </Configuration>
32   </ConfigFile>
```

Listing 5-1: Beispiel für eine Konfigurationsvorlage

In den Zeilen 1–5 erkennt man den Kopf der XML-Datei. Zeile 6 enthält das die Konfigurationen umschließende Tag `ConfigFile`. Die Zeilenbereiche 7–14 bzw. 15–29 zeigen die Attribute und Tags einer `Configuration` bzw. eines `Settings`. Das `Setting` enthält einen `Key`, dessen Attribute in den Zeilen 24–28 dargestellt sind.

5.2.2.2
Einstellungstypen

Die Einstellungstypen, also die Typdefinition auf der Ebene der `Settings`, geben an, wie die entsprechende Einstellung durch Win2KSec überprüft und visualisiert wird. Die Einstellungstypen dürfen nicht verwechselt werden mit den Typen auf Schlüsselebene (`KeyType`). Die Typdefinition auf Schlüsselebene gibt an, wie der Schlüssel in die Registrierungsdatenbank geschrieben wird.

Aus praktischen Gründen gibt es für die grundlegenden Registrierungsschlüsseltypen `dword` und `string` gleichnamige Typen auf Einstellungsebene.

Es folgen die wichtigsten Eigenschaften einzelner Einstellungstypen:

- Einstellungstyp string
  Bei der Überprüfung wird der aktuelle Wert (Value) auf Gleichheit mit dem String im entsprechenden Registrierungsschlüssel des zu checkenden Rechners geprüft.
  Der aktuelle Wert wird dem Benutzer von Win2KSec in einem Eingabefeld angezeigt.
- Einstellungstyp dword
  Bei der Überprüfung wird der aktuelle Wert (Value) wahlweise auf „gleich", „kleiner als" oder „größer als" mit dem Wert im entsprechenden Registrierungsschlüssel des zu prüfenden Rechners verglichen. Der Vergleichsoperator (=, <, >) wird dem aktuellen Wert in der XML-Datei vorangestellt.
  Einstellungen mit dem Typ dword werden dem Benutzer von Win2KSec in einem Eingabefeld und einer Kombobox angezeigt. Das Eingabefeld zeigt den aktuellen Wert als ganze Zahl, in der Kombobox wird der Vergleichsoperator angezeigt bzw. der Vergleichsoperator kann dort ausgewählt werden.
- Einstellungstyp association
  Die Assoziation ist ein besonderer Einstellungstyp. Hiermit können definierte Kombinationen von Registrierungsschlüsseleinträgen überprüft werden. Die gültigen Kombinationen werden abgebildet auf Assoziativnamen.
  Ein Beispiel:
  Ein fiktiver Dienst wird über zwei Registrierungseinträge A und B gesteuert. A und B sind Registrierungsschlüssel vom Typ dword. Der Dienst kann zwei Zustände haben: aktiviert und deaktiviert. Der Zustand lässt sich über die Registrierungsschlüssel steuern, wie in folgender Tabelle 5-4 angegeben ist.

Status des Dienstes	Schlüssel A	Schlüssel B
aktiviert	1	0
deaktiviert	0	1

Tabelle 5-4: Definition der Zustände „aktiviert" und „deaktiviert"

Der Dienst ist also aktiviert, wenn A den Wert 1 und B den Wert 0 hat.

Mit dem Einstellungstypen dword wäre dieser Sachverhalt nur unbefriedigend abbildbar, da zwei Settings hierfür nötig wären. Der Benutzer hätte dadurch die Möglichkeit, inkonsistente Zustände zu erzeugen, indem er zum Beispiel A und B auf den Wert 1 setzen würde. Auch die sinnvolle Namensgebung wäre nicht einfach, da die zwei Einstellungen gemeinsam dazu dienen, den einen Dienst zu steuern.

Abhilfe schafft hier die Assoziation. Dazu wird der Einstellungstyp des Settings auf association gesetzt und die beiden Schlüssel der Assoziation hinzugefügt.

5 Win2KSec: ein XML-basiertes Tool

Die zwei möglichen Einstellungskombinationen werden über das Tag association mit „aktiviert" und „deaktiviert" benannt und ebenfalls in der Assoziation abgelegt. Für den Benutzer präsentiert sich die Assoziation als Kombobox. Innerhalb dieser Box befinden sich die Assoziativnamen, in diesem Beispiel also die Einstellungen „aktiviert" und „deaktiviert". Für den Benutzer sind nur diese zwei Einstellungen sichtbar. Die notwendigen Schlüsseleinstellungen bleiben verborgen.

Die einzelnen Schlüssel einer Assoziation müssen nicht, wie im Beispiel, gleichen Typs sein. Es ist möglich, verschiedene Schlüsseltypen in einer Assoziation zu vereinen.

Assoziationen eignen sich hervorragend dazu, Pfadnamen für Registrierungsschlüssel mit sprechenden Namen anstelle von numerischen Einstellungswerten zu verwenden, und so die Bedienbarkeit deutlich zu erhöhen. Sie sind auch dann sinnvoll anwendbar, wenn nur ein einziger Registrierungsschlüssel für eine Einstellung verwendet wird.

Listing 5-2 zeigt einen Ausschnitt einer Konfigurationsvorlage mit einer Einstellung vom Typ Assoziation.

```
 1  <Setting>
 2      <SetName>Aufbewahrungsmethode des
 3          Sicherheitsprotokolls</SetName>
 4      <Description>Aufbewahrungsmethode des
 5          Sicherheitsprotokolls</Description>
 6      <Path>/Protokollierung/Aufbewahrung der
 7          Protokolle/Sicherheitsprotokoll</Path>
 8      <CurrentValue>Überschreiben nach 14 Tagen</CurrentValue>
 9      <Type>association</Type>
10      <Comment>Das Sicherheitsprotokoll soll nach 14 Tagen
11          überschrieben werden</Comment>
12      <Association AssoNumber="1">Einträge wie benötigt
13          überschreiben</Association>
14      <Association AssoNumber="2">Einträge nicht
15          überschreiben</Association>
16      <Association AssoNumber="3">Überschreiben nach 7
17          Tagen</Association>
18      <Association AssoNumber="4">Überschreiben nach 14
19          Tagen</Association>
20      <Association AssoNumber="5">Überschreiben nach 30
21          Tagen</Association>
22      <Key>
23          <RegKey>HKLM\SYSTEM\CurrentControlSet\Services
24              \Eventlog\Security\Retention</RegKey>
25          <KeyType>dword</KeyType>
26          <Value ValueNumber="1">0</Value>
27          <Value ValueNumber="2">4294967295</Value>
28          <Value ValueNumber="3">604800</Value>
29          <Value ValueNumber="4">1209600</Value>
30          <Value ValueNumber="5">2592000</Value>
31      </Key>
32  </Setting>
```

Listing 5-2: Beispiel für die Verwendung einer Assoziation

Zeile 9 des Listing 5-2 kennzeichnet den Typ dieser Einstellung als Assoziation. In den Zeilen 12–21 werden die Namen für die einzelnen Einstellungsmöglichkeiten vergeben. Jeder Einstellungsmöglichkeit wird dabei eine eindeutige Nummer (AssoNumber) zugeordnet. Die Zeilen 26–30 enthalten die zu diesen Einstellungsmöglichkeiten gehörigen Werte des Schlüssels HKLM\SYSTEM\CurrentControlSet\Services\Eventlog\Security\Retention. Die Zuordnung wird hierbei durch die entsprechenden Wertenummern (ValueNumber) getroffen. Zur Einstellung mit der AssoNumber 1 gehört also der Wert mit der ValueNumber 1, zur Einstellung mit der AssoNumber 2 gehört der Wert mit der ValueNumber 2 usw.

In Zeile 8 ist zu sehen, dass die Voreinstellung derzeit auf die Einstellungsmöglichkeit „Überschreiben nach 14 Tagen" gesetzt ist.

In Abbildung 5-3 sieht man die zugehörige Visualisierung in der GUI von Win2KSec. Der Bediener benötigt weder das Wissen über die genaue Bezeichnung des Registrierungsschlüssels noch das Wissen über die Bedeutung der einzelnen Werte dieses Schlüssels. Außerdem kann der Bediener über die GUI keine ungültigen Werte eintragen.

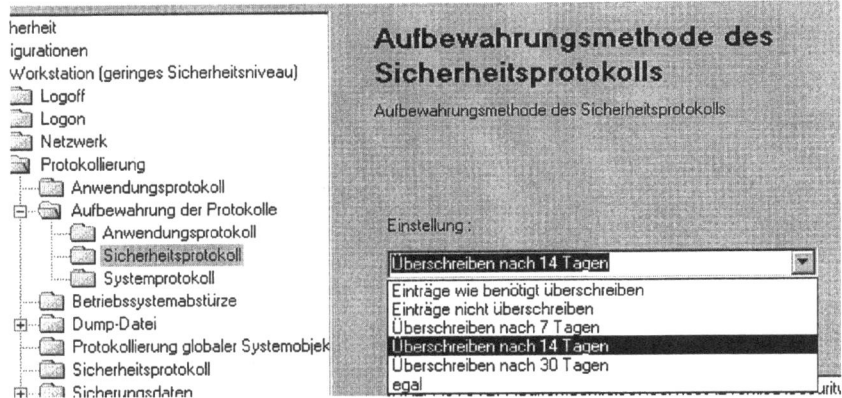

Abbildung 5-3: Visualisierung einer Assoziation

Zusammenfassend noch einmal die Vorteile einer Assoziation:
o Mehrere Schlüssel können über eine Einstellung verändert werden, ohne dass dabei inkonsistente oder ungültige Zustände entstehen können.
o Für die Einstellungsmöglichkeiten können sprechende Namen verwendet werden.
o Dem Bediener wird nur eine begrenzte Auswahl von Werten präsentiert. Die Verantwortung für korrekte Werte liegt somit beim Autor der Konfigurationsdateien und nicht beim Bediener.

5.2.3
Einbindung externer Programme

In Win2KSec können beliebige externe Programme[50] so eingebunden werden, dass sie von Win2KSec aus direkt oder im Rahmen einer Rechnerprüfung gestartet werden können. Dies ist vor allem bei externen Security-Tools sinnvoll und sehr hilfreich. Die einzubindenden externen Programme werden in einer XML-Datei, das zugehörige Format in einer DTD-Datei beschrieben.

Eine XML-Datei für die Einbindung externer Programme besteht aus beliebig vielen Einträgen für externe Programme (*Tool*). Außerdem sind enthalten:

- das umschließende Tag `ExtTools-ConfigFile`,
- das Tag `ReportDestination`, das das Verzeichnis angibt, in dem die Ausgaben der externen Programme temporär gespeichert werden, und
- beliebig viele Separatoren (`Separator`), die das Einfügen von Menü-Separatoren im Menü „Zusatzprogramme" bewirken.

Die folgende Tabelle 5-6 zeigt die Attribute und zugehörigen Tags für externe Programme.

Attribut / Tag	Beschreibung
`Tool`	Umschließendes Tag für die Beschreibung eines externen Programms
`Filelocation`	Ablageort des externen Programms
`Filename`	der komplette Dateiname der ausführbaren Datei
`ParameterString`	die Parameter für den Aufruf des externen Programms
`OutputFile`	Name der Datei, in die die Ausgabe des externen Programms geschrieben werden soll, falls das Programm in eine Rechnerprüfung und den zugehörigen Ergebnisbericht einbezogen wird. Die Datei wird im Verzeichnis `ReportDestination` abgelegt.
`Menuentry`	Bezeichnung des Menüeintrags im Menü „Zusatzprogramme"
`Comment`	Erläuterungen zu diesem externen Programm
`CmdLineOutput`	Kennzeichnung, ob das externe Programm kommandozeilenorientiert (`true`) oder eine GUI-basierte Applikation (`false`) ist

---

[50] Win2KSec wird nicht als Softwareprodukt vertrieben, sondern von der FHH zum internen Gebrauch sowie von T-Systems ISS GmbH im Rahmen von Systemanalysen eingesetzt. Im Falle der Weitergabe von Win2KSec an Dritte werden selbstverständlich auch die Lizenzbestimmungen eingebundener externer Programme beachtet.

Attribut / Tag	Beschreibung
`IntegratedReport`	Kennzeichnung, ob das externe Programm in eine Rechnerprüfung einbezogen werden kann (`true`) oder lediglich im Menü „Zusatzprogramme" erscheint (`false`)

Tabelle 5-5: Attribute und Tags externer Programme

Das folgende Listing 5-3 zeigt einen Auszug aus einer XML-Datei zur Beschreibung der Einbindung externer Programme.

```
1   <?xml version="1.0" encoding="ISO-8859-1"?>
2   <!-- W2KSecurity - Einbindung externer Programme
3       XML Version 1.2                              -->
4   <!-- Author: Marcus Danlowski                    -->
5   <!-- Organisation: Fachbereich Informatik        -->
6   <!--               Fachhochschule Hannover       -->
7   <!--               und T-Systems ISS GmbH        -->
8   <!-- Datum: 15.11.01                             -->
9   <!-- Version 1.1: 22.11.01                       -->
10  <!-- Version 1.1: 28.11.01                       -->
11  <!DOCTYPE ExtToolsConfigFile SYSTEM "W2K_Ext_Tools.dtd">
12  <ExtToolsConfigFile>
13
14      <ReportDestination>:WINDOWSTEMP</ReportDestination>
15
16      <Tool>
17          <Filelocation>..\ExtTools\psinfo\</Filelocation>
18          <Filename>psinfo.exe</Filename>
19          <Outputfile>_Win2KSec_extToolReport.txt</Outputfile>
20          <Menuentry>PsInfo</Menuentry>
21          <Comment>PS-Info von SysInternals. Liefert
22              Informationen über das lokale oder ein
23              remotes Windows NT/2000 System.</Comment>
24          <CmdLineOutput>true</CmdLineOutput>
25          <IntegratedReport>true</IntegratedReport>
26      </Tool>
27      ...
28      <Separator></Separator>
29      ...
30      <Tool>
31          <Filelocation>..\ExtTools\dumpreg\</Filelocation>
32          <Filename>dumpreg.exe</Filename>
33          <Menuentry>Registry Dump</Menuentry>
34          <Comment>Somarsoft DumpReg</Comment>
35          <CmdLineOutput>false</CmdLineOutput>
36          <IntegratedReport>false</IntegratedReport>
37      </Tool>
38      ...
39  </ExtToolsConfigFile>
```

Listing 5-3: Auszug aus einer XML-Datei für die Einbindung externer Programme

Die Zeilen 1–11 zeigen den Kopf der XML-Datei. In den Zeilen 16–26 bzw. 30–37 sind die Beschreibungen der externen Programme `psinfo.exe` (Zeile 18) bzw. `dumpreg.exe` (Zeile 32) zu sehen. `psinfo.exe` kann in eine Rechnerprüfung integriert werden (*true* in Zeile 25) und enthält demnach auch

5 Win2KSec: ein XML-basiertes Tool

einen Eintrag für eine temporäre Ausgabedatei (`_Win2KSec_extTool Report.txt` in Zeile 19).

Durch diese Angaben wird die Darstellung in der GUI von Win2KSec folgendermaßen beeinflusst:

- Für jedes in der XML-Datei angegebene externe Programm legt Win2KSec automatisch einen Eintrag mit dem angegebenen Menünamen (Zeile 20 `PsInfo` bzw. Zeile 33 `Registry Dump`) im Menü „Zusatzprogramme" an (siehe Abbildung 5-4). Hierüber kann das Programm direkt aus Win2KSec gestartet werden.
- Falls das Programm in eine Rechnerprüfung integriert werden kann, übernimmt Win2KSec den Menünamen für dieses Programm automatisch in eine Auswahlliste, aus der vor dem Starten einer Prüfung die einzubindenden externen Programme gewählt werden können. In Abbildung 5-5 kann man erkennen, dass `psinfo.exe` in dieser Liste enthalten ist (*true* in Zeile 25), wogegen `dumpreg` dort fehlt (`false` in Zeile 36).

Die Ergebnisse einer solchen Prüfung werden in einer temporären Ausgabedatei abgelegt (Zeile 19 `_Win2KSec_extToolReport.txt`) und von dort aus in den Ergebnisbericht integriert (siehe Abschnitt 5.2.4).

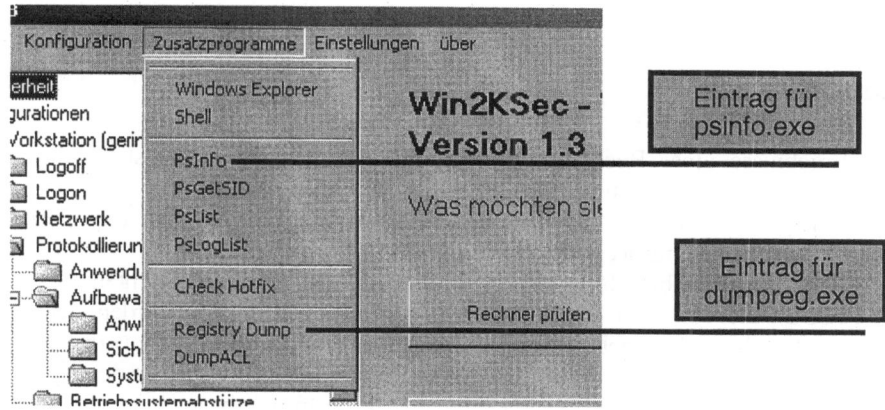

Abbildung 5-4: Einträge im Menü „Zusatzprogramme"

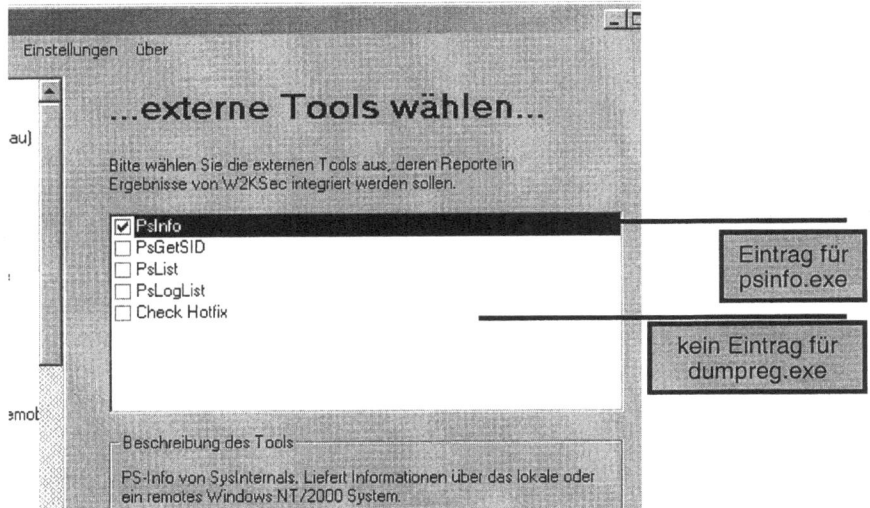

Abbildung 5-5: Auswahl zur Integration externer Programme in eine Rechnerprüfung

5.2.4 Reports

Die Ergebnisse einer Rechnerprüfung werden in Win2KSec selbst in einer baumartigen Verzeichnisstruktur dargestellt (siehe Abbildung 5-6).

Die Ergebnisse können aber auch als Report im XML-Format exportiert werden. Das Format für Reports ist in einer DTD definiert.

Eine Reportdatei besteht aus einer Sammlung von Ergebnisberichten (ResultSet), die von dem Tag ResultSetFile umschlossen werden. Jeder Ergebnisbericht enthält neben einigen Attributen wie Tester und Date ein oder mehrere Ergebnisse (Result) aus Prüfungen, die Win2KSec selbst durchgeführt hat und im Folgenden mit „interne Prüfung" bezeichnet werden, sowie beliebig viele Ergebnisse externer Programme (ExtToolResults).

Die Darstellung der Ergebnisse interner Prüfungen wird in Abschnitt 5.2.4.1, die Darstellung der Ergebnisse externer Programme in XML und HTML in Abschnitt 5.2.4.2 ausführlich beschrieben. Details zur Einbindung externer Programme befinden sich in Abschnitt 5.2.3.

5 Win2KSec: ein XML-basiertes Tool

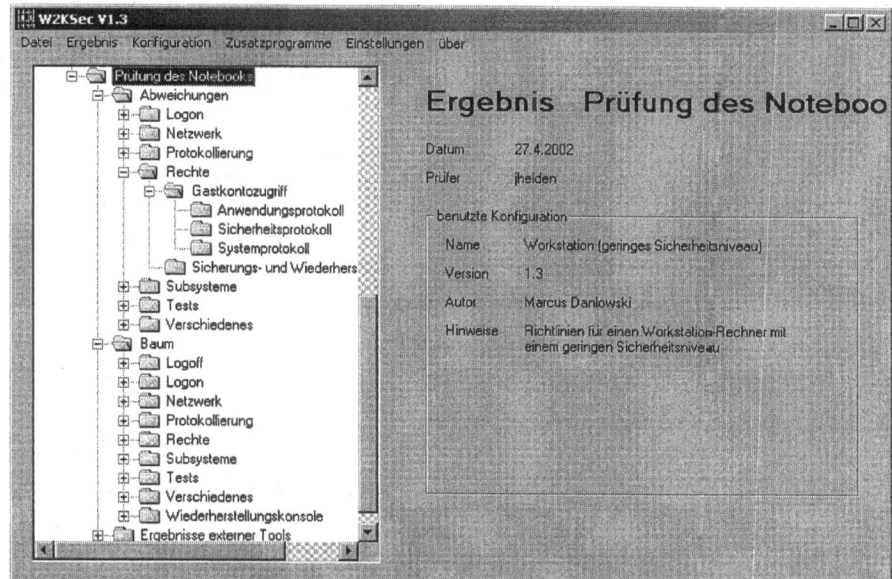

Abbildung 5-6: Darstellung des Ergebnisses einer Prüfung in Win2KSec

5.2.4.1
Darstellung der Ergebnisse interner Prüfungen

Die folgende Tabelle 5-6 zeigt die Attribute und zugehörigen Tags des Ergebnisses einer internen Prüfung.

Attribut / Tag	Beschreibung
Result	Umschließendes Tag für das Ergebnis einer internen Prüfung
Path	Angabe, an welcher Stelle sich dieses Ergebnis im Ergebnisbaum befindet
Type	Typ dieses Ergebnisses[51]
ShouldBe	Wert, den diese Einstellung haben sollte
IsValue	Wert, den diese Einstellung auf dem geprüften Rechner tatsächlich hatte
Comment	Erläuterungen zu diesem Ergebnis

Tabelle 5-6: Attribute und Tags eines Ergebnisses einer internen Prüfung (Result)

Ein Auszug eines von Win2KSec erzeugten Reports im XML-Format zeigt Listing 5-4.

---

[51] Win2KSec unterscheidet verschiedene Ergebnistypen, die hier aber nicht weiter ausgeführt werden.

```
1    <?xml version="1.0" encoding="ISO-8859-1"?>
2    <?xml-stylesheet href="W2K_Report2html.xsl" type="text/xsl"?>
3    <!DOCTYPE ResultSetFile SYSTEM "W2K_ReportV1_0.dtd">
4    <!-- W2KSecurity - Report XML Version 1.0 Organisation:
5    Fachbereich Informatik, Fachhochschule Hannover und T-Systems
6    ISS GmbH -->
7    <ResultSetFile>
8        <ResultSet>
9            <ResultSetName>Prüfung des Notebooks</ResultSetName>
10           <Tester>jhelden</Tester>
11           <Date>27.4.2002</Date>
12           <ConfigName>Workstation (geringes
13               Sicherheitsniveau)</ConfigName>
14           <ConfigVersion>1.3</ConfigVersion>
15           <ConfigAuthor>Marcus Danlowski</ConfigAuthor>
16           <ConfigHint>Richtlinien für einen Workstation-Rechner mit
17               einem geringen Sicherheitsniveau</ConfigHint>
18           ...
19           <Result>
20               <Path>/Abweichungen/Protokollierung/Aufbewahrung der
21                   Protokolle/Sicherheitsprotokoll</Path>
22               <Type>configuration</Type>
23               <ShouldBe><Line><Content>Überschreiben nach 14
24                   Tagen</Content></Line></ShouldBe>
25               <IsValue><Line><Content>Überschreiben nach 7
26                   Tagen</Content></Line></IsValue>
27               <Comment>Das Sicherheitsprotokoll soll nach 14 Tagen
28                   überschrieben werden</Comment>
29           </Result>
30           ...
31       </ResultSet>
32   </ResultSetFile>
```

Listing 5-4: Auszug aus einem Report im XML-Format

Die Zeilen 1–6 zeigen den Kopf der XML-Datei. In Zeile 7 folgt das umschließende Tag `ResultSetFile`. Zeile 8 enthält das umschließende Tag `ResultSet` für alle Ergebnisse eines Ergebnisberichts. Die Zeilen 9–17 enthalten die Attribute eines Ergebnisberichtes. In den Zeilen 19–29 ist ein Ergebnis dargestellt. Das Tag `Path` in den Zeilen 20–21 gibt an, dass sich das Ergebnis im Pfad `/Abweichungen/Protokollierung/Aufbewahrung der Protokolle/Sicherheitsprotokoll` des Ergebnisbaums befindet. Zeile 22 enthält als Typ dieses Ergebnisses `configuration`. In den Zeilen 23–25 geben die Tags `ShouldBe` bzw. `IsValue` den Soll-/Ist-Vergleich an. Schließlich enthält das Tag `Comment` in den Zeilen 27–28 den Kommentar zu diesem Ergebnis.

Eine XSLT-Datei sorgt dafür, dass der Ergebnisbericht in HTML umgewandelt und formatiert in einem Browser angezeigt werden kann (siehe Abbildung 5-7).

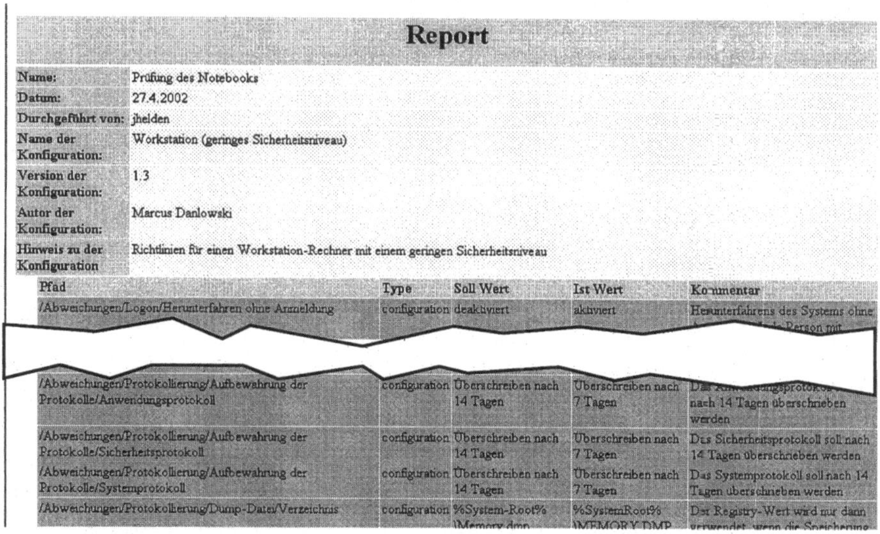

5 Win2KSec: ein XML-basiertes Tool

[Abbildung eines Ergebnisreports mit Tabelle "Report" enthaltend Felder: Name: Prüfung des Notebooks, Datum: 27.4.2002, Durchgeführt von: jhelden, Name der Konfiguration: Workstation (geringes Sicherheitsniveau), Version der Konfiguration: 1.3, Autor der Konfiguration: Marcus Danlowski, Hinweis zu der Konfiguration: Richtlinien für einen Workstation-Rechner mit einem geringen Sicherheitsniveau, gefolgt von Tabelle mit Spalten Pfad, Type, Soll Wert, Ist Wert, Kommentar]

Abbildung 5-7: Anzeige eines Ergebnisreports in einem Browser

5.2.4.2
Darstellung der Ergebnisse externer Programme

Die folgende Tabelle 5-7 zeigt die Attribute und zugehörigen Tags eines Ergebnisses externer Programme.

Attribut / Tag	Beschreibung
ExtToolResult	Umschließendes Tag für das Ergebnis eines externen Programms
ExtToolName	Name des externen Programms (entspricht dem Menünamen des Programms (siehe Abschnitt 5.2.3))
ExtToolComment	Kommentar zu diesem externen Programm (entspricht dem in der XML-Beschreibung des Programms angegebenen Kommentar (siehe Abschnitt 5.2.3))
ExtToolOutput	Ausgabe, die das externe Programm während der Prüfung erzeugt hat

Tabelle 5-7: Attribute und Tags eines Ergebnisses eines externen Programms (ExtToolResult)

Das folgende Listing 5-5 zeigt einen Auszug aus einem von Win2KSec erzeugten Report im XML-Format, der die Beschreibung des Ergebnisses des externen Programms PsInfo enthält.

```
1   <?xml version="1.0" encoding="ISO-8859-1"?>
2   <?xml-stylesheet href="W2K_Report2html.xsl" type="text/xsl"?>
3   <!DOCTYPE ResultSetFile SYSTEM "W2K_ReportV1_0.dtd">
4   <!-- W2KSecurity - Report XML Version 1.0 Organisation:
5     Fachbereich Informatik, Fachhochschule Hannover und
6     T-Systems ISS GmbH -->
7   <ResultSetFile>
8     <ResultSet>
9       <ResultSetName>Prüfung des Notebooks</ResultSetName>
10      <Tester>jhelden</Tester>
11      <Date>27.4.2002</Date>
12      <ConfigName>Workstation (geringes
13        Sicherheitsniveau)</ConfigName>
14      <ConfigVersion>1.3</ConfigVersion>
15      <ConfigAuthor>Marcus Danlowski</ConfigAuthor>
16      <ConfigHint>Richtlinien für einen Workstation-Rechner mit
17        einem geringen Sicherheitsniveau</ConfigHint>
18      ...
19      <ExtToolResult>
20        <ExtToolName>PsInfo</ExtToolName>
21        <ExtToolComment>PS-Info von SysInternals. Liefert
22          Informationen über das lokale oder ein remotes
23          Windows NT/2000 System.</ExtToolComment>
24        <ExtToolOutput>
25          <Line><Content></Content></Line>
26          <Line><Content>PsInfo v1.0 - local and remote system
27            information viewer</Content></Line>
28          <Line><Content>Copyright (C) 2001 Mark
29            Russinovich</Content></Line>
30          <Line><Content>Sysinternals -
31            www.sysinternals.com</Content></Line>
32          <Line><Content></Content></Line>
33          <Line><Content>Querying information for ...
34          ...
35          </Content></Line>
36        </ExtToolOutput>
37      </ExtToolResult>
38      ...
39    </ResultSet>
40  </ResultSetFile>
```

Listing 5-5: Auszug aus einem Report im XML-Format mit Ergebnissen externer Programme

Die Zeilen 1–18 sind analog zu Listing 5-4.

In den Zeilen 19–29 ist das Ergebnis des externen Programms `PsInfo` dargestellt. Das Tag `ExtToolOutput` in den Zeilen 24–36 enthält als Ergebnis alle Zeilen der Ausgabe von `PsInfo`.

Die bereits in Abschnitt 5.2.4.1 genannte XSLT-Datei sorgt dafür, dass die Ergebnisse externer Programme in die HTML-Darstellung des Ergebnisberichts integriert werden. Die Anzeige des dargestellten Beispiels in einem Browser zeigt Abbildung 5-8.

5 Win2KSec: ein XML-basiertes Tool

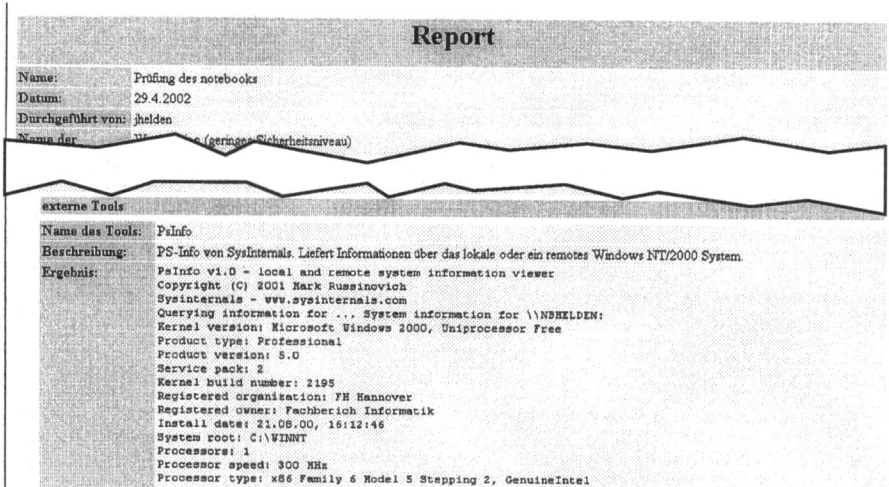

Abbildung 5-8: Anzeige der Ergebnisse eines externen Programms in einem Browser

5.2.5 Programminterne Parameter

Programminterne Parameter beschreiben Einstellungen, die von den Programmierern für das Programm festgelegt wurden. Auch die programminternen Parameter werden durch eine XML-Datei mit zugehöriger DTD beschrieben.

Die programminternen Parameter sind in folgende Kategorien unterteilt:

- Steuerung von fest programmierten Prüfungen

Win2KSec bietet außer der in Abschnitt 5.2.2 beschriebenen flexiblen Prüfung anhand von Konfigurationsvorlagen auch einige fest programmierte Prüfungen an. Diese Prüfungen gehen über die reine Überprüfung von Schlüsseln in der Registrierungsdatenbank hinaus. Sie sind auch dadurch charakterisiert, dass die hierfür relevanten Einstellungen nicht einfach auf jeden Rechner bzw. Server eingespielt werden dürfen. Deshalb werden diese Einstellungen im Folgenden auch als serverspezifische Einstellungen und die zugehörigen Prüfungen auch als serverspezifische Prüfungen bezeichnet. Ein Beispiel für eine serverspezifische Einstellung ist die Anzahl der Benutzereinträge mit Administrationsrechten.

Trotz der eher festen Programmierung der serverspezifischen Prüfungen gibt es einige Parameter, mit denen diese Prüfungen im Detail gesteuert werden können. Diese Parameter bilden einen Bestandteil der hier beschriebenen XML-Datei. Ein Beispiel ist der Parameter `MaximumNumberOfAdministrativeUsers`, mit dem eingestellt werden kann, ab welchem

Schwellwert die Anzahl der Benutzereinträge mit Administrationsrechten als bedenklich gilt.

- Programmparameter
In diese Kategorie gehören Parameter, die direkt den Programmcode und damit das Programmverhalten beeinflussen. Ein Beispiel hierfür ist der Parameter DefaultStringLengthForAPICalls, mit dem eingestellt werden kann, wie viel Speicherbereich Win2KSec beim Aufruf von API-Funktionen für Zeichenketten bereitstellt.

Auf eine umfassende Beschreibung aller programminternen Parameter wird an dieser Stelle verzichtet. Das folgende Listing 5-6 zeigt beispielhaft einen Ausschnitt aus einer XML-Datei für programminterne Parameter.

```
1   <?xml version="1.0" encoding="ISO-8859-1"?>
2   <!-- W2KSecurity - Serverspezifische Konfiguration
3       XML Version 1.2                                 -->
4   <!-- Author: Kai Meyer-Spradow                       -->
5   <!--         Marcus Danlowski                        -->
6   <!-- Organisation: Fachbereich Informatik            -->
7   <!--         Fachhochschule Hannover                 -->
8   <!--         und T-Systems ISS GmbH                  -->
9   <!-- Datum: 8.03.01                                  -->
10  <!-- Version 1.0: 19.03.01                           -->
11  <!-- Version 1.2: 07.07.01                           -->
12  <!-- Version 1.3: 11.03.02                           -->
13  <!DOCTYPE ProgramConfigFile SYSTEM
14      "W2K_ProgramConfigV1_2.dtd">
15  <!-- Serverspezifische Einstellungen -->
16  <ProgramConfigFile>
17      <W2KSecProgramVersion>1.3</W2KSecProgramVersion>
18      <MaximumNumberOfLocaluserAccounts> 12
19      </MaximumNumberOfLocaluserAccounts>
20      <MinimumSpaceOnDrive> 100000000 </MinimumSpaceOnDrive>
21      <MaximumNumberOfAdministrativeUsers> 1
22      </MaximumNumberOfAdministrativeUsers>
23      <UserAccountsWichShouldBeDisabled>
24          <Account> Gast </Account>
25          <Account> Guest </Account>
26      </UserAccountsWichShouldBeDisabled>
27      ...
28      <DefaultStringLengthForAPICalls>10000
29      </DefaultStringLengthForAPICalls>
30      <ShortStringLengthForAPICalls>100
31      </ShortStringLengthForAPICalls>
32      <ReportFileDTDLink>ResultSetFile SYSTEM
33          "W2K_ReportV1_0.dtd"</ReportFileDTDLink>
34      <ReportFileXSLLink>"W2K_Report2html.xsl"
35          type="text/xsl"</ReportFileXSLLink>
36      ...
37  </ProgramConfigFile>
```

Listing 5-6: Auszug aus einer XML-Datei für programminterne Parameter

Die Zeilen 1–15 zeigen den Kopf der XML-Datei. Die Zeilen 17–26 enthalten Beispiele für Parameter zur Steuerung von fest programmierten Prüfungen. Die Zeilen 28–35 enthalten Beispiele für Programmparameter.

5.3
Realisierung der XML-basierten Funktionalitäten

In Abschnitt 5.2 wurden die vier Einsatzgebiete von XML in Win2KSec beschrieben: Konfigurationsvorlagen, Einbindung externer Programme, Erstellung von Reports und programminterne Parameter.

Allen vier Einsatzgebieten ist gemeinsam, dass XML-Dateien gelesen und geschrieben werden und das Format durch DTD-Dateien beschrieben wird. Außerdem bietet Win2KSec die Funktionalität, Reports direkt im Browser anzuzeigen. Hierzu muss die den Report enthaltende XML-Datei in ein HTML-Dokument umgewandelt werden.

In den folgenden beiden Abschnitten werden Grundzüge der Realisierung dieser Funktionalitäten beschrieben.

5.3.1
Einlesen und Erzeugen von XML-Dateien

Zu Beginn der Entstehung von Win2KSec wurde die Entscheidung gefällt, Win2KSec in Visual Basic[52] zu programmieren, vor allem, um verhältnismäßig leicht zu einer bedienerfreundlichen Oberfläche zu gelangen.

In der ersten Entwicklungsphase[53] wurde für das Einlesen und Erzeugen von XML-Dateien der XML-Parser der Firma Microsoft `msxml`[54] in der Version 3.0 verwendet, der ebenfalls in Visual Basic implementiert ist. Dieser XML-Parser muss vor seiner Verwendung installiert werden, was nicht zwingend bei allen Win2000-Installationen der Fall ist. Deshalb wurde in Win2KSec zunächst die Funktionalität eingebaut, den XML-Parser beim Starten ggf. zu installieren. Falls der XML-Parser vor dem Start von Win2KSec nicht installiert war, wurde er bei Beendigung des Programms wieder deinstalliert.

Diese Vorgehensweise stand im Widerspruch zur Anforderung an Win2KSec nach installationsfreier Verwendung. Win2KSec sollte von CD-ROM aus gestartet werden, seine Prüfungen durchführen und auf keinen Fall Installationsvorgänge veranlassen.

Auch wenn durch eine saubere Installation und Deinstallation das System logisch unverändert bleiben sollte, blieb der oben genannte Widerspruch erhalten. Verstärkend kam hinzu, dass die Deinstallation des XML-Parsers nicht zuverlässig funktionierte und das System deshalb zum Teil nach Beendigung von Win2KSec per Hand gesäubert werden musste.

---

[52] vgl. Halvorson, M.: Microsoft Visual Basic 6.0, 1998; Kofler, M.: Visual Basic 6, 1998
[53] bis Version 1.0
[54] vgl. http://msdn.microsoft.com/downloads/default.asp?url= /downloads/sample.asp?url=/MSDN-FILES/027/001/677/ msdncompositedoc.xml

Folgende generelle Lösungsmöglichkeiten boten sich an:

- Verwendung eines in C geschriebenen, installationsfreien XML-Parsers:
Diese Möglichkeit wurde aufgrund von zu erwartenden Schwierigkeiten bei der hierfür notwendigen Übergabe von komplex strukturierten Parametern zwischen Visual Basic und C verworfen.
Aufgrund der Implementierung der serverspezifischen Prüfungen (siehe Abschnitt 5.2.5) in C unter Verwendung von DLLs[55] und der Win32-API[56] sind zwar ohnehin Übergänge zwischen Visual Basic[57] und C enthalten. Jedoch wurde genau aufgrund der hier gewonnenen Erfahrungen mit der Übergabe einfacher Parameter an diesen Übergängen auf diese Lösungsmöglichkeit verzichtet.
- Implementierung eines eigenen Parsers:
Realisiert wurde schließlich die Implementierung eines eigenen Parsers[58]. Bei dieser Lösung wurde jedoch kein vollständiger XML-Parser geschrieben, sondern ein programmspezifischer Parser, in dem alle benötigten XML-Spezifikationen implementiert sind, so dass genau die benötigten XML-Dateien eingelesen bzw. geschrieben werden können.

5.3.2 Generieren von HTML-Reports

In Win2KSec lassen sich generierte Reports direkt in einem Browser anzeigen (siehe Abbildung 5-9).

Hierzu muss der Report, der von Win2KSec im XML-Format in einer Datei abgelegt wird, in ein HTML-Dokument umgewandelt werden. Für diese Umwandlung ist eine XSLT-Datei definiert, die in Auszügen in Listing 5-7 abgebildet ist.

---

[55] vgl. Richer, J.: Microsoft Windows Programmierung für Experten, 2000
[56] vgl. MSDN (http://msdn.microsoft.com/library/)
[57] vgl. Roman, S.: Win32API Programming with Visual Basic, O'Reilly, 2000
[58] ab Version 1.2

5 Win2KSec: ein XML-basiertes Tool

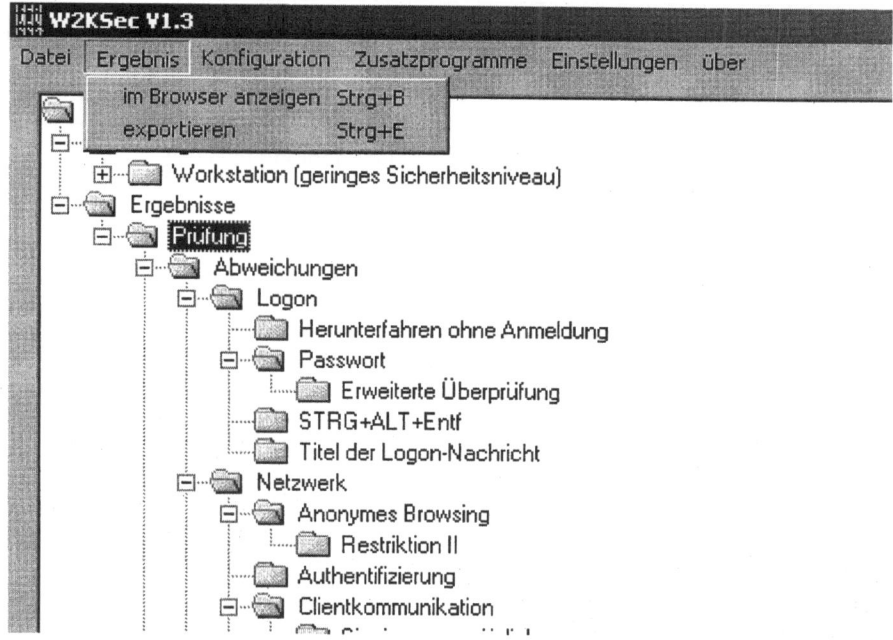

Abbildung 5-9: Menüfunktion „im Browser anzeigen"

```
1   <?xml version="1.0" encoding="ISO-8859-1"?>
2   <!-- W2KSecurity - Report2html      Version 1.0    -->
3   <!-- Author: Kai Meyer-Spradow                     -->
4   <!--         Marcus Danlowski                      -->
5   <!-- Organisation: Fachbereich Informatik          -->
6   <!--               Fachhochschule Hannover         -->
7   <!--         und   T-Systems ISS GmbH              -->
8   <!-- Datum: 20.03.01                               -->
9
10  <xsl:stylesheet xmlns:xsl="http://www.w3.org/1999/
11    XSL/Transform" version="1.0">
12    <xsl:output method="html" />
13    <xsl:template match="/">
14
15      <HTML>
16      <BODY>
17       <table width="100%">
18        <tr>
19         <td bgcolor="#EEEEEE"><h1><center>Report</center></h1></td>
20        </tr>
21       </table>
22
23       <xsl:for-each select="ResultSetFile/ResultSet">
24        <table cellpadding="2" cellspacing="1" width="100%">
25         <tr>
26          <td bgcolor="#EEEEEE" valign="top" width="125">
27           <b> Name: </b></td>
28          <td bgcolor="#FFFFE0" valign="top">
29           <xsl:value-of select="ResultSetName"/> </td>
30         </tr>
31         ...
32        </table>
```

```
33    ...
34    </BODY>
35    </HTML>
36
37    </xsl:template>
38    </xsl:stylesheet>
```

Listing 5-7: Auszug aus der XSLT-Datei zur Umwandlung in HTML

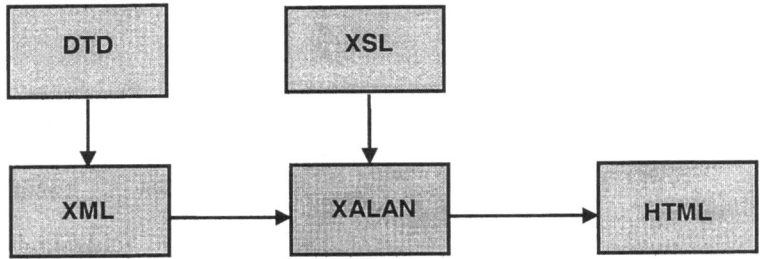

Abbildung 5-10: Umwandlung von XML nach HTML mittels XSLT und XALAN

Die Umwandlung wird von Win2KSec mit Hilfe des XSLT-Prozessors XALAN[59] durchgeführt (siehe Abbildung 5-10). XALAN erzeugt ein HTML-Dokument, das in jedem Browser angezeigt werden kann[60].

Beispiele für im HTML-Format erzeugte Reports sind auszugsweise in Abbildung 5-6 auf Seite 127 und Abbildung 5-7 auf Seite 129 zu sehen.

5.4 Fazit

Win2KSec ist ein Tool, das die sicherheitstechnische Beurteilung von Win2000-Systemen stark erleichtert und die Absicherung von Win2000-basierten Systemen erheblich vereinfacht.

XML hat während der Entwicklung von Win2KSec Einzug in fast alle Programmbereiche gehalten. Die folgende Tabelle 5-8 stellt zusammenfassend einige Anforderungen an Win2KSec den entsprechenden Realisierungen gegenüber.

---

[59] vgl. XALAN: Online-Doku auf http://www.apache.org
[60] Heutige Versionen moderner Browser können diese Umwandlung bereits selbstständig vornehmen, d.h., bei Vorliegen der entsprechenden XSLT-Datei kann die XML-Datei direkt, also ohne vorhergehende Umwandlung, durch ein externes Programm wie XALAN formatiert angezeigt werden.

5 Win2KSec: ein XML-basiertes Tool

Anforderung an Win2KSec	Realisierungen
Die zu prüfenden Einstellungen sollen ohne Programmiereingriffe angepasst und erweitert werden können.	Durch die Konfigurationsvorlagen im XML-Format kann die Funktionalität von Win2KSec ständig erweitert werden. Mit Stand April 2002 existieren sechs Konfigurationsvorlagen mit insgesamt ca. 450 zu prüfenden Einstellungen.
Alle Einstellungen und Konfigurationsparameter von Win2KSec sollen in menschenlesbarer Form vorliegen.	Alle Einstellungsmöglichkeiten sind im XML-Format und damit als ASCII-Text lesbar abgelegt. Hinzu kommt, dass XML-Dateien durch XML-Browser strukturiert angezeigt und bearbeitet werden können.
Reports sollen in verschiedenen Formaten generiert werden.	Reports werden im XML-Format abgelegt und sind damit in nahezu beliebige Formate konvertierbar. Zur Umwandlung in HTML steht eine XSLT-Datei zur Verfügung.
Beliebige externe Programme sollen von Win2KSec aus gestartet und deren Ergebnisse in den Report integriert werden können	Einzubindende externe Programme werden in einer XML-Datei beschrieben. Durch Erweiterung dieser Datei um neue Einträge werden die zugehörigen Programme automatisch und ohne einen einzigen Programmiereingriff in Win2KSec eingebunden. Die Ausgaben der Programme können ebenso einfach in den Report integriert werden.
Installationsfreie Verwendung	Durch den selbst geschriebenen programmspezifischen Parser ist keinerlei Installationsvorgang mehr notwendig. Win2KSec kann direkt von einer CD-ROM aus gestartet werden.

Tabelle 5-8: Gegenüberstellung von Anforderungen an Win2KSec und Realisierungen

Auch die Darstellung in der GUI von Win2KSec wird automatisch aufgrund der in den verschiedenen XML-Dateien getroffenen Festlegungen angepasst.

So steuert der Einstellungstyp in den Konfigurationsvorlagen, ob die entsprechende Einstellung als Eingabefeld oder als Kombobox dargestellt wird.

Aufgrund der Einträge in der XML-Datei zur Einbindung externer Programme wird automatisch das Menü „Zusatzprogramme" und ggf. auch die

Auswahlliste zur Auswahl der in einer Prüfung zu integrierenden Programme erweitert.

Zusammenfassend lässt sich sagen, dass XML bei der Entwicklung von Win2KSec eine entscheidende Rolle gespielt hat, vor allem um den gestellten hohen Flexibilitätsanforderungen gerecht zu werden.

5.5 Abkürzungen

API	Application Programming Interface
DLL	Dynamic Link Library
DTD	Document Type Definition
FBI	Federal Bureau of Investigation
GUI	Graphical User Interface
HTML	Hypertext Markup Language
MSDN	Microsoft Developer Network
SANS	System Administration, Networking and Security
XML	eXtensible Markup Language
XSL	eXtensible Stylesheet Language

5.6 Literatur

Eckstein, R.: XML kurz & gut. O'Reilly Verlag, Köln, 2002

Halvorson, M.: Microsoft Visual Basic 6.0. Microsoft Press, 1998

Kofler, M.: Visual Basic 6. Addison-Wesley Verlag, München, 1998

McClure, S., Scambray, J., Kurtz, G.: Hacking Exposed. Osborne/McGraw-Hill, 1999

MSDN: `http://msdn.microsoft.com/library/`

msxml: `http://msdn.microsoft.com/downloads/default.asp?url=/downloads/sample.asp?url=/MSDN-FILES/027/001/677/msdncompositedoc.xml`

Richer, J.: Microsoft Windows Programmierung für Experten. Microsoft Press, 2000

Roman, S.: Win32API Programming with Visual Basic. O'Reilly & Associates, Sebastopol, 2000

SANS Institute resources: `http://www.sans.org/top20.htm`

Solomon, D. A., Russinovich, M.: Inside Microsoft Windows 2000. Microsoft Press, 2000

Tidrow, R.: Windows NT 4 Registry und Troubleshooting. Sybex, 1997

Tidwell, D: XSLT, O'Reilly Verlag, Köln, 2001

Walther, F. R., registry guide, Markt & Technik Verlag, München, 2001

XALAN: Online-Doku auf `http://www.apache.org`

6 MobileLogic – eine Plattform für integrierte mobile Dienste

Das Internet steht vor einer erneuten Umwälzung. In nicht allzu langer Zeit wird die Anzahl der mobilen Internetteilnehmer – also der Teilnehmer, die über PDA, Handy, Palmtop-Computer oder Notebook auf das Internet zugreifen – die Zahl der Festnetzteilnehmer übertreffen.

Wenn auch eine flächendeckende Einführung schneller Kommunikationsstandards im Mobilfunk noch etwas dauern dürfte, so sind doch heute schon durch die Kombination lokaler Verarbeitung und Datenhaltung mit zentralen Portallösungen praktikable mobile Lösungen realisierbar. Im folgenden Artikel wird mit MobileLogic eine Lösung der Software AG vorgestellt, die durch den konsequenten Einsatz von XML hervorsticht. Das MobileLogic-Konzept ist von der Software AG in enger Zusammenarbeit mit Kunden, Partnern, Universitäten und Fachhochschulen entstanden. Insbesondere ist hierbei das Institut für Angewandte Informatik (AIDA) an der Fachhochschule Darmstadt zu nennen. Beim MobileLogic-Konzept kommen auf dem zentralen IT-System der Tamino XML Server und auf den mobilen Endgeräten die XML-Datenbank Tamino Mobile zum Einsatz.

6.1 Szenario

Im Februar 2002 vermeldete die japanische Telefongesellschaft NTT DoCoMo über 40 Millionen Teilnehmer, die ihre preiswerten und farbenfrohen, mit dem Protokoll i-mode ausgestatteten Handys benutzen, um zu fotografieren, E-Mails auszutauschen und im Internet zu surfen. Gelegentlich wird auch noch mit diesen Geräten telefoniert.

Was in Japan schon weit verbreitet ist, steht nun auch in Europa vor der Einführung. Die dritte Generation von Mobilfunkgeräten, ausgestattet mit GPRS oder UMTS, wird im Internet einen gewaltigen Umbruch mit sich bringen. Hieß die Devise vor fünf Jahren noch „Get wired", so heißt sie nun „Get wireless".

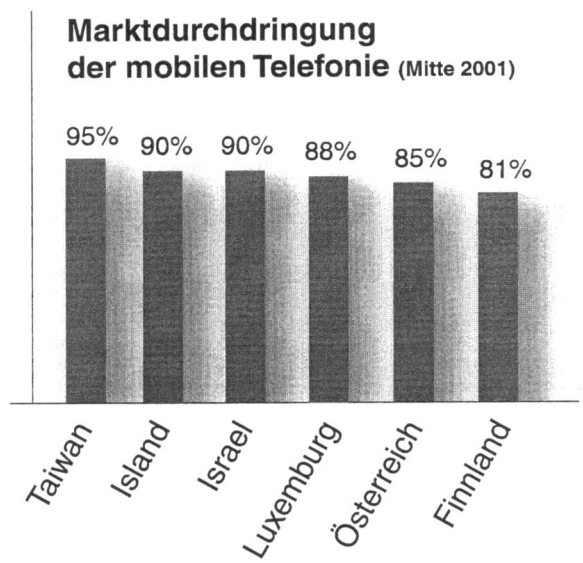

Abbildung 6-1: Prozentualer Anteil der Mobiltelefonbesitzer an der Bevölkerung (Quelle: Ericsson)

6.1.1
Entwicklungsstand mobiler Netze

Schon übersteigt der Prozentsatz der Handybesitzer in der Bevölkerung den Prozentsatz der Internetbenutzer beträchtlich. Mit der Öffnung des Internets für mobile Endgeräte ist abzusehen, dass in nicht allzu ferner Zukunft das Internet überwiegend von mobilen Endgeräten aus benutzt werden dürfte. Dem stehen allerdings heute noch die Gebührenstrukturen entgegen.

Entwicklung der Bandbreiten: Gleichzeitig wird die Geschwindigkeit des Netzzugangs beträchtlich aufgerüstet. Praktisch hat sich die Übertragungsbandbreite innerhalb von jeweils 18 Monaten verzwanzigfacht (siehe Abbildung 6-2). Für die vierte Generation von Mobilnetzen (4G) werden bereits Bandbreiten von 20 bis 100 MBit/s gehandelt.

Transparente Netze: Mit der Übertragungstechnik ändern sich auch die Zugangsmöglichkeiten zu den Netzen. Durch neue Formate und Protokolle, wie sie in WAP2 definiert werden, wird transparenter Netzzugang allgemein. Für den Endanwender ergibt sich damit ein größeres Angebot an Diensten – gleichzeitig werden die Dienste und die angebotenen Inhalte aufgrund der größeren Konkurrenz zwischen den Anbietern attraktiver.

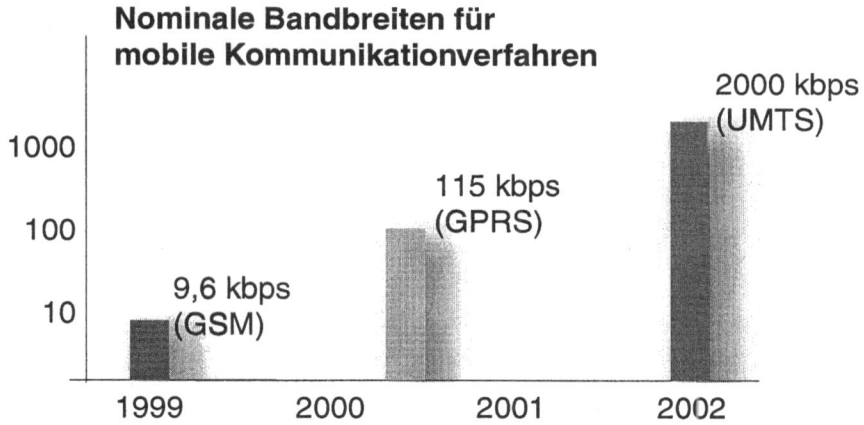

Abbildung 6-2: Übertragungsbandbreiten in der mobilen Kommunikation

Wichtig ist ebenfalls die Entwicklung des transparenten Roamings. Damit wird es dem mobilen Endgerät möglich, je nach Verfügbarkeit die günstigste Verbindungsstrecke auszuwählen, sei das nun UMTS, Wireless LAN (WLAN) oder eine Bluetooth-Strecke.

6.1.2
Entwicklungsstand der mobilen Endgeräte

Auch bei den mobilen Endgeräten und Anwendungen können wir eine Generationenfolge ausmachen:

- Geräte der ersten Generation tauschten Daten höchstens zur Datensicherung mit anderen Rechnern aus – konzeptionell waren diese Geräte Insellösungen, wenn auch bewegliche. Typische Anwendungen sind die persönliche Termin- und Kontaktverwaltung.
- Geräte der zweiten Generation verfügen bereits über ausgefeilte Synchronisationsmechanismen, die jeweils die Daten auf Endgerät und Host aktuell halten. Freilich werden Daten nur mit einer einzigen dedizierten Partnermaschine ausgetauscht. Typische Vertreter solcher Geräte sind Laptops und PDAs, die per Cradle (Andockstation) sich jeweils mit ihrer Hostmaschine synchronisieren. Anwendungen finden sich beispielsweise im Bereich von Außendienstlösungen im Versicherungsbereich. Derartige Anwendungen bauen auf einer 1:1-Client-Server-Beziehung zwischen der installierten Anwendung auf dem Endgerät und der Serveranwendung auf. Sofern überhaupt online auf andere Dienste zugegriffen werden kann, muss hierzu eine weitere Applikation – wie ein Internetbrowser – eingesetzt werden.

- Geräte der dritten Generation haben die Möglichkeit, online zu gehen und Daten mit einer unbegrenzten Anzahl von Servern auszutauschen. Hier finden wir Geräte mit begrenzter lokaler Intelligenz wie WAP-Handys und leistungsstärkere Geräte wie Smartphones. Die für Vertreter dieser Generation zunächst eingesetzten WAP-Browser haben jedoch damit zu kämpfen, dass sie im Gegensatz zu heute üblichen HTML-Browsern funktional nicht durch Plug-Ins erweiterbar sind. Damit entfällt jede Möglichkeit, Applikationen und Daten aus dem Netz zu laden und sie lokal auszuführen.
- In der vierten Generation erwarten wir Geräte, die untereinander kommunizieren und ad hoc Netzwerke aufbauen können – ohne das Zutun eines zentralen Servers. Diese Geräte sind leistungsstark, können sowohl als Client als auch als Server agieren und implementieren standardisierte Protokolle (siehe auch Kapitel 6.1.3). Aufgrund der gestiegenen Leistungsfähigkeit werden solche Geräte zunehmend auch zur lokalen (und mobilen) Datenhaltung eingesetzt. Mobile Datenbanksysteme werden eingesetzt, um diese Datenmengen adäquat zu verwalten. Der Datenaustausch mit anderen mobilen und stationären Geräten, zwischen den Anwendungen und mit den im Internet verteilten Diensten erfolgt auf der Basis von XML.

6.1.3
Implikationen für die Gestaltung mobiler Dienste

Die Entwicklung immer leistungsfähigerer mobiler Endgeräte fördert die Entwicklung immer komplexerer und leistungsfähiger mobiler Anwendungen. Mobile Endgeräte werden zunehmend multimediafähig, die handschriftliche Eingabe von Text ist schon lange üblich, und auch Sprachein- und -ausgabe wird in nicht allzu ferner Zukunft angeboten werden. Einfache Sprachkommandos mit einem Wortschatz von etwa 50 Wörtern sind heute schon bei PDAs und Mobiltelefonen möglich.

6.1.3.1
Zurück zur ‚fat client'-Architektur?

Parallel zur Entwicklung immer leistungsfähigerer Hardware findet derzeit ein Paradigmenwechsel in der Netzarchitektur statt. Das World Wide Web hat bisher mit HTTP und HTML ‚thin client'-Architekturen favorisiert. Dabei besteht der typische Web-Client aus einem HTML-fähigen Webbrowser. Die Verantwortung für die Durchführung von Geschäftsprozessen liegt beim Server. Der Client ist nur zuständig für die Interpretation der Webseiten, Geschäftslogik wird üblicherweise mit Servlets implementiert. Zwar können mit Applets und JavaScript auch clientseitige Verarbeitungsschritte implementiert werden, in der

Regel werden diese Technologien auf dem Client jedoch nur für eine Aufwertung der Benutzeroberfläche genutzt.

Das ändert sich gründlich mit der Einführung von Web Services. Grob gesagt bedeuten Web Services die Einführung komponentenorientierter Architekturen in das Internet. Was mit CORBA und COM innerhalb des Unternehmens möglich ist, ermöglichen Web Services für Internetanwendungen in heterogenen Umgebungen. Web Services basieren auf drei Spezifikationen – SOAP, WSDL und UDDI –, die alle auf XML basieren. SOAP definiert das Transportprotokoll und organisiert Remote Procedure Calls (RPC) über das Internet, WSDL erlaubt eine genaue Protokollbeschreibung eines Dienstes, und UDDI regelt das Registrieren und Auffinden von Diensten in Repositorien.

The power of Web services, apart from their great interoperability and extensibility thanks to the use of XML, is that they can then be combined in order to achieve more complex operations.

Web Services Activity Statement, World Wide Web Consortium, 25.1.2002

Web Services können von Servern genutzt werden, um bestimmte Funktionen auszulagern. Freilich erlauben sie auch die direkte Nutzung durch Clientsoftware, und darin liegt ihre eigentliche Sprengkraft. So können Web Services z.B. direkt von einer PC-Anwendung aus genutzt werden – die notwendigen Protokolle sind bereits im Betriebssystem integriert. Dem Endanwender werden Web Services im Regelfall nicht direkt sichtbar werden – Web Services sind technische Dienste, die erst im Rahmen einer Anwendung sinnvoll genutzt werden können. Die PC-Anwendung organisiert selbsttätig den Zugriff auf Web Services und ihr Zusammenspiel, und erlaubt die Dienste zu personalisieren und dem jeweiligen Umfeld anzupassen.

6.1.3.2
Warum leistungsfähige mobile Endgeräte leistungsfähige Server benötigen

Bei mobilen Endgeräten ist ein solches Szenario allerdings noch Zukunftsmusik. Zum einen wären Endgeräte erforderlich, deren Betriebssysteme die oben genannten Web-Services-Protokolle implementieren. Zum anderen wäre eine transparente Netzstruktur erforderlich, und diese ist erst mit der flächendeckenden Einführung von UMTS gegeben. Aber auch wenn diese Voraussetzungen gegeben sind, könnte der allzu freizügige Zugang zum Internet vom mobilen Gerät aus sich leicht in eine recht kostspielige Angelegenheit entwickeln.

Darüber hinaus entsteht mit der zunehmenden Ausbreitung von intelligenten mobilen Geräten ein grundsätzliches Dilemma: Der künftige Endanwender wird in der Regel über mehrere Zugangsmöglichkeiten zum Internet und zu seinen persönlichen Daten verfügen: den PC am Arbeitsplatz, den PC zu Hause, das Notebook, den PDA, das Handy, das Infotainmentcenter im Auto usw. Da fällt es schwer, sich zu erinnern, wo das persönliche Adressbuch abgespeichert ist, wo Terminkalender und wo die Internetfavoriten. Geht es darum, die Zusammenarbeit von Arbeitsgruppen zu organisieren, so führt die Vielzahl der Endgeräte und Datenformate vollends zum Chaos. Bei einigen von uns sind die Horrorszenarien nicht abgeglichener Datenbestände auf unzähligen Floppy Disks aus der Anfangszeit des PCs noch in reger Erinnerung.

Die Lösung dieses Dilemmas liegt in der Verwendung von XML als einheitlichem Dokumentformat und im Aufbau eines zentralen Mediators, einer Instanz, welche den Endbenutzer im Netz repräsentiert (siehe Abbildung 6-3). Ein Mediatorknoten kommuniziert auf der einen Seite mit allen Endgeräten des Benutzers. Auf der anderen Seite ist er mit den verschiedenen, vom Endanwender genutzten Netze und Dienste verbunden, z.B. zum Internet, zu Web Services, zu Ressourcen im Unternehmens-LAN usw. Im Gegensatz zum klassischen Proxy, der nur als Nachrichtendurchreiche agiert, führt der Mediator außerdem Formattransformationen durch und dient auch als zentraler Datenspeicher für den Endbenutzer. Ein solcher Mediator kann mit dem im nächsten Kapitel vorgestellten MobileLogic-Ansatz der Software AG realisiert werden.

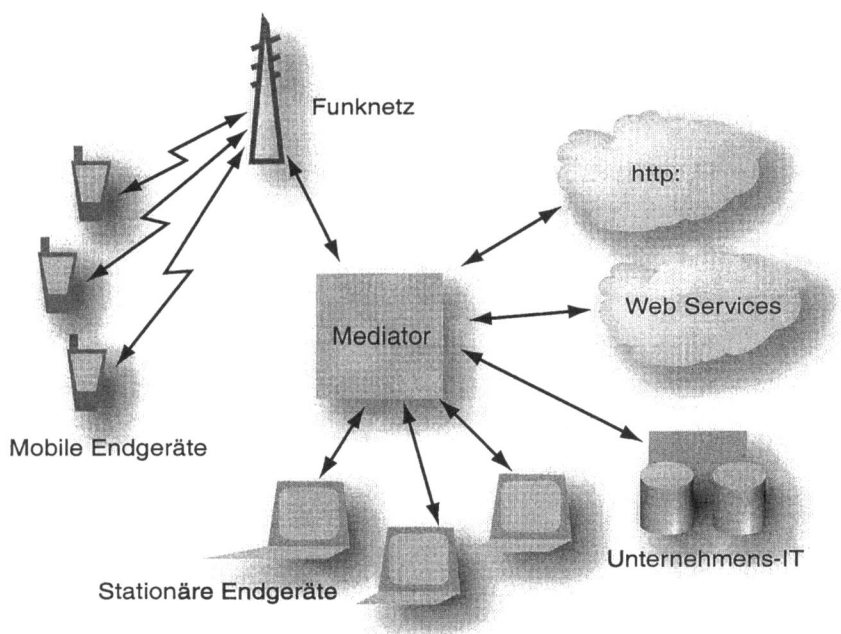

Abbildung 6-3: Einsatz eines Mediatorknotens in der mobilen Kommunikation

Für den mobilen Einsatz ergibt sich durch einen solchen Mediator noch zusätzlicher Nutzen. Bereits mit heutigen mobilen Endgeräten kann der Mediator den transparenten Durchgriff auf die verschiedensten Netze organisieren. Zum anderen kann er – rund um die Uhr und sieben Tage in der Woche – Überwachungsaufgaben für den Endbenutzer ausführen, auch wenn das mobile

6 MobileLogic – eine Plattform für integrierte mobile Dienste

Endgerät ausgeschaltet oder offline ist. Der Mediator kommt somit als Plattform für persönliche Agenten in Frage.

Auch kann ein solcher Mediator die Peer-to-Peer-(P2P)-Kommunikation zwischen Netzpartnern organisieren, seien das nun mobile oder stationäre Partner. Bei der P2P-Kommunikation arbeitet jeder Partner sowohl als Client als auch als Server. Außer dem Netzbetreiber (und ggf. dem Mediator) sind keine weiteren zentralen Dienste für die Durchführung der Kommunikation erforderlich. P2P-Kommunikation findet heute überwiegend im Festnetz für den Austausch von urheberrechtlich geschützten Dateien statt (MP3, Videos). Allerdings ist die P2P-Technologie nicht auf den Austausch von Dateien und Nachrichten beschränkt. Auch kooperierende Anwendungen, die mittels Remote Procedure Call (RPC) direkt Dienste beim Partner aufrufen, sind möglich. Typische kollaborative Applikationen, die mit P2P implementiert werden können, sind: direkter Nachrichtenaustausch (Instant Messaging), Chatting, Konferenzen, Whiteboard, Gruppenterminkalender und Terminvereinbarung, Projektplanung, Kontaktdatenbank, Fernpräsentationen, Telelearning, Auktionen u.v.a.m.

6.1.3.3
Warum auch trotz zentralem Server leistungsfähige mobile Datenhaltung notwendig ist

Der P2P-Betrieb verlangt freilich die Möglichkeit, Daten lokal und persistent speichern zu können. Insbesondere P2P-Lösungen wie Freenet oder ähnliche Lösungen, welche die jeweiligen Partnerknoten als Datencaches verwenden, verlangen die Bereitstellung erheblicher lokaler persistenter Speicherressourcen. Während beim Austausch von Dateien noch einfache Dateisysteme ausreichend sind, gehen die Anforderungen kooperierender Applikationen oft über die Möglichkeiten einfacher Dateisysteme hinaus und verlangen den Einsatz transaktionsfähiger Datenbankmanagementsysteme.

Das Gleiche gilt auch, wenn Endgeräte als ‚fat clients' für die Steuerung von Geschäftsprozessen eingesetzt werden. Geschäftsprozesse sind keine klassischen Datenbanktransaktionen, die den ACID-Prinzipien (atomar, konsistent, isoliert, dauerhaft) unterliegen. Es handelt sich hierbei vielmehr um so genannte lange Transaktionen, d.h. Transaktionen, die von mehreren Minuten bis hin zu Tagen, Wochen oder Monaten dauern können. Zur sicheren Speicherung der Zustandsdaten und der jeweiligen Zwischenergebnisse ist auch hier ein transaktionsfähiges Datenbankmanagementsystem unabdingbar.

Aber auch für einfache Anwendungen ergeben sich Vorteile bei der lokalen Datenhaltung bzw. der lokalen Replizierung von Daten. In vielen Fällen wird es ausreichen, die Daten auf dem mobilen Endgerät – z.B. täglich – auf den neuesten Stand zu bringen. So hat z.B. ein Produktkatalog oder eine Kundenkartei, die lokal auf einem PDA gespeichert ist, eine höhere Verfügbarkeit als bei einer Lösung, bei der jeweils online auf eine zentrale Datei zugegriffen werden müsste. Gerade beim drahtlosen Verkehr gibt es immer wieder Funklöcher und Netzüberlastungen, die zudem auch noch immer dann auftreten, wenn man die Daten am dringendsten braucht. Eine lokale Datenbanklösung im mobilen Endgerät kann in solchen Fällen die Verfügbarkeit kritischer Daten drastisch erhöhen.

Daneben gibt es auch noch Kostengesichtspunkte. Bereits das Festnetz sorgt schon in Unternehmen für nicht zu vernachlässigende Kommunikationskosten. Beim Mobilfunk sind diese Kosten noch um Größenordnungen höher. Das wird sich auch mit den neuen Netzgenerationen nicht ändern – schließlich müssen die Netzbetreiber die Milliarden für die UMTS-Lizenzen wieder einspielen. Allerdings ändert sich bei den neuen Netzgenerationen die Abrechnungsmethode: Es wird nicht mehr nach Verbindungszeit gezahlt – das Endgerät ist praktisch immer verbunden –, sondern nach übertragenem Datenvolumen. Aber auch nach dieser Abrechnungsmethode können beträchtliche Kosten entstehen.

Es wird also auch aus Kostengründen in vielen Fällen günstiger sein, häufig benötigte Daten lokal vorzuhalten und diese nur periodisch zu synchronisieren. In vielen Fällen wird es möglich sein, die Synchronisierung durchzuführen, wenn das mobile Endgerät in der Reichweite des unternehmensinternen WLAN-Netzes, einer mit Bluetooth ausgerüsteten Workstation oder einer Dockingstation ist. Dann kann die Synchronisierung praktisch kostenlos erfolgen.

6.1.4
Allgemeine Anwendungsszenarien

Die Anwendungsmöglichkeiten für Mobillösungen lassen sich heute erst bruchstückhaft erkennen und sind Gegenstand intensiver Marktforschung bei den Anbietern solcher Lösungen. In den folgenden Abschnitten skizzieren wir nur einige ausgewählte Anwendungsszenarien.

6.1.4.1
Mobiles Lernen

Unter dem Begriff mLearning versteht man den Einsatz mobiler Lerngeräte als Ablaufplattform für elearning-Inhalte, also computergestütztes Lernen mit Notebook, PDA, Palmtop oder Handy. Während bei älteren Handys und PDAs der Bildschirm oft nicht den Anforderungen für interaktives Lernen genügt, so kommen besonders multimediafähige PDAs neuerer Bauart als Plattformen für interaktives Lernen durchaus in Betracht.

Dabei wird zunächst eine Lerneinheit auf den PDA vom Lehrinstitut heruntergeladen und kann dann offline vom Lernenden durchgearbeitet werden. Die Auswertung der Ergebnisse kann anschließend an das Lehrinstitut zurückgeschickt werden. Bei Bedarf kann auch direkt mit einem Tutor oder Co-Studenten Kontakt aufgenommen werden, z.B. über E-Mails, Direktnachrichten oder Sprachkommunikation (siehe Abbildung 6-4).

6 MobileLogic – eine Plattform für integrierte mobile Dienste

Der Vorteil dieser Lösung liegt darin, dass man praktisch jederzeit und überall lernen kann, und so lästige Totzeiten überbrücken kann, z.B. Fahrtzeiten in öffentlichen Verkehrsmitteln, Wartezeiten auf Flughäfen, beim Arzt usw.

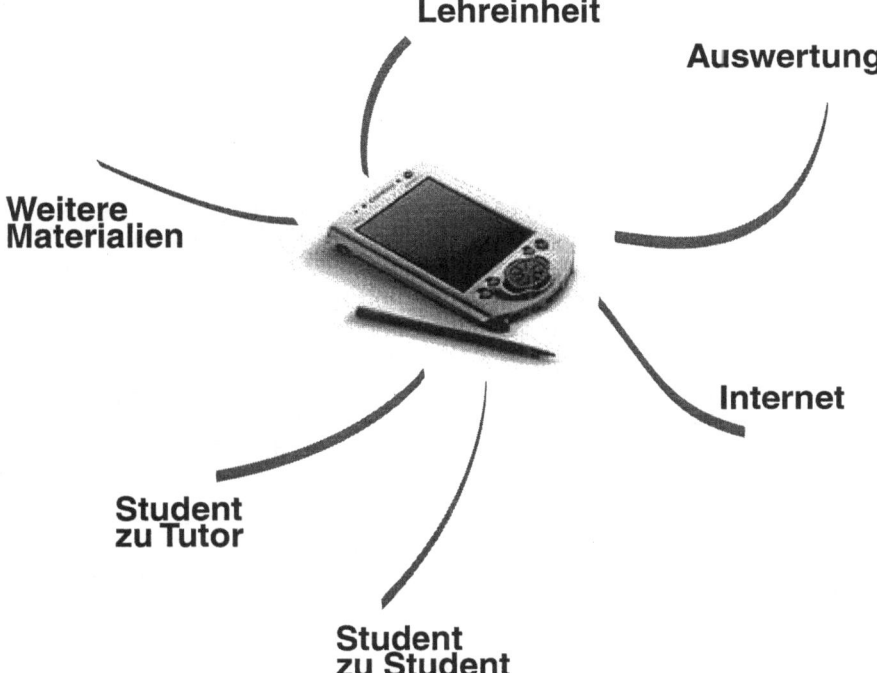

Abbildung 6-4: Beim mobilen Lernen agiert ein PDA oder Notebook als zentrales Kommunikationsmittel (Quelle: Ericsson)

Eine Sonderrolle nimmt das mobile Lernen in der Universität ein. Studenten sind praktisch der Prototyp des mobil Arbeitenden: Ein Student hat an der Universität keinen festen Arbeitsplatz, sondern wechselt von Vorlesung zu Vorlesung, oder lernt individuell in der Universität. Es ist nur folgerichtig, dass Universitäten dazu übergehen, den Campus mit WLANs auszurüsten. Damit können Studenten jederzeit auf Unterrichtsmaterialen zugreifen, Recherchen im Internet durchführen und untereinander oder mit Lehrkräften kommunizieren. So hat z.B. die Universität von Wollongong in New South Wales, Australien, Bibliotheken, Mensa, und Vorlesungssäle mit Wireless LANs ausgerüstet. In Kapitel 6.5.2 werden wir ein konkretes Projekt an der Fachhochschule Darmstadt vorstellen. Auch Universitäten in den USA, wie die Drexel Universität in Philadelphia und die Carnegie Mellon Universität in Pittsburgh, Pennsylvania, stellen ihren Studenten drahtlose Netze bereit. Die Generation, die hier heranwächst, wird an ein vollkommen anderes Arbeiten gewöhnt sein.

Vor allen Dingen wird sie daran gewöhnt sein, auch außerhalb der offiziellen Büroarbeitszeiten kreativ zu arbeiten.

6.1.4.2
Persönliches Informationsportal

Dieser Arbeitsstil erfordert Informationstechnologien, die nicht mehr den Benutzer ausschließlich nur am Arbeitsplatz unterstützen. Zunehmend finden wir deshalb mobile Portallösungen vor, welche ihre Teilnehmer rund um die Uhr informieren und sowohl in Beruf und Freizeit genutzt werden können. Solche Portallösungen umfassen die verschiedensten Dienste. So dienen sie als Archiv für wichtige Dateien, agieren als Drehscheibe für Mitteilungen aller Art, erlauben das Führen eines Terminkalenders und das Abstimmen von Terminen, und versorgen ihre Teilnehmer auf Wunsch mit nützlichen Informationen wie z.B. Stadtplänen, Restaurant- und Hotelführern, Veranstaltungstipps und Nachrichten über die neuesten Ereignisse aus Politik, Kultur, Sport, Verkehr. Ein Beispiel für ein solches Portal ist das Mercedes-Benz-Portal, das in Zusammenarbeit mit T-Online betrieben wird. Aber auch andere Firmen bieten derartige Portallösungen an, um auf diesem Wege die Kundenbindung zu erhöhen.

Aber auch innerbetrieblich kann ein Informationsportal von großem Nutzen sein. Insbesondere Außendienstmitarbeiter und Telearbeiter können so stärker in das betriebliche Geschehen eingebunden werden. Insgesamt wird der Informationsfluss sowohl zwischen den Mitarbeitern als auch zwischen Mitarbeitern und Unternehmensleitung verbessert. Wie praktische Erfahrungen mit diesen innerbetrieblichen Portalen zeigen, führt der bessere Informationsstand bei allen Beteiligten zu fundierten Entscheidungen und zu höherer Effektivität in Gruppenprozessen.

6.1.4.3
Plattform Automobil

Zunehmend wird auch das Automobil als Informationsplattform ausgebaut. Unter „Car Infotainment" versteht man die Integration von Navigationssystemen, Kommunikationssystemen und Unterhaltungsmedien.

Bereits im Jahr 2003 soll es laut Ericsson und VDO Mannesmann in den USA und der EU etwa zehn Millionen mobile Endgeräte in Automobilen geben. Zukünftig werden Automobile permanent mit dem Internet über mobile Funknetze verbunden sein, werten Informationen aus Digital Audio Broadcasting (DAB) und Internet aus und bestimmen ihre geografische Position anhand von GPS-Satellitendaten. Zusätzlich werden Automobile in die Lage versetzt, auf Peer-to-Peer-Basis mit anderen Verkehrsteilnehmern zu kommunizieren. So kann z.B. nachts rechtzeitig vor Radfahrern gewarnt werden, falls deren Rückleuchte mit einem Bluetooth-Modul ausgerüstet ist. Staus können rechtzeitig aus den automatisch gesendeten Meldungen vorausfahrender Verkehrsteilnehmer erkannt werden und so Auffahrunfälle und Massenkarambolagen verhindert werden.

Grundsätzlich stellt sich im Automobil das Problem, dass ggf. mehrere Geräte miteinander synchronisiert werden müssen. So ist z.B. die Adresse eines Geschäftspartners im PDA des Fahrers abgespeichert, das Navigationssystem kennt den Weg, und der Terminkalender ist im Internetportal abgelegt. Hier ist einiges an Integrationsleistung gefragt, um z.B. die Zieladresse auf das Navigationssystem zu übertragen, oder bei einem Stau allen Teilnehmern des nächsten Meetings eine entsprechende SMS-Nachricht zu schicken.

6.1.4.4
Mobile Anwendungen in der Industrie

In der Transportindustrie können mobile Lösungen die Planungssicherheit erheblich erhöhen und den Flotteneinsatz optimieren. So können z.B. bei einem Stau, einer Umleitung oder einer Panne entsprechende Eingaben direkt vom Fahrer vor Ort gemacht werden, und so eine Änderung der Einsatzpläne veranlasst werden. Auch Fahrten- und Wartungsbücher können elektronisch geführt und anschließend rasch und kostengünstig ausgewertet werden.

Für Vertriebsleute kann eine mobile Lösung zu jedem Zeitpunkt und Ort den Zugang zu betrieblichen Anwendungen ermöglichen, so z.B. um die Konten eines Kunden zu prüfen, Preislisten oder den Stand von Wartungsarbeiten abzufragen. Zusätzlich können auf dem mobilen Gerät Datenblätter, Whitepapers oder Produkthandbücher abgespeichert werden. Ist ein vom Kunden gewünschtes Dokument lokal nicht gespeichert, ist es nicht nötig, den Kunden zu vertrösten. Stattdessen wird es rasch vom Server heruntergeladen und ggf. gleich an die E-Mail-Adresse des Kunden geschickt.

Mitarbeiter in der Wartung erhalten durch eine mobile Lösung Zugriff auf aktuelle Wartungsunterlagen. Durch Ferndiagnose ist es oft möglich, die richtigen Ersatzteile schon vorab zu bestellen und Fahrten einzusparen. Auch diese Mitarbeiter können bei Bedarf Produktblätter und Preislisten anfordern und weitere Produkte und Dienstleistungen verkaufen. Auch können Wartungsmitarbeiter – wie auch alle anderen im Außendienst beschäftigten Mitarbeiter – das mobile Gerät für die Zeiterfassung und das Führen von Fahrtenbüchern nutzen. Diese Daten sind dann jeweils auf dem neusten Stand und können so rechtzeitig zur Zentrale übertragen werden, wo sie nicht noch einmal erfasst werden müssen.

6.1.4.5
Mobile Anwendungen im Gesundheitswesen

In einer ständig älter werdenden Bevölkerung unterliegt das Gesundheitswesen dem besonderen Druck, kostengünstig zu arbeiten. Hier zeigen praktische

Erfahrungen, dass mobile Technologie erfolgreich genutzt werden kann, um Abläufe im Gesundheitswesen effizienter und damit kostengünstiger zu gestalten.

Typische Anwendungen in diesem Bereich sind die Erfassung und Verarbeitung von Leistungsdaten und die Einsatzsteuerung von Mitarbeitern im Außenbereich (z.B. Krankenwagen). Aber auch der Zugriff auf Medikamentendatenbanken direkt vor Ort wird möglich, z.b. um die Unverträglichkeit eines Medikaments zu prüfen. Krankendaten wie Temperatur, Puls, Blutdruck, Glucosewerte können – genau wie Sprachnotizen – direkt am mobilen Endgerät erfasst und in die Krankenakte eingefügt werden.

In Kapitel 6.5.1 stellen wir mit MobileFact ein konkretes System vor, das zzt. Anwendung im Gesundheitswesen findet.

6.2
Die MobileLogic-Plattform

Software AG's MobileLogic ist ein Framework, welches es Entwicklern gestattet, schnell und effizient Mediator-Lösungen, wie sie in Kapitel 6.1.3 skizziert wurden, zu implementieren. Die auf einem Server ablaufende MobileLogic-Software organisiert den transparenten Zugriff auf heterogene Dienste, stellt Speicherplatz für registrierte Benutzer zur Verfügung, synchronisiert die auf den mobilen Geräten gehaltenen Daten mit den auf dem Server gespiegelten Daten und erlaubt es Anwendern, Dienste nach Bedarf zu personalisieren.

Sowohl auf der mobilen Plattform als auch auf der Serverplattform kommen zum Speichern der Datenbestände XML-Datenbanksysteme zum Einsatz – auf dem Server handelt es sich dabei um den Tamino XML-Server, auf dem mobilen Endgerät um die XML-Datenbank Tamino Mobile. Trotz der Ähnlichkeit im Namen handelt es sich bei Tamino Mobile um eine eigenständige Implementierung, die speziell auf die Bedürfnisse mobiler Plattformen zugeschnitten ist. Wir werden Tamino Mobile im Detail in Kapitel 6.3 vorstellen.

Die Datenreplikation zwischen mobilem Endgerät und Server erlaubt eine höhere Verfügbarkeit und einen höheren Komfort als eine reine Serverlösung oder eine reine Peer-to-Peer-Lösung. Weil die Daten lokal verfügbar sind, kann auf sie auch zugegriffen werden, wenn der Zugriff zum Server nicht möglich ist, z.B. wenn das Mobilnetz überlastet ist. Andererseits – weil die Daten auch auf dem Server verfügbar sind – ist der Endanwender nicht an ein bestimmtes Gerät gebunden: Unterwegs kann z.B. mit dem PDA auf die Daten zugegriffen werden, zu Hause oder im Büro kann der Zugriff über das Festnetz am Desktop geschehen. Auch können Mitteilungen als SMS-Nachrichten verschickt werden. Es ist sogar möglich, von jedem beliebigen Telefon aus auf die zentralen Daten mittels Sprachverarbeitung zuzugreifen. Für die Ausgabe auf Printmedien können die Daten in das PDF-Format umgewandelt werden.

6 MobileLogic – eine Plattform für integrierte mobile Dienste

Bei dieser Vielfalt von möglichen Endgeräten und Präsentationsverfahren wird nun deutlich, warum eine XML-Datenbank für die Datenhaltung gewählt wurde: Sämtliche Daten werden präsentationsneutral in XML vorgehalten. Je nach verwendetem Endgerät werden diese Daten mittels XSLT-Stylesheets in das jeweilige Präsentationsformat umgesetzt, so z.B. beim klassischen Telefon (POTS) in das VoiceXML-Format, beim Zugriff vom Festnetz aus in das HTML-Format und beim Zugriff vom WAP-Handy aus in WML. Mit dem PDA dagegen, der über eine eigene XML-fähige Datenhaltung verfügt, werden die Daten direkt im präsentationsneutralen XML-Format ausgetauscht und dort vom Browser mit Hilfe von XSLT-Stylesheets in das WAP- oder HTML-Format umgewandelt.

Die Verwendung von XSLT-Stylesheets hat den Vorteil, dass derartige Formattransformationen keine expliziten Programmierarbeiten benötigen. Die gleichen XSLT-Stylesheets können sowohl auf dem Server als auch auf dem mobilen Endgerät zum Einsatz kommen. Dagegen würde sich eine Programmierung mit den üblichen prozeduralen Programmiersprachen auf Server und mobilem Endgerät unterschiedlich gestalten. Während auf einer Serverplattform häufig mit Java programmiert wird, kommen auf mobilen Geräten eher C-Derivate oder Visual Basic zum Einsatz. XSLT-Stylesheets sind dagegen plattformunabhängig. Stylesheets können zudem leicht auf neue Endgeräte mit anderen Bildschirmdimensionen angepasst werden.

Sowohl Nutzdaten als auch XSLT-Stylesheets werden in der lokalen Datenbank des mobilen Endgeräts gespeichert und über die automatische Synchronisierung immer auf den neuesten Stand gebracht. Die Trennung zwischen präsentationsneutralen Daten und Stylesheets reduziert das Transfervolumen bei Synchronisierung: Bei Layout-Änderungen muss nur das jeweilige Stylesheet übertragen werden, die präsentationsneutralen Nutzdaten bleiben unberührt. Bei Änderung der Nutzdaten muss nur die geänderte XML-Version dieser Daten übertragen werden, nicht jedoch die verschiedenen Präsentationsformate.

Die Synchronisierung von Daten kann über jede IP-fähige Verbindung erfolgen wie etwa über Funk oder kostengünstig über das Cradle (Andockstation) an einer Desktop-Workstation.

In bestimmten Fällen ist es erforderlich, dass Änderungen an Datenbeständen nicht offline, sondern immer in Echtzeit auf die zentralen Datenbestände durchgeführt werden. Das ist immer dann erforderlich, wenn mehrere Endanwender gleichzeitig dieselben Datenbestände bearbeiten. In der Praxis ist das immer dann gegeben, wenn begrenzte Ressourcen verwaltet werden müssen, also z.B. bei der Belegung von Besprechungszimmern oder der Einsatzplanung für einen Fahrzeugpool. Konkurrierende lokale Änderungen und nachträgliche Synchronisierung würden in diesen Fällen zu inkonsistenten Daten und Verlust von Änderungen führen.

Hier erlaubt es die MobileLogic-Plattform je nach Anwendungsfall, die Datenbestände ausschließlich auf dem zentralen Tamino-Server oder einer angeschlossenen Unternehmens-Datenbank zu führen, und so konkurrierende Änderungen an lokalen Datenbeständen wirksam zu unterbinden.

6.2.1
Gesamtarchitektur

Zwei Hauptkomponenten sind bei MobileLogic für die Abwicklung des Betriebs verantwortlich: der MobileLogic-Server und der MobileLogic-Client. Dazu kommen noch Werkzeuge für die Überwachung des Betriebs (Managementkonsole), für die Sicherheitsadministration und für die Anwendungsentwicklung (siehe Abbildung 6-5).

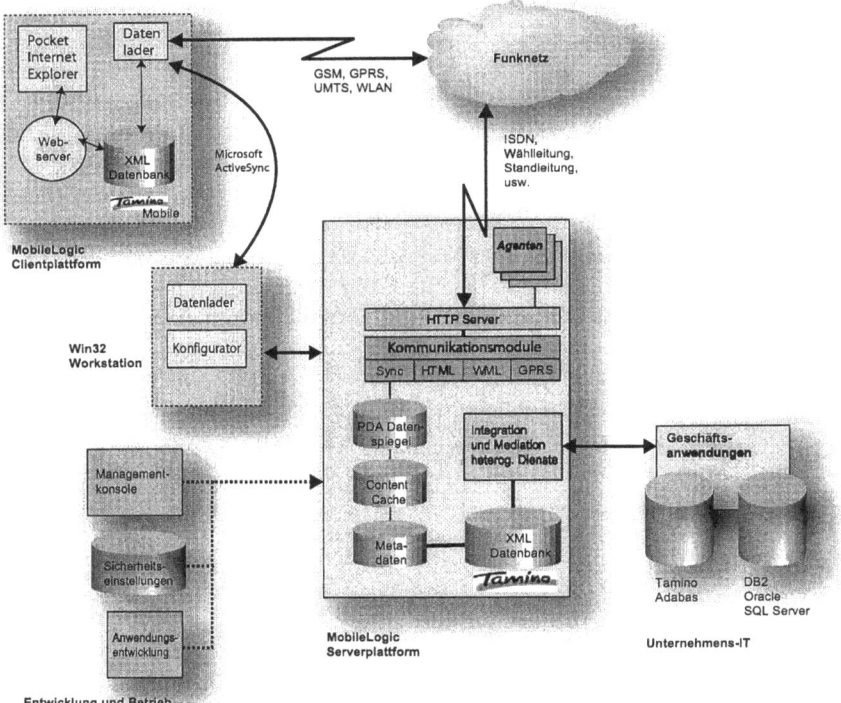

Abbildung 6-5: Aufbau des MobileLogic-Gesamtsystems. Die Synchronisation zwischen Server und mobilem Endgerät erfolgt entweder über Funk oder kostengünstig über eine mit ActiveSync ausgerüstete Workstation.

Der Server ist verantwortlich für die Mediation und Integration der verschiedenen Dienste und für die Datensicherung. Aufgabe der Clientplattform dagegen ist die Präsentation der Daten und die lokale Datenhaltung.

6 MobileLogic – eine Plattform für integrierte mobile Dienste

Durch das Zusammenspiel von Server- und Clientkomponenten ergibt sich ein Sicherheits-, Verfügbarkeits- und Wirtschaftlichkeitsniveau, wie es mit reinen Clientlösungen oder reinen Serverlösungen nicht erreichbar wäre. Auch hier gilt der Grundsatz der Netzwerk-Philosophie: Das Ganze ist größer als die Summe seiner Teile.

6.2.2
Der MobileLogic Server

Der MobileLogic Server hat eine klare Schichtenstruktur und benutzt – wo möglich – Standardkomponenten. Im Einzelnen besteht der Server aus den folgenden Komponenten:

- Der *Content Cache* speichert fertige Informationseinheiten zwischen, z.B. Berichte, die aus Unternehmensdatenbeständen gewonnen wurden. Je nach Typ der Informationseinheit kann unterschieden werden, ob, oder in welchen Abständen, eine Informationseinheit neu erzeugt werden muss. Ist das nicht erforderlich, werden Anfragen der Clients direkt aus dem Cache beantwortet. So werden die im Hintergrund laufenden Systeme entlastet und das gesamte System skaliert besser. Insbesondere kann bei Anfragen, welche HTML- oder WML-Formate verlangen, mit dieser Technik ein Großteil der XSLT-Formattransformationen vermieden werden.
- Die *Metadaten* enthalten Beschreibungen aller notwendigen Systeminformationen wie Benutzerpräferenzen, ein Verzeichnis der verfügbaren Dienste, und andere Konfigurationsdaten. Auch diese Daten sind im XML-Format abgelegt.
- Der *PDA-Datenspiegel* enthält Kopien der Datenbestände der registrierten mobilen Endgeräte, selbstverständlich nur für die Daten, für die das erwünscht ist. Der Datenspiegel kann so auch für die Datenrettung verwendet werden, wenn z.B. RAM-Daten wegen leerer Batterie verloren gingen, oder bei Verlust des PDA. Dabei werden nicht nur die Nutzdaten gesichert, sondern auch die Stylesheets. Besteht zwischen mobilem Endgerät und Server eine Verbindung, so werden Änderungen automatisch erkannt und die Datenbestände wieder synchronisiert.
- Der *HTTP-Server* (oder Webserver) organisiert den Zugriff auf Systemressourcen mit Hilfe des Standard-Internetprotokolls. Standardmäßig kommt hier der bewährte Apache-Webserver zum Einsatz, mit Tomcat als Servlet-Engine.
- Die *Agenten* überwachen und beobachten das System. Sie werten die benutzerspezifischen Einstellungen in den Metadaten aus und versenden z.B. Mitteilungen beim Eintreffen eines bestimmten Ereignisses, falls der Benutzer das gewünscht hat. So könnte z.B. beim Eintreffen einer E-Mail eine SMS an das Handy des Benutzers geschickt werden. Oder es könnte

bei bestimmten Datenänderungen eine Synchronisierung der PDA-Daten automatisch angestoßen werden.
- Hier wird noch einmal der Vorteil einer servergestützten mobilen Lösung deutlich. Die Agenten können rund um die Uhr aktiv sein. Das wäre bei auf dem mobilen Endgerät ablaufenden Agenten nicht möglich, da diese Geräte wegen der begrenzten Batteriekapazität meist abgeschaltet sind.
- Die *Kommunikationskomponenten* sind für die Durchführung der notwendigen Formattransformationen für die verschiedenen Endgeräte verantwortlich. Für HTML-basierte Clients wie z.b. Desktop-PCs werden beispielsweise Java Server Pages (JSP) erzeugt, die dann vom Webserver in HTML umgewandelt werden. Bei WAP-Clients wie z.b. WAP-Handys dagegen erfolgt die Umwandlung in WML. Diese Transformation der präsentationsneutralen XML-Nutzdaten in das Zielformat erfolgt mittels XSLT-Stylesheets.

Die Kommunikationskomponenten implementieren außerdem die jeweiligen Kommunikationsprotokolle je nach Endgerät und verwendetem Netzwerk: WLAN, GPRS, UMTS oder GSM.

6.2.3
Der MobileLogic Client

Auf der Clientseite finden wir die folgenden MobileLogic-Komponenten im Einsatz:

- Der *Datenlader* kontrolliert den Datenaustausch mit dem MobileLogic-Server. Wie schon in Abschnitt 6.2.2 diskutiert, sind die dafür benötigten Regeln in den Metadaten des Servers abgelegt und werden von diesem verwaltet.
- Als *Browser* kommt der auf der Clientplattform befindliche HTML- oder WAP-Browser zum Einsatz, so z.B. auf Windows-CE-Plattformen der im Betriebssystem integrierte Pocket Internet Explorer. Der Browser ist auch verantwortlich für die Umwandlung von XML-Nutzdaten in das jeweilige Ausgabeformat mit Hilfe der XSLT-Stylesheets.
- Der *Webserver* versorgt den Browser mit XML-Daten und XSLT-Stylesheets und kommuniziert seinerseits mit der lokalen XML-Datenbank. Zum Einsatz kommt hier der GoAhead-Webserver, ein schneller Webserver, der für Embedded Devices entwickelt wurde und nur 50 KByte groß ist.
- Als lokale *XML-Datenbank* wird die Tamino-Mobile-Datenbank verwendet, die wir im Detail in Kapitel 6.3 diskutieren werden. Die Speicherung der Daten auf einer lokalen Datenbank verbessert die Transaktionssicherheit, erhöht die Verfügbarkeit und senkt die Kommunikationskosten auf ein Minimum. Neben XML-Dateien kann die Datenbank auch

die von Multimedia-Anwendungen benötigten Bild- und Audiodaten speichern.
- Anwenderspezifische *Applikationen* erlauben die Ausführung von Geschäftsprozessen auf dem mobilen Endgerät. Zur Realisierung solcher Anwendungen werden geeignete Programmierschnittstellen für das Datenbanksystem und den Datenlader zur Verfügung gestellt (siehe Kapitel 6.3.2).

6.3
Einsatz der Tamino-Mobile-XML-Datenbank

Die Speicherung von Daten im XML-Format auf mobilen Endgeräten scheint auf den ersten Blick eine weniger als optimale Form der Speicherung zu sein. XML-Dateien sind sehr redundant (die gleichen Bezeichner (Tags) tauchen immer wieder in den Dateien auf) und benötigen relativ viel Speicherplatz. Dagegen ist auf mobilen Endgeräten der Speicherplatz gewöhnlich knapp. Dieser Konflikt besteht allerdings nur, wenn XML-Dateien in einem klassischen Dateisystem gespeichert werden. Durch Einsatz einer spezialisierten XML-Datenbank ist eine optimierte Form der Speicherung möglich.

Die im Rahmen von MobileLogic zum Einsatz kommende XML-Datenbank Tamino Mobile löst diesen Konflikt durch eine starke Reduktion der XML-impliziten Redundanz. Da eingehende Dokumente sowieso geparst werden müssen, um sie zu indizieren, liegt das Dokument ohne zusätzlichen Aufwand in Form einzelner Datenobjekte vor. Tamino Mobile speichert diese Datenobjekte in ihrer expliziten Form nur in einer einzigen Kopie ab. Alle weiteren Kopien werden nur noch als Verweise auf die erste Kopie abgespeichert. Diese Art der Redundanzverminderung erfolgt nicht nur für die Bezeichner eines Dokuments, sondern auch für Attributnamen und -werte und für Elementinhalte. Da dieser Prozess quer über die gesamte Datenbasis angewandt wird, benötigen in der Regel zusätzliche Exemplare eines Dokumenttyps erheblich weniger Speicherplatz als das erste Exemplar dieses Typs, da ja die Tags dieses Dokumententyps nun schon bekannt sind. Zum Vergleich: Der bekannte ZIP-Algorithmus reduziert die Redundanz nur innerhalb einer einzelnen Datei, nicht jedoch zwischen den Dateien eines Archivs.

Auch die Größe des Datenbankmanagementsystems selbst ist moderat und mobilen Endgeräten angepasst. Je nach Plattform und installierten APIs (siehe Kapitel 6.3.2) beträgt der Speicherplatzbedarf für Tamino Mobile zwischen 430 und 990 KByte. Tamino Mobile ist derzeit auf folgenden Plattformen verfügbar: PocketPC 2002 (auf StrongARM-Prozessor), Windows CE 3.0 (auf StrongARM-, MIPS- oder SH3-Prozessoren), Windows XP Home, 2000 Professional, NT 4.0 Workstation, ME und Windows 98. Auch eine Version für Linux, das eine immer stärkere Verbreitung auch auf mobilen Geräten findet, wird kurzfristig verfügbar sein.

6.3.1 Architektur

In diesem Abschnitt gehen wir detailliert auf die interne Architektur des Tamino-Mobile-Datenbanksystems ein. Insofern wendet sich dieser Abschnitt an den technisch interessierten Leser.

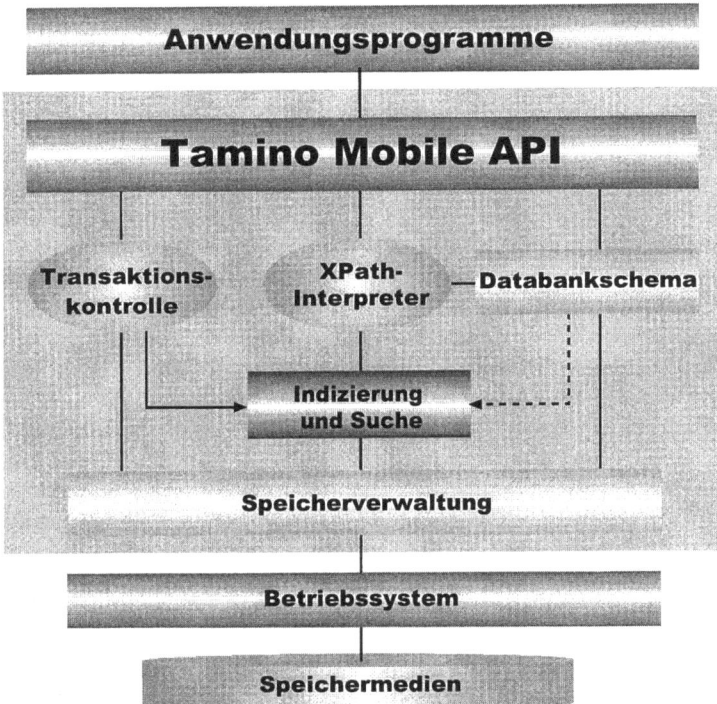

Abbildung 6-6: Die Architektur der Tamino-Mobile-Datenbank

Wie in Abbildung 6-6 gezeigt, besteht Tamino Mobile aus den Komponenten Indizierung, XPath-Interpreter, Transaktionskontrolle, Datenbankschema und Speicherverwaltung. Dazu kommen dann noch die in Kapitel 6.3.2 diskutierten Programmierschnittstellen. Anwendungsprogramme greifen auf Funktionen des Datenbanksystems mittels des Tamino Mobile API über die Transaktionskontrolle, den XPath-Interpreter und die Schemaverwaltung zu. Von den tieferen Schichten von Tamino Mobile sind Anwendungsprogramme komplett isoliert.

6.3.1.1
Speicherverwaltung

Auf unterster Ebene sorgt die Speicherverwaltung für eine Abstraktion von den konkreten Speichermedien und den betriebssystemspezifischen Protokollen. So können die verschiedensten Speichermedien genutzt werden, angefangen von klassischen Harddisks über Microdisks und Flash-Memory bis hin zu Memory Sticks. Die Speicherverwaltung ist in der Lage, freie Blöcke je nach Größe in getrennten Listen zu verwalten und benachbarte freie Blöcke miteinander zu verschmelzen. So wird eine Fragmentierung des Mediums verhindert.

6.3.1.2
Indizierung und Suche

Das Modul für die Indizierung und Suche ist verantwortlich für den Aufbau der Suchbäume und enthält spezialisierte schnelle Suchroutinen. Der Aufbau von Indizes und Suchbäumen erlaubt das Auffinden gewünschter Informationen mit nur wenigen Dateizugriffen. Im Vergleich dazu müssten Dokumente bei einer Speicherung in einem klassischen Dateisystem komplett analysiert werden, um die gewünschten Elemente herauszufinden.

Die Indizierung in Tamino Mobile baut auf die im Datenbankschema definierten Datenstrukturen auf. Dabei hat das Modul bei der Indexbildung die Wahl zwischen drei Indizierungstypen:

- Ein-Attribut-Indizierung: Hier wird nur ein einziges Objektattribut für den Aufbau eines Indexes herangezogen.
- Multi-Attribut-Indizierung: Hier werden mehrere Attribute aus einer Objektklasse für den Aufbau eines Indexes herangezogen. Alle Attribute müssen in der Klassenbeschreibung definiert sein, sind also keine optionalen Attribute.
- Attributgruppen-Indizierung: Hier werden Attributgruppen aus Attributen mehrerer Objektklassen für den Aufbau eines Indexes verwendet. Dieser Indizierungstyp wird insbesondere dazu verwendet, semistrukturierte Daten zu indizieren, wie z.B. XML-Dokumente, deren Dokumenttyp nicht im Datenbankschema vorliegt.

6.3.1.3
XPath-Interpreter

Die Suche nach in Tamino Mobile abgelegten Daten erfolgt mit Hilfe XPath-basierter Ausdrücke (siehe Kapitel 6.3.2). Der XPath-Interpreter nimmt diese Ausdrücke entgegen, analysiert sie und führt die Suchoperation durch. Dabei stützt sich der XPath-Interpreter auf die vom im vorigen Abschnitt diskutierten Modul erzeugten Indexstrukturen. Die eigentliche Suchoperation erfolgt dann über zwei verschiedene Suchstrategien:

- Mit der *LookupByClass*-Strategie erfolgt die Suche anhand von Ein-Attribut- oder Multi-Attribut-Indices. Die Ergebnismenge besteht dann aus Datenobjekten gleichen Objekttyps. Diese Suchstrategie wird überwiegend bei XML-Dokumenten angewandt, bei denen der Dokumenttyp bekannt ist.
- Mit der *LookupByGroup*-Strategie erfolgt die Suche anhand von Attributgruppen-Indices. Hier besteht die Ergebnismenge aus Datenobjekten verschiedenen Objekttyps. Diese Suchstrategie kommt zum Einsatz, wenn der Dokumenttyp eines XML-Dokuments nicht bekannt wird, oder wenn nach optionalen Attributen gesucht wird, die nicht in der Dokumentenbeschreibung definiert sind.

Aus den so erhaltenen Datenobjekten wird dann das Ergebnis der XPath-Suchabfrage zusammengestellt. Dieses besteht aus einer Kollektion von XML-Dokumentelementen. Auf Wunsch erhält das Anwendungsprogramm einen Datencursor bereitgestellt, mit dem es über die Ergebnismenge iterieren kann.

6.3.1.4
Transaktionskontrolle

Auf allen unterstützten Plattformen implementiert Tamino Mobile das volle ACID-Eigenschaftsspektrum:

- *Atomic* (atomar): Jede Transaktion ist eine unteilbare Einheit. Datenbanktransaktionen können also nicht in mehrere andere, einfachere Transaktionen zerlegt werden und können auch keine anderen Transaktionen enthalten.
- *Consistent* (konsistent): Jede Transaktion muss sicherstellen, die Daten von einem gültigen Zustand in einen anderen gültigen Zustand zu überführen. Anwendungen müssen deshalb ihre Transaktionen mit einem *BeginTransaction*-Aufruf einleiten und mit einem *EndTransaction*-Aufruf beenden. Bricht eine Transaktion aus irgendeinem Grund vor ihrer Beendigung ab, so müssen die Daten immer noch in einem konsistenten Zustand sein. Dies wird dadurch erreicht, dass der beim Beginn der Transaktion gesicherte Zustand der Daten wieder hergestellt wird (Rollback). Die Anforderungen für die Konsistenz von Daten richten sich dabei ganz nach dem verwendeten Speichermedium.
- Transaktionssicherheit
- Kommt ein eingebautes RAM oder Flash-Memory zum Einsatz, so sind keine besonderen Vorkehrungen für die Konsistenz erforderlich: Beim Ausfall solchen Speichers müssen auch die Anwendungen neu installiert werden und es ist eine komplette Datenwiederherstellung erforderlich, z.B. vom Datenspiegel des MobileLogic-Servers aus. Anders stellt sich die Situation bei entfernbarem Speicher dar (z.B. Memory Stick) oder beim Sekundärspeicher (Harddisk, Microdisk), der getrennt ausfallen

kann. Würde z.B. ein Memory Stick mitten in einer Transaktion aus dem Gerät gezogen, wären inkonsistente Daten die Folge. Hier implementiert Tamino Mobile besondere Logging-Mechanismen, um die Konsistenz der Daten zu gewährleisten.

- *Isolated* (isoliert): Eine Transaktion darf nicht von anderen, zur gleichen Zeit ausgeführten Transaktionen beeinflusst werden. Während „große" Datenbanksysteme dies über Sperrmechanismen bewirken, führt Tamino Mobile Schreiboperationen nur exklusiv aus. Tamino Mobile erlaubt zwar nebenläufige Leseoperationen, verlangt aber, dass alle früheren Lese- und Schreiboperationen abgeschlossen sind, bevor eine neue Schreiboperation beginnen kann. Diese Anforderung stellt beim Ein-Benutzer-Betrieb – wie er bei PDAs vorherrscht – keine große Einschränkung dar. Sollten tatsächlich mehrere Anwendungen nebenläufig Schreibtransaktionen durchführen wollen, serialisiert Tamino Mobile diese Transaktionen: Anwendung B muss warten, bis Anwendung A ihre Transaktion abgeschlossen hat.
- *Durable* (dauerhaft): Die Effekte einer Transaktion müssen mit der Beendigung der Transaktion dauerhaft gemacht werden. Dieser Datenendzustand muss auch einen Systemausfall sicher überleben.

6.3.2
Programmierschnittstellen

Auch dieser Abschnitt wendet sich an den technisch interessierten Leser. Wir stellen die Schnittstellen des Tamino-Mobile-Datenbanksystems aus Sicht des Anwendungsprogrammierers vor.

Während die standardmäßigen Formatumwandlungen von XML in das jeweilige Ausgabeformat mit Hilfe von XSLT-Stylesheets vom auf dem PDA befindlichen Browser erledigt werden, kann es für spezielle Anforderungen nötig werden, Geschäftslogik in Form eigener Anwendungen auf der mobilen Plattform zu implementieren. Dafür stellt Tamino Mobile eine Programmierschnittstelle – das Tamino Mobile API – zur Verfügung. Dieses API besteht aus drei Standardschnittstellen: SAX 2, DOM Level 2 und XPath. Zusätzlich kann Tamino Mobile auch aus HTML-Formularen heraus mit Daten versorgt werden.

SAX, das Simple API for XML, definiert einen ereignisorientierten Parser. Zeichenketten werden analysiert und resultieren in einer Serie vereinbarter Methodenaufrufe beim Anwendungsprogramm. So erhält das Anwendungsprogramm Mitteilungen darüber, wann und welche XML-Elemente, Attribute, Texte, Leerzeichen u.Ä, eingelesen wurden, und kann aufgrund dieser Information eine Hierarchie von Objekten aufbauen, die das gelesene Dokument repräsentieren. Tamino Mobile verwendet als SAX-Implementierung den Open Source Parser *expat*.

Dabei kann SAX sowohl für das Abspeichern von Dokumenten in Tamino Mobile als auch für das Auslesen von Dokumenten aus der Datenbank verwendet werden. Beim Abspeichern wird das in serialisierter Form vorliegende Dokument vom SAX-Parser analysiert. Für die jeweiligen vom Parser erkannten syntaktischen Einheiten (Anfangs- und Endetags, Attribute usw.) wird bei Tamino Mobile ein entsprechender Funktionsaufruf erzeugt. So erhält die eigentliche Datenbankmaschine das Dokument schon in zerlegter Form.

Beim Lesen von Dokumenten gibt Tamino Mobile das Ergebnis bereits in serialisierter Form aus. Weiterverarbeitende Anwendungen benutzen ihrerseits wiederum den SAX-Parser, um das Abfrageergebnis zu zerlegen und weiterzuverarbeiten.

Alternativ steht als Schnittstelle ein DOM (Document Object Model) API zur Verfügung. Anders als bei SAX wird bei DOM das Dokument als kompletter Objektbaum im Speicher aufgebaut. Anwendungsprogramme sind deshalb nicht an eine bestimmte Reihenfolge der Ereignisse gebunden, sondern können sich mit Hilfe standardisierter Navigationsmethoden freizügig im Objektbaum bewegen. Außerdem ist es möglich, den Objektbaum zu modifizieren und später wieder als serialisiertes Dokument zurückzuschreiben. DOM benötigt im Allgemeinen wesentlich mehr Speicherressourcen als SAX, da der gesamte Objektbaum im Speicher aufgebaut werden muss. Neuere DOM-Implementierungen wie z.B. Xerces von Apache verwenden deshalb verzögerte Zuweisungstechniken. Hier werden Dokumentteile erst dann gelesen, wenn sie auch tatsächlich benötigt werden – es wird nicht mehr vorab das gesamte Dokument in einen Objektbaum umgewandelt.

Die von Tamino Mobile verwendete DOM-Implementierung ähnelt an der Programmierschnittstelle stark der Xerces-Implementierung und kann von C++-Anwendungen aus angesprochen werden. Damit finden sich Programmierer, die mit Xerces vertraut sind, auch beim Tamino Mobile DOM gut zurecht. Intern ist das Tamino Mobile DOM jedoch komplett anders implementiert. Es kann sich darauf stützen, dass Dokumente in der Datenbank bereits als Objektbaum vorliegen. Der Aufbau eines besonderen DOM-Objektbaumes im Arbeitsspeicher kann deshalb entfallen, womit auch der Hauptnachteil klassischer DOM-Implementierungen entfällt. Praktisch verhält sich die gesamte Tamino-Mobile-Datenbank wie eine persistente DOM-Instanz.

Für die Formulierung von Datenbankabfragen kommt XPath zum Einsatz. Genau wie DOM ist auch XPath eine W3C-Empfehlung und dient als Basistechnologie für eine Reihe anderer, auf XML basierenden Sprachen, unter anderem auch für XSLT. XPath ist in der Lage, die einzelnen Elemente und Attribute in einem XML-Dokument mit Hilfe einer Pfadangabe genau zu benennen. Zusätzlich kann sich XPath auf den Inhalt dieser Dokumentknoten beziehen, Vergleiche und boolesche Operationen durchführen. Platzhaltersymbole (Wildcards) können ebenfalls eingesetzt werden. Grundsätzlich ist das Ergebnis einer XPath-Anfrage nicht ein einzelner XML-Teilbaum, sondern eine Liste aller XML-Bäume, auf welche die XPath-Anfrage zutrifft.

6 MobileLogic – eine Plattform für integrierte mobile Dienste

So bewirkt z.B. die Abfrage `customer[name='G*']` die Ausgabe aller Einträge, deren Wurzelelement den Bezeichner `<customer>` hat und ein Kindelement `<name>` enthält. Dabei werden nur die Einträge ausgegeben, bei denen der Inhalt von `<name>` mit G beginnt.

Derartige Anfragen werden vom XPath-Interpreter analysiert und in entsprechende Suchoperationen wie die oben diskutierten *LookupByClass*- und *LookupByGroup*-Operationen umgesetzt. So stützt sich der Interpreter auf vorhandene Indices und kann direkt die angeforderten Elemente auswählen, ohne das gesamte Dokument analysieren zu müssen.

XPath-Abfragen können auf verschiedene Arten an die Datenbank abgesetzt werden:

- Über den Webserver des mobilen Geräts als Teil einer URL, z.B.
  `http://localhost/CityGuide/CityGuide.bde?`
  `    document=sync-myPhoneList`
  `  & stylesheet=style-compactPhoneList`
  `  & xpath=//person[name="Gates"]`
  Bei dieser Anfrage wird das von der Datenbank zurückgelieferte Ergebnis mit Hilfe des angegebenen Stylesheets sofort weiterbearbeitet.
- Aus einem XSLT-Stylesheet heraus mit Hilfe der `document()`-Funktion, ebenfalls als Teil einer URL.

Für viele einfache Anwendungen ist eine Programmierung in C++ oder Visual Basic nicht erforderlich. XSLT gestattet sehr weit reichende Dokumenttransformationen und kann mit Hilfe seiner `document()`-Funktion auch mehrere Quelldokumente in ein einziges Ausgabedokument zusammenführen.

Auch die Änderung der lokalen Datenbestände kann ohne den Rückgriff auf prozedurale Programmiersprachen – und damit plattformunabhängig – durchgeführt werden. Tamino Mobile ist in der Lage, die aus HTML-Formularen mit der POST-Methode abgeschickten Daten zu interpretieren und damit bestehende Dokumente zu modifizieren oder neue Dokumente anzulegen.

Im folgenden Beispiel werden die Eingabedaten eines Formulars an die Tamino-Mobile-Datenbank `CityGuide.bde` geschickt und bewirken dort eine Modifikation eines Dokuments.

```
<form id="form" name="form" action="CityGuide.bde" method="POST">
   <input type="hidden" id="t1" name="document"
      value="sync-myPhoneList">
   <input type="hidden" id="t2" name="xpath"
      value="/sync-phone-list">
   <input type="hidden" id="t3" name="node"
      value="person">
   <input id="t3" name="name">
   <input id="t3" name="phone">
   <input id="b1" type="submit" value="Add">
</form>
```

Damit wird ein neues XML-Element im Pfad `/sync-phone-list/person` im Dokument mit der Identifikation `sync-myPhoneList` angelegt:

```
<person>
  <name>eingegebener Name</name>
  <phone>eingegebene Telefonnummer</phone>
</person>
```

Die Angabe der Metadaten (Dokumentenname, Pfad und Name des XML-Knotens) zur Steuerung der Datenbanktransaktion erfolgt in versteckten Feldern des Formulars.

6.4 Einsatzschwerpunkte

Einsatzschwerpunkte für MobileLogic ergeben sich überall dort, wo Mitarbeiter, Kunden oder Partner mit einem integrierten Informationsangebot versorgt werden sollen, das auch auf mobilen Endgeräten zur Verfügung stehen soll. Insbesondere in Industriezweigen mit einem hohen Anteil von Außendienstmitarbeitern wie dem Finanz- und Versicherungswesen, dem Gesundheitswesen und der Pharmaindustrie oder in der Logistik kann eine solche Lösung Qualität und Effizienz steigern. So ist es z.B. Finanz- oder Versicherungsberatern nicht nur möglich, die notwendigen Dokumente und Vertragsformulare auf dem mobilen Gerät mit sich zu führen, sondern sie können bei Bedarf auch auf die in der Zentrale gespeicherten Kundendaten zugreifen oder dort bestimmte Vorgänge anstoßen. So wird es nun möglich, computergestützte Workflows zu definieren, die auch Außendienstmitarbeiter mit einbeziehen.

Durch den Einsatz von Agententechnologie in der MobileLogic-Plattform ist es möglich, diese Workflows (und auch andere Ereignisse) miteinander zu integrieren. Änderungen im Zeitplan – z.B. die Verschiebung eines Meetings – können den Teilnehmern sofort gemeldet werden. Die Agenten erlauben es, das Geschehen im Betrieb und außerhalb rund um die Uhr zu beobachten und können das Eintreten definierter Ereignisse an das mobile Endgerät melden.

Typischerweise wird man die Nutzungsmöglichkeiten für MobileLogic nicht auf betriebliche Belange beschränken. Können Mitarbeiter die Plattform auch für eigene Zwecke verwenden, so wächst die Bereitschaft, mit der Plattform zu arbeiten. So könnten Außendienstmitarbeiter die MobileLogic-Agenten nutzen, um die innerbetrieblichen Stellenausschreibungen zu beobachten. Aber auch die Beobachtung von Kursbewegungen bei Aktien, der Angebote bei eBay oder des Segelwetters ist denkbar. Auf der anderen Seite kann die Plattform von Mitarbeitern auch genutzt werden, um betriebliche Belange in der Freizeit zu erledigen. Kreativität ist schließlich nicht auf die Büroarbeitszeiten beschränkt.

6.5 Anwendungsbeispiele

In den folgenden beiden Abschnitten gehen wir auf zwei konkrete Einsatzbeispiele der MobileLogic-Plattform ein. Im ersten Fall – MobileFact – geht es um den Einsatz mobiler Endgeräte im Gesundheitswesen. Das zweite Beispiel stammt aus dem Bereich mobiles Lernen.

6.5.1
MobileFact – mobile Leistungserfassung

Der Einsatz mobiler Endgeräte wird gern mit hoch mobilen (und hoch bezahlten) Vertriebsleuten und Managern assoziiert. Daneben gibt es in der Arbeitswelt jedoch eine viel größere Gruppe mobiler Mitarbeiter, die bisher nur völlig unzureichend in die IT-Struktur ihrer Unternehmen eingebunden sind. Dabei verfügen sie häufig nicht einmal über einen stationären PC-Arbeitsplatz. EDV/IT ist für sie häufig noch ein Buch mit sieben Siegeln.

Mit dieser Zielgruppe im Auge wurde mit MobileFact von der Software AG auf der Grundlage der MobileLogic-Plattform eine spezielle Lösung für die mobile Leistungserfassung entwickelt. In der ersten Version wird MobileFact für den Außendienst in der ambulanten Pflege eingesetzt. Heute nutzen mehr als 2000 Nutzer täglich die integrierten Dienste von MobileFact für die Kommunikation, die Zeit- und Leistungserfassung, die Einsatzsteuerung und für das Ressource- und Qualitätsmanagement. Während zurzeit der Zugang zum System über WAP-Handys und HTML-Browser erfolgt, ist für die Zukunft auch die Unterstützung weiterer Arbeitsprozesse mittels Offline-Datenhaltung auf dem PDA gefordert. Neben rein technischen Aspekten entscheidet vor allen Dingen der Einsatzzweck und auch die Einsatzumgebung über das zum Einsatz kommende Gerät.

Das System bindet dabei mittels Datenaustausch die bereits im Einsatz befindlichen Abrechnungs-, HR- und Verwaltungssysteme mit ein – ein typisches Einsatzgebiet für die Nutzung von XML als generisches Datenformat, welches die unterschiedlichsten Datenformate miteinander integrieren kann. Durch die Erweiterbarkeit der Dokumentenstrukturen kann eine individuelle, an das Unternehmen angepasste Ausprägung der Daten erfolgen.

Aufgrund der präsentationsneutralen Speicherung der Daten im XML-Format wird eine reibungslose Unterstützung weiterer und neuer Endgeräte ermöglicht, auch wenn diese andere Formate für die Ausgabe verlangen sollten.

Aus Kosten- und Verfügbarkeitsgesichtspunkten erfolgt der Betrieb des Servers beim Mobilfunkprovider, der auch das Hosting übernimmt.

Weitere Ausbaustufen des Systems können Daten aus dem Bereich des Qualitätsmanagements und Dienste weiterer Leistungsträger, wie z.B. Krankenhäuser, Ärzte integrieren. Das mobile Endgerät wird so zur Schalt- und Informationszentrale, das z.B. Patientendaten und Einsatzpläne vorhält, den Abgleich mit der elektronischen Patientenakte durchführt oder auch nur die Blutdruck-Werte vom mobilen Messgerät per Bluetooth oder Infrarotstrecke abgreift und zusammen mit dem Leistungsnachweis auf dem Server archiviert.

MobileFact eignet sich allerdings nicht nur für das Gesundheitswesen. In den meisten Wirtschaftszweigen ist die zeitnahe Erfassung der erbrachten Leistung eine Grundvoraussetzung. Erste Kundenkalkulationen zeigen, dass hier durch mobile Erfassung Kosteneinsparungspotenziale von 40 % gegenüber herkömmlichen, meist papiergestützten Erfassungsverfahren erzielt werden können.

6.5.2
Die virtuelle Hochschule

Derzeit realisiert die Fachhochschule Darmstadt (FHD) das Projekt „Virtuelle Hochschule". Ziel des Projektes ist es, Studenten administrative und kollaborative Funktionen als auch Lehrmaterialien auf stationären und langfristig auch mobilen Endgeräten bereitzustellen. Als IT-Architektur wurde für dieses Projekt MobileLogic ausgewählt. Auf dem MobilLogic-Server ablaufende Agenten sollen stellvertretend für den Studenten Informationen suchen und die Studenten anschließend über das mobile Endgerät über die Ergebnisse informieren. So können z.B. die Teilnehmer an einer Lehrveranstaltung jederzeit über geänderte Vorlesungszeiten unterrichtet werden.

Wie schon in Kapitel 6.1.4.1 angedeutet, sind mobile Informationen gerade für Studenten besonders wichtig. Die Trennung zwischen Arbeit und Freizeit ist gerade bei Studierenden nicht sehr ausgeprägt.

Im Rahmen des Projektes wird MobileLogic durch die Integration neuer Dienste fortlaufend erweitert – wir rechnen mit einem rasanten Wachstum der Funktionalität des Netzwerks. Studierende werden dadurch merklich entlastet, die Qualität der Ausbildung erhöht, und die Studienzeiten werden verkürzt.

6.6
Zusammenfassung und Ausblick

Mit der Einführung schneller Kommunikationsmethoden und leistungsfähiger mobiler Endgeräte beginnt unter der Devise „Get wireless" das mobile Zeitalter. Während die flächendeckende Einführung dieser Kommunikationsmethoden und der transparente Zugriff über heterogene Netze noch einige Jahre benötigen wird, lassen sich viele der damit einhergehenden Vorteile bereits heute mit einer Mediator-Lösung erzielen, wie wir sie mit MobileLogic vorgestellt haben. Insbesondere die Kombination zwischen lokaler und zentraler Datenhaltung, die konsequente Verwendung von XML und der Einsatz von Agententechnologie gewährleisten ein hohes Niveau an Komfort, Verfügbarkeit, Sicherheit und Transparenz. Kosteneinsparungspotenziale in Bezug auf den Einsatz der MobileLogic-Clientkomponente ergeben sich unter anderem durch den gezielten Austausch einzelner Stylesheets anstelle komplexer Applikationen – Stichwort Administration -, der Reduzierung der zu übertragenden Nettodaten gegenüber der Übertragung von Layout-Sprachen wie HTML – Stichwort Übertragungskosten –, als auch durch die lokale Verfügbarkeit der Informationen und der daraus resultierenden Verringerung der zu übermittelnden Informationen.

6 MobileLogic – eine Plattform für integrierte mobile Dienste   167

Bereits heute gibt es in der EU etwa 45 Millionen mobile Beschäftigte. Wir rechnen, dass die Zahl dieser Beschäftigten mit der Verfügbarkeit leistungsfähiger Mobiltechnologie noch steigen wird. Neuartige Technologien, wie mobile Sprachverarbeitung, verbesserte Displaytechnologie und leistungsfähigere Batterien oder Brennstoffzellen, werden die Akzeptanz mobiler Geräte weiter steigern.

Gleichzeitig wird gegenwärtig die Einführung mobiler Informationsverarbeitung im Automobilsektor im großen Stil vorbereitet. Hier wird sich in nicht allzu ferner Zukunft ein großer Anteil mobiler Internetklienten rekrutieren, die dedizierter Unterstützung durch Informationsportale bedürfen.

6.7 Abkürzungen

Abb.	Abbildung
ACID	atomic, consistent, isolated, durable
AG	Aktiengesellschaft
ANSI	American National Standards Institute
API	Application Programming Interface
COM	Component Object Model
CORBA	Common Object Request Broker Architecture
CPU	Central Processing Unit
DAB	Digital Audio Broadcast
DBMS	Datenbankmanagementsystem
DOM	Document Object Model
FHD	Fachhochschule Darmstadt
GPS	Global Positioning System
GPRS	General Packet Radio Service
GSM	Global System for Mobile Communications
HTML	Hypertext Markup Language
HTTP	Hypertext Transfer Protocol
Ipv6	Internet Protocol Version 6
JSP	Java Server Pages
PDA	Personal Digital Assistant
POTS	Plain Old Telephone System
RAM	Random Access Memory
RPC	Remote Procedure Call
SAX	Simple API for XML
SMS	Short Message Service
SOAP	Simple Object Access Protocol
UDDI	Universal Description, Discovery and Integration
UMTS	Universal Mobile Telecommunications System
URL	Uniform Resource Locator
WAP	The Wireless Application Protocol

WLAN	Wireless Local Area Network
WML	Wireless Markup Language
WSDL	Web Services Description Language
XHTML	eXtensible Hypertext Markup Language
XML	eXtensible Markup Language
XSLT	eXtensible Stylesheet Language (Transformations)

6.8 Glossar

ACID-Transaktion	ACID ist ein Akronym für die vier Primärattribute einer Datenbanktransaktion: Atomicity, Consistency, Isolation, Durability (siehe auch Kapitel 6.3.1.4). Das ACID-Konzept ist beschrieben in ISO/IEC 10026-1:1992 Section 4.
Bluetooth	Kommunikationsprotokoll zwischen mobilen Geräten. Bluetooth zeichnet sich durch geringen Stromverbrauch aus, wobei die Reichweite zwischen 10 und 100 m beträgt.
Browser	Ein Programm, das HTML- oder WML-Seiten auf einem Computerbildschirm präsentieren kann und den Benutzer bei der Navigation im World Wide Web unterstützt.
Client/Server	Der Begriff Client/Server bezeichnet die Beziehung zwischen zwei Computerprogrammen. Der Client schickt Anfragen an den Server, die dann vom Server beantwortet werden.
DOM	Das *Document Object Model* stellt eine Programmierschnittstelle zur Verfügung, mit der auf SGML basierende Dokumente wie XML-, HTML- oder WML-Dokumente lesend und schreibend zugegriffen werden kann. DOM ist eine W3C-Empfehlung.
HTML	Die *Hypertext Markup Language* ist das auf dem World Wide Web benutzte Präsentationsformat. HTML ist eine W3C-Empfehlung.
HTTP	Das *Hypertext Transfer Protocol* definiert das Kommunikationsprotokoll für den Verkehr zwischen Webservern und Web-Clients.
Parser	Ein Programm, das in der Lage ist, ein Dokument entsprechend einer Grammatik in seine Bestandteile zu zerlegen.

6 MobileLogic – eine Plattform für integrierte mobile Dienste

Persistenz	Die Eigenschaft von Objekten, ihre Zustandsdaten zwischen verschiedenen Anfragen oder Sitzungen zu erhalten.
Proxy	Ein Rechner, der als Stellvertreter für einen oder mehrere andere Rechner fungiert. Üblicherweise werden Proxys für den Zugang zu Netzen verwendet.
RPC	Der *Remote Procedure Call* ruft Programmfunktionen von entfernten Programmen auf. RPC-Implementierungen sind u.a. DCOM, CORBA, DCE, RMI, SOAP.
SAX	Das *Simple API for XML* stellt Methoden für das Parsen von XML-Dokumenten zur Verfügung.
SGML	Die *Standard Generalized Markup Language* ist eine generische Sprache für die Beschreibung von Dokumenten. SGML ist definiert in ISO 8879:1986 und gilt als Ursprung von HTML und XML.
SOAP	Das *Simple Object Access Protocol* definiert eine einheitliche Kommunikationsmethode zwischen heterogenen Partnern im Electronic Business und erlaubt den Zugriff auf Web Services. Ursprünglich von Microsoft in Zusammenarbeit mit Userland Software und DevelopMentor entwickelt, wird nun die Standardisierung von SOAP vom W3C vorangetrieben.
Synchronisierung	Der Abgleich zweier Datenbestände. Dabei ersetzen gewöhnlich neuere Versionen eines Datenelements die ältere Version.
Tag	Ein Bezeichner, der eingebettet in ein Dokument einem Dokumentelement eine besondere Rolle ausweist.
Transformation	Die Abbildung eines Dokumenteninhaltes auf ein anderes Dokumentenformat.
VoiceXML	Eine auf XML basierende Auszeichnungssprache für die Erstellung von Sprachanwendungen.
W3C	Das *World Wide Web Consortium* ist eine Non-profit Organisation, die für die Entwicklung von World-Wide-Web-Standards verantwortlich ist. W3C-Standards heißen *Recommendations* (Empfehlungen).
WAP	Das *Wireless Access Protocol* definiert die Übertragungsprotokolle und -formate zu mobilen Endgeräten.
Web Services	Ein Programm, das spezialisierte Dienste über das Internet bereitstellt.
WML	Die *Wireless Markup Language* dient als Seitenbeschreibungssprache für mobile Endgeräte, ähnlich wie HTML bei Festnetzklienten. WML basiert auf XML und orientiert sich konzeptuell an HyperCard.

XML	Die *Extensible Markup Language* wurde 1998 als „schlanke" Version von SGML vom W3C verabschiedet.
XPath	Die Sprache XPath erlaubt die eindeutige Adressierung von Elementen und Attributen in der Hierarchie eines Dokuments.
XSLT	Die *Extensible Stylesheet Language (Transformations)* erlaubt die Transformation von XML-Dokumenten in andere Formate.

6.9 Literatur

Software AG: Tamino Mobile, MobileLogic Data Loader API, Programmer's Guide. September 2001

Software AG: Tamino Mobile XML APIs, Technical White Paper. September 2001

Software AG: Tamino Mobile XML Database, Technical White Paper. September 2001

wapforum: Wireless Application Protocol WAP 2.0, Technical White Paper. www.wapforum.org, Januar 2002

7 Prozessmanagement auf Basis von XML

7.1 Rückversicherung

In einem zunehmend globalen Markt mit verstärkten Risiken ermöglichen es Rückversicherungen als "Versicherer der Versicherer", dass Erstversicherer steigende Versicherungssummen zeichnen können, ohne dadurch ihre Existenz zu gefährden. Die Rückversicherung ist ein eigenständiger Versicherungszweig und stets eine Schadensversicherung. Mit Hilfe der Rückversicherung geschieht ein Ausgleich innerhalb des vom Erstversicherer gezeichneten Geschäfts, das durch Zufalls-, Änderungs- und Irrtumsrisiko bedroht ist. Da die Gestaltung der Rückversicherung entscheidenden Einfluss auf die Prämieneinnahmen des Erstversicherers hat, kommt der Rückversicherung dabei eine bedeutende Rolle zu. Im Unterschied zu den meisten Erstversicherern arbeiten Rückversicherungen dabei in der Regel zur Verbesserung der Risikoübernahme und Risikoverteilung im internationalen Maßstab.

Durch die herrschende Vertragsfreiheit bei der Rückversicherung gibt es eine Vielzahl unterschiedlicher Gestaltungsmöglichkeiten bei Vertragsabschluss, die Auswirkungen im gesamten Versicherungsverlauf haben. So entscheidet im Fall der fakultativen Rückversicherung der Erstversicherer nach eigener Wahl, wem er das Risiko anbietet. Der Rückversicherer wiederum entscheidet nach Abwägung aller Details nach eigenem Ermessen, ob, und falls ja, in welcher Höhe er sich an dem angebotenen Risiko beteiligen will. Da zwischen Angebot und Beginn der Versicherung meist nur ein kurzer Zeitraum liegt, spielt hierbei die Informationsübermittlung eine wichtige Rolle. Die hierbei verborgenen Verbesserungspotenziale werden anhand des Umstands deutlich, dass die Kommunikation häufig durch Telefon, Telefax oder papierbasiert geschieht.

Eine weitere wichtige Rolle in der Rückversicherungsbranche spielt der Rückversicherungsmakler. Dieser hat insbesondere im Hinblick auf Versicherungen Bedeutung, die Erst- und Rückversicherungen anbieten und für die Abwicklung der Rückversicherung keine eigene Organisation aufbauen. Jedoch prüfen auch die ausschließlich als Rückversicherungen agierenden Versicherungsunternehmen Angebote von Rückversicherungsmaklern, insbesondere wenn der Erstversicherer für diese Angebote im Rahmen des Auslandsgeschäfts ausschließlich einen Makler beauftragt.

7.2 Optimierungspotenziale

Die zwischen Rückversicherungsmakler und Rückversicherung bestehenden Prozesse und die damit verbundene Kommunikation bilden im Folgenden den Schwerpunkt der Betrachtung. Jedoch sind die dabei angestellten Betrachtungen auf die Beziehung zwischen Rückversicherung und Erstversicherer übertragbar.

Die Schnittstellen zwischen den Prozessbeteiligten sind zumeist gute Ansatzpunkte für die Optimierung der bestehenden Prozessabwicklung. So dienen der Rückversicherung für die Prüfung der durch den Rückversicherungsmakler angebotenen Verträge beispielsweise Zusammenfassungen der wesentlichen Vertragsbestimmungen und Statistiken über den bisherigen Geschäftsverlauf, die zwischen den Vertragsparteien ausgetauscht werden.

Die Bearbeitung eingehender Verträge, Prämien oder Schadensmeldungen geschieht dabei in der Rückversicherung durch eine meist nach Sparten oder Regionen gegliederte Organisation. Die Implementierung eines EDV-gestützten und standardbasierten Prozessmanagements kann in vielfacher Hinsicht zu Verbesserungen dieses Bearbeitungsprozesses führen:

- Fehlerquellen, wie die manuelle Erfassung eingehender Vertragsinhalte oder Prämienmeldungen, können vermieden werden. Auf Standards beruhende Übertragungsformate erlauben es hierbei, die Anbindung flexibel an die Systeme unterschiedlicher Prozessteilnehmer anzupassen.
- Die Zuordnung eingehender Meldungen zu einem Sachbearbeiter kann aufgrund der Maschinenlesbarkeit der Nachrichten automatisiert und damit in der Regel beschleunigt werden.
- Eng mit dem letzten Punkt ist die Möglichkeit zur Gestaltung standardisierter transparenter Prozesse zu sehen, durch welche das Problem der Teambildung mit unterschiedlichen Prozessausgestaltungen und Intransparenzen vermieden werden kann.

Die beschriebenen Verbesserungen lassen sich bereits in der Aushandlungs- und Abschlussphase des Vertrags erreichen. Im Rahmen der Vertragsabwicklung sind zusätzliche Optimierungen der Prozesse möglich.

So ist der Rückversicherer während der Laufzeit einer Versicherung daran interessiert, regelmäßig vom Erstversicherer über die wesentlichen Informationen wie Versicherte, Lage, Art und Höhe der rückgedeckten Versicherungen und (Rest-)Laufzeiten informiert zu werden. Dies geschieht beispielsweise im Aufgabendienst auf Monatsbasis. Weiterhin werden die Schadensmeldungen

7 Prozessmanagement auf Basis von XML

und die vom Erstversicherer geleisteten Schadenszahlungen regelmäßig an den Rückversicherer übermittelt. Bei größeren Schäden erfolgt häufig eine sofortige Leistung des Rückversicherers, wobei Erstversicherer und Rückversicherer zueinander im Kontokorrentverkehr stehen.

- Im Rahmen eines unternehmensübergreifenden Prozessmanagements kann durch die Festlegung von Standards für die Referenzierung von Schadensfällen und anderen relevanten Informationen eine automatisierte Informationszusammenführung der in unterschiedlichen internen Systemen gespeicherten Vorgänge erreicht werden.

Der Abrechnungsprozess bestimmter Versicherungen kann sich sehr aufwendig gestalten. So muss beispielsweise bei der Lebensversicherung für jede einzelne Police abgerechnet werden.

- Aufgrund der EDV-gestützen Prozessabwicklung kann die Abrechnung wesentlich schneller erfolgen, was dem Interesse des Rückversicherers entspricht, fällige Prämien zeitnah als Einzahlungen zu erhalten.

7.3
Ein Fallbeispiel aus der Praxis

Im Folgenden sollen an einem Fallbeispiel aus der Praxis die zuvor beschriebenen Zusammenhänge verdeutlicht und die dafür entwickelte Lösung beschrieben werden. Grundlage bildet hierbei die bei einem international tätigen Rückversicherer vorgefundene Situation bei der Informationsübermittlung von Prämien oder Schadensmeldungen zwischen Rückversicherungsmakler und Rückversicherung.

7.3.1
Ausgangssituation

Im betrachteten Fall lag bei der Interaktion zwischen Makler und Rückversicherung ein papierbasierter Prozess zugrunde, bei dem beispielsweise ein Fax an den Rückversicherer geschickt wurde. Bereits die Zuordnung dieses Dokuments zu einem Bearbeiter verursachte erheblichen Aufwand. Nach der Zuordnung des Sachbearbeiters musste dieser neben dem eigentlichen Vertrag auch die Unterlagen zu den damit verbundenen Schadensfällen heranziehen. Da diese Informationen aufgrund unterschiedlicher Bearbeitungszustände in unterschiedlichen Systemen abgelegt sein können, war hier ein erheblicher Koordinationsaufwand für die Zusammenführung der Informationen zu leisten.

Innerhalb der Rückversicherung hatten sich für die jeweiligen Rückversicherungsmakler und Zedenten Bearbeitergruppen gebildet, die jeweils individuelle Prozesse für die Abwicklung der Schadensfälle und der Prämienabrechnung entwickelt hatten. Durch den geringen Automatisierungsgrad war die Zahl der Bearbeiter in jeder der erwähnten Gruppen recht hoch. Aufgrund der unterschiedlichen Prozessausgestaltungen kam es außerdem zu Redundanzen, da die gemeinsame Nutzung von Ressourcen nur schwer realisierbar war. Weiterhin war die Vergleichbarkeit der Prozesse und der mit diesen Prozessen verbundenen Bearbeitungszeiten nicht gegeben.

In Abbildung 7-1 ist der Prozess dargestellt, wie er vor Umgestaltung der Bearbeitungsprozesse und der Einführung einer Prozessmanagementkomponente vorlag. Für jeden Rückversicherungsmakler bzw. Zedenten (Erstversicherer) waren eigene Bearbeitungsgruppen zuständig. Der Informationsaustausch geschah auf Basis von Fax oder durch Briefverkehr. Selbst die teilweise auf Basis von Access-Dateien oder anderen elektronischen Formaten beruhende Übermittlung hatte manuelle Eingriffe auf Seiten der Rückversicherung zur Folge.

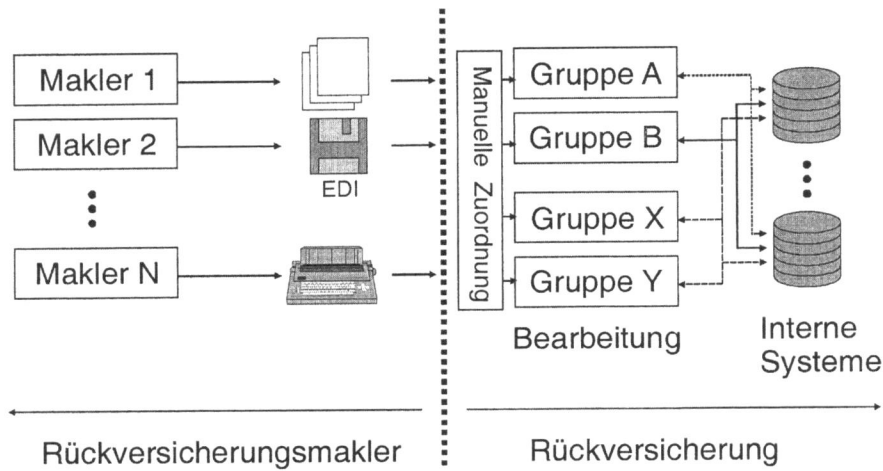

Abbildung 7-1: Papierbasierter Prozess mit manueller Zuordnung der Bearbeitergruppe

In der Konsequenz wurde aufgrund der zuvor genannten Gründe die Abwicklungsdauer innerhalb der Rückversicherung als zu lang erachtet. Infolge dieser Bearbeitungsdauer konnten die Prämienforderungen gegenüber dem Zedenten erst spät gestellt werden, was einen Zinsverlust der Rückversicherung zur Folge hat.

Als eine weitere negative Konsequenz der geschilderten Prozessstruktur konnte keine einheitliche Sicht auf die Makler und Erstversicherer gewonnen werden. Es standen somit zeitnah keine für das Beziehungsmanagement relevanten Informationen, beispielsweise über die Zahlungsmoral des Erstversicherers, zur Verfügung.

7.3.2
Verbesserungsansätze

Ausgangspunkt für Verbesserungen im beschriebenen Bereich war die Definition eines einheitlichen Prozesses für die Bearbeitung hereinkommender Meldungen. Um diesen Prozess weitgehend durch geeignete IT-basierte Prozessmanagement-Komponenten zu unterstützen, war es von Seiten der Rückversicherungsmakler und der Rückversicherung notwendig, gemeinsame Standards für die übermittelten Nachrichten festzulegen.

In Abbildung 7-2 ist die Umsetzung des neu definierten Prozesses dargestellt, wobei die Integration zu den Rückversicherungsbrokern auf Basis elektronischer Nachrichtenformate verbessert wurde.

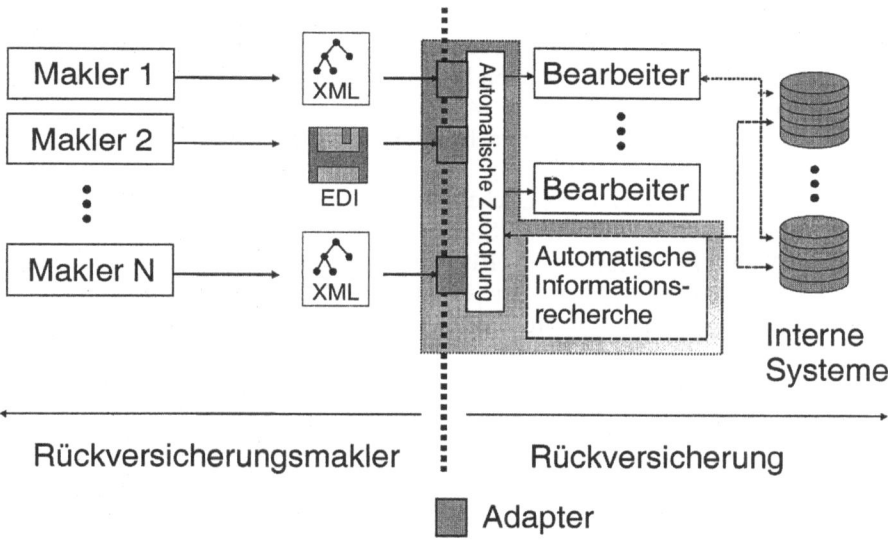

Abbildung 7-2: Prozess nach Einführung des Business Process Managements

Innerhalb des Rückversicherers wurden die Bearbeitungsprozesse dahingehend vereinheitlicht, dass die Notwendigkeit für die Aufrechterhaltung der getrennt zu betrachtenden Bearbeitungsgruppen weitgehend entfiel. Sowohl die Zuordnung der eingehenden Nachrichten über Schäden und Prämien als auch die Kollektion aus den internen Systemen wurde automatisiert.

7.4
Darstellung der IT-Lösung

Im konkreten Fall wurde hierfür eine mehrstufige Lösung realisiert, deren erste Stufe im Folgenden detaillierter dargestellt werden soll. In dieser ersten Stufe werden die eingehenden Nachrichten in das interne XML-basierte Format umgesetzt und der zuständige Sachbearbeiter aufgrund der spezifischen Nachrichteninhalte bestimmt. Die nachfolgenden Stufen dienen beispielsweise der Zusammenführung von Informationen aus unternehmensinternen Systemen.

7.4.1
XML als Basis der Kommunikation

Die erste Stufe der betrachteten Lösung ist eine Integrationsplattform, anhand der die Vorteile einer XML-basierten Lösung besonders deutlich werden. Da die Integration zu einer großen Zahl von Marktteilnehmern möglich sein soll, spielen die in der Versicherungsbranche relevanten Standards wie JV-XML eine wichtige Rolle.

Diese seit 1992 von europäischen und amerikanischen Standardgremien entwickelten Joint Venture (JV) Standards dienen der Integration von Geschäftsabläufen im Rahmen des Rückversicherungsgeschäfts. Im Juli 2001 wurde die Weiterentwicklung der JV-Standards durch die Association for Cooperative Operations Research and Development (ACORD) übernommen. ACORD entwickelt auf globaler Ebene neben den JV-Standards auch Standards im Sach- und Haftpflichtbereich und für Lebensversicherungen.

In den JV-Standards werden für alle wesentlichen Prozessschritte des Abschlusses und der Abwicklung von Versicherungen Nachrichtenformate festgelegt. Die elementaren Datenformate werden dabei im JV Data Dictionary beschrieben. Um die Umsetzung auf möglichst breiter Ebene zu unterstützen, werden die Nachrichtenformate in den JV-Standards in EDIFACT und XML beschrieben. Die Umsetzung in praktischen Anwendungen wird durch verschiedene Dokumente unterstützt, die Hinweise und Beispiele für die Implementierung geben.

Die Zukunftssicherheit einer Integrationsplattform hängt jedoch nicht nur von der Unterstützung geeigneter Standards für die Nachrichtenformate ab, sondern wird im Wesentlichen auch durch die Fähigkeit beeinflusst, aktuelle Bestrebungen für die Standardisierung der Prozessgestaltung handhaben zu können. Einer der wichtigsten Standards, die ebenfalls durch ACORD unterstützt werden, ist hierbei ebXML.

7.4.2
Anforderungen an die Prozessmanagementlösung

Neben der Unterstützung von JV-XML und ebXML wurde im beschriebenen Projekt eine Marktevaluation durchgeführt, in deren Rahmen weitere Anforderungen an die verwendete Prozessmanagementlösung definiert wurden. Die wesentlichen Resultate dieser Erhebung sind in Tabelle 7-1 dargestellt.

Bereiche	Anforderungsbeispiele an den Prozessmanager
Übertragungssicherheit	Garantierte Übertragung: Dokumente müssen in einem Repository gespeichert werden, um nach Unterbrechungen zur Verfügung zu stehen.
	Once-and-Only-Once-Delivery: Es muss sichergestellt sein, dass ein Dokument genau einmal übertragen wird.
Message Management und Persistenz	First-In-First-Out Bearbeitung bzw. die flexible Änderung der Priorität und Bearbeitungsreihenfolge der Prozesse muss möglich sein.
	Message Warehouse: Zum Zweck der Dokumentation und Auswertung ist die Speicherung der Dokumente, Prozesse und ihrer Zustände notwendig.
	Delivery-Metrics und Reporting: Eng mit dem Message Warehouse verbunden ist der Bedarf an Informationen über Umfang und Performanz des Prozessmanagements.
Monitoring	Alarmanzeige bei Unterschreitung bestimmter Schwellwerte: Falls eine Bearbeitung durch den Prozessmanager nicht erfolgt oder dieser nicht schnell genug arbeitet, muss automatisch ein Hinweis an die Systembetreuung gegeben werden.
Integrationsfähigkeit	Die Integration zu Sicherheitsdiensten wie LDAP oder PKI muss sichergestellt werden.
	Die Integration zu Systemen von Herstellern wie SAP, JDE oder Oracle muss ohne zusätzlichen Aufwand zur Verfügung stehen.

Bereiche	Anforderungsbeispiele an den Prozessmanager
Message Transformation	1-N- und N-N-Transformationen: Die Transformation muss dabei in Abhängigkeit vom Empfänger unterschiedlich ausgestaltet sein. Es muss sowohl die Transformation einer Nachricht in mehrere Nachrichten möglich sein, wie auch die Kombination verschiedener Nachrichten zu einem Dokument.
	Erweiterbarkeit der Transformationen: Um die Anbindung unterschiedlicher Parteien flexibel gestalten zu können, muss die Transformation auch mittels der Programmierung in Java oder anderer Sprachen erweiterbar sein. Es muss weiterhin der einfache Import von Metadaten möglich sein.
Message Routing	Die Weiterleitung von Nachrichten muss beispielsweise anhand des Typs oder des Inhalts möglich sein. Dabei kann die Nachricht wiederholt an verschiedene Empfänger (sequenziell) oder bedingt weitergeleitet werden.
Message Transport	Die Unterstützung einer weiten Bandbreite verschiedener Transportprotokolle wie HTTP/S, SMTP oder FTP muss gewährleistet sein.
Prozessmodellierung	Die Modellierung der Prozesse muss durch ein grafisches Benutzerinterface möglich sein. Für die Modellierung und Implementierung muss eine integrierte Umgebung zur Verfügung stehen.

Tabelle 7-1: Anforderungen an eine Prozessmanagementkomponente

Von Bedeutung ist weiterhin die Fähigkeit, Prozesse zeitlich synchronisieren zu können, und die Unterstützung offener Standards.

Nach einer umfangreichen Evaluation wurde im beschriebenen Projekt der Business Process Manager (BPM) von eXcelon als Basis der Integrationsplattform ausgewählt. Der BPM von eXcelon besitzt eine durchgehend auf XML ausgerichtete Architektur, basiert auf offenen Standards wie beispielsweise den Java Message Services und unterstützt das Prozessmodell von ebXML. Die notwendige Performanz und Skalierbarkeit des BPM wird dabei durch die Verteilbarkeit auf verschiedene Rechner mit Loadbalancing und die Verwendung des eXtensible Information Servers von eXcelon als zugrunde liegendem Business Document Repository sichergestellt.

7.4.3
Beschreibung der IT-Plattform

Die auf Basis des BPM von eXcelon realisierte Plattform für das Management der zwischen Rückversicherungsmakler und Rückversicherung ablaufenden Prozesse hat folgenden Aufbau:

Die mehrschichtige Struktur kann dabei in vier Schichten eingeteilt werden: XML-Repository, Communication Framework, Directory Service und Process Flow Engine. Dieser Schichtenaufbau hat den Vorteil, dass die jeweils höheren Ebenen klare Schnittstellen zu den direkt darunter liegenden Schichten besitzen und von den in tiefer darunter liegenden Schichten unabhängig sind.

Grundlage der Plattform ist ein XML Repository, in dem die Prozessdefinitionen, die Prozessinstanzen und die Nachrichten enthalten sind. Das Repository stellt einerseits die Persistenz der Prozesse sicher, ermöglicht andererseits aber zusätzlich notwendige Auswertungen.

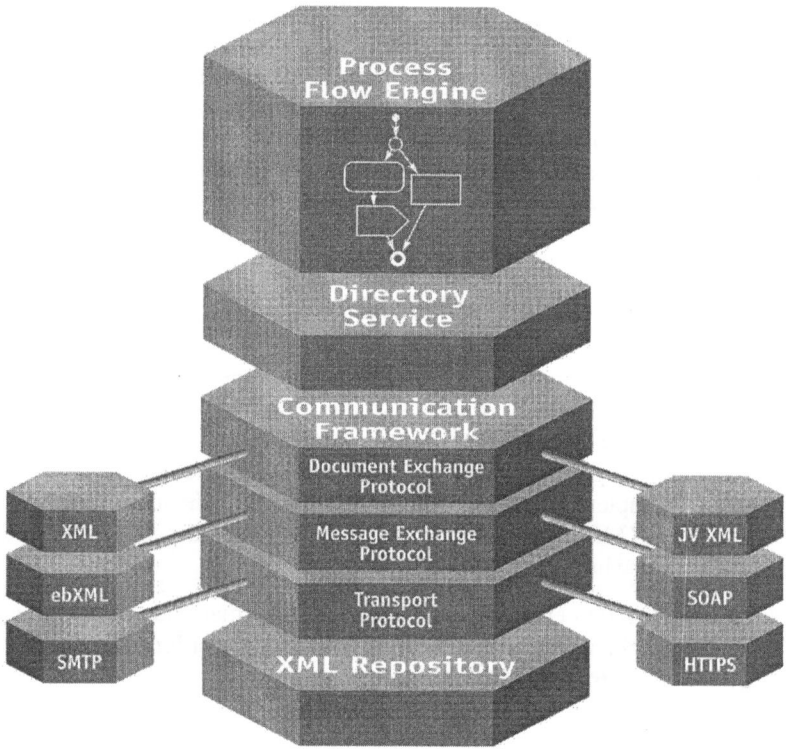

Abbildung 7-3: Aufbau der Prozessmanagementplattform (Quelle: Innovation Process Technology Inc.)

Das Communication Framework dient dem Senden und Empfangen von Nachrichten und unterscheidet drei Protokollschichten. Die unterste Schicht stellt das Transport-Protokoll dar. Für die Integration per E-Mail dient hier SMTP. Mit HTTP/S wird die Grundlage für SOAP als Kommunikationsstandard für Web Services gelegt. Weiterhin unterstützt der BPM die Kommunikation via FTP oder Java Messaging Services (JMS). Die nächsthöhere Schicht ist die Packaging Protocol Layer, in der Abbildung als "Message Exchange Protocol" gekennzeichnet. Neben der dargestellten ebXML-Unterstützung werden durch die Plattform auch das RosettaNet Implementation Framework und das BizTalk Framework unterstützt. Die dritte Schicht der Communication Frameworks ist die Document Format Layer und ist in der Abbildung mit "Document Exchange Protocol" gekennzeichnet. Im Rahmen dieser Schicht werden die Inhalte der ausgetauschten Nachrichten bestimmt. Hier spielen XML-Standards wie die bereits erwähnten JV-Standards eine Rolle.

Aufbauend auf dem Communication Framework liegen die Directory Services, deren Aufgabe die Identifikation der Prozessteilnehmer und der damit verbundenen Systeme ist.

Die Prozesse an sich bilden die oberste Schicht der Plattform und sind von den Implementierungsdetails weitestgehend getrennt zu definieren. Diese Schicht dient der Instanzierung und Kontrolle der Prozesse, wie sie in einfacher Weise durch die grafische Benutzeroberfläche des Business Process Managers entworfen und verändert werden können.

7.4.4
Beispiel für eine XML-Nachricht

Für die in JV-XML verwendeten Nachrichten soll im Folgenden ein Beipiel gegeben werden. Diesem Beispiel liegt die Prämienübermittlung zwischen Rückversicherungsmakler und Rückversicherung im Rahmen einer fakultativen Sachversicherung zugrunde. Zunächst wird der Aufbau der Nachricht dargestellt, wie sie in Papierformat übermittelt würde. Anschließend wird der Aufbau der Nachricht in XML beschrieben. Für das Verständnis des Beispiels sind die folgenden Hinweise hilfreich.

- Nicht alle im Papierformat vorhandenen Informationen werden in der XML-Nachricht übertragen. Diese Bestandteile werden durchgestrichen dargestellt ("~~Premium: 1,000.00~~").
- Im Beispiel wird die in Europa übliche Aufteilung zwischen Prämie und Maklergebühr angewendet.
- Bestimmte in der XML-Nachricht verwendete Informationen sind nicht in der papierbasierten Form dargestellt. Diese Bestandteile können vom System generiert oder aus Tabellen bei der Nachrichtengenerierung abgeleitet werden. Es handelt sich dabei um die folgenden Bestandteile:

RE BROKER LTD

25 JULY 2001

TO: SUPREME REINSURANCE OUR REF   PRO/3004/RSM
                          ACCOUNT   ~~SUPRE10~~

                          YOUR REF   3176P1790

12 Months at 19th May 2001

PREMIUM CLOSING ADVICE

INSURED	NOVUM METAAL BV	
REINSURED	CEDENT INSURANCE CO	CEDANT REF
CONDITIONS	FACULTATIVE PROPERTY RI	96R70199A
LOCATION	~~AS ORIGINAL~~	

PERIOD   12 MONTHS AT 19TH MAY 2001
DETAILS   ~~RENEWAL PREMIUM~~

YOUR PROPORTION   10.000%

YOUR GROSS PREMIUM   20,350.05   NLG

LESS BKG   15.00%   3,052.51

YOUR NET PREMIUM   17,297.54   NLG

IN EVENT OF QUERY CONTACT OUR PROCESSING SECTION - NW EUROPE
PLEASE WRITE OR TELEPHONE NUMBER 02344 2096

Abbildung 7-4: Papierbasierte Übermittlung der Prämieninformationen

```
<UUID>
<AccountTransactionType>
<ID Agency=" agency name>
<AmtShareIndicator>
<TreatyFac>
<ContractNature>
```

Anhand des Beispiels wird ein wichtiger Vorteil bei der Verwendung von XML als Basis für den Nachrichtenaustausch deutlich. Die XML-Nachricht kann nicht nur durch Computer, sondern auch von Menschen gelesen werden. Die Flexibilität von XML erlaubt es außerdem in Situationen, wo dies für die Kommunikation zwischen Makler und Rückversicherung sinnvoll erscheint, die Nachrichtenformate um spezifische Bestandteile zu erweitern.

```
<?xml version="1.0" encoding="UTF-8"?>
<!DOCTYPE Jv-Ins-Reinsurance SYSTEM
    "Jv-Ins-Reinsurance-2001-1.dtd">
<Jv-Ins-Reinsurance Version="2001-1">
    <TechAccount Sender="broker" Receiver="reinsurer">
      <UUId>TA20010906_006</UUId>
      <BrokerReference>1038792</BrokerReference>
      <CreationDate>
         <Date>
            <Year>2001</Year>
            <Month>07</Month>
            <Day>25</Day>
         </Date>
      </CreationDate>
      <AccountTransactionType>premium</AccountTransactionType>
      <Cedent>
         <Party>
            <Id Agency=
               "RINET_reinsurance_and_insurance_network">00001</Id>
            <Name>Cedent Insurance Company</Name>
         </Party>
      </Cedent>
      <Reinsurer>
         <Party>
            <Id Agency=
               "RINET_reinsurance_and_insurance_network">00004</Id>
            <Name>Supreme Reinsurance</Name>
         </Party>
      </Reinsurer>
      <Broker>
         <Party>
            <Id Agency=
               "RINET_reinsurance_and_insurance_network">00002</Id>
            <Name>Re Broker Ltd.</Name>
            <Contact>
               <Description>Processing section - NW Europe
               </Description>
               <Telephone>02344 2096</Telephone>
            </Contact>
         </Party>
      </Broker>
      <OriginalPolicyholder>
         <Party>
            <Name>Novum Metaal BV</Name>
         </Party>
      </OriginalPolicyholder>
      <ReferenceCurrency>
         <Ccy>NLG</Ccy>
      </ReferenceCurrency>
      <AmtShareIndicator>receiver_share</AmtShareIndicator>
```

7 Prozessmanagement auf Basis von XML

```xml
    <Coact>
        <ContractName>Facultative Property Proportional Reinsurance
        </ContractName>
        <TreatyFac>facultative</TreatyFac>
        <ContractNature>proportional</ContractNature>
        <CedentReference>96R70199A</CedentReference>
        <BrokerReference>PRO/3004/RSM</BrokerReference>
        <ReinsurerReference>3176P1790</ReinsurerReference>
</Contract>
<OriginalPolicy>
    <PolicyPeriod>
        <StartDate>
            <Year>2001</Year>
            <Month>05</Month>
            <Day>19</Day>
        </StartDate>
        <EndDate>
            <Year>1997</Year>
            <Month>05</Month>
            <Day>19</Day>
        </EndDate>
    </PolicyPeriod>
</OriginalPolicy>
<Subaccount>
    <SequenceNbr>01</SequenceNbr>
    <ContractSection>
        <ContractPeriod>
            <StartDate>
                <Year>2001</Year>
                <Month>05</Month>
                <Day>19</Day>
            </StartDate>
            <EndDate>
                <Year>1997</Year>
                <Month>05</Month>
                <Day>19</Day>
            </EndDate>
        </ContractPeriod>
        <ReinsurerSharePercentage>
            <Rate RateUnit="percentage">010.0000000</Rate>
        </ReinsurerSharePercentage>
        <Brokerage>
            <BrokeragePercentage>
                <Rate RateUnit="015.0000000"/>
            </BrokeragePercentage>
        </Brokerage>
    </ContractSection>
    <TechAccountAmtItem Type="premium">
        <Amt Share="receiver_share" CcyIndic=
            "reference_currency" Ccy="NLG">20350.05</Amt>
    </TechAccountAmtItem>
    <TechAccountAmtItem Type="brokerage">
        <Amt Share="receiver_share" CcyIndic=
            "reference_currency" Ccy="NLG">3052.51</Amt>
    </TechAccountAmtItem>
    <BalanceAmtItem Type=
        "technical_account_subaccount_balance_due_by_sender">
        <Amt Share="receiver_share"
            CcyIndic="reference_currency"
            Ccy="NLG">17297.54</Amt>
    </BalanceAmtItem>
</Subaccount>
<PaymentMeans>per_financial_account</PaymentMeans>
<BalanceAmtItem
    Type="technical_account_settlement_balance_due_by_sender">
    <Amt Share="receiver_share" CcyIndic="reference_currency"
        Ccy="NLG">17297.54</Amt>
```

```
      </BalanceAmtItem>
    </TechAccount>
</Jv-Ins-Reinsurance>
```

Abbildung 7-5: XML-Nachricht für Übermittlung der Prämieninformationen

7.5 Zusammenfassung

Die Abläufe zwischen Erstversicherungen, Rückversicherungsmaklern und Rückversicherungen bieten durch die über Jahre gewachsenen Infrastrukturen vielfältige Möglichkeiten für den Einsatz IT-basierter Prozessmanagementlösungen. Voraussetzung für den erfolgreichen Einsatz einer solchen Lösung ist die unternehmensübergreifende Einigung auf geeignete Standards bei der Informationsübermittlung. Solche Standards werden durch internationale Gremien wie beispielsweise ACORD zur Verfügung gestellt und weiterentwickelt.

Die auf der Basis von eXcelons Business Process Manager umgesetzte Prozessintegration hat bei der im Fallbeispiel betrachteten Rückversicherung zu erheblichen Verbesserungen der Prozessabläufe geführt. Besonders hervorzuheben sind dabei die Verkürzung der Prozessbearbeitungszeiten und die erhöhte Transparenz hinsichtlich der Zahlungsmoral der Erstversicherer.

Mit der Umstellung auf eine XML-basierte Integrationsplattform sind eine Reihe weiterer Vorteile verbunden:

- Die XML-basierte Plattform ermöglicht das flexible Design und die schnelle Anpassung von Geschäftsprozessen, da XML von sich aus sehr flexibel und erweiterungsfähig ist. Durch die ständig wachsende Bedeutung von XML in der unternehmensinternen und -externen Kommunikation verringern sich die Hürden bei der Implementierung von Anwendungen, die über Unternehmensgrenzen hinwegreichen.
- Mit der Verwendung von XML als zentralem Datenformat geht eine Kostenreduktion bei der Einbindung weiterer Systeme einher. Die Flexibilität und Erweiterbarkeit von XML und den verwendeten Softwarekomponenten erlauben eine schnelle Adaption an sich verändernde Unternehmensstrukturen und IT-Umgebungen, wie sie beispielsweise aus Mergern oder Aquisitionen resultieren.
- Durch die Verwendung von Standards und darauf aufbauenden Lösungen, wie dem Business Process Manager von eXcelon, ist die Investitionssicherheit gewährleistet, da Standards die Unabhängigkeit von bestimmten Hardware- oder Softwareplattformen ermöglichen.

7.6 Literatur

O.V.: ACORD Global Insurance Standards: Joint Venture Standards, Introduction. http://www.jvstandards.org/, 09/2001

O.V.: ACORD Global Insurance Standards: Joint Venture Standards, Business Examples. http://www.jvstandards.org/, 09/2001

Pfeiffer, Christoph: Einführung in die Rückversicherung. Gabler, Wiesbaden, 1999

8 XML in der betrieblichen Praxis

8.1 Einsatzbereiche von XML

Betrachtet man die konkreten Einsatzgebiete von XML in der aktuellen betrieblichen Praxis, so zeigt sich ein differenziertes und zersplittertes Bild: Es gibt nicht das eine bevorzugte Anwendungsgebiet für XML-Technologie schlechthin, vielmehr zeigen sich eine Reihe ganz unterschiedlicher Verwendungsmöglichkeiten. Ebenso wie bei jeder anderen Technologie gilt auch für XML, dass ein konkreter Einsatz umfassend begründet sein muss, wobei die technische und ökonomische Sinnhaftigkeit detailliert nachzuweisen ist. Die zunehmende Etablierung von XML als Standard-Technologie erkennt man daran, dass im Falle von XML die Beweislast vielfach umgekehrt wird: Es ist zu begründen, weshalb XML in einem speziellen Fall keine Anwendung finden soll.

Die Anwendungsschwerpunkte von XML, die sich bisher herauskristallisiert haben, sind

- XML als universelles Datenaustauschformat und
- XML als Dokument- bzw. Datenarchivierungsformat.

Die folgenden Ausführungen und Beispiele beziehen sich auf den erstgenannten Punkt. Das hängt primär damit zusammen, dass die Speicherung von nativen XML-Dokumenten im Gegensatz zu den bereits vielfach etablierten XML-Anwendungsfällen im Bereich des Datenaustauschs erst zögernd beginnt und ein großflächiger Einsatz noch nicht zu konstatieren ist.

8.2 Klassifikation von Schnittstellen

Die Betrachtung von Software unter ganzheitlichen Aspekten, also sowohl aus dem Blickwinkel der Entwicklung, der Wartung als auch der Produktion, ergibt die Grobstruktur der generellen Anwendungsgebiete:

- Schnittstellen von Software-Engineeringtools
- Schnittstellen von System-Managementtools
- Schnittstellen von Anwendungen, Services und Diensten

Die letztgenannte Gruppe von Schnittstellen lässt sich nach mehreren Kriterien weiter aufteilen. Eine wichtige Sicht unterscheidet zwischen unternehmensinternen und unternehmensexternen Schnittstellen von Anwendungskomponenten und Services. Ein weiteres generelles Unterscheidungsmerkmal ist die Einteilung von Schnittstellen in dialog- bzw. transaktionsorientierte Schnittstellen und Batchschnittstellen, die sich hinsichtlich Verarbeitungszeit und -volumen durch gänzlich unterschiedliche Anforderungen auszeichnen. Weiterhin lassen sich Schnittstellen in Bezug auf die Hersteller unterscheiden:

- Schnittstellen eigenentwickelter Anwendungen
- Schnittstellen von Fremdanwendungen

Diese Unterscheidung ist von Bedeutung in Bezug auf die Möglichkeit, Einfluss auf die technische und fachliche Ausprägung zu nehmen.

8.3 Unternehmensinterne Schnittstellen

Die internen Schnittstellen einer Anwendungslandschaft können grob den folgenden Bereichen zugeordnet werden:

- Interne Schnittstellen im Bereich eigenentwickelter Software:
  - Dialog- beziehungsweise transaktionsorientierter Datenaustausch; Merkmale: eher geringe Volumina, hohe Anforderungen an Stabilität und Performanz; Beispiel: Kommunikation zwischen Front- und Backendsystemen.
  - Batchorientierter Datentransfer; Merkmale: große bis größte Datenvolumina, Abarbeitung in vordefinierten Zeitfenstern erforderlich; Beispiel: Massendatenschnittstellen zwischen operativen und dispositiven Applikationen.
- Interne Schnittstellen im Bereich zugekaufter Software; Beispiel: Verknüpfung von Standard-ERP-Software mit dem eigenentwickelten Berichtswesen.

Untersucht man hier die Einsatzmöglichkeiten von XML, so stellt sich die Lage komplex dar: Im Bereich großer Datenvolumen zehrt der mögliche Performanzverlust die Vorteile von XML möglicherweise auf.

Im Bereich der von Unternehmen eigenentwickelten Software finden wir heute fast ausschließlich kompakte proprietäre Schnittstellen vor, die oftmals noch Informationen auf Bitebene verschlüsseln. Dieses spart nicht nur Speicherplatz, sondern wirkt auch Performanz-erhöhend. Demgegenüber stehen die beträchtlichen Aufwände für die Wartung, die oft Spezialwissen erfordert.

Hinzu kommen die Abhängigkeiten der verknüpften Systeme, die bei einem Versionswechsel durch geringe Versionstoleranz alle gleichzeitig auf einen neuen Level umgestellt werden müssen. Mit dem Einsatz von XML stellen sich die Dinge anders dar: XML ist textbasiert und bietet deshalb Vorteile im Bereich Handling, Debugging und Wartung. Auch ist eine größere Versionstoleranz gegeben, da neue Elemente in eine XML-Struktur problemlos eingefügt und vom Abnehmer zunächst ignoriert werden können. Eine Anpassung der betroffenen Programme und Komponenten ist mithin zeitlich variabel.

8.4
Externe Schnittstellen

Nicht bei allen Schnittstellen hat das Unternehmen die Freiheit der Wahl, insbesondere gilt dies für die externen Unternehmensverbindungen. Zu unterscheiden sind Schnittstellen zu Geschäftspartnern und Kunden sowie zu Behörden. So gibt z.B. das Bundesaufsichtsamt für das Kreditwesen die fachliche und technische Spezifikation für die zu übermittelnden Daten exakt vor. Für einzelne Meldungen ist hier die Verwendung von XML bereits vorgesehen. Wenn ein Unternehmen auf elektronischen Marktplätzen aktiv ist und einen mehr oder minder großen Teil seiner Geschäftsaktivitäten derart abwickelt, ist es ebenfalls gezwungen, sich an herrschende Standards anzupassen. Im Bereich B2B stellt EDIFACT einen etablierten Standard dar, der sich aufgrund seiner hohen Komplexität und damit verbundener hoher interner Aufwände allerdings nur in großen Unternehmen (ca. 5%) durchgesetzt hat. Der neue Standard in der digitalen Ökonomie ist zweifellos XML.

Die dominierende Rolle von XML bei der unternehmensübergreifenden Koppelung von Geschäftsprozessen hängt sicherlich auch damit zusammen, dass die XML-Technologie zeitgleich mit dem Hype um B2B und B2C und somit rechtzeitig für die Entwicklung der Software zur Verfügung stand. In diesem Kontext wurde schnell erkannt, dass XML unschätzbare Vorteile bei der Koppelung unterschiedlichster proprietärer Anwendungen und ihrer Schnittstellen bietet. Generell ist festzustellen, dass die Innovationszyklen im Bereich der externen Schnittstellen, soweit es sich nicht um neu entwickelte Applikationen handelt, eher einen längerfristigen Horizont haben. So ist die Ersetzung bzw. Ergänzung von EDIFACT durch XML-Technologie für diejenigen Unternehmen, in denen EDIFACT produktiv ist, kein vordringliches Thema. Wichtiger ist, dass die Vielzahl kleinerer und mittlerer Firmen, denen diese Zugänge aufgrund der hohen Initial- und Folgeaufwände bisher verschlossen waren, nun via XML in der Lage sind, hier als technologisch gleichberechtigte Partner aufzutreten. Viele andere etablierte und bewährte Schnittstellen, beispielsweise im Bereich des Austauschs von Zahlungsverkehrsdaten, werden sich nur langsam, vielleicht auch nie, an XML anlehnen. Hier spielt nicht zuletzt der Einfluss der supranationalen Normierungsgremien eine entscheidende Rolle.

8.5 Schnittstellen für SE-Tools

Betrachtet man heute die Entwicklungsumgebung für Software insbesondere in größeren Unternehmen, so lässt sich oftmals ein Nebeneinander und Miteinander unterschiedlichster Werkzeuge erkennen. Diese Vielfalt resultiert aus der Spannbreite der erforderlichen Werkzeugunterstützung: Einerseits müssen Legacy-Anwendungen weiterentwickelt und gepflegt werden. Diese sind, historisch bedingt, eher Host-zentriert; es dominieren die Programmiersprachen COBOL, Assembler, PL1 oder C mit ihren Entwicklungsumgebungen. Andererseits sind in zunehmendem Maße Anwendungen in modernen Client-Server-Architekturen zu entwickeln und zu pflegen, in denen eher mit objektorientierter Modellierung und Programmierung mit hohem grafischen Anteil sowie entsprechenden Werkzeugen gearbeitet wird. Insbesondere für die Belange des Konfigurationsmanagements, aber auch aus Sicht eines zentralen Repositories, müssen Ergebnisse unterschiedlichster Entwicklungswerkzeuge zusammengeführt und integriert werden. Schwierigkeiten bereiten hier die diversen proprietären Schnittstellenformate der einzelnen Tools, die (bisher) oftmals nur über spezielle Software zu verknüpfen waren. Standards haben sich in diesem Bereich bisher kaum etabliert.

8.6 Beispiele

Im Folgenden werden einige Beispiele genannt, in denen genau diese Problematik mit Hilfe von XML-basierten Schnittstellen gelöst wurde.

8.6.1 Anbindung eines grafischen Modellierungstools an ein Repository

In dem hier beschriebenen Fall stellt ein Host-basiertes Repository den Single-Point-of-Control für die Metadaten dar. Zu diesen zählen nicht nur fachliche Datenfeldbeschreibungen, sondern insbesondere auch Strukturinformationen für logische und physische Datenmodelle. Das Repository selbst hat keine grafische Oberfläche. Für die Datenmodellierung auf grafischer Ebene wird das Werkzeug Rose der Firma Rational eingesetzt, das nicht nur für die Erstmodellierung verwendet wird, sondern auch den Ansatzpunkt für die Wartung und die Weiterentwicklung der Modelle darstellt. Ausgangspunkt für die Generierung der datenbankspezifischen DDL für die Produktion ist jedoch das zentrale Repository, welches auch die Werkzeuge und Verfahren der Softwareverwaltung und -verteilung bedient.

Die Verbindung zwischen grafischen Modellierungstool und dem Repository wird über eine XML-Schnittstelle hergestellt. Die im Werkzeug Rational Rose vorliegenden Modelldaten wie Tabellennamen, Feldnamen, Feldtypen, Schlüsselinformationen, Beschreibungen etc. werden auf ein selbst entwickeltes XML-Vokabular gemappt und in dieser Struktur zum Repository gesendet. Dort wird die Information interpretiert, in die für das Repository erforderlichen Strukturen transformiert und in die Repository-Datenbasis eingespeist. XML schafft hier eine komfortable Möglichkeit der Verknüpfung der Metamodelle dieser Werkzeuge. Dieses Verfahren ersetzt bisher notwendige spezielle Fremd-Software, die als Toolbus an dieser Stelle bisher Verwendung fanden.

8.6.2
Anbindung eines Userinterfaces an ein Repository

Nicht zuletzt in Bezug auf die generelle Akzeptanz von Repositories ist die Qualität des Userinterface von hoher Bedeutung. Das bereits erwähnte zentrale Repository wurde u.a. deshalb mit einer neuen, zeitgemäßen Benutzeroberfläche ausgestattet, um ein Editieren der Metadaten in einer von modernen Textverarbeitungen her gewohnten Form zu erlauben. Im vorliegenden Fall wurde die Kommunikation zwischen Host- und Clientkomponente auf XML-Basis realisiert. Die aus dem Repository angeforderten Daten werden Host-seitig in XML-Dokumente transformiert und dem Client zugestellt. Dieser interpretiert die Struktur und bereitet die Inhalte für die Präsentation auf.

8.6.3
XML in Schnittstellen eines Kundenverwaltungssystems

Ein Kundenverwaltungssystem stellt eine zentrale Komponente jeder Anwendungslandschaft dar, an die besonders hohe Anforderungen bezüglich Stabilität, Verfügbarkeit und Performanz gestellt werden. Ohne die Verfügbarkeit aktueller Kundendaten lässt sich kaum ein operatives System sinnvoll betreiben. Insbesondere in größeren Unternehmen sind in den letzten Jahren zu den langjährig bewährten, meist Host-basierten Systemen neue Applikationen in unterschiedlichen Varianten der Client-Server-Technologie entwickelt worden. Damit stellt sich die Herausforderung, für die Konnektivität dieser technologisch höchst unterschiedlichen Applikationen geeignete Schnittstellen bereitzustellen.

Das Kundenverwaltungssystem, von dem hier die Rede ist, ist in Assembler geschrieben und verwendet IMS/DLI als Datenhaltungssystem und Transaktionsmonitor. Die Aufgabe bestand darin, eine Schnittstelle zu einem neu in Java entwickelten Beratungssystem herzustellen, welches auf Sun/Oracle basiert und die BEA Middleware einsetzt. Im Mittelpunkt der Betrachtung steht nicht primär die technische Realisierung der Host/Server-Schnittstelle, sondern die

Neukonzeption und Implementierung einer neuen Schnittstelle des Kundensystems.

In seiner bisherigen Form verfügt das Kundensystem über fünf historisch gewachsene verschiedene Schnittstellen, über die Online-Transaktionen und Batchaufrufe abgewickelt werden. Diese Schnittstellen sprechen das System zum Teil auf einer sehr feingranularen Ebene an. Die technischen und fachlichen Details einer jeden Schnittstelle verweisen auf spezielle Routinen im Kundensystem.

Angesichts dieser Ausgangssituation wurde im Projekt entschieden, neben den erforderlichen Erweiterungen in den Datenstrukturen einen objektorientierten Aufsatz auf dem existierenden Kundensystem zu entwickeln. Dieses ebenfalls auf dem Host angesiedelte Interface wurde in C++ entwickelt. Perspektivisch stellt es die neue, vereinheitlichte Schnittstelle des Kundensystems dar, die sowohl für Dialog- als auch für Batchzugriffe zuständig ist. In der aktuellen Fassung stellt es die Verbindung zur neuen, ebenfalls objektorientierten Beratungssoftware her.

Die von hier eintreffenden Aufrufe an das Kundensystem, die eher grobgranular strukturiert sind, werden in einer hier als Interface bezeichneten Schicht aufbereitet und in die feingranularen Transaktionen des klassischen Kundensystems umgesetzt. Für die Verdichtung der von der IMS-DB gelieferten Daten auf das Niveau der aufrufenden Schnittstelle ist diese Schicht ebenfalls zuständig.

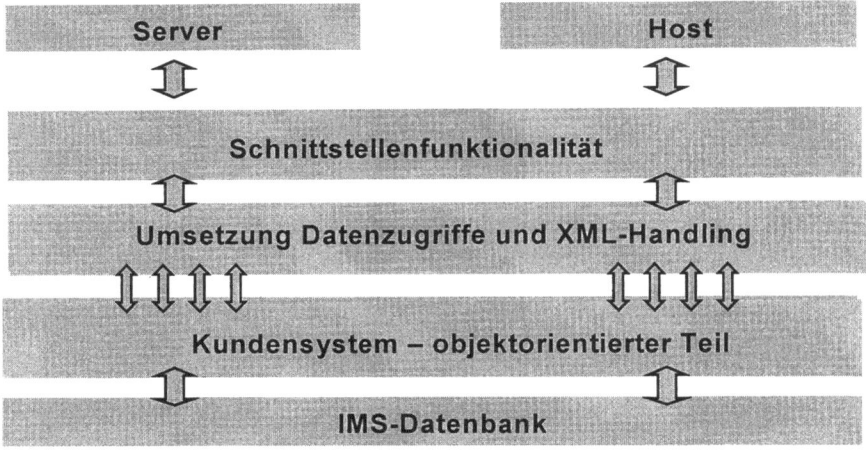

Abbildung 8-1: Schichtung im Kundenverwaltungssystem

Die Kundendaten werden dabei in XML-Strukturen dargestellt. Hier könnte man von einem ‚embedded XML' sprechen, weil die XML-Struktur nicht direkt an der Schnittstelle angeboten wird, sondern aus Kompatibilitätsgründen in bestehende Aufrufstrukturen gleichsam eingebettet ist. Es wäre durchaus möglich, den Datenstrom direkt in XML auszugeben.

8.6.4
XML in der Protokollierungsfunktion eines Kundenverwaltungssystems

Anwendungen, die juristische Datenbestände verwalten, müssen über leistungsfähige und zuverlässige Protokollierungsfunktionen verfügen. Eine besondere Anforderung an eine derartige Funktionalität besteht darin, Protokolldaten in unterschiedlichen fachlichen und technischen Ausprägungen auf Medien wie Listen, ROM-Archiv etc. auszugeben. Im genannten Beispiel des Kundensystems werden die Protokolldaten von den protokollierenden Business-Objekten der Anwendung zunächst in einer XML-Struktur verwendungsneutral herausgeschrieben. Über einen Parser werden den XML-Informationen die Stilelemente der unterschiedlichen Listen zugeordnet und in einer Protokolldatenbank abgelegt. Anschließend erfolgt über ein Druckmodul die konkrete Layout-Aufbereitung für die Druckausgabe.

8.7
Fazit und Ausblick

Alle beschriebenen XML-Anwendungen arbeiten mit selbst entwickelten Strukturen, die in einer DTD abgebildet wurden. In allen Anwendungsfällen konnte mit Hilfe von XML eine höhere Transparenz an der Nahtstelle unterschiedlicher Komponenten erzielt werden. Die Tool-interne Repräsentation der jeweiligen Daten tritt in den Hintergrund. Weitere Vorteile des XML-Einsatzes sind in der vereinfachten Wartung durch den insgesamt höheren Generierungsanteil zu sehen. Positiv bemerkbar macht sich das vereinfachte Debugging, weil textorientiert und nicht etwa hexadezimal verschlüsselt gearbeitet wird. Letztendlich lässt sich eine gewisse Affinität zwischen Objektorientierung und XML (hierarchischer Ansatz) feststellen.

Nur wenige Werkzeuge besitzen bereits heute eine XML-Export/Import-Schnittstelle, so dass in einigen Fällen Transformations-Algorithmen zur Erzeugung der XML-Strukturen selbst geschrieben werden mussten. Weil die genannten Werkzeuge und Anwendungen auf allen im Unternehmen existierenden Plattformen präsent sind, ist die Verfügbarkeit der entsprechenden XML-Tools, insbesondere der Parser, erforderlich. Stellt dies für die Client- und Serverplattformen aufgrund des reichhaltigen Angebots frei verfügbarer Tools kein Problem dar, so mussten diese für die Host-Umgebung zum Teil selbst entwickelt werden, weil die interne Verfügbarkeit noch nicht gegeben war.

Die Gemeinsamkeiten der beschriebenen Anwendungsfälle bestehen darin, dass die transportierten Datenmengen, bezogen auf einen einzelnen Transfervorgang, eher ein geringes Volumen aufweisen. Der Nachweis, dass XML in der Lage ist, auch große und größte Datenvolumina performant zu transportieren, ist indes noch zu erbringen.

Um die XML-Technologie in einem Unternehmen erfolgreich einzusetzen, sollten generelle Standards von einer zentral verantwortlichen Stelle vorgegeben werden. Ist es auf der einen Seite Sinn dieser Standards, unkontrollierten ‚Wildwuchs' zu verhindern, so dürfen sie auf der anderen Seite nicht zu einengend sein. Dies gilt im besonderen Maße, wenn es sich wie bei XML um eine noch junge Technologie handelt. Für die Erschließung des gesamten Nutzenpotenzials müssen vielfältige Erfahrungen in unterschiedlichsten Anwendungsgebieten gewonnen und ausgewertet werden. Erst dann werden sich die effizientesten Einsatzgebiete von XML herauskristallisieren.

9 XML Namespaces, XML Vocabularies und XML Repositories als Basis für verbundweiten Datenaustausch

9.1 Management Summary

Die Extensible Markup Language wird seit ihrer Standardisierung im Jahr 1998 durch das World Wide Web Consortium (W3C) in unterschiedlichen Bereichen der Anwendungsentwicklung und Anwendungsintegration rege genutzt. Dabei reicht die Bandbreite des möglichen Anwendungsspektrums von der Verwendung als Beschreibungssprache zur Ablage lokaler Anwendungskonfigurationen bis zur Entwicklung komplexer XML-basierter Systeme[61], die alle Möglichkeiten der um den Kernstandard XML 1.0 entstandenen weiteren XML-Standards und Technologien nutzen. Ähnlich vielfältig gestaltet sich die Nutzung der XML-Technologiepalette in nachträglich angepassten, „XML-fähigen" Systemen.

Der Siegeszug der Technologien des Internets ist in weiten Teilen der Datenverarbeitung bereits vollzogen. TCP/IP ist längst der Standard für Netzwerke schlechthin. Java hat sich von der Sprache für Applets und Frontend-Applikationen zur dominierenden Serversprache entwickelt. Moderne Mehrschicht-Architekturen sind ohne Webserver, der meist als Teilkomponente eines Applikationsservers vorkommt, und browserbasiertes Frontend undenkbar. Die Zeit ist reif für ein universelles Datenaustauschformat. XML wird übereinstimmend als dieses Format gesehen. XML ist jedoch weit mehr als ein solches Format, weit mehr auch als eine erweiterbare Auszeichnungssprache. Das W3C, das sich als treibende Kraft zur Weiterentwicklung des Web versteht, hat mit der XML-Technologiepalette Neues und Bewährtes zu einem neuen Paradigma der Datenverarbeitung verschmolzen. Dies findet unter aktiver Beteiligung bedeutender Firmen der Softwareindustrie, namhafter Forschungsinstitute und

---

[61] Sofern nicht anders gekennzeichnet oder aus dem Kontext ersichtlich, wird künftig der Begriff „Systeme" für Datenverarbeitungssysteme verwendet.

weiterer an der Entwicklung des Internets und der Internettechnologie Interessierter statt.

XML und das W3C stehen für einen Prozess der Konsensfindung, der gemeinschaftlichen Gestaltung offener Standards, vergleichbar in Teilen dem Java Community Process, jedoch mit einem deutlich breiteren Ansatz. Anders als bei Java ist bei der Weiterentwicklung von XML beispielsweise die Microsoft-Entwicklergemeinschaft mit einbezogen. Da das World Wide Web Consortium kein Standardisierungsgremium wie beispielsweise die International Organisation for Standardization (ISO) oder die International Electrotechnical Commission (IEC) ist, kann allerdings nur im übertragenen Sinn von W3C-Standards gesprochen werden. Im W3C werden die Konzepte anhand eines mehrstufigen Verfahrens verabschiedet, an dessen Ende eine W3C-Recommendation, eine „Empfehlung" des W3C, steht. Im Folgenden wird der Begriff W3C-Standard für ein unter dem W3C-Verfahren entstandenes, im W3C verabschiedetes und im W3C gepflegtes Konzept verwendet. Die breite Beteiligung an der Gestaltung der XML-Standards im Rahmen dieses offenen Prozesses hat zur Folge, dass für viele der Konzepte rund um XML bereits vor Fertigstellung mehrere Implementierungen vorliegen, so dass lange Wartezeiten bis zur erstmaligen Umsetzung entfallen.

Nachdem unterschiedlichste Anwender bereits kurz nach Veröffentlichung des Kernstandards XML 1.0 die Erweiterbarkeit genutzt, und vielfältige, fachlich getriebene XML-Standards, auch XML-Anwendungen genannt, erstellt hatten, war die „zweite Welle" der XML-Entwicklung von Softwareherstellern dominiert. Mittlerweile bietet sich XML-Technologie auch für jene an, die bei einer „Make or Buy"-Entscheidung grundsätzlich eher zu „Buy" tendieren, da sich die Integration von auf XML-basierenden Systemen in die bestehende Systemlandschaft und das Customizing dieser Systeme wesentlich einfacher gestaltet als bei herkömmlichen Technologien.

XML steht für die Werte des Internets, für Offenheit und Zukunftsfähigkeit. Dies gilt jedoch bei weitem nicht für alle Produkte, die XML-Technologie enthalten. Um eine fundierte Produktbewertung vorzunehmen, ist ein gutes Verständnis der gesamten XML-Standards und -Technologien sowie ihrer Abhängigkeiten unerlässlich. Gleiches gilt bei der Eigenentwicklung von Systemen, die auf XML-Technologie basieren. Vor allem im Kontext der Eigenentwicklung von möglicherweise weltweit verteilten XML-basierten Systemen oder der Kopplung verteilter Systeme mittels XML-Technologie, aber auch beim Einsatz zugekaufter XML-basierter oder XML-fähiger Systeme sind dazu einige wichtige Weichenstellungen vorzunehmen.

Aufgrund der vielfältigen Möglichkeiten, die sich in der Nutzung der XML-Technologien bieten, werden für die Einführung von XML und die Umstellung bzw. Anpassung bestehender Systeme eine unternehmensweite Strategie benötigt. Dabei zu berücksichtigen ist die Tatsache, dass die Entwicklung der XML-Technologien, genauso wie die des Web, ständig im Fluss ist. Bei der Umsetzung einer XML-Strategie, die in der Regel nur schrittweise erfolgen kann, müssen bei jedem Teilschritt alle Optionen für die Nutzung noch in Entwicklung befindlicher Standards und Technologien offen bleiben.

Die Konzepte XML Namespaces, XML Vocabulary und XML Registry/Repository, die bei dem offenen und erweiterungsfähigen Einsatz von XML eine wesentliche Rolle spielen, sollen im Folgenden erläutert und ihre Abhängigkeiten aufgezeigt werden. Der Fokus liegt dabei auf wesentlichen Aspekten des Einsatzes der XML-Technologiepalette als Basistechnologie zur Vernetzung – wobei die Vernetzung auf der Ebene des plattformübergreifenden standardisierten XML-Daten- und Nachrichtenaustausches zu verstehen ist, der in den letzten Jahren vermehrt zur „losen" Kopplung von Systemen eingesetzt wird. Diese Form der Kopplung von Systemen zur verteilten Datenverarbeitung ist insbesondere für den Einsatz in Organisationen mit Verbundcharakter geeignet, weil verteilte Geschäftsprozesse abgewickelt werden können, ohne einzelne Unternehmen auf Gedeih und Verderb der Funktionsfähigkeit eines gemeinschaftlichen Systems oder einer gemeinschaftlichen Kernkomponente auszuliefern. Der Vorteil von XML-Technologie als Basistechnologie für die Erstellung solcher Systeme besteht darin, dass sowohl die Datenstrukturen und Mechanismen für Daten- und Nachrichtenaustausch damit abgebildet werden können als auch das Mapping auf weiterverarbeitende Systeme, so dass Straight-Through-Processing in den Bereich des technisch Machbaren und wirtschaftlich Sinnvollen rückt.

Viele der in dem Kontext der Vernetzung mit XML-Technologie auftretenden Problemstellungen sind klassische Problemstellungen verteilter Systeme. Anforderungen wie Vermeidung von Namenskonflikten, leichte Anpassungsfähigkeit des Gesamtsystems bei Änderungen an lokal isolierten Teilsystemen, Gewährleistung der Robustheit des Gesamtsystems hinsichtlich lokaler Störungen und Ausfälle sind nicht neu. Die Lösungen der XML-Technologiepalette für diese Problemstellungen hingegen sind größtenteils neu und stark von den Konzepten und der Technologie des Internets geprägt.

Bei der Vermeidung von Namenskonflikten beispielsweise kommt der W3C-Standard „Namespaces in XML" zum Tragen. Die richtige Anwendung der in diesem Standard aufgezeigten einfachen Mechanismen zur Definition von Namensräumen in XML ermöglicht es, Systeme mit vergleichsweise wenig Aufwand vollkommen frei von Namenskonflikten zu halten. Darüber hinaus sind die Aufwände, die bei der Integration unterschiedlicher Systeme auf Basis von XML-Technologie unter Verwendung der Namespace-Konzeption des W3C entstehen, wesentlich geringer als bei der Integration herkömmlicher Systeme oder XML-basierter Systeme, die auf Namespace-Konzeption verzichten. Da professionelle Softwareanbieter die Konzepte von „Namespaces in XML" in ihren Produkten gleichfalls umsetzen, gilt dies auch für die Integration zugekaufter Systeme und Komponenten. Durch die Erstellung unternehmensweit gültiger Richtlinien zum Namespace-Design für XML Namespaces und deren konsequenter Umsetzung bei der Modellierung von Datenstrukturen in XML wird mit einem einmaligen Aufwand die Erweiterbarkeit und Zukunftsfähigkeit der eigenentwickelten, XML-basierten Systeme gesichert. Zudem wird eine Basis zur einfachen Integration zugekaufter XML-basierter Systeme oder von zugekauftem XML-Inhalt geschaffen.

Das Prinzip der Kapselung von Daten, das in der objektorientierten Analyse und dem objektorientierten Design eine wesentliche Rolle spielt, findet im Kontext der Entwicklung XML-basierter Systeme eine neue Ausprägung: Unter Verwendung von XML-Namensräumen können Datenstrukturen „gekapselt" oder „markiert" werden, die dann mit Hilfe von XSLT Stylesheets oder der XML APIs DOM und SAX selektiv behandelt bzw. ausgeblendet werden können. Dadurch ist es bei richtigem Anwendungsdesign von auf XML-Technologie basierenden Anwendungen leicht möglich, lokale Änderungen in gewissem Umfang vorzunehmen, wie beispielsweise ein XML-Zuliefersystem gegen ein anderes auszutauschen, ohne dass dabei die Funktionsfähigkeit des Gesamtsystems beeinträchtigt wird.

Ein wesentlicher Einflussfaktor auf gute Wartbarkeit und Robustheit XML-basierter Systeme ist die Strukturierung der Beschreibungen eigenerstellter XML-Formate in XML-Vokabularen und die Ablage dieser Vokabulare in XML Repositories. Findet der Zugang zu den XML Repositories über eine XML Registry statt, können die in den Dokumenten verwendeten Namensräume bzw. deren URIs gut zur Auffindung von zu einer XML-Datei oder einzelner Fragmente davon zugehörigen Beschreibungsformen (DTDs, Schemata) verwendet werden. Da dies weitgehend automatisiert werden kann, ergeben sich Mechanismen zur automatischen Reaktion auf Änderungen der Schnittstellenbeschreibung von Teilsystemen, so dass ein Großteil dieser Änderungen keinen Stillstand der Datenverarbeitung des Gesamtsystems, wie derzeit bei vielen „konventionellen" Schnittstellen, zur Folge hat. Obzwar in der XML-Entwicklergemeinschaft der Zugriff auf Namespace-URIs Gegenstand heftiger Diskussionen war und es weiterhin ist, sollen im Folgenden mehrere Möglichkeiten zur Realisierung der Verknüpfung von Namespace-URIs mit weiterführender Information zu dem vorliegenden Dokument bzw. dem betreffenden Teildokument aufgezeigt werden. Ob und wie diese Mechanismen beim Entwurf von XML-basierten Anwendungen eingesetzt werden können, ist fallabhängig zu entscheiden.

Abschließend muss erwähnt werden, dass der richtige Umgang mit den Konzepten XML Namespaces, XML Vocabulary, XML Registry und Repository zwar eine notwendige, aber keine hinreichende Bedingung für die erfolgreiche Erstellung XML-basierter Systeme darstellt. Insbesondere bei der Entwicklung eigener unternehmens- bzw. branchenspezifischer XML-Standards und der Systeme zur Verarbeitung derselben sowie bei der gemeinschaftlichen Verarbeitung von XML-Daten unterschiedlicher Herkunft können diese Konzepte jedoch einen wesentlichen Beitrag zum Projekterfolg leisten.

9.2
XML Namespaces

Das Konzept der Namensräume ist keinesfalls neu und gehört in der Implementierung von Programmiersprachen, beispielsweise im Compilerbau, sowie in der Implementierung von Komponentenmodellen zum Standard-Instrumentarium. Wie bei der gesamten XML-Technologiepalette kamen auch bei der Festlegung des Standards für Namensräume in XML die Konzepte des Internets zum Tragen. Im Folgenden sollen anhand von Beispielen „klassischer" Namensräume und des Namensraum-Konzeptes des W3C für XML aufgezeigt werden, weshalb beim Einsatz von XML in unterschiedlichen Unternehmensbereichen oder über Unternehmensgrenzen hinweg die Notwendigkeit der Verwendung von XML-Namensräumen besteht und wie diese in der Praxis gestaltet werden können. Gleichzeitig sollen die Grenzen und Unzulänglichkeiten des Namensraum-Konzeptes des W3C angesprochen werden.

9.2.1
Namespace-Konzepte in Datenbanken, Programmiersprachen und Komponentenmodellen

Ein einfaches Beispiel für Namensräume oder Namespaces stellen die über Programmierrichtlinien einzelner Unternehmen eingebrachten Namensräume dar. Häufig werden dabei Projektnamen, Projektkürzel oder auch die Namen organisatorischer Einheiten dabei mit Namensräumen verknüpft. So können beispielsweise durch einen projektspezifischen Präfix Entitäten aus der Datenbankentwicklung in disjunkte Mengen eingeordnet werden, wie z.B. die in einem Data Warehouse in einem gemeinsamen Datenbankschema gehaltenen Entitäten unterschiedlicher Projekte wie Tabellen, Views, Trigger, Stored Procedures u.a.[62]. Dies erleichtert Installation und Deinstallation, da die entsprechenden Statements bzw. Skripte über das Data Dictionary der Datenbank generiert werden können. Namensräume finden im Umfeld der Datenbankentwicklung auch bei globalen Namen für Datenbankinstanzen und dem Anlegen von Datenbankschemata unter unterschiedlichen Benutzern Verwendung. Dadurch wird ermöglicht, dass Entitäten mit gleichen lokalen Namen in einer verteilten Verarbeitung vorkommen können, ohne dass Namenskonflikte entstehen. Insbesondere bei der Integration von Fremdprodukten, die eigene relationale Strukturen auf gemeinschaftlich genutzten Instanzen von Datenbanken ablegen, geschieht dies durch das Anlegen eines oder mehrerer produktspezifischer Datenbanknutzer, in deren Schemata die von

---

[62] Obzwar es aus Gesichtspunkten des Datenbankdesigns keine elegante Lösung ist, Entitäten unterschiedlicher Projekte in einem gemeinsamen Schema zu halten, kann es Gründe geben, die eine solche Konstellation zur Folge haben.

der Applikation benötigten Datenbankentitäten abgelegt werden. Um eine Entität anzusprechen, die sich nicht im lokalen Kontext befindet, muss der qualifizierte Name, der den globalen Namen der Datenbank und den Besitzer der Entität enthält, verwendet werden.

Auch im Bereich „klassischer" prozeduraler Programmiersprachen sind Namensraum-Konzepte vorhanden, wenn auch nicht immer direkt als solche erkennbar. Namensräume werden von jedem Compiler intern aufgebaut, wenn die zugehörige Programmiersprache das Konzept der Variablenverschattung, der Lebens- und Gültigkeitsbereiche von Variablen kennt.

In der Programmiersprache C++ gibt es seit 1993 sogar das Schlüsselwort „Namespace", über das eine explizite Zuordnung von Entitäten (die Bezeichnung Objekte soll aufgrund möglicher Missverständnisse bewusst nicht verwendet werden) zu einem Namensraum erfolgen kann. Diese Notwendigkeit ergab sich aus der Kompatibilität zu C, die es ermöglicht, dass globale Variablen definiert werden, die möglicherweise in Namenskonflikt zu anderen globalen Variablen aus zugekauften Bibliotheken stehen. Denselben Weg der expliziten Definition eines Schlüsselworts für Namensräume sind die Designer von ECMA Script in Version 4 und JavaScript in Version 2.0 gegangen, so dass auch da das Schlüsselwort „Namespace" zu finden ist.

Die Programmiersprache Java hingegen, die im Gegensatz zu C++ an keinen „Altlasten" zu tragen hat, verzichtet auf ein entsprechendes Schlüsselwort, da die Namensräume durch die Package-Bezeichner definiert werden, und die Eindeutigkeit innerhalb eines Package durch die Objektkapselung gesichert ist. Häufig findet man bei Java Packages eine rückwärts geschriebene URI als Package-Bezeichner, womit weltweite Eindeutigkeit der Namen realisiert werden kann, unter der Voraussetzung, dass die Konvention weltweit eingehalten wird.

Weitere Beispiele stellen die Namensraum-Konzepte der Naming-Services unterschiedlicher Komponentenmodelle dar, z.B. das Common Object Services Naming (COS Naming) von Corba oder das Java Naming and Directory Interface (JNDI) als übergeordnete Schnittstelle zur Nutzung unterschiedlicher Naming Services aus Java.

Die Gemeinsamkeit aller Namensraum-Konzepte besteht darin, dass sie ermöglichen, dass Entitäten, die in ihrem jeweiligen lokalen Kontext gleiche Bezeichner haben, trotzdem in dem übergeordneten, „globalen" Kontext keine Namenskonflikte verursachen, da die Information zu ihrer Namensraum-Zugehörigkeit sie unterscheidbar macht. Dabei ist es unerheblich, ob die Namensraum-Information in dem Bezeichner der Entität enthalten ist, wie im Fall der in Programmierrichtlinien geforderten Namensraum-Präfixe, von dem Compiler anhand der Programmstruktur erkannt und eingefügt wird, von dem Compiler anhand eines speziellen Schlüsselworts erkannt wird, durch die Package-Zugehörigkeit der Entität und den Package-Bezeichner geliefert wird, oder von einem speziellen Dienst verwaltet wird.

Werden keine Namespace-Konzepte verwendet, können in allen angesprochenen Bereichen erhebliche Mehraufwände bei der Integration von Fremdsoftware oder bei der in den letzten Jahren immer stärker fortschreitenden Integration hauseigener Systeme entstehen. Die in solchen Fällen gewählten „Notlösungen", wie z.B. die Umbenennung von Entitäten, die Namenskonflikte verursachen, sind nicht standardisiert, kostenintensiv, fehlerträchtig und schwer wartbar.

9.2.2
Der W3C-Standard „Namespaces in XML"

Bereits im Januar 1998, kurz vor der Verabschiedung des Basisstandards XML 1.0, mit dem die Entwicklung der XML-Technologiepalette anfing, wurde an einem Konzept gearbeitet, um den Basisstandard mit einer Namespace-Konzeption zu begleiten, die die Nutzung von XML in verteilten Umgebungen ohne Namenskonflikte ermöglichen sollte. Dabei wurde kein spezieller Dienst für die Auflösung von Namenskonflikten festgelegt, sondern ein einfaches Konzept definiert, mit dem innerhalb der Markup Language XML den Elementtypen und Attributen, d.h. den den Elementtypen und Attributen zugeordneten Namen, ein Namensraum zugewiesen werden kann. Anfang 1999 wurde der Standard „Namespaces in XML" vom W3C als Recommendation verabschiedet.

9.2.2.1
Grundlegende Definitionen

Der Standard des W3C definiert einen Namensraum in XML als „Sammlung" von Namen, die in XML-Dokumenten als Elementtyp- und Attributnamen verwendet werden und denen eine gemeinschaftliche URI[63] zugeordnet wird.

Die Deklaration eines Namensraums findet innerhalb eines Elements in folgender Syntax statt:

```
<basiselement xmlns:namespacepräfix = 'namespaceURI' >
    Inhalt von basiselement
</basiselement>
```

Dabei ist `namespacepräfix` der, im Rahmen gewisser Restriktionen, frei wählbare Präfix (Bezeichner) für einen Namespace, während `namespaceURI` eine diesem Bezeichner zugeordnete URI ist. Da `xmlns` aus XML-Sicht ein zur besonderen Verwendung reserviertes Attribut ist, ist die Angabe des Werts – wie bei Attributen allgemein üblich – sowohl in single quotes (') als auch in double quotes (") zugelassen. Demnach kann die Deklaration auch folgendermaßen erfolgen:

---

[63] Uniform Resource Identifier, definiert in dem RFC 2396 (Request for Comments) der Internet Engineering Task Force IETF

```
<basiselement xmlns:namespacepräfix = "namespaceURI" >
    Inhalt von basiselement
</basiselement>
```

Auch leere Elemente können Namespace-Informationen beinhalten:

```
<basiselement xmlns:namespacepräfix = "namespaceURI" />
```

Ein Default Namespace wird deklariert, indem der Namespace-Präfix wegfällt:

```
<basiselement xmlns = "defaultnamespaceURI">
    Inhalt von basiselement
</basiselement>
```

Mehrfachdeklarationen von Namespaces innerhalb eines XML-Elements, wie in dem folgenden Beispiel angegeben, sind zugelassen:

```
<basiselement xmlns:namespacepräfix_1 = "namespaceURI_1"
    xmlns:namespacepräfix_2 = "namespaceURI_2"
    xmlns = "defaultnamespaceURI">
    Inhalt von basiselement
</basiselement>
```

Es ist jedoch nicht zugelassen, Mehrfachdeklarationen mit identischen Präfixen oder eine Mehrfachdeklaration des Default Namespace innerhalb eines Elementes vorzunehmen.

Wenig sinnvoll ist – wenn auch zugelassen –, wie in dem nachfolgenden Beispiel, bei einer Namespace-Deklaration unterschiedliche Präfixe innerhalb eines Elements auf dieselbe URI verweisen zu lassen:

```
<basiselement xmlns:namespacepräfix_1 = "namespaceURI"
    xmlns:namespacepräfix_2 = "namespaceURI">
    Inhalt von basiselement
</basiselement>
```

Der Gültigkeitsbereich oder Scope von Namensraum-Deklarationen erstreckt sich auf das Element, in dem sie definiert werden und alle Elemente innerhalb desselben, es sei denn, sie werden durch eine erneute Deklaration verschattet, wie in nachfolgendem Beispiel:

```
<basiselement xmlns:namespacepräfix = "namespaceURI_1">
    Gültigkeitsbereich von namespaceURI_1 für
    Elemente und Attribute mit Präfix namespacepräfix
    <kindelement xmlns:namespacepräfix = "namespaceURI_2">
        Gültigkeitsbereich von namespaceURI_2 für
        Elemente und Attribute mit Präfix namespacepräfix
    </kindelement>
    Gültigkeitsbereich von namespaceURI_1 für
    Elemente und Attribute mit Präfix namespacepräfix
</basiselement>
```

Elementnamen mit einem Namespace-Präfix, qualifizierte Elementnamen, befinden sich in dem Namespace, der zu der URI gehört, auf die ihr Namespace-Präfix verweist, wenn sie sich in dem Gültigkeitsbereich dieses Namespace befinden. Existiert kein solcher Namespace, so ist dies ein Fehler, und die betreffende Datei ist nicht konform zu der „Namespaces in XML"-Recommendation des W3C.

9 XML Namespaces, XML Vocabularies und XML Repositories

Anders verhält es sich mit Elementnamen ohne Namespace-Präfix, den „unqualifizierten" Elementnamen. Befinden sie sich im Gültigkeitsbereich eines Default Namespace, so gehören sie zu diesem Default Namespace. Ein Default Namespace kann bekanntlich durch eine neue Deklaration eines Default Namespace verschattet werden, so dass mehrere Default Namespaces vorkommen können. Es ist demnach zu beachten, in wessen Gültigkeitsbereich sich die nicht qualifizierten Elementnamen befinden. Existiert kein solcher Default Namespace, so befinden sie sich in keinem Namespace.

Wird ein leerer String als URI in einer Default-Namespace-Deklaration angegeben, so befinden sich alle Elementnamen im Gültigkeitsbereich dieses Default Namespace in keinem Namespace. In einer Deklaration eines Namespace mit zugeordnetem Namespace-Präfix ist ein leerer String als URI sinnlos, da sich ein qualifizierter Elementname nicht in keinem Namespace befinden darf.

Ein einfacher Mechanismus, um Elementnamen als keinem Namespace zugehörig zu markieren, obwohl sie sich im Gültigkeitsbereich eines Default Namespace befinden, ist die erneute Deklaration eines Default Namespace für das betreffende Element, diesmal mit leerem String als Namespace-URI, wie im nachfolgenden Beispiel gezeigt:

```
<basiselement xmlns = "namespaceURI_1">
    Gültigkeitsbereich von "namespaceURI_1" als Default
    Namespace, also für unqualifizierte Elemente
    <kindelement xmlns = "">
        Gültigkeitsbereich des Default Namespace mit der
        Namespace-URI namespaceURI_1 aufgehoben.
        Das Element kindelement und sein Inhalt befinden
        sich in keinem Namespace
    </kindelement>
    Gültigkeitsbereich von "namespaceURI_1" als Default
    Namespace, also für unqualifizierte Elemente
</basiselement>
```

Attributnamen unterscheiden sich von Elementnamen hinsichtlich der Namespace-Zugehörigkeit in einem wesentlichen Punkt: Selbst wenn sie in dem Gültigkeitsbereich eines Default Namespace sind, wird der Default Namespace nicht übernommen. Unqualifizierte Attributnamen im Gültigkeitsbereich eines Default Namespace befinden sich demnach immer in keinem Namespace.

Attribute müssen – wie in der Basisspezifikation XML 1.0 festgelegt – eindeutig sein, demnach kann kein Element zwei Attribute besitzen, die vollständig identische Namen besitzen. Gleichfalls nicht zugelassen sind Attribute, die identische lokale Namen besitzen und deren unterschiedlichen Namespace-Präfixen dieselbe URI zugeordnet ist.

Der Attributname `attribut2` in folgendem Beispiel befindet sich in keinem Namespace, obwohl er im Gültigkeitsbereich eines Default Namespace ist, während der Attributname `attribut1` sich in dem Namespace mit URI `namespaceURI_1` befindet:

```
<basiselement xmlns:namespacepräfix_1 = "namespaceURI_1"
    xmlns = "namespaceURI_2">
   <kindelement namespacepräfix_1:attribut1="1" attribut2="2"/>
</basiselement>
```

In dem nachfolgenden Beispiel mit einer URL als URI werden zwei Elemente mit gleichem lokalen Namen, aber unterschiedlichem Namespace-Präfix, und unterschiedlicher Namespace-URI in einer gemeinsamen XML-Datei verarbeitet. Für die Verarbeitung ist anhand der unterschiedlichen Namespaces eine Differenzierung möglich.

```
<wertpapiertransaktionen>
    <x:wp-order xmlns x = "http://www.kreditinstitut-x.de">
        Inhalt von x:wp-order von Kreditinstitut x
    </x:wp-order >
    <y:wp-order xmlns y = "http://www.kreditinstitut-y.de">
        Inhalt von y:wp-order von Kreditinstitut y
    </y:wp-order >
</wertpapiertransaktionen>
```

Die Differenzierung ist auch möglich, wenn, wie in unten stehendem Beispiel, der gleiche Namespace-Präfix unterschiedlichen URIs zugeordnet wird:

```
<wertpapiertransaktionen>
    <x:wp-order xmlns x = "http://www.kreditinstitut-x.de">
        Inhalt von x:wp-order von Kreditinstitut x
    </x:wp-order >
    <x:wp-order xmlns x = "http://www.kreditinstitut-y.de">
        Inhalt von x:wp-order von Kreditinstitut y
    </x:wp-order >
</wertpapiertransaktionen>
```

Der praktische Nutzen einer solchen Differenzierung könnte beispielsweise in einer unterschiedlichen Bearbeitung von Wertpapierorders von an einen gemeinsamen DV-Dienstleister angeschlossenen Kreditinstituten liegen, wenn die Orders unterschiedliche Struktur besitzen, wenn z.B. ein Institut das Setzen von Stop-Loss-Limits über Internet-Banking zulässt und ein anderes nicht.

9.2.2.2
XML-Namensräume und „klassische" Namensräume

Dadurch, dass innerhalb eines Dokuments derselbe Name als Name eines Elementtyps sowie als Attributname mehrfach vorkommen kann, sind die XML-Namensräume nach der Definition des W3C keine Namensräume im klassischen Sinn – eine Menge, die frei von Duplikaten ist.

In der Basisspezifikation XML 1.0 werden implizit „klassische" Namensräume definiert, indem die Anforderungen erhoben werden, dass Elementtypen innerhalb eines Dokuments nicht mehrfach definiert sein dürfen oder ein Element keine zwei namensgleiche Attribute besitzen darf.

In der W3C Recommendation „Namespaces in XML" wird in einem Anhang beschrieben, wie man aus einem definierten Namensraum in XML, im Sinn der bereits beschriebenen „Sammlung" von Namen, mehrere so genannte „Namespace Partitions" erzeugen kann. Diese stellen ihrerseits „klassische" oder „traditionelle" Namensräume, d.h. überschneidungsfreie Mengen, dar. Bei der

Definition der „Namespace Partitions" werden die beschriebenen klassischen Namensräume von XML genutzt und drei Arten von Partitionen unterschieden:

- Die Partition aller Elementtypen beinhaltet alle Elementtypen innerhalb eines XML-Namensraums. Alle Elementtypen innerhalb eines Namensraums besitzen einen eindeutigen lokalen Namen (ansonsten wäre der aus Namespace-Name und lokalem Namen zusammengesetzte Name nicht eindeutig), so dass diese Partition ein traditioneller Namensraum ist.
- Die Partition aller qualifizierter, „globaler" Attribute beinhaltet alle, durch einen Namespace-Präfix explizit einem Namensraum zugewiesenen Attribute.
- Die Elementtyp-Partitionen unqualifizierter Attribute beinhalten alle unqualifizierten Attribute für einen gegebenen Elementtyp. Dadurch, dass keine zwei gleichen Attributnamen für einen Elementtyp zugelassen sind, sind diese Partitionen auch klassische Namensräume.

9.2.2.3
Anforderungen an den Namespace-Präfix und die Namespace-URI

Der Namespace-Präfix ist in dem formalen Teil der Namespace-Spezifikation als NCName definiert. Dieser besteht aus NCNameChars, Zeichen, die identisch zu den für die Bildung eines XML-Namens gültigen Zeichen sind, mit Ausnahme des Doppelpunkts („:"). Gleichfalls eingeführt wird in der Namespace-Spezifikation der QName, ein qualifizierter Name für Elementtypen oder Attribute, der aus einem optionalen Präfix mit folgendem Doppelpunkt und einem verpflichtenden lokalen Namen oder LocalPart besteht. Der lokale Name muss gleichfalls ein NCName sein. Der Doppelpunkt darf, anders als in der Spezifikation XML 1.0, höchstens einmal vorkommen und separiert in dem Fall Namespace-Präfix und lokalen Namen. Dadurch wird erreicht, dass ein Name, der konform ist zu der Namespace-Spezifikation, einen, falls vorhanden, eindeutig identifizierbaren Präfix und einen eindeutig identifizierbaren lokalen Namen besitzt.

In der W3C Recommendation „Namespaces in XML" werden die beschriebenen Nonterminale NCName, NCNameChar und QName formal definiert und ergänzen die formale Beschreibung der XML-1.0-Spezifikation.

Die URI eines Namespace wird entsprechend der Namespace-Spezifikation des W3C als reine Zeichenkette ausgewertet. Es wird dabei zwischen Groß- und Kleinschreibung unterschieden, aber nicht überprüft, ob es sich um eine erreichbare URI handelt. Es sei daran erinnert, dass bei der Bildung von Element- und Attributnamen in XML nicht alle Zeichen, die bei der Bildung einer URI verwendet werden können, zugelassen sind.

9.2.2.4
Offene Fragestellungen von „Namespaces in XML"

Die knapp gehaltene W3C Recommendation „Namespaces in XML" liefert einen vollständigen Mechanismus zur Vermeidung von Namenskonflikten in XML. Oftmals wird jedoch kritisiert, dass sie an einigen Stellen zu frei ausgelegt werden kann, so dass weiterhin Klärungsbedarf besteht. Die angeführten Stellen beziehen sich unter anderem auf das Ziel einer Namespace-URI (Was befindet sich hinter einer Namespace-URI?) und fehlende Richtlinien zum Namespace-Design. Die bedingungslosen Befürworter der Recommendation hingegen verweisen auf die sich ergebende Gestaltungsfreiheit, die eventuelle Nachteile einer „vagen" Spezifikation wettmacht.

9.2.3
Namespace-Unterstützung in Basisstandards des W3C, in SAX und den JAX APIs der Java-Plattform

Das W3C-Konzept „Namespaces in XML" hat dermaßen tief greifende Auswirkungen auf alle Standards der XML-Technologiepalette, dass zumindest eine Bestandsaufnahme der Namespace-Kompatibilität für die wichtigsten dieser Standards geboten scheint. Dazu gehören die wichtigsten XML-Standards des W3C, der Industriestandard SAX und die JAX APIs zur Integration von XML in die Java-Technologie.

Die durch die Erstellung von „Namespaces in XML" bedingten Änderungen an dem Kernstandard XML 1.0 sind marginal und beziehen sich im Wesentlichen auf die bereits angesprochenen Regeln für gültige Elementnamen. Wichtiger sind hingegen die Auswirkungen auf die gleichfalls in XML 1.0 definierten Document Type Definitions (DTDs). Diese, die der SGML[64]-Vergangenheit von XML entstammen, sind nicht in XML formuliert und unterstützen die Namespace-Konzeption nicht. Das bedeutet zwar nicht, dass XML-Dokumente, die Namespaces nutzen, nicht gegen DTDs validiert werden können, jedoch sind die entsprechenden Präfixe hart zu codieren. Ist das problemlose „Zusammensetzen" von XML-Dateien unterschiedlicher Herkunft mit Hilfe von Namespaces möglich, so gilt dies nicht für die zugehörigen DTDs.

XML-Schema, auch W3C-Schema genannt, ist unter Berücksichtigung der Recommendation zu Namespaces in XML entwickelt worden, unterstützt demnach XML Namespaces voll.

Der W3C-Standard XPath dient der Adressierung von Teilen eines XML-Dokuments durch XPath-Ausdrücke. Die Verwendung der XPath-Ausdrücke ist in weiteren W3C-Standards, wie XSLT, XPointer und XML Query, möglich. In

---

[64] Standardized General Markup Language, die 1986 unter ISO 8879 standardisierte Vorgängersprache von XML, die aufgrund ihrer Komplexität nur eingeschränkt Verbreitung fand.

XPath wird festgelegt, dass XML-Dokumente, die von XPath-Ausdrücken adressiert werden, die Bedingungen von „Namespaces in XML" zuzüglich zu der Konformität zu dem XML-Standard XML 1.0 erfüllen müssen. Namespaces werden in der Baumdarstellung von XPath als eigener Knotentyp, Namespace-Knoten, dargestellt. In dem zurzeit als Working Draft des W3C vorliegenden Konzepts „XQuery 1.0 and XPath 2.0 Data Model" wird ein gemeinsames Datenmodell für die XML Query und XPath (also letztendlich auch XSLT) festgelegt, das Namespaces voll unterstützt.

Die im Entstehen befindlichen Standards zu Abfragen auf XML-Dokumenten, XML Query und zur Query-Sprache XQuery, die starke Abhängigkeiten zu XML-Schema und XPath besitzten, unterstützen ebenfalls XML Namespaces.

XSLT, die Extensible Stylesheet Language for Transformations, nutzt als XML-Anwendung selber Namespaces und wird derzeit im Hinblick auf erweiterte Namespace-Unterstützung in der Version XSLT 2.0 überarbeitet.

XSL, die Extensible Stylesheet Language, besitzt gleichfalls einen eigenen Namespace und fordert, dass XSL-Prozessoren den Namespace-Mechanismus des W3C abbilden, um Elemente und Attribute des XSL Namespaces zu erkennen.

Die beiden XML-Programmierschnittstellen (APIs) DOM und SAX sind seit der Version 2.0 konform zu dem Standard „Namespaces in XML". Entsprechende Methoden zur Verarbeitung von Namespaces wurden in die APIs aufgenommen.

XLink, XML Base und XPointer, die XML Linking Languages, verwenden eigene spezielle Namespaces und unterstützen den Standard des W3C.

Auch das Resource Description Framework (RDF) verwendet den Namespace-Standard und sieht Namespaces als Möglichkeit der Verknüpfung von XML-Dokumenten und dazugehörigen Schemata.

Die Java API for XML Processing (JAXP-API), die Basis-API der Java2-Plattform zur Verarbeitung von XML, berücksichtigt die Recommendation „Namespaces in XML".

Die Java Architecture for XML Binding, JAXB, die zum Ziel hat, XML-Dateien auf Java-Objekte abzubilden, bietet in der aktuellen Version (0.26) noch keine Namespace-Unterstützung, da diese erst mit Unterstützung einer Namespace-fähigen Schemasprache vorgesehen ist.

Die Java API for XML Messaging, JAXM, hingegen unterstützt Namespaces, genauso wie die Java API for XML Registries, JAXR, und die Java API for XML-based RPC, JAX-RPC.

Betrachtet man zusammenfassend die Auswirkungen des Namespace-Konzepts des W3C auf die Standards der XML-Technologiefamilie, kann gesagt werden, dass das Konzept mittlerweile umfassend unterstützt wird, jedoch in Detailaspekten an der Grenze zur Implementierung noch offene Fragen bestehen. Die Weiterentwicklung von Standards, die keine Namespace-Unterstützung besitzen, wie beispielsweise JAXB, gestaltet sich schwierig.

9.2.4
Namespace-Design

Im Folgenden soll ein strukturiertes Herangehen an die Gestaltung der Namensräume, die für die Erstellung von „namensraumkonformem" XML benötigt werden, unter dem Begriff „Namespace-Design" kurz umrissen werden.

9.2.4.1
Warum Namespace-Design

Auf den ersten Blick scheinen mit dem Konzept des W3C zu Namespaces in XML bereits alle Fragestellungen geklärt, und es scheint ausreichend, die Unternehmens-URI, oder eine der Unternehmens-URIs, in der Regel eine URL, als Namespace-URI zu verwenden, um Namenskonflikte zu vermeiden.

Da URIs weltweit eindeutig sind, sind dies auch die damit verknüpften Elementtypen und Attribute, so dass Namenskonflikte mit XML-Dateien aus externen Quellen ausgeschlossen sind. Dies gilt unter der Annahme, dass keine fremden URIs als Namespace-URIs benutzt und damit Namenskonflikte provoziert werden. Es sollte jedoch davon ausgegangen werden können, dass XML-Zulieferung aus vertrauenswürdigen Quellen erfolgt und Manipulation weitgehend ausgeschlossen ist.

Dadurch lassen sich jedoch nicht unternehmensinterne Namenskonflikte aus der Welt schaffen. Dafür bestehen zwei Optionen:

- unternehmensweite Registrierung aller Elementtypen und Attribute, eine einfache Lösung für Klein- und Kleinstunternehmen
- erneute Anwendung des Namespace-Konzepts des W3C, diesmal innerhalb des eigenen Unternehmens, auf der Ebene eigenverantwortlich arbeitender Organisationseinheiten und auf Projektebene

Im zweiten Fall werden Namespace-Design-Richtlinien benötigt, die unternehmens- oder verbundweit regeln, wie Namespace-URIs zu gestalten sind, um Namenskonflikte sowohl im weltweiten Datenaustausch als auch im eigenen Unternehmen bzw. Verbund zu unterbinden.

9.2.4.2
Namespace-Design ist Design der Namespace-URI

Da es zulässig ist, gleiche Namespace-Präfixe innerhalb eines Dokuments auf unterschiedliche URIs zu mappen, spielen die Präfixe letztendlich nur eine Rolle für die bessere Lesbarkeit der XML-Dateien.

Werden XML-Dokumente mit gleichen Präfixen aus unterschiedlichen Quellen kombiniert, kann es sinnvoll sein, mittels eines XSLT-Stylesheets Präfix-Umbenennungen vorzunehmen, um die Lesbarkeit des Ergebnisdokuments zu verbessern, es ist jedoch für die „namenskonfliktfreie" Verarbeitung des Dokuments keinesfalls nötig.

Es ist möglich, innerhalb eines Unternehmens oder auch im Verbund durch zentrale Vergabe bzw. Registrierung der Namespace-Präfixe diese innerhalb des Unternehmens oder Verbundes überschneidungsfrei zu halten, so dass Umbenennungen entfallen.

Abstrahiert man von der Datenmodellierungsseite, die bei Namespace-Design für XML-Namensräume zwangsläufig vorkommt, da Namensräume gut zur Kapselung genutzt werden können, lässt sich Namespace-Design auf das Design der verwendeten Namespace-URIs reduzieren.

Die Namespace-URI ist, ausgehend von einer festgelegten unternehmens- oder produktspezifischen URI, die sich im eigenen Besitz befindet, sorgfältig im Hinblick auf gute Wartbarkeit und eventuelle spätere Nutzung für Registry/Repository-Mechanismen zu gestalten. Dass diesbezüglich sehr unterschiedliche Vorstellungen existieren können, und selbst ein Konsortium wie das W3C seine unabhängigen Arbeitsgruppen nicht auf eine einheitliche Vorgehensweise verpflichten kann, belegen die Namespace-URIs von W3C-Standards.

9.2.4.3
Anregungen zum Namespace-Design und Beispiele

Ausgehend von der Unternehmens-URI `http://www.kreditinstitutx.de` kann zur Erzeugung von Namespace-URIs für XML-Dokumente des Risikomanagements beispielsweise eine Verfeinerung mittels Unterverzeichnissen vorgenommen werden. Dabei stellt sich die Frage, anhand welcher Kriterien diese Unterverzeichnisse zu erstellen sind.

Eine – aufgrund von häufigen Änderungen nicht immer günstige – Möglichkeit ist die Abbildung der Organisationsstruktur wie in folgendem Beispiel:

`http://www.kreditinstitut-x.de/bereich0815/abteilung123`

Eine andere Möglichkeit ist die Gestaltung nach Funktionsgruppen und Themen, für die ein gewisser „bleibender Wert" angenommen wird. Die URI

`http://www.kreditinstitut-x.de/risikomanagement/basel2`

wäre ein Beispiel einer solchen Verfeinerung. Nicht nur Verzeichnisstrukturen, sondern auch Anfrageparameter können wie folgt in die URI modelliert werden:

`http://www.kreditinstitut-x.de/risikomanagement/basel2?version=0.99`

Der Vorteil der URI-Verfeinerung mittels Unterverzeichnissen und Anfrageparametern ist die Verständlichkeit und Lesbarkeit der URIs, der Nachteil ist gleichfalls die Verständlichkeit und Lesbarkeit der URIs, da es nicht immer gewünscht wird, den aktuellen Entwicklungsstand in dieser Form nach außen zu kommunizieren. Bei solchen Bedenken ist eine Alternative dazu die Vergabe generierter Schlüssel als URIs. Die Vergabe dieser Schlüssel erfolgt bei der

"Registrierung" aller XML-Dokumententypen in einem unternehmensweiten XML Repository. Die URI könnte in diesem Fall folgendermaßen aussehen:

http://www.kreditinstitut-x.de/content/?id=12344321

Weitere Möglichkeiten von Namespace-Verfeinerungen, die im Zusammenhang mit den verwendeten Beschreibungsformen (DTDs, Schemata) von XML-Dokumenten sinnvoll sind, werden in den Ausführungen zu XML Registries und Repositories angeführt.

Die Entscheidung, wie Namespace-Design in einem Unternehmen zu erfolgen hat, kann letztlich nur anhand der Spezifika des Geschäftsfeldes und der Unternehmenspolitik und -kultur gefällt werden. Die Umstellung auf ein anderes Design-Verfahren, inklusive der Umbenennung der „alten" URIs in den bestehenden XML-Dokumenten, ist jedoch nicht aufwendig und kann toolunterstützt innerhalb kurzer Zeit durchgeführt werden. Voraussetzung ist, dass vollständige Auflistungen der für Namespaces verwendeten URIs bestehen.

Selbst bei Unternehmensfusionen und Aufkäufen ist das Zusammenführen unterschiedlicher Designrichtlinien für Namespaces und der entsprechenden Dokumente weitgehend problemlos durchführbar, sofern die XML-Entwicklung konform zu der „Namespaces in XML"-Spezifikation stattgefunden hat.

9.3
XML Vocabularies

XML bietet als Metasprache die Möglichkeit, eigene XML-basierte Sprachen, auch XML-Anwendungen oder fachliche XML-Standards genannt, zu definieren. Von dieser Möglichkeit wurde kurz nach der Fertigstellung des XML-1.0-Basisstandards in vielen Branchen Gebrauch gemacht, so dass mittlerweile eine breite Palette von fachlich getriebenen XML-Standards, die branchen- oder unternehmensspezifisch entwickelt wurden, existieren. Nur wenige dieser Standards werden nach Einschätzung von Analysten in Zukunft eine Rolle außerhalb der unternehmensinternen Datenverarbeitung spielen. Dennoch lässt sich in den meisten Fällen die XML-Datenmodellierung nicht auf die Verwendung von Marktstandards reduzieren, da die Abbildung dieser Strukturen auf interne Prozesse und Bestandssysteme („Legacy Systems") oft aufwendig oder nicht möglich ist. Ein weiteres Argument gegen die ausschließliche Verwendung zugekaufter Standards für die interne XML-Datenverarbeitung ist der Konsolidierungsprozess der XML-Standards in den meisten Branchen, der noch nicht abgeschlossen ist, so dass Fehlinvestitionen nicht auszuschließen sind. Vielfach wird daher der Weg gewählt, offene Marktstandards als Basis oder Vorlage zu benutzen, um, darauf aufbauend, eigene Unternehmensstandards zu erstellen.

Ein abgestuftes Szenario zur Einführung von XML könnte mit der Nutzung von XML für die Erstellung eigener XML-Schnittstellen zu wichtigen, mittelfristig nicht ablösbaren Bestandssystemen starten. Parallel dazu kann

XML für externe Schnittstellen, aufbauend auf Standards für XML-basierten Daten- und Nachrichtenaustausch, genutzt werden. In weiteren Schritten kann anschließend die „XML-Verarbeitungspipeline" mit XML-basierten Technologien angereichert werden.

Die „XML-Verarbeitungspipeline" im Sinn einer Pipeline für Straight-Through-Processing hat als einen Endpunkt die Systeme zur Verarbeitung der standardisierten XML-basierten Nachrichten und als zweiten das Mapping der unternehmensspezifischen XML-Formate auf die Bestandssysteme.

Die unternehmensspezifischen oder „hauseigenen" Formate spielen dabei eine wichtige Rolle. Diese fachlichen XML-Standards sind das Ergebnis fachspezifischer Daten- und Schnittstellenmodellierung. XML-Vokabulare stellen die allgemein gebräuchliche Form zur strukturierten Beschreibung solcher Formate dar.

9.3.1
Definition

Als Vokabular (Vocabulary) eines XML-Dokuments kann man die Menge aller in diesem Dokument definierten Elemente und Attribute bezeichnen. Das Vokabular einer XML-Anwendung besteht demnach aus allen in den XML-Dokumenten der Anwendung definierten Elementen und Attributen.

9.3.2
Beschreibungsformen für XML-Vokabulare

XML als „Auszeichnungssprache" („Markup Language") ist in gewissem Sinn selbstbeschreibend. Durch die „Tags" (Elementnamen) ist eine Form der Beschreibung der Elementinhalte möglich. Um jedoch Struktur- und Typinformation für Elemente und Attribute eines XML-Dokuments zu beschreiben, denen eine ganze „Klasse" von Dokumenten genügen soll, werden weitere Sprachen benötigt. Für die Beschreibung solcher „Klassen" von XML-Dokumenten gibt es eine Reihe unterschiedlicher Möglichkeiten.

Die in dem XML-Kernstandard XML 1.0 mitgelieferte, von SGML „geerbte" Standardlösung sind die Document Type Definitions oder DTDs. Eine DTD liefert eine Grammatik zur Beschreibung einer Klasse von XML-Dokumenten, die dieser Grammatik genügen, d.h. Worte in der von dieser Grammatik erzeugten Sprache sind. Da DTDs keine Datentypen kennen außer Text, sind sie für viele Aufgaben in der Datenverarbeitung nur begrenzt verwendbar.

Um dieses bereits kurz nach der Einführung von XML erkannte Problem zu lösen, wurde eine ganze Reihe von so genannten XML-Schemasprachen oder XML-Schema-Standards entworfen. Die vom W3C vorgestellte und normierte Schemasprache XML-Schema, oft auch als W3C-Schema bezeichnet, die sich bereits seit Mai 2001 in dem stabilen Status einer „W3C Recommendation" befindet, hat sich mittlerweile als Standard durchgesetzt. Es bestehen jedoch auch weiterhin konkurrierende Schemastandards. Beispiele hierfür sind XDR-Schema, SOX, TREX, RELAX und RELAX NG.

Da es sich bei der Erstellung von XML-Vokabularen um Daten- und Schnittstellenmodellierung handelt, werden vielfach Ansätze zur Modellierung mit gängigen Modellierungssprachen und Tools wie z.B. der Unified Modeling Language (UML) verfolgt. Die Modelle werden anschließend – mehr oder weniger automatisch bzw. toolunterstützt – in XML-Beschreibungsformen wie XML-Schema konvertiert.

Für automatische Datenverarbeitung nicht geeignet sind natürlichsprachige Beschreibungsformen. Dennoch sind diese Beschreibungsformen nicht weniger mächtig als DTDs oder Schemastandards, da es immer möglich ist, die in einer DTD oder in einem XML-Schema angegebenen Regeln zur Erzeugung von XML Formaten, die dieser DTD bzw. diesem Schema genügen, in Form einer natürlichsprachigen Beschreibung auszudrücken.

Im Folgenden soll unter Beschreibungsform eines Vokabulars eine der angeführten Beschreibungsformen verstanden werden, die im Kontext näher spezifiziert wird.

Toolunterstützte Konversion zwischen den einzelnen Beschreibungsformen ist mit heutigen XML-Entwicklungsumgebungen vor allem für DTDs und die gängigen Schemastandards leicht durchführbar, jedoch muss in den meisten Fällen das Ergebnis manuell nachbearbeitet werden. Information, die eine Beschreibungsform nicht besitzt, wie beispielsweise Datentypen, die in DTDs nicht vorkommen, dafür (reichlich) in XML-Schema, ist nachträglich zu ergänzen.

Es kann durchaus Sinn machen, für ein XML-Vokabular mehrere Beschreibungsformen vorzuhalten, sowohl in UML als auch in DTDs und XML-Schemata, als auch natürlichsprachig. Der Grund hierfür ist, dass Vokabulare ausgetauscht werden und mögliche Nutzer des Vokabulars jeweils nur bestimmte Beschreibungsformen verarbeiten können. Zudem sind die Beschreibungsformen je nach Verwendungszweck unterschiedlich gut geeignet.

9.3.3 Validierung

Ein XML-Dokument ist wohlgeformt, wenn es den Anforderungen der Basisspezifikation XML 1.0 genügt. Durch diese Anforderungen ist sichergestellt, dass eine Repräsentation dieses Dokuments als Baumstruktur möglich ist. Diese Baumstruktur sei im Folgenden Baumrepräsentation des Dokuments oder vereinfacht Elementbaum genannt, obzwar auch andere Entitäten, wie Attribute, Kommentare, Processing Instructions, darin vorkommen. Das Einlesen eines wohlgeformten Dokuments und das Erzeugen der zugehörigen Baumrepräsentation geschieht durch einen XML-Parser. Für das Einlesen des Dokuments und das Erzeugen der Baumstruktur ist ein so genannter nicht validierender Parser ausreichend, es kann aber auch durch einen validierenden Parser mit ausgeschalteter Validierungsoption erfolgen.

Ein wohlgeformtes XML-Dokument ist gültig („valid"), wenn es den Vorgaben genügt, die in einer Spezifikation in einer Beschreibungsform an dieses Dokument gestellt werden. Die gängigsten Beschreibungsformen sind Document Type Definitions (DTDs) und XML-Schemata. „Validierung" bezeichnet den Vorgang der Überprüfung der Gültigkeit in Bezug auf eine solche Spezifikation. Beispielsweise erfolgt Validierung gegen eine DTD mittels eines validierenden Parsers, der zusätzlich zum Aufbau des Elementbaums überprüft, ob dieser (d.h. das zugrunde liegende XML-Dokument) den Deklarationen in der betreffenden DTD genügt. Analog kann Validierung gegen ein gegebenes XML-Schema (W3C-Schema) oder eine Spezifikation in einer anderen Beschreibungsform durchgeführt werden, sofern die benötigten Tools (validierende Parser) für diese Beschreibungsform existieren. Bei natürlichsprachigen Beschreibungen muss beim derzeitigen Stand der Technik der Mensch die Rolle des validierenden Parsers übernehmen.

Validierung ist ein mächtiges Instrument, um eingehende XML-Daten hinsichtlich ihrer Struktur und Datentypen zu überprüfen. Dabei können viele der Aufgaben, die hinsichtlich der Überprüfung von Datenkonsistenz, Integrität und Plausibilität anfallen, die derzeit Bestandteil der datenverarbeitenden Applikationen sind, an einen validierenden Parser „ausgelagert" werden. XML-Schema ist für komplexe Typ- und Strukturüberprüfungen entworfen worden und bestens für derartige Aufgaben geeignet, mit der Einschränkung, dass Performanz-Aspekte im Vorfeld eines Einsatzes für Massendaten oder große Dokumente zu untersuchen sind.

Validierung kann, entsprechend der „Ausbaustufe" der XML-Fähigkeiten des eigenen Unternehmens, beliebig abgestuft erfolgen. In einer Anfangsphase ist es beispielsweise möglich, gegen DTDs zu validieren, um später auf XML-Schema umzustellen. Je nach Verwendungszweck ist es außerdem möglich, Validierungen für dasselbe XML-Dokument gegen unterschiedliche Schemata mehr oder weniger „detailliert" durchzuführen.

9.3.4
Gestaltung und Veröffentlichung von Vokabularen

Die Veröffentlichung des XML-Kernstandards XML 1.0 fand zum richtigen Zeitpunkt statt: In den Jahren des „Internet-Hype" erlebten Technologien und Geschäftsideen rund um das Internet einen Aufschwung ohnegleichen. Demzufolge wurden, als Demonstration von Fachkompetenz und Offenheit, vielfach die Vokabulare fachlich getriebener XML-Standards (XML-Anwendungen) veröffentlicht, teils mit dem Ziel, durch frühe Verbreitung Marktstandards zu schaffen bzw. die eigenen Standards als Marktstandards durchzusetzen.

Derzeit sind die Standards des W3C, der Open-Source-Gemeinschaft und die meisten der fachlichen Standards der ersten Stunde im Rahmen der entsprechenden – meist kostenfreien – Lizenzmodelle weiterhin frei verfügbar und über das Web einzusehen. Es ist jedoch verstärkt die Tendenz vorhanden, eigenerstellte XML-Vokabulare als wettbewerbsrelevant zu betrachten und entsprechend abzuschotten.

Bei der Gestaltung eigener Vokabulare ist im Vorfeld zu berücksichtigen, wer auf diese Vokabulare Zugriff haben wird. XML-Schnittstellen zu Bestandssystemen können viele Informationen zu den eigenen Prozessen und Datenmodellen liefern und sind daher als interne Schnittstellen zu behandeln. Die zugehörigen Vokabulare sollten nur einem eingeschränkten Kreis von Nutzern zugänglich gemacht werden.

Schnittstellen für den Datenaustausch im Verbund müssen selbstverständlich den Verbundpartnern zugänglich sein, Schnittstellen für besondere Geschäftsvorfälle und Kooperationen nur den Beteiligten.

Daneben kann es erforderlich sein, „öffentliche" Schnittstellen für XML-Datenaustausch allgemein verfügbar zu machen, beispielsweise für Retail-Geschäfte über das Internet oder mobile Endgeräte, die mit iMode und WML ebenfalls XML-Anwendungen im Einsatz haben.

Bei der Gestaltung von Vokabularen sollten diese Aspekte neben den fachlichen Aspekten der Datenmodellierung Berücksichtigung finden.

9.3.5
Beispiele von XML-Vokabularen

Um Lesern, die bislang kaum XML-Anwendungen kennen gelernt haben, eine Vorstellung von der Vielfalt der bestehenden Vokabulare zu vermitteln, seien im Folgenden einige – mehr oder weniger repräsentative – Beispiele angeführt:

9.3.5.1
SVG

Die Scalable Vector Graphics ist eine im W3C normierte, als Recommendation vorliegende Anwendung zur Beschreibung zweidimensionaler Vektorgrafik in XML. SVG kann maßgeblich dazu beitragen, dass auch grafische Inhalte im Web künftig standardisiert dargestellt und verarbeitet werden können. Zudem wird SVG modular weiterentwickelt, so dass der Standard künftig auch für mobile Endgeräte verfügbar sein wird. Das Vokabular ist frei verfügbar.

9.3.5.2
SIDES

Der in dem HR-XML-Konsortium entwickelte Standard „Staffing Industry Data Exchange Standards" ist für die XML-Verarbeitung im Bereich Human Resources gedacht. Mittlerweile sind für einzelne Module – wie Resume 2.0 für

9 XML Namespaces, XML Vocabularies und XML Repositories

den XMLisierten Lebenslauf – Umstellungen auf XML-Schema erfolgt. Das Vokabular ist nach kostenfreier Registrierung frei verfügbar.

9.3.5.3
XBRL

Die Extensible Business Reporting Language dient, wie schon der Name vermuten lässt, der Erstellung und dem Austausch von Geschäftsberichten und Berichtsdaten mittels XML-Formaten. XBRL wird als einer der „gefestigten" Marktstandards bewertet, da er in seiner angestammten Nische weitgehend konkurrenzlos ist und von dem einflussreichen American Institute of Certified Public Accountants (AICPA) sowie den großen Wirtschaftsprüfungsgesellschaften und Softwareherstellern unterstützt wird. Das XBRL-Vokabular ist bei Zustimmung zu den Lizenzbedingungen einsehbar und entsprechend der AICPA-Lizenz kostenfrei verwendbar.

9.3.5.4
SWIFTStandards XML

Der Nachfolger des nur als Konzept realisierten SwiftML soll ab Herbst 2002 der Umstellung von SWIFT auf Internettechnologie (IP-Netzwerk statt X.25) mit XML-basierten Finanznachrichten zum erhofften Erfolg verhelfen. SWIFTStandards XML ist ein Beispiel eines nichtöffentlichen und nicht frei verfügbaren Standards, der jedoch im Markt für Finanznachrichten eine hohe Marktdurchdringung erreichen kann.

9.4
XML Repositories

XML-Vokabulare müssen „physisch" auf Speichermedien von Datenverarbeitungssystemen abgelegt werden. Zudem sollen sie einem genau definierten Nutzerkreis zugänglich gemacht werden können. Dies ist bereits mit einer Ablage in Flat Files auf dem Dateisystem möglich, ein solches Vorgehen ist jedoch nicht ausreichend für alle Anforderungen einer mit Internettechnologie hoch vernetzten Datenverarbeitung. Im Folgenden sollen die Begriffe XML Registry und XML Repository, die mit der Ablage von XML-Vokabularen verknüpft sind, erläutert werden.

9.4.1
Die Begriffe XML Registry und XML Repository

Da es im Umfeld der Begriffe XML Registry und XML Repository vermehrt zu Missverständnissen kommt, soll eine Definition der Begriffe, wie sie im Folgenden verwendet werden, dem vorbeugen.

Unter XML Registry/Repository versteht man einen Mechanismus zum Auffinden von XML-Ressourcen und Zugriff auf diese über das Internet bzw. über ein Netz in Internettechnologie. Dabei ist die Registry das Gateway, der Mechanismus, der das Auffinden und den Zugriff auf die Ressourcen ermöglicht (diese verfügbar macht), während das Repository das Speichermedium der XML-Ressourcen darstellt.

Die Forderung, den Zugriff über Internettechnologie durchzuführen, schränkt die Definition bewusst ein. XML ist jedoch ein Ergebnis der Weiterentwicklung des Internets und harmoniert am besten mit dieser Technologie, so dass bei Verwendung klassischer Versionsverwaltungssysteme, die diesen Zugriff nicht unterstützen, dies auch nicht XML Registry/Repository genannt werden sollte.

9.4.2
Anforderungen an eine XML Registry und ein XML Repository

Für die Registry gilt, dass der Zugang zu den abgelegten Vokabularen unkompliziert möglich sein muss. Trotzdem sollen unterschiedliche Zugriffsberechtigungen geprüft oder entsprechend an das Repository weitergeleitet werden können. Die Registry muss entweder in der Lage sein, Zugriffsberechtigungen selbstständig zu prüfen, oder aber diese sicher an das darunter liegende Repository weiterzuleiten. Es ist unerheblich, ob die Berechtigungsprüfung in dem Webserver stattfindet oder auf dem Datenbankmanagementsystem des Repositories.

Des Weiteren muss die Kombination aus Registry/Repository das geforderte Berechtigungssystem für den Zugriff auf die XML-Vokabulare abbilden können. Dabei sind unterschiedliche Leseberechtigungen sowie Schreibberechtigungen für Weiterentwicklung und Wartung der Vokabulare zu berücksichtigen. Verwendet man nur ein Repository für öffentlich zugängliche, Geschäftspartnern zugängliche und interne XML-Vokabulare, so sind die Anforderungen zur Gewährleistung der Zugriffs- und Manipulationssicherheit besonders hoch.

Wichtig ist zudem, dass Suchfunktionalität in Internettechnologie vorhanden ist und die Suchfunktionalität des zugrunde liegenden Repositories in der Registry abgebildet wird, d.h. von außen zugänglich ist. Diese sollte sich nicht auf die Suchfunktionalität klassischer Versionsverwaltungssysteme reduzieren, sondern zusätzlich die Suchfunktionalität einer Internet-Suchmaschine sowie die

9 XML Namespaces, XML Vocabularies und XML Repositories   217

Unterstützung strukturierter Suchen, die in XML mit XPath, XSLT und XML Query möglich sind, bieten.

Mit zunehmender Bedeutung des Standards WebDAV[65] für verteilte Bearbeitung von Objekten im Web müssen XML Registries/Repositories diesen unterstützen.

9.4.3 Konkurrierende Repository-Ansätze in wichtigen XML-Standards und Initiativen

Registries und Repositories hielten auf zwei Wegen Einzug in XML-Standards: Zum einen wurden sie genutzt, um die erarbeiteten Ergebnisse fachlicher XML-Modellierung weltweit zu publizieren und verfügbar zu machen, zum anderen wurden in Initiativen zu Electronic Business und Electronic Commerce Spezifikationen erstellt, die die geforderte Funktionalität von XML Registries/Repositories definieren. Die bekanntesten dieser Initiativen sind ebXML[66] und UDDI[67].

Dass öffentliche XML Registries zurzeit völlig unterschiedlich funktionieren, lässt sich aus ihrer Entstehung erklären. Weniger verständlich ist hingegen die unterschiedliche Definition von Repositories in ebXML und UDDI, die der Entstehung eines einheitlichen weltweiten elektronischen Markts auf Basis von XML-Technologie nicht förderlich ist, selbst wenn in den Initiativen Konzepte zur Interoperabilität dieser konkurrierenden Repository-Standards bestehen.

9.4.4 Herstellerunterstützung für Registries/Repositories

Bislang sind es die technologischen Vorreiter, die versuchen, mit Produkten das potenziell zukunftsträchtige Feld der XML Registries und Repositories abzudecken. Dazu zählen die Hersteller nativer XML-Datenbanken, die diese in der XML-spezifischen Nische von XML Registries/Repositories außerhalb der Konkurrenz der etablierten relationalen und objektorientierten Datenbanken anbieten wollen. Ein weiteres Beispiel ist die Java Company SUN Microsystems, die mit der JAX-Familie von APIs und speziell dem Java API for XML

---

[65] Web Distributed Authoring and Versioning, ein Standard der Internet Engineering Task Force, einzusehen unter RFC 2518 und RFC 3253 der IETF.
[66] Electronic Business using eXtensible Markup Language, eine Initiative der UN/CEFACT und von OASIS unter Beteiligung der Wirtschaft.
[67] Universal Description, Discovery and Integration of Business for the Web, eine privatwirtschaftliche Initiative unter Beteiligung von mehr als zweihundert teils namhafter Unternehmen. UDDI zählt zu den Basisstandards für die Erstellung von Web Services.

Registries, JAXR, die Integration von Java und XML auch im Hinblick auf die Verwendung von XML Registries/Repositories vorantreibt.

Des Weiteren sind die Hersteller von XML-Entwicklungsumgebungen daran interessiert, die Versionsverwaltung von XML-Sourcen mittels eines Repositories zu ermöglichen, wie auch den Zugriff aus der Entwicklungsumgebung auf im Internet oder Intranet verfügbare Vokabulare zu realisieren.

Die etablierten Hersteller klassischer Versionsverwaltungssysteme (Repositories) werden mit Sicherheit gleichfalls versuchen, diesen Markt zu bedienen, wie auch Hersteller relationaler oder objektorientierter Datenbanken, die seit geraumer Zeit auch XML-fähige Produkte anbieten.

9.4.4.1
Implementierungen von Registry/Repository-Standards seitens der Hersteller nativer XML-Datenbanken

Ein Beispiel einer solchen Implementierung liefert die GoXML Registry von XML Global Technologies, einer Firma, die namhafte Teilnehmer an der ebXML-Initiative als Gründer hat. Als Basis wird eine eigenentwickelte native XML-Datenbank verwendet. Die Implementierung beinhaltet Registry und Repository-Funktionalität und besitzt sowohl ein ebXML-Interface für die Kommunikation mit ebXML-konformen eBusiness-Infrastrukturen als auch ein Web-Services-Interface für solche, die Web-Services-Technologie nutzen. Unter Web Services sollen hier webbasierte Dienste, die die XML-Standards UDDI, WSDL (Web Services Description Language) und SOAP (Simple Object Access Protocol) als Basistechnologie nutzen, verstanden werden.

Ein weiteres Beispiel sind die Produkte der Software AG. Auf der nativen XML-Datenbank Tamino wurde bereits Mitte 2001 beispielhaft ein UDDI Repository implementiert, ein WebDAV-Server für Tamino ist gleichfalls verfügbar. Tamino wird zum Test-Download als UDDI Registry angeboten, wobei in der bislang verwendeten Terminologie Registry/Repository die treffendere Bezeichnung ist.

9.4.4.2
Die JAXR API zur Unterstützung des Zugriffs auf Registries aus der Programmiersprache Java

Da die potenzielle Bedeutung von XML Registries und Repositories in der Java-Entwicklergemeinschaft frühzeitig erkannt wurde, entstand innerhalb der Familie der Java APIs for XML, JAX, eine eigene API für den Zugriff auf Registries, JAXR.

Zielsetzung dieser API ist eine Unterstützung der Programmiersprache Java bei der Verwendung gängiger XML Registries. Dabei soll jedoch explizit kein kleinster gemeinsamer Nenner der Eigenschaften bestehender Registries gefunden werden, stattdessen wird eine Obermenge der „best features" dominierender Registry-Spezifikationen gebildet. Unterstützt werden sollen ebXML, UDDI, aber auch andere, zukünftig kommende Registry-Standards. Für Java-Entwickler ergibt sich damit ein komfortabler Weg, um die Möglichkeiten, die XML Registries und Repositories insbesondere für das eBusiness eröffnen, voll auszuschöpfen.

9.4.5
Bestehende globale Registries/Repositories

In der Anfangszeit der Entwicklung von XML-Applikationen bestand die Vorstellung, fachliche XML-Standards weltweit veröffentlichen zu müssen. Dazu dienten XML-Portale oder „Globale Registries". Aufgrund von herstellergetriebenen „Alleingängen", dem Aufkommen branchenspezifischer Portale sowie der zunehmenden Abschottung fachlicher XML-Anwendungen kommt globalen Registries/Repositories derzeit keine besondere Rolle zu, bis auf die Tatsache, dass sie aufgrund der abgelegten Standards, die einsehbar sind, gute Referenzen für Eigenentwicklungen abgeben.

9.4.5.1
XML.org

XML.org ist die globale Registry der „freien Welt" der XML-Entwicklung. Mit derzeit 180 Standards liefert sie einen guten Beispielfundus für Eigenentwicklungen. Der direkte Zugriff ist unter www.xml.org/xml/registry.jsp möglich.

9.4.5.2
BizTalk.org

Für jede offene Entwicklung gibt es ein passendes Gegenstück einer Softwarefirma aus Redmond. BizTalk.org ist die globale Registry für Microsoft BizTalk Schemata, mit 479 BizTalk-Schemata beeindruckend gefüllt – ein Beweis für die immer stärkere XML-Ausrichtung des Software-Giganten. Die Registry ist erst nach erfolgter Registrierung zugänglich und unter www.biztalk.org/library/library.asp zu finden.

9.5
Zusammenhänge zwischen Namespaces, Vocabularies und Registries/Repositories

Während der Zusammenhang zwischen Vocabularies und Registries/Repositories direkt erkennbar war, muss der Zusammenhang zwischen Registries/Repositories und Namespaces etwas erläutert werden. Zum einen können, falls keine Namespaces verwendet werden, bei Abfragen über Dokumente oder auch nur Unterstrukturen von im Repository gehaltenen Dokumenten Eindeutigkeitsprobleme auftauchen. Zum anderen kann man die Information der Namespace-URI zur Auffindung der zugehörigen Registry nutzen oder, zusätzlich, sogar zum Durchgriff auf eine Dokumentenspezifikation in einer oder mehreren gängigen Beschreibungsformen. Auf diese Szenarien, so kontrovers sie auch gesehen werden, soll im Folgenden näher eingegangen werden.

9.5.1
Ein Validierungsszenario

Gegeben sei folgendes, nicht realitätsfremdes Szenario: Zwischen Firma A und Firma B besteht XML-Datenverkehr konform zu der Schnittstellenbeschreibung von Firma B. Firma B kann beispielsweise ein Lieferant von Marktinformationen wie Ratings oder Wertpapierinformationen in XML-Format sein.

Firma A validiert die XML-Dokumente von Firma B gegen eine lokal vorgehaltene DTD, beziehungsweise ein lokal vorgehaltenes XML-Schema, die/das mit der erstmaligen Schnittstellenspezifikation geliefert wurde.

Firma B hat die Schnittstellenbeschreibung geändert, diese Änderung, die neue DTD oder das neue XML-Schema, ist in Firma A jedoch nicht angekommen oder in Firma A liegen geblieben.

Nun erfolgt eine erstmalige Datenlieferung nach der neuen Spezifikation und die Validierung gegen die bisherige DTD schlägt fehl.

Folgender Automatismus ist denkbar:

Die XML-Datei der neuen Lieferung enthält, wie alle richtig entwickelten Marktstandards, einen Basis-Namespace. Ein Zugriff auf die URI dieses Namespaces liefert über eine Registry Verweise auf die Spezifikationen zu der gelieferten Datei in unterschiedlichen Beschreibungsformen. Die Registry von Firma B lässt den Geschäftspartner, Firma A, auf das Repository zugreifen, das diese Spezifikationen enthält. Von der XML-verarbeitenden Applikation der Firma A wird dieser Zugriff durchgeführt, die natürlichsprachige Beschreibung sowie die passende DTD bzw. das passende Schema-Dokument geladen. Die Validierung kann durchgeführt werden. Damit ist sichergestellt, dass es sich nicht um einen Übertragungsfehler, ein falsches Format o.Ä. handelt, und die Entscheidung darüber, ob eine weitere Verarbeitung des geänderten Formats möglich ist, wird seitens der Systemverantwortlichen gefällt. Diese haben mit der natürlichsprachigen Beschreibung der geänderten Schnittstelle ein geeignetes Hilfsmittel zur Verfügung, um diese Entscheidung treffen zu können.

9.5.2
Was steht hinter einer Namespace-URI

Um das bereits beschriebene Validierungsszenario so durchführen zu können, muss etwas in der W3C-Spezifikation „Namespaces in XML" nicht Vorgesehenes – aber auch nicht explizit Verbotenes – geschehen: Eine Namespace-URI wird aufgelöst, es wird auf die unter dieser URI befindlichen Objekte zugegriffen.

Da nicht definiert ist, was hinter dieser URI stehen soll, gleichfalls aber auch nicht definiert ist, was nicht dahinter stehen soll oder dass explizit nichts hinter der URI stehen soll, ist dies eine wunderbare Streitfrage für kritische Geister, die gewisse Mailinglisten mit Vorliebe bevölkern.

Das Resultat der sich ergebenden Diskussionen ist, dass auch heute nicht klar ist, wie denn mit dem, was sich möglicherweise hinter einer Namespace-URI verbirgt, verfahren werden kann, und ob es überhaupt zulässig ist, eine Namespace-URI aufzulösen – wiewohl die Versuchung, eine Namespace-URI im Problemfall aufzulösen, auch vor den stärksten Verboten nicht Halt macht.

9.5.2.1
Puristen gegen Pragmatiker

Die Puristen der XML-Entwicklung wollen Namespace-URIs der Nachwelt als reinen String erhalten. Demzufolge lehnen sie jede Belegung der URI ab – zumindest solange kein im W3C standardisiertes Konzept für eine solche Belegung besteht. Anders sehen es die Pragmatiker. Für sie sind die Möglichkeiten, die sich durch den Zugriff auf diese URIs bieten, schlichtweg verlockend. Was alle Beteiligten eint, ist die Angst vor der einseitigen „Standardisierung" durch die Software-Industrie, die schlichtweg Fakten schaffen könnte, besonders diejenigen Unternehmen, die auch im Umfeld der XML-Technologie bereits durch ein derartiges Vorgehen aufgefallen sind.

9.5.2.2
Die XML-Anwendung Resource Directory Description Language, RDDL

Ein Versuch, die Diskussion über die Belegung der Namespace-URIs durch einen entsprechenden Standard zu beenden, ist die Resoure Directory Description Language, RDDL. Die XML-Anwendung, an der XML-Guru Tim Bray mitwirkt, ist zur Beschreibung von Namespaces und Zuordnung von Ressourcen zu denselben, wie Schemata, Stylesheets und ausführbaren Code, gedacht. Es bleibt abzuwarten, ob RDDL, die nicht im W3C standardisiert ist, entsprechende Verbreitung findet.

9.5.3
Spezielle Ausprägungen bei der Verwendung von XML-Schema

Der XML-Schema-Standard hat sich der Streitfrage, was sich denn nun hinter einer Namespace-URI verbirgt, mit einer geradezu salomonischen Entscheidung entzogen: Hinter der Namespace-URI von XML-Schema, die dem Namespace-Präfix xs zugeordnet ist, xs="http://www.w3.org/2001/XMLSchema", befindet sich zum einen menschenlesbare Information, eine in einem Web-Browser darstellbare Seite. Zum anderen findet man unter der angegebenen URI einen Verweis auf eine DTD, die den XML-Schema-Standard beschreibt, sowie einen Verweis auf ein XML-Schema (W3C-Schema), das gleichfalls den XML-Schema-Standard beschreibt. Zusätzlich dazu enthält die URI die im Browser nur bei Umschalten auf Source-Code sichtbare Darstellung der gesamten angeführten Information – Beschreibung, DTD, Schema – als RDDL-Struktur. Für die Zuordnung eines über eine URI definierten XML-Schemas zu einem XML-Dokument nutzt jedoch XML-Schema das spezielle Attribut „targetNamespace".

Sollen bestimmte Beschreibungsformen wie Schema-Standards und DTDs unterstützt werden, ist es möglich, die Namespace-URI um die Angaben zur Lokation der zu dem Dokument zugehörigen Spezifikationen in den jeweiligen Beschreibungsformen zu erweitern. Dies können, wie bereits beschrieben, Unterverzeichnisse sein, aber auch Anfrageparameter, die von dem Webserver bzw. der Registry aufzulösen sind. Die so gestaltete Namespace-URI dient über den Verweis auf die versionierte Spezifikation gleichzeitig als Versionsinformation für das sie enthaltende XML-Dokument.

9.5.4
Keine Empfehlung

Bezüglich der Verwendung von Namespaces lässt sich sehr einfach eine Empfehlung aussprechen, die besagt, dass jede XML-Lösung, die keine reine Insellösung in einem sehr überschaubaren Umfeld darstellt, Namespaces einführen muss.

Für Vocabularies kann bezüglich der zu verwendenden Beschreibungsformen gesagt werden, dass natürlichsprachige Beschreibungen immer hilfreich für das Verständnis der betreffenden Vokabulare sind, ansonsten jedoch DTDs und XML-Schema die gängigen Beschreibungsformen darstellen. DTDs sind bei bestimmten Aufgabenstellungen wie z.B. Content Management, wobei die Inhalte von XML-Dateien größtenteils als Text verarbeitet werden, gut einsetzbar, während sich für Datenverarbeitungsaufgaben XML-Schemata anbieten.

Bezüglich Registries/Repositories ist nach einer genauen Anforderungsanalyse zu entscheiden, ob es eine moderne XML Registry mit nativem XML Repository sein muss, oder aber ein Zugriff auf bestimmte Verzeichnisse ausreicht. Vielleicht tut es das alte Unternehmensrepository, das für viel Geld angeschafft, aber wenig genutzt wurde, mit einem entsprechenden Web-Gateway als Registry auch noch.

Im Hinblick auf die derzeit noch unzureichend geklärte Streitfrage, was denn hinter einer Namespace-URI stehen sollte, ist es schwer, hierfür eine allgemein gültige Empfehlung auszusprechen. Wenn RDDL oder ein vergleichbarer Standard im W3C normiert wäre, bestünden gute Chancen, dass er sich auf Dauer gegen herstellerspezifische Lösungen durchsetzt und Verbreitung findet. Zurzeit ist dies jedoch nicht so, wenn auch das Layout von RDDL im bekannten W3C Look & Feel gestaltet ist.

Unternehmen mit hoher XML-Kompetenz und hohen Automatisierungsanforderungen an ihre XML-Verarbeitung können die Möglichkeiten der Belegung der Namespace-URI, beispielsweise unter Verwendung von RDDL auf den Seiten der URIs wie bei XML-Schema, nutzen. Sie müssen jedoch auf eine Migration vorbereitet sein, falls sich eine Standardisierung ergeben sollte. Für diese Unternehmen dürfte der Migrationsaufwand jedoch nicht hoch sein.

Für andere, die XML weniger intensiv nutzen, kann es einfacher sein, die Namespace-URIs nur zu designen, zu verwenden, jedoch nicht zu belegen. Auf keinen Fall sollten Namespace-URIs auf Seiten verweisen, die gänzlich andere Informationen beinhalten.

Beim Zukauf von Software, die in XML-Technologie erstellt wurde, sind neben der reinen Funktionalität auch die Zukunftsfähigkeit der verwendeten Standards auf den Prüfstand zu stellen. Mechanismen zur Gestaltung, Belegung und Verwendung von Namespace-URIs für den Datenzugriff gehören auch dazu.

9.6 Literatur

Bourret, Ronald: XML Namespaces FAQ. http://www.rpbourret.com/xml/NamespacesFAQ.htm, 05. 2002

Bray, Tim: XML Namespaces by Example. http://www.xml.com/pub/a/1999/01/namespaces.html, 19. 01. 1999

Clark, James: XML Namespaces. http://www.jclark.com/xml/xmlns.htm, 4. 02. 1999

Megginson, David: 19 Short Questions about Namespaces (with answers). http://www.megginson.com/docs/namespaces/namespace-questions.html, 18. 02. 1999

W3C: Extensible Markup Language (XML) Version 1.0. http://www.w3.org/TR/2000/REC-xml-20001006, 6. 10. 2000

W3C: Namespaces in XML Version 1.0. http://www.w3.org/TR/1999/REC-xml-names-19990114/, 14. 01. 1999

W3C: XML Schema Part 0: Primer. http://www.w3.org/TR/xmlschema-0/, 2. 05. 2001

W3C: XML Schema Part 1: Structures. http://www.w3.org/TR/xmlschema-1/, 2. 05. 2001

W3C: XML Schema Part 2: Datatypes. http://www.w3.org/TR/xmlschema-2/, 2. 05. 2001

W3C/IETF URI Planning Interest Group: URIs, URLs, and URNs: Clarifications and Recommendations Version 1.0. http://www.w3.org/TR/2001/NOTE-uri-clarification-20010921/, 21. 09. 2001

10 XML-gestütztes Kampagnenmanagement

In den Datenbeständen von Unternehmen sind viele Kundeninformationen gespeichert, die effektiv in der Kundenkontaktpflege bzw. im Marketing genutzt werden können. Als besonders wirksam hat sich die automatische Generierung von Anlässen mittels so genannter Kundenberatungsprogramme herausgestellt. Beispiele für Direktmarketing sind Einladungen zu Veranstaltungen zur Pflege von Kundenbeziehungen, Direktverkauf über Mailing und Call-Center, Versand von Produktinformationen oder auch eine Terminvereinbarung für ein persönliches Beratungsgespräch.

Allgemein kann eine Aktion bzw. Kampagne in folgende fünf Schritte untergliedert werden:

1. Aktion durch Marketing-Abteilung oder einen Berater definieren
2. Kundenselektion durch automatische Selektionsdialoge
3. Korrektur mittels Dialogen oder Listen-Bearbeitungen
4. Durchführung von Direct-Mailing bei Gestaltung individueller Mailings und von Telefon-Marketing zur Akquisition
5. Nachbearbeitung mittels Erfassung des Response

Basierend auf einer Datenbasis werden in einem Kundenberatungsprogramm so genannte Regeln zur automatischen Anlassgenerierung hinterlegt. Die generierten Anlässe werden in einer Liste übersichtlich zusammengefasst und einem Kundenbetreuer zur aktiven Kundenakquise zur Verfügung gestellt. In einem Anlassgenerierungsprogramm wird genau definiert, welche Informationen einen Anspracheanlass erzeugen; hierzu zählen beispielsweise Vertragsfälligkeiten, Jubiläen oder Daten, die aus Telefon-Marketing- oder Direkt-Mailing-Aktionen resultieren.

Bei der programmgesteuerten Erzeugung von Anlässen werden die zur Verfügung stehenden Datenbestände daraufhin überprüft, ob einzelne Kunden bestimmte Merkmale aufweisen. Eine Marketing-Datenbasis setzt sich zusammen aus Kunden-, Berater-, Produkt- und Controllinginformationen. Um Marketingvorhaben effektiver zu gestalten, werden einzelne Kundengruppierungen unter der Annahme zielgerichteter Kundenansprachen herausselektiert. Kunden sollen ausschließlich mit maßgeschneiderten Angeboten beworben werden, die höhere Vertragsabschlussquoten als allgemeines breites Marketing bewirken. Aus einem Strauß verschiedener Marketingmöglichkeiten soll für jede Kundengruppierung die effektivste gewählt werden.

Neben dem Herausarbeiten von wirksamen Marketingmaßnahmen ist der richtige Zeitpunkt einer Aktion mit entscheidend. In der Kundenansprache ist es sinnvoll, Personen- und Vertragsdaten zu nutzen. In der Kreditwirtschaft beispielsweise ist die Wahrscheinlichkeit für den Abschluss eines Folgevertrages bei vermögenswirksamen Leistungen hoch, wenn der Kunde automatisch auf das nahende Vertragsende hingewiesen wird. Weiterhin können Kundenbeziehungen durch Nutzen von Jubiläen wie beispielsweise Geburts- oder Hochzeitstagen vertieft werden. Automatisch können solche erkannt werden, wenn die vorhandenen Bestände diesbezüglich ausgewertet werden. Abhängig von der Art des Anlasses kann sowohl schriftlich durch automatische Serienbriefe als auch durch persönliche fernmündliche Ansprache versucht werden, einen Kundenkontakt herzustellen und zu einem Vertragsabschluss zu kommen.

In diesem Kapitel wird ein Ausschnitt eines Programms zur Kampagnensteuerung besprochen. Mittels Java-Code werden XML-Daten gelesen, ausgewertet, modifiziert und geschrieben. Zum Einsatz kommt hier der Opensource XML-Parser Xerces der Apache Software Foundation, die aufgezeigten Codeabschnitte sind jedoch auch bei Einsatz anderer Parser nutzbar. Im Vordergrund der Betrachtungen steht das Nutzen von XML-Daten in Java-Programmen.

10.1
Java-Programm Kampagne

Dem Java-Programm Kampagne dient als Eingabe ein XML-Dokument, das personenbezogene Daten wie u.a. Nachname, Geburtsname, Vorname, Geburtsdatum, Hochzeitstag, Geschlecht, Kundenart, Familienstand, Postleitzahl, Ort oder Straße enthält. Diese werden mittels eines so genannten DOM-XML-Parser eingelesen und einer Methode zur Anlassgenerierung zur Verfügung gestellt. Zu Gunsten der Beschreibung der XML-DOM-Verarbeitung wird hier den Algorithmen der Anlassgenerierung weniger Raum zugestanden. Die zur Methode Anlassgenerierung überprüft einzelne Personendatensätze daraufhin, ob seit dem letzten Programmausführungstermin ein Jubiläum wie beispielsweise Geburtstag, Hochzeitstag etc. eingetreten ist. Hierzu wird aus dem eingelesenen Dokument das Datum der letzten Ausführung herausgelesen und genutzt, um abzugleichen, ob seit dem ein Jubiläum eingetreten war oder ob ein Jubiläum direkt am Programmausführungstermin vorliegt.

Um ausschließlich tagesaktuelle neue Anlässe zu generieren, besteht die Option, dass das Kampagnenprogramm das Eingabe-Dokument in Bezug auf den letzten Programmausführungstermin aktualisiert. Weiterhin besteht die Möglichkeit, die zu verarbeitende Datenmenge durch weitere Personendatensätze, die dem Eingabe-Dokument hinzugefügt werden, zu ergänzen. Der

10 XML-gestütztes Kampagnenmanagement

Großteil der zu verarbeitenden Personendatenbestände steht in jedem Unternehmen zur Verfügung, sie sind in operationalen Systemen hinterlegt.

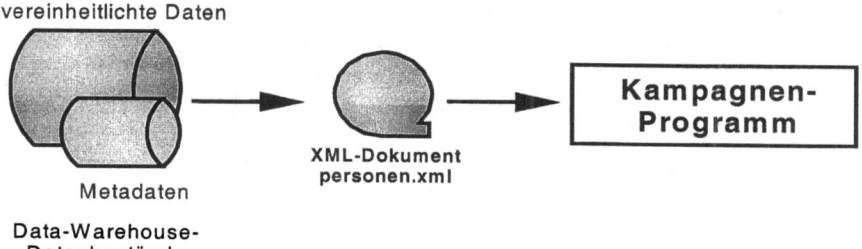

Abbildung 10-1: Datenversorgung des Kampagnenprogramms

Wird zur Datenversorgung von Informationssystemen ein Data Warehouse eingesetzt, so stehen integrierte, vereinheitlichte Datenbestände zur Verfügung. Hier wird unterstellt, dass aus einem vorhandenen Data Warehouse für bestimmte Personen eine Auswahl von Datenfeldern herausselektiert wird und unserem Kampagnenprogramm in Form eines XML-Dokuments zur Verfügung gestellt wird (vgl. Abbildung 10-1). In regelmäßigen Zeitabständen wird bei Änderung der Data-Warehouse-Datenbestände das XML-Dokument aktualisiert.

```
<?xml version="1.0" encoding="UTF-8"?>
<!ELEMENT Personendaten (Stichtag+, Person+)>
<!ELEMENT Stichtag (#PCDATA)>
<!ELEMENT Person (Nachname, Vorname, Geburtsdatum, Hochzeitstag?,
    Geschlecht, Kundenart, Familienstand, Postleitzahl, Ort, Strasse,
    ...)>
<!ATTLIST Person geaendert CDATA #REQUIRED>
<!ELEMENT Nachname (#PCDATA | Geburtsname)*>
<!ELEMENT Geburtsname (#PCDATA)>
<!ELEMENT Vorname (#PCDATA)>
<!ELEMENT Geburtsdatum (#PCDATA)>
<!ELEMENT Hochzeitstag (#PCDATA)>
<!ELEMENT Geschlecht (#PCDATA)>
<!ELEMENT Kundenart (#PCDATA)>
<!ELEMENT Familienstand (#PCDATA)>
<!ELEMENT Postleitzahl (#PCDATA)>
<!ELEMENT Ort (#PCDATA)>
<!ELEMENT Strasse (#PCDATA)>
...
```

Listing 10-1: Ausschnitt der DTD des Eingabe-XML-Dokuments

Das Root-Element des Eingabe-Dokuments hat den Namen Personendaten. Es umschließt mehrere Kindelemente Stichtag und Person. In Elementen mit Namen Stichtag sind die letzten zehn Daten der jeweiligen Starts des Programms Kampagne hinterlegt. Die auszuwertenden personenbezogenen Daten sind in den Elementen Person enthalten. Die genaue Struktur des Eingabe-Dokuments kann am effektivsten der zugehörigen Document Type Definition entnommen werden. In Listing 10-1 ist ein Ausschnitt dieser aufgeführt.

Für die Verarbeitung von XML-Daten existieren zwei unterschiedliche Parsertypen, die dem „Simple API for XML (SAX)"- oder dem „Document Object Model[68] (DOM)"-Prinzip folgen. Die SAX-Parser verarbeiten XML-Dokumente sequenziell, indem in der Reihenfolge ihres Auftretens einzelne Elemente ausgewertet werden. Die Struktur eines XML-Dokuments nutzen SAX-Parser nur im eingeschränkten Maße. Möglichkeiten des Navigierens zu Kind-, Vater- oder Nachfolgeelementen werden nicht geboten. Dokumente können lediglich vom Dokumentanfang bis -ende durchschritten werden, Kontextinformationen wie die Hierarchiestufe eines Elementes werden durch einen SAX-Parser nicht zur Verfügung gestellt (vgl. Abbildung 10-2). Der Vorteil von SAX-Parsern liegt im geringen Ressourcenverbrauch. Im Hauptspeicher werden jeweils nur die gerade eingelesenen Elemente vorgehalten, vorhergehende und nachfolgende Elemente belegen keinen Speicherraum. Somit stellt für einen SAX-Parser die Größe eines XML-Dokuments kein K.-o.-Kriterium dar, auch sehr große Dokumente können eingelesen werden. Einschränkend muss jedoch bedacht werden, dass zum Lesen von Daten, die im hinteren Teil eines XML-Dokuments stehen, die vorhergehenden Elemente durchgelesen werden müssen, da XML-Dokumente in Form von Dateien gespeichert werden.

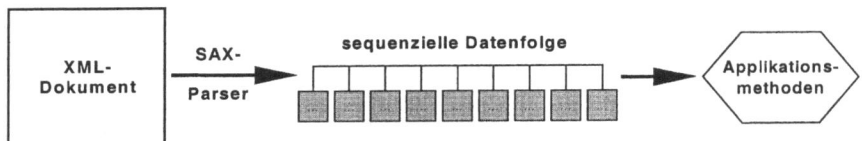

Abbildung 10-2: Verarbeitung eines XML-Dokuments mittels eines SAX-Parsers

Im Gegensatz hierzu stehen DOM-Parser, die ein XML-Dokument vor der Verarbeitung erst komplett in den Hauptspeicher eines Rechners einlesen. Die maximale Größe von Dokumenten ist somit direkt von der Hauptspeicherkapazität abhängig. Die Möglichkeit Dokumente mit der Größe von mehreren MByte zu verarbeiten, ist jedoch in jedem Fall gegeben. Generell sinnvoll ist die Separierung umfangreicher Datenbestände auf untereinander mittels XLink verknüpfte Einzeldokumente (vgl. Kapitel 3.7), so dass zu umfangreiche Dokumente nicht entstehen und DOM-Parser in allen Anwendungsgebieten zum Einsatz kommen können. Der große Vorteil von DOM-Parsern liegt in der komfortablen Möglichkeit, innerhalb von XML-Dokumenten zu navigieren. Es stehen leistungsfähige Methoden zur Verfügung, bestimmte Elemente zu selektieren, im XML-Baum Kindelementen zu folgen oder auf direktem Wege Elementen Kindelemente oder Attribute hinzuzufügen (vgl. Abbildung 10-3).

---

[68] vgl. W3C: Document Object Model (DOM) Level 2 Core Specification, Version 1.0

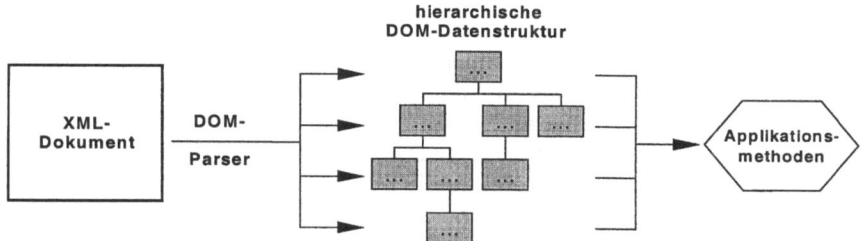

Abbildung 10-3: Verarbeitung eines XML-Dokuments mittels eines DOM-Parsers

Sowohl für SAX- als auch für DOM-Parser gibt es Anwendungsgebiete. Hier wird zur Verarbeitung von XML-Daten der Java Xerces Parser der Apache Software Foundation genutzt. Das Xerces-Paket stellt sowohl einen SAX- als auch einen DOM-Parser einschließlich der für die Entwicklung von Java-Programmen erforderlichen Application Programming Interfaces (API) zur Verfügung. Zum Teil nutzen SAX- und DOM-Parser identische Klassen, da diese eng miteinander verwandt sind. Zum Einsatz kommt im Folgenden der DOM-Parser.

10.2 Initialisierung eines XML-DOM-Parsers

Bevor wir mit der Verarbeitung einzelner Elemente oder Attribute starten können, muss der verwendete Parser instanziiert und für den Parser-Vorgang initialisiert werden. Zur Nutzung des Xerces-DOM-Parsers muss die Klasse DOM-Parser des Package `org.apache.xerces.parsers` in die Java-Source-Code-Datei importiert werden. Eine Instanz der DOM-Parser-Implementation muss mittels des Standard-Konstruktors ohne Parameterübergabe initialisiert werden. Durch Aufruf der Instanzmethode `parse` wird das durch einen Parameter spezifizierte XML-Dokument eingelesen und in Form eines Document-Object-Modells im Hauptspeicher abgelegt.

```
DOMParser domxmlparser = new DOMParser();
domxmlparser.parse(uri);
```

Lediglich zwei Anweisungszeilen übernehmen das gesamte Parsen eines Dokuments. Im Ausnahmefall gibt die Methode `parse` eine Exception zurück. Bei I/O-Problemen wird eine `IOException` und bei Abweichungen während des eigentlichen Parser-Vorgangs wird eine `SAXException` erzeugt. Diese Exception müssen mittels eines `try`-Rumpfs abgefangen werden. Die Klasse `SAXException` und deren Unterklassen `SAXNotRecognizedException`, `SAXNotSupportedException` und `SAXParseException` des Package `org.xml.sax` müssen zur Verarbeitung von Warn- oder

Fehlerinformationen importiert werden. Neben der Methode parse können auch andere Methoden des Xerces-Pakets beim Lesen und Schreiben SAXException zurückgeben, folglich sollten alle Methoden aus einem try-Rumpf heraus aufgerufen werden. Aufgrund der engen Verwandtschaft von SAX- und DOM-Parsern geben DOM-Parser ausschließlich SAX-Ausnahmen zurück, spezielle DOM-Ausnahmen existieren nicht. Um bei einem Ausnahmefall genau die betroffene Stelle innerhalb eines XML-Dokuments lokalisieren zu können, wird die Unterklasse SAXParseException benötigt.

Xerces bietet die Möglichkeit des Validierens. Beim Lesen eines XML-Dokuments wird bei eingeschalteter Validieroption die Struktur des XML-Dokuments mit einer hinterlegten Document Type Definition (DTD) oder einer XML-Schema-Definition (XSD) abgeglichen. Bei Abweichungen werden beim Parsen Ausnahmen zurückgegeben.

Das Abfangen von Ausnahmen am Ende eines try-Rumpfs ist zur vollständigen Ausnahmebehandlung noch nicht ausreichend. Das Interface Errorhandler mit seinen drei Methoden warning, error und fatalError muss implementiert werden und bei der Instanz des DOM-Parsers mittels der Methode setErrorHandler registriert werden. Der Parser dokumentiert hierdurch alle Fehler und Warnungen über das Interface Errorhandler. Wird kein Errorhandler registriert, werden keine Parser-Ausnahmen verarbeitet und ein unvorhersehbares Verhalten des Parsers kann eintreten. In Listing 10-2 ist ein Rohgerüst einer DOM-Parser nutzenden Java-Klasse aufgeführt.

```
import org.xml.sax.ErrorHandler;
import org.xml.sax.SAXParseException;
import org.xml.sax.SAXNotRecognizedException;
import org.xml.sax.SAXNotSupportedException;
import org.xml.sax.SAXException;
import org.apache.xerces.parsers.DOMParser;
public class DOMKampagne implements ErrorHandler {
    public void warning(SAXParseException ex) {
        System.err.println("Warning in "+ ex.getSystemId() +
          " at line " + ex.getLineNumber() +
          " column " + ex.getColumnNumber() +
          " : " + ex.getMessage());
    }
    public void error(SAXParseException ex) {
        ...
    }
    public void fatalError(SAXParseException ex)throws SAXException {
        ...
    }
    public void DOMStart(String uri, ...) {
        try {
            DOMParser domxmlparser = new DOMParser();
            domxmlparser.setFeature("http://..", false / true);
            ...
            domxmlparser.setErrorHandler(this);
            domxmlparser.parse(uri);
            ...
```

10 XML-gestütztes Kampagnenmanagement

```
      } catch (org.xml.sax.SAXParseException spe) {
      } catch (org.xml.sax.SAXNotRecognizedException ex){
      } catch (org.xml.sax.SAXNotSupportedException ex){
      } catch (org.xml.sax.SAXException se) {
         if (se.getException() != null)
            se.getException().printStackTrace(System.err);
         else
            se.printStackTrace(System.err);
      } catch (Exception e) {
         e.printStackTrace(System.err);
      }
   }
...
}
```

Listing 10-2: Rohgerüst einer DOM-Parser nutzenden Java-Klasse

Die drei Methoden `warning`, `error` und `fatalError` des Interface `Errorhandler` übernehmen die Verarbeitung von Ausnahmen. Die Methode `warning` wird bei Ausnahmen vom Typ Warnung gerufen, dieses ist beispielsweise der Fall bei einer doppelten Attributsdeklaration. Nach ihrer Ausnahme-Behandlung muss die Anwendung ihre Arbeit fortsetzen. In Listing 10-2 ist eine mögliche Implementation der Methode `warning` aufgeführt. Als Benutzerinformation werden Informationen zur Eingrenzung der Ausnahme ausgegeben. Die Methode `getSystemId` gibt den vollständigen Unified Resource Locator (URL) als Zeichenkette zurück, die Methoden `getLineNumber` und `getColumnNumber` bestimmen mittels der Zeilen- und der Spaltenstelle die Ausnahmeposition innerhalb des Dokuments. Die Methode `getMessage` lüftet schließlich das Geheimnis, indem sie angibt, zu welcher Ausnahme es gekommen ist.

Die Methode `error` wird bei Fehlern gerufen. Der Parser-Vorgang wird nach der Fehlerbehandlung standardmäßig fortgesetzt. Soll anders verfahren werden, so kann dieses innerhalb der Implementation der Methode `error` hinterlegt werden. Bei einem validierenden Parser führen Unregelmäßigkeiten in einem XML-Dokument zu `error`-Ausnahmen. Beispiele hierfür sind fehlende oder zusätzliche Elemente und Attribute in einem Dokument.

Entspricht ein XML-Dokument nicht dem XML-Standard, wie bei abweichenden Start- und Ende-Tags, wird eine Ausnahme vom Typ `fatalError` erzeugt, und die XML-Verarbeitung wird immer gestoppt. Zusätzlich zum Methodenaufruf wird eine SAXException erzeugt und die XML-Verarbeitung durch Verlassen des `try`-Rumpfs beendet. Zu einem kritischen Fehler führen weiterhin Lesefehler vom XML-Dokument oder von referenzierten Dateien beispielsweise vom Typ DTD oder XSD.

Die Implementationen von `error` und `fatalError` sollten mindestens den Funktionsumfang der Beispielimplementation der Methode `warning` aufweisen. Die gleichen Anweisungen können genutzt werden, wobei zu beachten ist, dass `fatalError` eine SAXException auslöst.

10.3
Konfiguration eines DOM-Parsers

Parser bieten zur Verarbeitung von XML-Dokumenten verschiedene Möglichkeiten an. Die meisten Parser-Implementationen bieten proprietäre Erweiterungen des XML-Standards. So genannte Parser-Features beschreiben den Funktionsumfang eines jeweiligen Parsers. Bei allen Parsern einheitlich ist jedoch die Möglichkeit, gezielt einzelne Features ein- oder auszuschalten. Die Methode `setFeature` mit zwei Eingabeparametern der Klasse DOM-Parser übernimmt diese Aufgabe.

Future	Identifikator	Standard
Validieren eines XML-Dokuments mittels einer angegebenen Grammatik	http://xml.org/sax/features/validation	false
Einbinden externer Textentitäten	http://xml.org/sax/features/external-general-entities	true
Einbinden externer Parameterentitäten und externer DTD-Beschreibungen	http://xml.org/sax/features/external-parameter-entities	true
Namensraum-Unterstützung: Präfixe werden von Element- und Attributnamen getrennt und durch Namensraum-URI ersetzt	http://xml.org/sax/features/namespaces	true
XML-Schema-Unterstützung	http://apache.org/xml/features/validation/schema	true
vollständige Überprüfung der Dokument-Grammatik mittels XML-Schema; diese Optionsnutzung ist zeit- und speicherintensiv	http://apache.org/xml/features/validation/schema-full-checking	false
Parser validiert XML-Dokument nur, wenn Grammatik angegeben ist	http://apache.org/xml/features/validation/dynamic	false
Parser-Vorgang wird nach einem kritischen Fehler fortgesetzt	http://apache.org/xml/features/continue-after-fatal-error	false
DTD wird geladen und genutzt, um Standardattribute und Attributtypen spezifizierten Elementen hinzuzufügen	http://apache.org/xml/features/nonvalidating/load-dtd-grammar	true
Erzeugung einer Warnung bei	http://apache.org/	true

Future	Identifikator	Standard
doppelter Attributdeklaration	xml/features/ validation/warn-on-duplicate-attdef	
Erzeugung einer Warnung bei Referenzierung eines nicht deklarierten Elementes	http://apache.org/ xml/features/ validation/warn-on-undeclared-elemdef	true
Laden einer externen DTD	http://apache.org/ xml/features/ nonvalidating/load-external-dtd	true
DOM-Knoten werden erst im Speicher repräsentiert, wenn auf diese zugegriffen wird; spezielle Xerces-Option bewirkt, dass der Inhalt eines Dokuments schneller zurückgegeben und Hauptspeicher eingespart wird, wenn nicht der vollständige DOM-Baum durchlaufen wird	http://apache.org/ xml/features/dom/ defer-node-expansion	true
Ignorierbarer Leertext wird durch Flag TextImpl#is-IgnorableWhitespace() gekennzeichnet	http://apache.org/ xml/features/dom/ include-ignorable-whitespace	true

Tabelle 10-1: Generelle und DOM-Features der Xerces-Parser-Implementation

Der erste Parameter spezifiziert mittels eines Uniform Resource Identifier Reference (URI) eine Eigenschaft, wobei der zweite Parameter durch einen boolean-Wert bestimmt, ob das jeweilige Feature ein- oder ausgeschaltet wird. Die einer Implementation zugeordneten Features lassen sich unterteilen in generelle und in Features, die nur für die SAX- oder DOM-Komponente Gültigkeit haben. Die Xerces-Implementation unterstützt die in Tabelle 10-1 aufgeführten generellen und DOM-Features. Die ausschließlich bei Nutzung eines SAX-Parsers relevanten SAX-Eigenschaften werden hier nicht besprochen.

Bei den Parsereigenschaften, deren URI mit http://xml.org/sax/features/ beginnen, handelt es sich um standardisierte Funktionalitäten, die eigentlich von allen XML-konformen Parser-Implementationen unterstützt werden sollten. Um Xerces-spezielle Erweiterungen handelt es sich bei den Features, deren URI mit http://apache.org/xml/features/ startet. Eigenschaften, die ausschließlich bei DOM- bzw. bei SAX-Parsern relevant sind, werden durch features/dom bzw. features/sax gekennzeichnet.

Besonders erwähnenswert ist das spezielle Xerces-DOM-Feature, das die Möglichkeit des dynamischen Einlesens von Knoten erst zum tatsächlichen Zeitpunkt des Zugriffs auf diese bietet. Hiermit wird der grundsätzliche Nachteil des erhöhten Hauptspeicherverbrauches eines DOM-Parsers im Vergleich zu einem SAX-Parser vermieden. Berücksichtigt werden muss jedoch, dass nicht alle Parserimplementationen eine ähnliche Funktionalität bieten. Bei der Wahl eines geeigneten Parsers verdient dieses Feature Beachtung. Mittels eines Debuggers lässt sich die Funktion dieses Features überprüfen. Bei eingeschalteter Option wird nur der aktuell verarbeitete Knoten im Hauptspeicher vorgehalten, bei ausgeschalteter Option ist das komplette XML-Dokument in einem DOM-Baum im Speicher hinterlegt.

Ausgehend von den Standardwerten des Xerces-Parsers ist in Listing 10-3 eine effektive Konfiguration für die Verarbeitung von XML-Dokumenten bei hinterlegter externer DTD aufgeführt. Die Validierung bei Hinterlegung einer Grammatik ist eingeschaltet und die Schema-Unterstützung wird nicht genutzt, da in unserem Beispiel kein XSD eingesetzt wird. Abhängig von der Aufgabenstellung kann das Nutzen alternativer Feature-Kombinationen sinnvoll sein.

```
try {
    DOMParser domxmlparser = new DOMParser();

    domxmlparser.setFeature(
        "http://xml.org/sax/features/validation", true);
    domxmlparser.setFeature(
        "http://apache.org/xml/features/validation/schema", false);
    domxmlparser.setFeature(
        "http://apache.org/xml/features/validation/dynamic", true);

    domxmlparser.setErrorHandler(this);
    domxmlparser.parse(uri);
    ...
} catch (org.xml.sax.SAXParseException spe) { ...
```

Listing 10-3: Konfiguration eines Xerces-DOM-Parsers

Mittels der Methode `getFeature` kann unter Angabe des URIs die Konfiguration einer Parserinstanz abgefragt werden. Die Anweisung

```
boolean bvalidation= domxmlparser.getFeature(
    "http://xml.org/sax/features/validation");
```

ermittelt durch Rückgabe eines `boolean`-Werts, ob das Validierungs-Feature eingeschaltet ist.

10.4 Inhaltserschließung eines XML-Dokuments

Durch die Methode `parse` der Klasse `DOMParser` des Package `org.apache.xerces.parsers` wird das mittels eines URI spezifizierte XML-Dokument eingelesen und im Hauptspeicher in Form eines DOM-Baums abgelegt. Für die Inhaltserschließung stehen leistungsfähige Methoden zur Verfügung. Hierzu sollen die wichtigsten Methoden der Interfaces `Document`,

10 XML-gestütztes Kampagnenmanagement

Node, NodeList, NamedNodeMap und DocumentType des Package org.w3c.dom betrachtet werden, die jeweils standardmäßig durch den gewählten Parser implementiert werden. In Abbildung 10-4 ist die Hierarchie der Interfaces des Package org.w3c.dom grafisch aufgeführt.

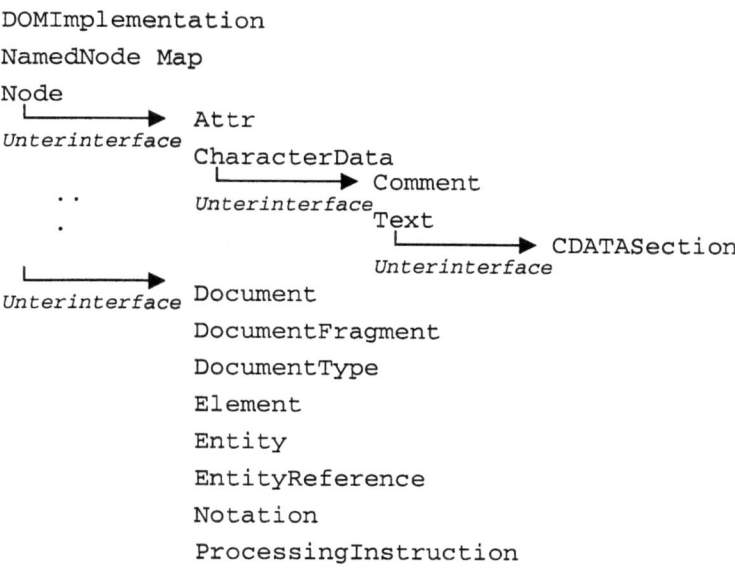

Abbildung 10-4: Interface-Hierarchie des Package org.w3c.dom

Die parameterlose Instanzmethode getDocument der Klasse DOMParser gibt als Rückgabewert den Dokument-Knoten als eine Instanz des Interface Document des Package org.w3c.dom zurück. Die erhaltene Instanz ist der Schlüssel zur weiteren Inhaltserschließung. Es stehen beispielsweise Möglichkeiten zur Verfügung, direkt den Root-Knoten oder alle Elementknoten mit einer bestimmten Bezeichnung zu erhalten. Die folgenden zwei Anweisungen positionieren auf den Root-Knoten. Die Instanzmethode getDocumentElement des Interface Document gibt als Objektinstanz Node den Root-Knoten zurück:

```
Document domdoc = domxmlparser.getDocument();
Node domroot = domdoc.getDocumentElement();
```

Alle Elementknoten mit einem angegebenen Namen werden durch die Instanzmethode getElementsByTagName des Interface Document ermittelt und als Instanz des Interface NodeList zurückgegeben:

```
Document domdoc = domxmlparser.getDocument();
NodeList nodes = domdoc.getElementsByTagName("Person");
```

Bei dem Erschließen von Knoten eines XML-Dokuments sind die Methoden getDocumentElement und getElementsByTagName am effektivsten. Soll ein XML-Dokument erstellt bzw. verändert werden, stellt das Interface Document hierfür weitere leistungsfähige Methoden bereit. Wir kommen somit zwangsläufig bei der Dokument-Erstellung wieder auf das Interface Document zurück. Das Interface Document ist ein Unterinterface von Node. Eine Document-Instanz fasst alle Element-, Text-, Kommentar-, Processing-Instruction-Knoten etc. zusammen, da diese außerhalb eines Dokumentkontextes nicht existieren können.

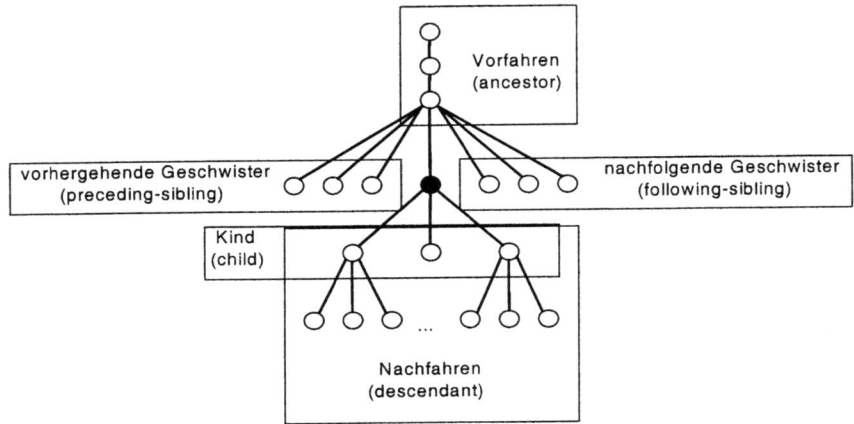

Abbildung 10-5: Achsen eines Elementknotens

Für die weitere Knotenverarbeitung stellt das Interface Node zahlreiche Instanzmethoden zur Verfügung. Alle in der Tabelle 10-2 aufgeführten Instanzmethoden zur Erschließung von Knoteninformationen haben gemeinsam, dass sie zur Funktionsausführung keine weiteren Parameter benötigen, lediglich die Daten der jeweils zugeordneten Instanz vom Typ Node werden genutzt. Die Methoden lassen sich untergliedern in eine Methodengruppe, die Informationen wie Knotenname, -inhalt, -typ, Namensraum-URI oder Namensraum-Präfix als Zeichenkette bzw. Zahlenwert zurückgeben, und Methoden, die einen oder mehrere Knoten zur weiteren Verarbeitung zurückliefern.

Es existieren Instanzmethoden die den Vater- bzw. Vorfahrensknoten (ancestor), den ersten bzw. letzten Kindknoten (child) oder den vorhergehenden (preceding-sibling) bzw. nachfolgenden Knoten (following-sibling) als Objekt vom Typ Node zurückgeben. In Fällen, in denen kein Vater-, Kind- oder vorhergehender bzw. nachfolgender Knoten existiert, wird jeweils als Wert NULL zurückgegeben. Die Achsen eines Elementknotens sind in Abbildung 10-5 grafisch dargestellt.

10 XML-gestütztes Kampagnenmanagement

Methodenname	Funktion	Rückgabe-objekt-klasse
`getNodeName()`	Rückgabe des Knotennamens	`String`
`getNodeValue()`	Rückgabe des Knoteninhalts	`String`
`getNamespaceURI()`	Rückgabe des Namensraum-URI des Knotens	`String`
`getPrefix()`	Rückgabe des Namensraum-Präfix des Knotens	`String`
`getNodeType()`	Rückgabe des Knotentypcodes; Klasse `Node` stellt für alle Knotentypen entsprechende Konstanten zur Verfügung	`short`
`getParentNode()`	Rückgabe des Vaterknotens	`Node`
`getFirstChild()`	Rückgabe des ersten Kindknotens	`Node`
`getLastChild()`	Rückgabe des letzten Kindknotens	`Node`
`getPreviousSibling()`	Rückgabe des vorhergehenden Knotens	`Node`
`getNextSibling()`	Rückgabe des Folgeknotens	`Node`
`getChildNodes()`	Rückgabe aller Kindknoten; sind keine Kinder vorhanden, leere Knotenliste	`NodeList`
`getAttributes()`	Rückgabe der Knotenattribute; sind keine Kinder vorhanden, leere Attributliste	`NamedNodeMap`

Tabelle 10-2: Instanzmethoden des Interface `Node` zur Inhaltserschließung von Knoten

Mittels der Instanzmethode `getChildNodes` besteht die Möglichkeit, durch einen Zugriff alle Kindknoten zu erhalten, Ergebnis ist ein Objekt vom Typ `NodeList`. Sind keine Kindknoten vorhanden, wird eine leere Knotenliste übergeben. Das sehr überschaubare Interface `NodeList` stellt lediglich mittels zweier Instanzmethoden den Zugriff auf alle Kindobjekte sicher. Die parameterlose Methode `getLength` gibt die Anzahl der Kindknoten als Zahlenwert und `item(int index)` gibt den Knoten an der Stelle `index` als `Node` zurück.

Ähnlich in Bezug auf Knotenattribute ist die parameterlose Instanzmethode `getAttributes` konzipiert, die eine Attributliste in Form einer Instanz des Interface `NamedNodeMap` liefert.

10.4.1
Rekursives Durchlesen eines DOM-Baums

Im Folgenden wird die rekursive Methode `XMLAusgabe` beschrieben, die alle Knoten eines Dokuments durchläuft. Als Übergabeparameter verlangt die Methode eine Instanz vom Typ `Node`. Da `Document` ein Unterinterface von `Node` ist, kann sie auch mittels einer Instanz von `Document` aufgerufen werden.

```
Document domdoc = domxmlparser.getDocument();
XMLAusgabe(domdoc);
```

Eine `Document`-Instanz stellt für alle Knoten ein Kontextmodell zur Verfügung. Bei der Verarbeitung muss zwischen verschiedenen Knotentypen unterschieden werden. Hierbei hilfreich ist die `Node`-Instanzmethode `getNodeType`, die mittels eines Zahlencodes einen Knotentyp spezifiziert. Um einem Anwender das Codieren von Hexadezimalwerten zu ersparen, stellt `Node` für Vergleichsoperationen zu allen Knotentypen Konstanten zur Verfügung (siehe Listing 10-4). Knoten von den Typen Element, Attribut, Text, CDATA-Section, Entitäten-Referenz, Entität, `Processing-Instruction`, Kommentar, Document, Document-Typ, Document-Fragment und Notation können unterschieden werden.

```
import org.w3c.dom.Document;
import org.w3c.dom.Node;
import org.w3c.dom.NodeList;
import org.w3c.dom.DocumentType;
import org.w3c.dom.NamedNodeMap;
...
public void XMLAusgabe(Node node) {
    switch (node.getNodeType() ) {
        case Node.DOCUMENT_NODE:
        ...
            break;
        case Node.ELEMENT_NODE:
        ...
            break;
        ...
    }
}
```

Listing 10-4: Knotenunterscheidung mittels `getNodeType`

Eine `Document`-Instanz ist ein Knoten vom Typ `Document` mit Kindknoten, die den Inhalt eines XML-Dokuments repräsentieren, es hat die Rolle eines umschließenden Rahmens. Ein Knoten vom Typ `Document` hat ausschließlich Kindknoten, die mittels den folgenden Anweisungen rekursiv verarbeitet werden können.

10 XML-gestütztes Kampagnenmanagement

```
case Node.DOCUMENT_NODE:
NodeList nodes = node.getChildNodes();
if (nodes != null) {
   for (int i=0; i<nodes.getLength(); i++) {
      XMLAusgabe(nodes.item(i));
   }
}
break;
```

Die Kindknoten eines `Document`-Knotens können nur vom Typ Root-Element, Processing-Instruction, Kommentar und `Document`-Typ sein. Ausschließlich ein Knoten vom Typ `Element` befindet sich unter den Kindern, und zwar der Root-Knoten, der in der weiteren Verarbeitung wie ein gewöhnlicher Elementknoten behandelt werden kann. Elementknoten können sowohl Kindknoten als auch Attribute umschließen. In Listing 10-5 ist die Verarbeitung eines Elementknotens beschrieben. Die Instanzmethode `getNodeName()` liefert den Elementnamen. Vorhandene Elementattribute werden mittels `getAttributes()` als Attributliste vom Typ `NamedNodeMap` zurückgegeben. Für den Zugriff auf Einzelattribute stellt das Interface `NamedNodeMap` Methoden zur Ermittlung der Attributanzahl `getLength`, für den Zugriff auf ein bestimmtes Attribut über die Position die Methode `item(int index)` oder für die Selektion über den Namen `getNamedItem (java.lang.String name)` zur Verfügung. Ansonsten sind Attribute Objektinstanzen des Interface `Node` und ihr Inhalt kann mittels `getNodeName` und `getNodeValue` erschlossen werden.

```
case Node.ELEMENT_NODE:
   System.out.println("ELEMENT_NODE " +
      ": Name: " + node.getNodeName() );

   NamedNodeMap attributes = node.getAttributes();
   for (int i=0; i<attributes.getLength(); i++) {
      Node current = attributes.item(i);
      System.out.print("   Attribute: Name: " +
         current.getNodeName() +
         " Inhalt: " + current.getNodeValue() );
   }
   System.out.println();

   NodeList childnodes = node.getChildNodes();
   if (childnodes != null) {
      for (int i=0; i<childnodes.getLength(); i++) {
         XMLAusgabe(childnodes.item(i));
      }
   }
   break;
```

Listing 10-5: Zugriff auf den Inhalt eines Elementknotens

Der zwischen XML-Tags eingeschachtelte Elementinhalt kann nicht direkt durch die Methode `getNodeValue`, angewandt auf einen Elementknoten, ermittelt werden. Der erwartete Elementinhalt ist der Wert eines Kindknotens vom Typ Text oder CDATA-Section. Entsprechend ist für Kommentar- und Entitäten-Referenz-Knoten ausschließlich ein Knotenwert verfügbar.

```
case Node.TEXT_NODE:
case Node.CDATA_SECTION_NODE:
case Node.COMMENT_NODE:
case Node.ENTITY_REFERENCE_NODE:
   System.out.println( "Inhalt: " + node.getNodeValue() );
   break;
```

Für `Processing-Instruction`-Knoten ist neben einem Knotenwert auch ein Knotenname verfügbar. Aufwendiger ist die Verarbeitung eines `Document`-Typ-Knotens. Zur Auswertung sind die Methoden des `Node`-Unterinterface `DocumentType` heranzuziehen. Neben der Ermittlung einer u.U. hinterlegten DTD kann mittels der Methode `getEntities` auf die Entitäten einer internen oder externen DTD zugegriffen werden. Rückgabeergebnis ist eine `NamedNodeMap`-Instanz, die Entitäten-Referenz- und Entitäten-Knoten enthält. Alle Notationen-Knoten werden von `getNotations` ebenfalls als `NamedNodeMap`-Instanz zurückgeliefert. Im Gegensatz zu den zuvor betrachteten Interfaces bietet `DocumentType` nicht die Möglichkeit dynamisch aus einem Java-Programm Veränderungen vorzunehmen. DOM Level 2 unterstützt nicht das Editieren eines `Document`-Typ-Knoten.

In Abbildung 10-6 ist ein Ausschnitt der Repräsentation eines XML-Dokuments im Hauptspeicher eines Rechners dargestellt, hierbei sind die einzelnen XML-Knoten entsprechend des DOM-Baums untereinander verknüpft.

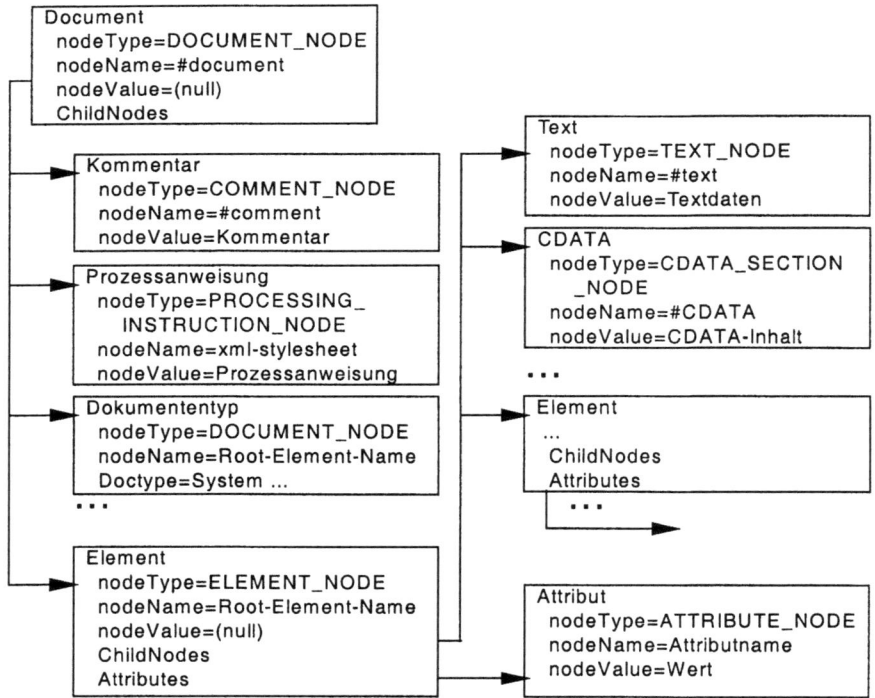

Abbildung 10-6: Repräsentation eines XML-Dokuments im Hauptspeicher

10.4.2
Lesen von XML-Inhalten im Programm zur Anlassgenerierung

Wir haben jetzt die wichtigsten Methoden der Interfaces des Package `org.w3c.dom` kennen gelernt und können so den Source-Code des Java-Programms zur automatischen Anlassgenerierung vervollständigen. Das folgende Codesegment der Methode `DOMStart` verarbeitet das erste Element mit Namen Stichtag, dessen Inhalt das Datum der letzten Ausführung des Java-Programms Kampagne ist. Nachdem das XML-Dokument geparst und eine `Document`-Instanz erzeugt worden sind, werden alle Stichtag-Elemente mittels der Methode `getElementsByTagName` ermittelt.

In der rückgegebenen Knotenliste wird der erste Elementknoten mit der `NodeList`-Methode `item(Position)` selektiert. Laut der DTD des Eingabe-XML-Dokuments (vgl. Listing 10-1) umschließt ein Stichtag-Element keine Kindelemente. Der erste Kindknoten ist somit ein `Text`- oder `CDATA`-Knoten. Der Inhalt wird in einer Instanz mit Namen `stichtag` der Klasse `Datum` des Package `de.pmertens` abgelegt. Die Klasse `Datum` stellt Methoden zum Vergleich von Jahrestagen zur Verfügung, die bei der Anlassgerierung herangezogen werden.

```
Datum stichtag= new Datum();
...
domxmlparser.parse(uri);
Document domdoc = domxmlparser.getDocument();
NodeList nodes =
domdoc.getElementsByTagName("Stichtag");
if (0 < nodes.getLength()) {
   Node node = nodes.item(0).getFirstChild();
   stichtag.setdatum(node.getNodeValue() );
}
```

Im nächsten Schritt sollen alle Elemente mit Namen Person ermittelt werden und deren Inhalte durch Aufruf der Methode Anlassgenerierung ausgewertet werden. Hierzu werden einzeln die Elementknoten zuzüglich der `Datum`-Instanz `stichtag` übergeben.

```
nodes = domdoc.getElementsByTagName("Person");
for (int i=0; i<nodes.getLength(); i++)
   Anlassgenerierung(nodes.item(i), stichtag);
```

Die Implementierung der Methode `Anlassgenerierung` ist in Listing 10-6 aufgeführt. Laut DTD enthalten Elemente mit Namen Person Unterelemente, in denen die jeweiligen personenbezogenen Daten hinterlegt sind. Zu Beginn werden lokale Variablen für eingeschachtelte Elementinhalte von dem Element Person deklariert und instanziert. Iterativ werden alle Kindelemente des übergebenen Elements Person verarbeitet.

In einem ersten Schritt werden hierzu alle Kindknoten mittels der Node-Methode `getChildNodes` eingelesen. Es sollen nur Knoten vom Typ ELEMENT_NODE im Folgenden Berücksichtigung finden. Ebenfalls in der

Knotenliste enthaltene Knoten vom Typ TEXT_NODE und CDATA_SECTION_NODE werden ignoriert, indem der Knotentyp überprüft wird. Ist ein Elementknoten ermittelt, wird dessen Name zur Zuordnung des Inhaltes zur entsprechenden lokalen Variable mittels getNodeName gelesen. Der Kind-Element-Inhalt steht zur Verfügung, indem der Inhalt des ersten Text- bzw. CDATA-Knotens zugewiesen wird.

```
public void Anlassgenerierung(Node person, Datum stichtag) {
    String elementname= "";
    String elementinhalt= "";
    String nachname= "";
    String vorname= "";
    Datum geburts= new Datum();
    ...
    NodeList kindelemente = person.getChildNodes();
    if (kindelemente != null)
        for (int i=0; i<kindelemente.getLength(); i++) {
            if (kindelemente.item(i).getNodeType() ==
                Node.ELEMENT_NODE) {
                elementname = kindelemente.item(i).getNodeName();

                NodeList inhalt =
                    kindelemente.item(i).getChildNodes();
                elementinhalt= inhalt.item(0).getNodeValue();

                if (0 == elementname.compareTo( "Nachname"))
                    nachname= elementinhalt;
                if (0 == elementname.compareTo( "Vorname"))
                    vorname= elementinhalt;
                if (0 == elementname.compareTo( "Geburtsdatum"))
                    geburts= new Datum(elementinhalt);
                ...
            }
        }

    if (geburts.zwischenJahrestag_aktuellesDatum( stichtag)) {
        //Anlassart Jahrestag seit letzter Programmausführung
        ...
    }
    else {
        if (geburts.gleicherJahrestagwieaktuellesDatum()) {
            //Anlassart heute Jahrestag
            ...
        }
    }
}
```

Listing 10-6: Implementierung der Methode Anlassgenerierung

Nachdem der Inhalt eines Elementes mit Namen Person eingelesen ist, können die Informationen daraufhin überprüft werden, ob ein Anlass generiert werden soll. Hier wird bezüglich des Geburtsdatums zwischen den Fällen unterschieden, ob ein Jahrestag zwischen dem Datum der letzten Programmausführung und dem aktuellen Datum oder genau am aktuellen Tag vorliegt. Ist der Anlass erkannt, so stehen für die Reaktion viele branchenspezifische Möglichkeiten zur Verfügung. Generell denkbar sind Lösungen, bei denen die erkannten Personen automatisch angeschrieben bzw. angemailt werden. Individueller, aber auch zeitintensiver für die folgende Reaktion ist es, wenn ein zugeordneter

10 XML-gestütztes Kampagnenmanagement

Kundenbetreuer eine Liste mit allen Anlässen übermittelt bekommt und persönlich einen Kontakt herstellt.

Bei den zuvor vorgestellten Rahmen handelt es sich um den Kern eines XML-gesteuerten Java-Programms zur automatischen Anlassgenerierung. Eine vollständige Implementation eines Java-Programms würde den Rahmen dieses Abschnitts sprengen.

10.5 Modifikation und Generierung von XML-Dokumenten

Beim Ändern und Erstellen von XML-Dokumenten kommt den Interface Document und Node, wie in den vorherigen Kapiteln, eine tragende Rolle zu. Zusätzlich werden jedoch Methoden der Interface Element, Text und Attr des Package org.w3c.dom benötigt. Eine Instanz von Document repräsentiert ein XML-Dokument, es fasst alle Knoten zusammen und ermöglicht den Zugriff auf alle Bestandteile eines XML-Dokuments. Für die Erstellung von Knoten und Attributen stellt das Interface Document zahlreiche Methoden zur Verfügung. In Tabelle 10-3 sind die wichtigsten aufgeführt. Es stehen Möglichkeiten zur Verfügung, alle Knoten-Typen zu erzeugen. Knoten der Typen wie beispielsweise Text, Comment oder CDATA-Section können mit dem Aufruf einer Document-Instanzmethode gebildet werden. Im Gegensatz zu diesen sind zur abschließenden Generierung von Elementknoten oder dem Zuordnen von Attributen zu Elementen weitere Methoden der Interface Node und Element heranzuziehen. Alle mittels der Methoden des Interface Document erzeugten Objekte müssen zur Bildung eines XML-Dokuments in ein XML-Hierarchie-Modell eingeordnet werden, da diese nach ihrer Generierung zunächst nur separat als Knoten einer Instanz von Document existieren.

Methodenname	Funktion	Rückgabeobjektklasse
createElement (java.lang.String name)	erzeugt einen Elementknoten mit angegebenem Namen; existieren zu dem Element voreingestellte Attribute mit Standardwerten, so werden diese automatisch dem neuen Element zugeordnet	Element
createElementNS (java.lang.String namespaceURI, java.lang.String name)	entsprechend Methode createElement, wobei Elementknoten ein Namensraum-URI zugeordnet wird	Element

Methodenname	Funktion	Rückgabe-objektklasse
`createTextNode (java.lang.String wert)`	erzeugt einen Text-Knoten mit übergebenem Inhalt	`Text`
`createComment (java.lang.String kommentar)`	erzeugt einen Kommentar-Knoten mit übergebenem Inhalt	`Comment`
`createCDATASection (java.lang.String wert)`	erzeugt einen CDATA-Knoten mit übergebenem Inhalt	`CDATA-Section`
`createAttribute (java.lang.String name)`	erzeugt ein Attribut mit angegebenem Namen; später kann Attribut mittels `setAttributeNode` einer Instanz von `Element` zugeordnet werden	`Attr`
`createAttributeNS (java.lang.String namespaceURI, java.lang.String name)`	entsprechend Methode `createAttribute`, wobei Attribut ein Namensraum-URI zugeordnet wird	`Attr`

Tabelle 10-3: Instanzmethoden des Interface `Document` zur Erstellung von Knoten

Das Interface `Node` stellt Instanzmethoden zur Verfügung, mit denen Knoten entsprechend dem hierarchischen XML-Baum-Konzept eingeordnet werden können. Kindknoten werden jeweils einem Vaterknoten zugeordnet. In Tabelle 10-4 sind die zur Verknüpfung von Knoten wichtigsten Instanzmethoden des Interface `Node` aufgeführt. Im folgenden Source-Code-Ausschnitt wird dem zuvor beschriebenen Eingabe-XML-Dokument ein neues Element `Person` hinzugefügt. Das mittels eines URI spezifizierte XML-Dokument wird geparst, eine Instanz von `Document` wird initialisiert und der Wurzelknoten wird mittels der Methode `getDocument` ermittelt. Durch Anwendung der `Document`-Methode `createElement` werden Element-Instanzen mit den Namen `Person` und `Nachname` initialisiert. Zwischen den beiden Elementen existiert direkt nach der Initialisierung noch keine Verknüpfung.

```
import org.w3c.dom.Element;
import org.w3c.dom.Text;
...
domxmlparser.parse(uri);
Document doc = domxmlparser.getDocument();
Node domroot = doc.getDocumentElement();
Element elem1, elem2;

elem1= doc.createElement("Person" );
elem2= doc.createElement("Nachname" );
```

Dem Element `Nachname` soll ein Textinhalt in Form einer Zeichenkette zugeordnet werden. Zur Repräsentation von Zeichenketten stehen `Text`- oder CDATA-Knoten zur Verfügung, die jeweils mit den Methoden `createText-Node` bzw. `createCDATASection` erzeugt werden müssen. Als Ergebnis geben die Methoden eine `Text`- bzw. eine `CDATASection`-Instanz zurück, hierzu müssen die Interfaces `org.w3c.dom.Text` bzw. `org.w3c.dom.CDATASection` importiert werden.

```
text1= doc.createTextNode("Meier" );
```

Mittels der `Node`-Instanzmethode `appendChild` wird der Text-Knoten dem Elementknoten Nachname als Kindknoten zugeordnet. In einem analogen zweiten Schritt wird das Element `Nachname` dem Element `Person` als Kindknoten hinzugefügt.

```
elem2.appendChild(text1 );
elem1.appendChild(elem2 );
```

Da die Instanzmethode `appendChild` als einzigen Parameter ein Objekt des Interface `Node` verlangt und da das Interface `Text` ein Unterinterface von `Node` ist, können die Methoden `appendChild` und `createTextNode` ineinander geschachtelt werden.

```
elem2= doc.createElement("Vorname" );
elem2.appendChild(doc.createTextNode("Frank" ) );
elem1.appendChild(elem2 );
```

Zur Hinzufügung des neu erstellten Elementes wird in einem letzten Schritt das neue Element `Person` dem Root-Element `Personendaten` als Kindknoten zugeordnet. Bezüglich der Positionierung eines neuen Kindknotens im Verhältnis zu bereits existierenden Kindknoten besteht auch die Möglichkeit, mittels der `Node`-Methode `insertBefore` vor einem Referenzknoten einzufügen. Weiterhin können Kindknoten ersetzt, gelöscht oder auch kopiert werden.

```
domroot.appendChild(elem1 );
```

Methodenname	Funktion	Rückgabe-objektklasse
`insertBefore (Node neuer-Kindknoten, Node Referenz-kindknoten)`	fügt neuen Knoten als Kindknoten vor dem angegebenen Referenz-kindknoten ein; ist der Referenz-kindknoten null, so wird der neue Knoten als letzter angehängt; Rückgabewert ist der eingefügte Knoten	Node

Methodenname	Funktion	Rückgabe-objektklasse
`replaceChild (Node neuerKind-knoten, Node alterKind-knoten)`	ersetzt den alten Knoten durch den neuen Knoten in der Liste der Kinder; Rückgabewert ist der ersetzte alte Knoten	`Node`
`removeChild (Node alterKind-knoten)`	löscht den angegebenen Knoten in der Liste der Knoten; Rückgabewert ist der gelöschte Kindknoten	`Node`
`appendChild (Node neuerKind-knoten)`	fügt neuen Knoten in der Liste der Knoten als letzten Knoten ein; Rückgabewert ist der hinzugefügte Knoten	`Node`
`cloneNode (boolean rekursiv)`	kopiert einen Knoten mit allen zugehörigen Attributen bei ausgeschalteter Rekursivität; im anderen Fall werden zusätzlich alle Kindknoten rekursiv mitkopiert; Rückgabewert ist die Knotenkopie	`Node`

Tabelle 10-4: Instanzmethoden des Interface `Node` zur Verknüpfung von Knoten

10.5.1
Modifikation des Eingabe-XML-Dokuments im Programm Anlassgenerierung

In den Elementen `Stichtag` des Eingabe-XML-Dokuments sind die Daten der letzten Aufrufe des Programms Anlassgenerierung hinterlegt. Zur Historisierung sollen maximal die fünf neuesten `Stichtag`-Elemente gespeichert werden. Alle älteren Elemente sollen aus dem XML-Baum entfernt werden. Die `Stichtag`-Elemente sind entsprechend dem enthaltenen Datum absteigend sortiert. Zur Löschung überzähliger Elemente wird so lange jeweils das sechste Element gelöscht, bis nicht mehr als fünf `Stichtag`-Elemente vorhanden sind. Die Methode `removeChild` entfernt jeweils den sechsten `Stichtag`-Knoten der Kindknoten.

```
Document domdoc = domxmlparser.getDocument();
NodeList nodes =
domdoc.getElementsByTagName("Stichtag");
...
Node parentnode= nodes.item(0).getParentNode();
while (5< nodes.getLength() ) {
    parentnode.removeChild(nodes.item(5) );
}
```

10 XML-gestütztes Kampagnenmanagement

Das aktuelle Programmausführungsdatum wird in ein neues Element `Stichtag` gespeichert, das als erstes vor allen weiteren Elementen dem Vaterknoten mittels `insertBefore` zugeordnet wird. Das aktuelle Datum wird durch die hier nicht näher beschriebene Instanzmethode `getaktuellesDatum` der Klasse `Datum` des Package `de.pmertens` im Format `yyyy.MM.dd` ermittelt und dem `Stichtag`-Element als Textknoten zugeordnet.

```
Datum stichtag= new Datum();
Element stichelem=
domdoc.createElement("Stichtag");
stichelem.appendChild( domdoc.createTextNode(
stichtag.getaktuellesDatum()) );
parentnode.insertBefore(stichelem, nodes.item(0) );
```

Um zusätzliche Personendatensätze kann das Eingabe-XML-Dokument durch die in Listing 10-7 aufgeführte Methode `erfasseElemente` erweitert werden. Durch zwei Aufrufparameter werden die `Document`-Instanz und die Wurzelknoten-Instanz des zu erweiternden XML-Dokuments übergeben.

```
public void erfasseElemente(Document doc, Node root ) {
    Datum dummy= new Datum();
    String eingabe;
    Element elemperson= doc.createElement("Person");
    Element elem1, elem2;

    System.out.println(
        "Bitte geben Sie die hinzuzufügenden Personendaten ein!");

    eingabe= KonsoleEingabe("Nachname" );
    elem1= doc.createElement("Nachname" );
    elem1.appendChild(doc.createTextNode(eingabe ) );

    eingabe= KonsoleEingabe("Geburtsname" );
    if (0 != eingabe.length() ) {
        elem2= doc.createElement("Geburtsname" );
        elem2.appendChild(doc.createTextNode(eingabe ) );
        elem1.appendChild(elem2 );
    }

    elemperson.appendChild(elem1 );
    ...

    root.appendChild(elemperson );
}
```

Listing 10-7: Implementierung der Methode `erfasseElemente`

Entsprechend der in Listing 10-1 beschriebenen DTD des XML-Dokuments werden nacheinander alle Kindknotenelemente von `Person` erzeugt und dem übergeordneten Elementknoten zugeordnet. Der in einzelnen Elementen zu speichernde Inhalt wird von der hier nicht näher beschriebenen Methode `KonsoleEingabe` über die Standardeingabe von der Tastatur eingelesen. Hierzu wird jeweils eine Zeile von der Konsole gelesen und als `String` zurückgegeben. Ein Element `Geburtsname` wird dem Element `Nachname` nur dann zugeordnet, wenn über die Konsole eine Zeichenkette eingegeben worden ist.

10.5.2
Attribut-Bearbeitung

Die XML-Spezifikation sieht vor, dass Elementknoten Attribute zugeordnet werden können. Bei einem Attribut handelt es sich genau genommen um einen Attribut-Knoten mit einem bestimmten Wert. Mittels der Document-Methode `createAttribute` wird ein Attribut-Knoten erzeugt und in Form einer Instanz des Interface `Attr` zurückgegeben, hierzu muss das Interface `org.w3c.dom.Attr` importiert werden. Das Interface `Attr` umfasst Methoden, die zur Ermittlung des Attributnamens, des Attributwerts oder des Eigentümer-Elements dienen. Darüber hinaus kann einem Attribut-Knoten mittels `setValue` ein Wert zugewiesen werden.

Zur Zuordnung eines Attribut-Knoten zu einem Elementknoten ist die Element-Methode `setAttributeNode` zu nutzen. Alle Instanzmethoden des Interface `Element` zur Attributzuordnung oder zur Attributlöschung sind in Tabelle 10-5 aufgeführt.

```
import org.w3c.dom.Attr;
...
Attr attribut= doc.createAttribute("geaendert" );
attribut.setValue("2002.02.28" );
elem1.setAttributeNode(attribut );
```

Mittels der Element-Methode `setAttribute` kann ein Attribut-Knoten mit einem Aufruf erzeugt, mit einem Wert versehen und einem bestimmten Element zugeordnet werden. Das folgende Beispielkommando bewirkt das gleiche Ergebnis wie obige drei Zeilen.

```
elem1.setAttribute("geaendert", "2002.02.28" );
```

Methodenname	Funktion	Rückgabe-objekt-klasse
`setAttribute (java.lang.String name, java.lang.String wert)`	fügt Instanz-Element Attribut mit angegebenem Namen und Wert hinzu; existiert bereits Attribut mit gleichem Namen, so wird der Wert aktualisiert	`void`
`removeAttribute (java.lang.String name)`	löscht Attribut; existiert für das angegebene Attribut ein Grundwert, so wird dieser einschließlich URI, `local name` und `prefix` dem Element zugewiesen	`void`

10 XML-gestütztes Kampagnenmanagement

Methodenname	Funktion	Rückgabe-objekt-klasse
`setAttributeNode (Attr neuesAttribut)`	fügt einen Attribut-Knoten dem Instanz-Element hinzu; existiert Attribut mit gleichem Namen bereits, so wird der Wert aktualisiert; wird ein bestehender Attribut-Knoten ersetzt, so wird dieser zurückgegeben, in anderem Fall null	`Attr`
`removeAttributeNode (Attr altesAttribut)`	entfernt Attribut-Knoten; existiert für das angegebene Attribut ein Grundwert, so wird dieser einschließlich URI, `local name` und `prefix` dem Attribut zugewiesen; Rückgabewert ist der gelöschte Knoten	`Attr`
`setAttributeNS (java.lang.String namespaceURI, java.lang.String name, java.lang.String wert)`	ähnlich `setAttribute`, wobei Attribut spezifiziert durch lokalen Namen und Namensraum-URI hinzugefügt wird	`void`
`removeAttributeNS (java.lang.String namespaceURI, java.lang.String name)`	ähnlich `removeAttribute`, wobei Attribut mittels lokalem Namen und Namensraum-URI spezifiziert wird	`void`
`setAttributeNodeNS (Attr neuesAttribut)`	ähnlich `setAttributeNode`, wobei Attribut-Knoten mittels lokalem Namen und Namensraum-URI spezifiziert wird	`Attr`

Tabelle 10-5: Instanzmethoden des Interface `Element` zur Erstellung eines XML-Dokuments

10.5.3
Erzeugung eines XML-Dokuments

In den vorherigen Betrachtungen wurde ein geparstes XML-Dokument lediglich verändert bzw. um zusätzliche Elemente erweitert. Darüber hinaus kann jedoch auch der eigentliche Inhalt eines Dokuments komplett verändert werden, indem das Wurzel-Element ausgetauscht wird, oder es kann ein völlig neues Dokument erstellt werden.

Das Wurzel-Element mit allen Kindknoten kann mittels der Node-Methode replaceChild gegen einen Elementknoten inkl. aller eingeschachtelter Knoten ausgetauscht werden. Im folgenden Code-Beispiel wird ein Elementknoten Personendaten einschließlich Kindknoten erzeugt und gegen das bestehende Wurzel-Element ausgetauscht.

```
domxmlparser.parse(uri);
Document doc = domxmlparser.getDocument();

Element rootelem=
doc.createElement("Personendaten");
Element elem1= doc.createElement("Person" );
Element elem2= doc.createElement("Nachname" );
elem2.appendChild(doc.createTextNode("Meier" ) );
elem1.appendChild(elem2 );
...
doc.replaceChild(rootelem );
```

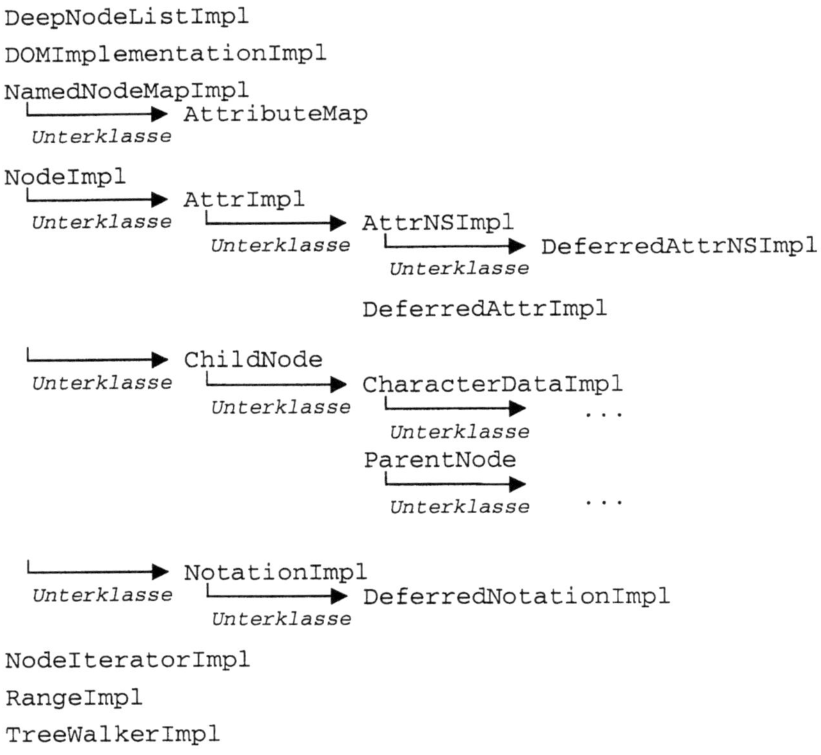

```
DeepNodeListImpl
DOMImplementationImpl
NamedNodeMapImpl
   └──▶ AttributeMap
      Unterklasse

NodeImpl
   └──▶ AttrImpl
      Unterklasse └──▶ AttrNSImpl
                  Unterklasse └──▶ DeferredAttrNSImpl
                              Unterklasse
                              DeferredAttrImpl

        └──▶ ChildNode
      Unterklasse └──▶ CharacterDataImpl
                  Unterklasse           ...
                              Unterklasse
                              ParentNode
                              └──▶
                                 Unterklasse  ...

        └──▶ NotationImpl
      Unterklasse └──▶ DeferredNotationImpl
                  Unterklasse

NodeIteratorImpl
RangeImpl
TreeWalkerImpl
```

Abbildung 10-7: Klassen-Hierarchie des Package org.apache.xerces.dom

Die `Node`-Methode `replaceChild` kann auf eine Instanz von `Document` angewendet werden, da eine `Document`-Instanz alle Methoden des Ober-Interface `Node` erbt.

Die aktuelle Document-Object-Model-(DOM)-Level-2-Spezifikation sieht auch die Möglichkeit vor, ein eigenständiges XML-Dokument ohne ein Aufsetzen auf ein geparstes XML-Dokument zu erzeugen. Der XML-Parser Xerces bietet mit der Klasse `org.apache.xerces.dom.DocumentImpl` eine Möglichkeit zur Erzeugung eines neuen XML-Dokuments. In Abbildung 10-7 ist die Hierarchie der Klassen des Package `org.apache.xerces.dom` dargestellt.

Die Klasse `DocumentImpl` ist die Implementierung des Interface `org.w3c.dom.Document`. Eine Instanz von `Document` wird mit Hilfe eines Konstruktors der Klasse `DocumentImpl` initialisiert.

```
import org.apache.xerces.dom.DocumentImpl;
...
Document doc= new DocumentImpl();

rootelem= doc.createElement("Personendaten");
...
doc.appendChild(rootelem );
```

Anschließend können entsprechend vorheriger Betrachtungen Knoten erzeugt, Hierarchien festgelegt und in einem letzten Schritt das neue Wurzel-Element der `Document`-Instanz als Kindknoten zugeordnet werden.

10.6
Speicherung von XML-Dokumenten

Nachdem im vorherigen Kapitel das Erstellen und Ändern von XML-Dokumenten betrachtet worden ist, soll in diesem Abschnitt die Ausgabe und das Speichern von XML-Dokumenten in Dateiform behandelt werden. Während der Laufzeit wird in Java ein XML-Dokument durch eine Instanz des Interface `Document` repräsentiert, welches den Kontext für alle verknüpften Knoten darstellt.

Zunächst muss das Ausgabeformat eines XML-Dokuments durch Angabe eines standardisierten Zeichensatzes festgelegt werden. Die XML-Spezifikation unterscheidet zwischen 21 Zeichensätzen, wobei zu beachten ist, dass nicht alle Parser-Implementationen alle Zeichensätze unterstützen. Wird nicht explizit ein Ausgabeformat bestimmt, kommt die Standardcodierung `UTF-8` zum Einsatz, die jedoch keine Ausgabe von deutschen Umlauten erlaubt. `UTF-8` codiert mittels eines Bytes den Unicode-Zeichensatz. Alle `ASCII`-Dokumente sind gültige `UTF-8`-Dokumente. Der Zeichensatz `UTF-8` ist aufwärtskompatibel zum `ASCII`-Zeichensatz. In einem XML-Dokument ist das Format unter der Codierungsdeklaration hinterlegt.

```
<?xml version="1.0" encoding="ISO-8859-1"?>
```

Eine Codierung ist zu wählen, welche die Darstellung von Umlauten für den deutschen Sprachraum ermöglicht. Dieses ist durch die Codierung `ISO-8859-1` (`Latin-1`) gegeben, die den `ASCII`-Zeichensatz um in westeuropäischen Ländern übliche Zeichen erweitert. `ISO-8859-1` wird in den europäischen Ländern Belgien, Dänemark, Deutschland, England, Finnland, Holland, Island, Italien, Norwegen, Portugal, Schweden und Spanien verwendet.

Eine Instanz der Klasse `org.apache.xml.serialize.OutputFormat` hat die Aufgabe die Codierung festzulegen. Der Klassen-Konstruktor verlangt als ersten Parameter die Instanz des auszugebenden XML-Dokuments, als zweiten die gewählte Codierung als `String` und als dritten Parameter die Angabe mittels eines `boolean`-Werts, ob automatische Einrückungen in der Ausgabe vorgenommen werden sollen. Wird der Konstruktor nur mit dem auszugebenden XML-Dokument aufgerufen, so wird die Standardcodierung ohne automatische Einrückungen eingestellt.

```
OutputFormat format= new OutputFormat(doc, "ISO-8859-1", true );
```

Ein XML-Dokument wird in Form von Zeichenketten ausgegeben, hierzu wird eine Instanz der Standard-Klasse `java.io.StringWriter` genutzt. Mittels `StringWriter` steht ein Zeichen-Output-Stream zur Verfügung, in dem das auszugebende XML-Dokument zwischengespeichert wird. Das Schreiben in den Ausgabestrom übernehmen Methoden der Parser-Implementation (vgl. Abbildung 10-8).

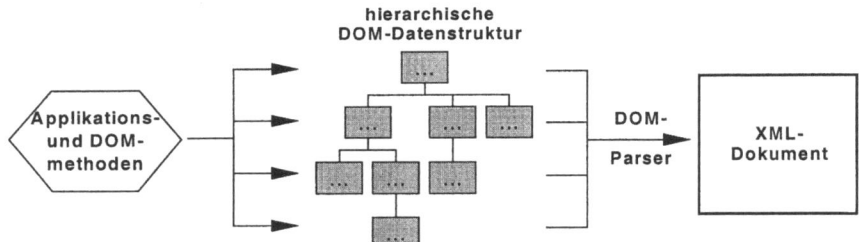

Abbildung 10-8: Speicherung eines XML-Dokuments mittels eines DOM-Parsers

Ist das XML-Dokument abschließend in den `Output`-Stream eingestellt, so kann dieser schließlich mittels der `StringWriter`-Methode `toString` in Form einer Zeichenkette ausgegeben werden.

```
StringWriter stringOut = new StringWriter();
```

Der XML-Serializer der Klasse `org.apache.xml.serialize.XMLSerializer` übernimmt die Zerlegung eines XML-Dokuments, wobei Konstruktor-Parameter das Schreibziel des Serialisierers und das Codierungsformat festlegen. Schreibziel ist obige `StringWriter`-Instanz und das Codierungsformat wird durch eine `OutputFormat`-Instanz bestimmt. Die Methode `asDOMSerializer` konfiguriert den Serialisierer zur Ausgabe eines

10 XML-gestütztes Kampagnenmanagement

Document Object Model (DOM). Das eigentliche Zerlegen wird durch die Methode `serialize` gestartet.

```
XMLSerializer serial =
   new XMLSerializer( stringOut, format );
serial.asDOMSerializer();
serial.serialize( doc.getDocumentElement() );
System.out.println(stringOut.toString() );
```

Nach dem Serialierungsvorgang ist das komplette XML-Dokument im Output-Stream zwischengespeichert und kann in einen beliebigen Kanal ausgegeben werden. In Listing 10-8 ist eine Methode zur Speicherung eines XML-Dokuments in eine Datei aufgeführt.

Die beschriebene Methode `speicherDocument` wird mit der Instanz des auszugebenden XML-Dokuments und dem Datei-URI aufgerufen. Mittels eines Datei-Deskriptors wird ein Kanal zu einer neu erstellten Datei im Home-Directory geöffnet. Existiert die Ziel-Datei bereits, so wird diese in `*.alt` umbenannt. Das XML-Dokument wird schließlich durch Auslesen des Zeichen-Output-Streams in den Ausgabe-Kanal geschrieben.

```
import java.io.BufferedReader;
import java.io.IOException;
import java.io.File;
import java.io.PrintWriter;
import java.io.StringWriter;
import java.io.InputStreamReader;
import java.io.FileWriter;

import org.apache.xml.serialize.OutputFormat;
import org.apache.xml.serialize.XMLSerializer;
...
public void speicherDocument(Document doc, String uri)  {
    try {
        OutputFormat format =
            new OutputFormat( doc, "ISO-8859-1", true );
        StringWriter stringOut = new StringWriter();

        XMLSerializer serial =
            new XMLSerializer( stringOut, format );
        serial.asDOMSerializer();

        serial.serialize( doc.getDocumentElement() );

        try {
            File homedir= new File(System.getProperty("user.dir") );
            File fneu= new File(homedir, uri );

            if (fneu.exists() ) {
                int pos= uri.indexOf(".");
                String urialt= uri.substring(0, pos );
                urialt= urialt.concat(".alt" );

                File falt= new File(homedir, urialt );
                if (falt.exists() )
                    falt.delete();

                fneu.renameTo(new File(homedir, urialt ) );
            }
            PrintWriter fileout=
                new PrintWriter(new FileWriter(fneu ) );
            fileout.write(stringOut.toString() );
            fileout.close();
```

```
        }
        catch (IOException fileerror) {
            fileerror.printStackTrace();
        }
    } catch ( Exception ex ) {
        ex.printStackTrace();
    }
}
```
Listing 10-8: Methode zur Speicherung eines XML-Dokuments

10.7 Fazit

XML-Dokumente können von Parsern gelesen bzw. erstellt werden, die dem „Simple API for XML (SAX)"- oder dem „Document Object Model (DOM)"-Prinzip folgen. SAX-Parser nutzen die Struktur eines XML-Dokuments nur im eingeschränkten Maße, da eine Verarbeitung einzelner XML-Elemente sequenziell in der Reihenfolge ihres Auftretens erfolgt. DOM-Parser bieten gegenüber SAX-Parsern Vorteile. Der große Vorteil von DOM-Parsern liegt in der komfortablen Möglichkeit, innerhalb von XML-Dokumenten zu navigieren. Es stehen leistungsfähige Methoden zur Verfügung, bestimmte Elemente zu selektieren, im XML-Baum Kindelementen zu folgen oder auf direktem Wege Elementen Kindelemente oder Attribute hinzuzufügen.

Hier wurde zur Verarbeitung von XML-Daten der Java Xerces Parser der Apache Software Foundation genutzt. Das Xerces-Paket stellt sowohl einen SAX- als auch einen DOM-Parser einschließlich der für die Entwicklung von Java-Programmen erforderlichen Application Programming Interfaces (API) zur Verfügung. Standardmäßig lesen DOM-Parser ein XML-Dokument vor der Verarbeitung erst komplett in den Hauptspeicher eines Rechners ein. Dieses kann bei sehr großen Dokumenten einen Nachteil darstellen.

Der grundsätzliche Nachteil des erhöhten Hauptspeicherverbrauches eines DOM-Parsers im Vergleich zu einem SAX-Parser wird jedoch durch ein spezielles Xerces-DOM-Feature vermieden, das die Möglichkeit des dynamischen Einlesens von Knoten erst zum tatsächlichen Zeitpunkt des Zugriffs auf diese bietet. Berücksichtigt werden muss jedoch, dass nicht alle Parserimplementationen eine ähnliche Funktionalität bieten. Bei der Wahl eines geeigneten Parsers verdient dieses Feature in jedem Fall Beachtung. Bei eingeschalteter Option wird nur der aktuell verarbeitete Knoten im Hauptspeicher vorgehalten, bei ausgeschalteter Option ist das komplette XML-Dokument in einem DOM-Baum im Speicher hinterlegt.

10.8
Literatur

Apache Software Foundation. `http://xml.apache.org`, 2002

Apache Xerces Java Parser. `http://xml.apache.org/xerces-j/index.html`, 2000

W3C: Recommendation Document Object Model (DOM) Level 2 Core Specification, Version 1.0. `http://www.w3.org/TR/2000/REC-DOM-Level-2-Core-20001113`, 13. 11. 2000

W3C: Recommendation Extensible Markup Language (XML), Version 1.0. `http://www.w3.org/TR/1998/REC-xml-19980210`, 10. 2. 1998

W3C: Recommendation XML Path Language (XPath), Version 1.0. `http://www.w3.org/TR/1999/REC-xpath-19991116`, 16. 11. 1999

W3C: Recommendation Extensible Stylesheet Language (XSL), Version 1.0. `http://www.w3.org/TR/2001/PR-xsl-20010828`, 28. 8. 2001

W3C: Recommendation XSL Transformations (XSLT), Version 1.0. `http://www.w3.org/TR/1999/REC-xslt-19991116`, 16. 11. 1999

W3C: Recommendation XML Linking Language (XLink), Version 1.0. `http://www.w3.org/TR/2000/REC-xlink-20010627`, 27. 6. 2001

11 XML-Schema-Definitionen

Dokumente, die der aktuellen XML-Spezifikation 1.0 entsprechen, werden als wohlgeformt (well-formed) bezeichnet. Die Wohlgeformtheit eines Dokuments bezieht sich lediglich auf die Syntax eines Dokuments. Es werden keine Aussagen bezüglich des Inhalts eines Dokuments getroffen. Sollen Dokumente beschränkt werden, indem vorgeschrieben wird, welche Elemente und Attribute wie in einem Dokument auftreten dürfen oder wie diese ineinander verschachtelt sein sollen, kommen Dokument-Typ-Definitionen (DTD) oder XML-Schema-Definitionen (XSD) zum Einsatz. Die Syntax der DTD ist im Februar 1998 parallel zur Empfehlung des W3C für die Extensible Markup Language (XML) 1.0 spezifiziert worden. Die Empfehlung des W3C für XSD ist wesentlich später im Mai 2001[69] standardisiert worden. DTD standen zeitlich somit wesentlich früher zur Verfügung als XSD. Hierdurch werden zurzeit in der Praxis DTD häufiger als XSD eingesetzt. Dieser Zustand wird sich jedoch in den nächsten Monaten ändern, da XSD gegenüber DTD große Vorteile aufweisen, die im Folgenden besprochen werden. Der einzige Vorteil von DTD ist die zurzeit noch größere Verbreitung und die aktuell noch bessere Tool-Unterstützung, wobei alle Tool-Hersteller die XSD-Spezifikationen schon unterstützen oder eine Berücksichtigung für das nächste Release angekündigt haben. Einer intensiven Beschäftigung mit XSD steht somit nichts mehr im Wege. Die Gemeinsamkeit von DTD und XSD ist, dass jeweils mit deren Hilfe XML-Dokumente validiert werden können.

XML-Schema-Definitionen (XSD) wurden entwickelt, um XML-Dokumente zu validieren und die Nachteile der Dokument-Typ-Definitionen (DTD) zu vermeiden. Ein Hauptkritikpunkt an DTD ist, dass zur Formulierung der DTD eine weitere Syntax neben der XML-Syntax genutzt werden muss. DTD sind keine XML-Dokumente, sondern unterliegen einer eigenen Syntax. Weiterhin hat sich das Datentyp-Konzept der DTD als nicht ausreichend herauskristallisiert. Die Anzahl der möglichen Datentypen der DTD ist stark begrenzt. Es existiert beispielsweise keine Möglichkeit, ein XML-Element zu definieren, das lediglich Ganzzahlwerte des Wertebereichs von −100 bis +100 aufnehmen kann. DTD unterstützen lediglich 10 festgeschriebene Datentypen.

---

[69] vgl. W3C: Recommendation XML Schema – Primer, Structures and Datatypes

XSD vermeiden die Hauptkritikpunkte der DTD. Im Gegensatz zu DTD sind XSD selbst XML-Dokumente. Es wird somit zur Formulierung von Beschränkungen durch XSD keine von der XML-Spezifikation abweichende Syntax genutzt. XSD verfügen über 44 standardmäßige Datentypen. Zusätzlich besteht die Möglichkeit eigene benutzerspezifische Datentypen zu definieren. Die Anzahl der Datentypen für XSD ist somit praktisch unbegrenzt.

Zu den Hauptvorzügen von XSD gegenüber DTD gehören, dass

- 44 standardmäßige Datentypen existieren, deren Anzahl durch beliebig viele individuelle Datentypen erweitert werden kann.
- XML-Elemente mit gleichem Namen jedoch abweichendem Inhalt deklariert werden können.
- XSD selbst XML-Dokumente sind. Somit die gleiche Syntax wie bei den Instanz-Dokumenten verwandet wird.
- XSD einem objektorientierten Ansatz folgen. Datentypen können beschränkt oder erweitert werden.
- XML-Elemente definiert werden können, die durch andere Elemente ersetzt werden können.
- Gruppen von XML-Elementen festgelegt werden können, bei denen das Auftreten und die Reihenfolge einzelner Elemente bestimmt ist.
- ein fester Inhalt von XML-Elementen definiert werden kann.
- XML-Elemente mit leerem Inhalt spezifiziert werden können.

11.1 XSD-Namensräume

Im Folgenden werden anhand eines Beispiels die Eigenschaften und Vorteile von XSD herausgearbeitet. In Listing 11-1 ist das XML-Dokument `personen.xml` dargestellt.

```
<?xml version="1.0"?>
<Personendaten xmlns="http://www.pmertens.de/Personendaten"
    xmlns:xsi="http://www.w3.org/2001/XMLSchema-instance"
    xsi:schemaLocation="http://www.pmertens.de/Personendaten
      XSD/personen.xsd">
  <Stichtag>2001.12.10</Stichtag>
  <Stichtag>2001.12.05</Stichtag>
  ...
  <Person geaendert="2001.09.10">
    <Nachname>Bartels</Nachname>
    <Vorname>Peter</Vorname>
    <Geburtsdatum>1968.03.01</Geburtsdatum>
    <Geschlecht>m</Geschlecht>
    <Kundenart>privat</Kundenart>
    <Familienstand>geschieden</Familienstand>
    <Postleitzahl>42275</Postleitzahl>
    <Ort>Wuppertal</Ort>
    <Strasse>Blücherstr. 14</Strasse>
  </Person>
  <Person geaendert="2001.09.10">
    <Nachname>Berning
```

11 XML-Schema-Definitionen

```
        <Geburtsname>Meier</Geburtsname>
      </Nachname>
      <Vorname>Birgit</Vorname>
      <Geburtsdatum>1971.03.11</Geburtsdatum>
      <Hochzeitstag>1989.10.05</Hochzeitstag>
      <Geschlecht>w</Geschlecht>
      <Kundenart>privat</Kundenart>
      <Familienstand>verheiratet</Familienstand>
      <Postleitzahl>21335</Postleitzahl>
      <Ort>Lüneburg</Ort>
      <Strasse>Kleiner Werth 37</Strasse>
    </Person>
    ...
</Personendaten>
```

Listing 11-1: XML-Dokument personen.xml

Das XML-Dokument personen.xml beinhaltet ein Root-Element mit Namen Personendaten, das Elemente mit Namen Stichtag und Person umschließt. Schrittweise wird die Verknüpfung des XML-Dokuments zu dem XSD-Dokument und dessen Aufbau beschrieben.

Im Unterschied zu DTD müssen dem Vokabular von XML-Schema-Definitionen und den XML-Instanzdokumenten Namensräume zugeordnet werden. Für DTD war dieses nicht möglich, da es sich bei DTD-Dokumenten selbst nicht um XML-Dokumente handelt, und das XML-Namensraum-Konzept nach Einführung des DTD-Standards definiert worden ist.

```
<?xml version="1.0" encoding="UTF-8"?>
<xsd:schema xmlns:xsd="http://www.w3.org/2001/XMLSchema"
    targetNamespace="http://www.pmertens.de/Personendaten"
    xmlns="http://www.pmertens.de/Personendaten"
    elementFormDefault="qualified">
```

XSD-Dokumente haben grundsätzlich schema als Root-Element. Mittels dem Attribut xmlns:xsd wird der Schema-Namensraum der Elemente, Attribute und Datentypen zur Konstruktion von XSD angegeben, und alle Komponenten des Schema-Namensraums werden mit dem individuellen Präfix xsd verknüpft. Zur Qualifizierung aller Schlüsselwörter des Schema-Namensraums müssen diese im XSD-Dokument in Verbindung des Präfix xsd genutzt werden. Ein Autor kann eine beliebige Zeichenkette als Präfix vorsehen. Zu den Schlüsselwörtern des Schema-Namensraums zählen beispielsweise die Zeichenketten element, complexType, sequence, schema, string, integer, restriction, simpleContent, complexContent, extension etc.

Der Ziel-Namensraum zur Spezifikation der Element- und Attributnamen wird durch das Attribut targetNamespace angegeben. In diesem Beispiel sind die Wörter Personendaten, Stichtag, Person, Nachname etc. im benutzerdefinierten Anwendungs-Namensraum http://www.pmertens.de/Personendaten enthalten. Alle Elemente im XSD-Dokument, für die kein Namensraum explizit durch ein Präfix angegeben ist, werden dem Standard-Namensraum zugeordnet. Hier entspricht der Namensraum der Anwendung dem Standard-Namensraum, bestimmt durch das Attribut xmlns, und gleichzeitig dem Ziel-Namensraum. Da das Schlüsselwort schema durch den Schema-Namensraum qualifiziert wird, muss es hier im XSD-Dokument ausschließlich in Verbindung mit dem Präfix xsd genutzt werden.

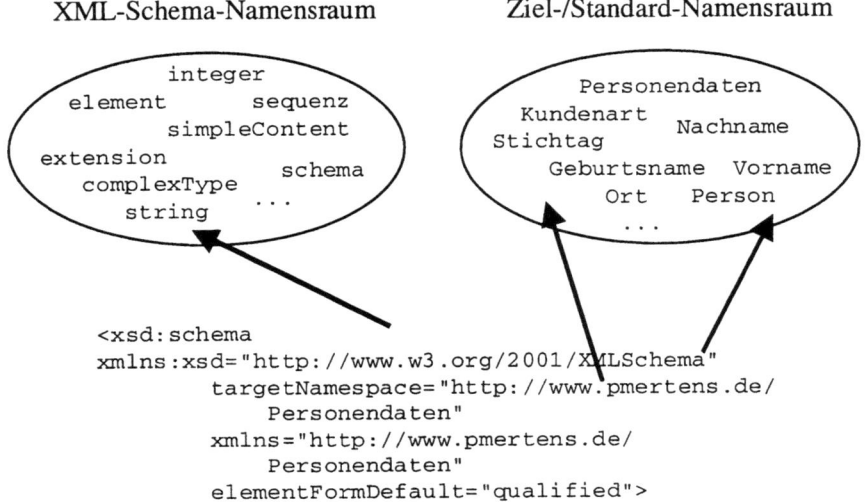

Abbildung 11-1: Namensräume einer XML-Schema-Definition

Ergänzend zu den angegebenen Namensräumen wird mittels dem Attribut elementFormDefault für alle zu dem XSD-Dokument konformen Instanz-Dokumenten festgelegt, ob alle Komponenten, die in Instanz-Dokumenten genutzt werden, durch einen Namensraum qualifiziert werden müssen. Der Wert qualified verlangt die Namensraum-Qualifizierung und unqualified verzichtet darauf. Analog arbeitet die Direktive attributeFormDefault bzgl. Attributen der Instanz-Dokumente.

Alternativ zur obigen Möglichkeit kann bestimmt werden, dass als Standard-Namensraum der Schema-Namensraum anstelle des Namensraums der Anwendung angenommen wird. In diesem Fall ist es nicht erforderlich, die Schema-Elemente im XSD-Dokument mit einem Qualifier zu verwenden, da alle Bezeichner des Standard-Namensraums grundsätzlich ohne ein Präfix genutzt werden können. Somit kann beispielsweise das Wurzel-Element schema ohne Vorsilbe im XSD-Dokument verwandet werden.

Da der Standard-Namensraum somit belegt ist, muss allen Bezeichnern des Anwendungs-Namensraums ein Präfix zugeordnet werden. Parallel kann der Namensraum der Anwendung als Zielnamensraum fixiert werden. Im XSD-Dokument müssen folglich alle Elemente und Attribute des Namensraums der Anwendung bei Referenzierungen zwingend mit einem Präfix genutzt werden, da allen Elementen und Attributen des Namensraums der Anwendung nicht mehr parallel zum Ziel- der Standard-Namensraum zugeordnet ist. Bei der folgenden Konstellation müssten alle Wörter des Anwendungs-Namensraums

11 XML-Schema-Definitionen

`http://www.pmertens.de/Personendaten` in Verbindung mit dem Präfix `pd` verwandet werden.

```xml
<?xml version="1.0" encoding="UTF-8"?>
<schema xmlns="http://www.w3.org/2001/XMLSchema"
  targetNamespace="http://www.pmertens.de/Personendaten"
  xmlns:pd="http://www.pmertens.de/Personendaten"
  elementFormDefault="qualified">
```

In der folgenden Darstellung wird davon ausgegangen, dass der Ziel- und der Standard-Namensraum entsprechend der ersten Wahl identisch dem Anwendungs-Namensraum sind, und dass alle Wörter des Schema-Namensraums mit `xsd` zu qualifizieren sind.

11.2 Verknüpfung eines XML-Instanzdokuments zu einem Schema

In allen XML-Dokumenten, die den Beschränkungen eines bestimmten XML-Schema-Definitionen-Dokuments unterliegen, muss eine Verknüpfung zu diesem hinterlegt werden. Die Referenz zu einem XSD-Dokument ist erforderlich, um zu spezifizieren, welches Schema beim Validieren heranzuziehen ist.

```xml
<Personendaten xmlns="http://www.pmertens.de/ Personendaten"
  xmlns:xsi="http://www.w3.org/2001/XMLSchema-instance"
  xsi:schemaLocation="http://www.pmertens.de/Personendaten
  XSD/personen.xsd">
```

Mittels Attributen des Root-Elements eines XML-Instanz-Dokuments werden Namensräume und zugehörige XSD-Dokumente bestimmt. Analog zu einem XSD-Dokument – XML-Schema-Definitionen unterliegen selbst dem XML-Standard – wird durch das Attribut `xmlns` der Standard-Namensraum bestimmt. Der Namensraum für die Schema-Instanz wird durch das Attribut `xmlns:xsi` benannt; die Ausdrücke `schemaLocation`, `type`, `noNamespaceSchemaLocation` und `nil` werden hierduch qualifiziert. Das qualifizierte Attribut `schemaLocation` des Namensraums für die Schema-Instanz wird genutzt, um einem Validierer mitzuteilen, dass der im ersten Wert angegebene Namensraum durch das als zweites folgende XSD-Dokument definiert wird. Hier wird bestimmt, dass Elemente und Attribute des Namensraums `http://www.pmertens.de/Personendaten` durch das XSD-Dokument `personen.xsd` validiert werden können.

Sind die einzelnen Elemente und Attribute eines XML-Instanz-Dokuments zu verschiedenen unabhängigen Schema-Beschreibungen konform, so können die jeweiligen XSD-Dokumente und ihr zugehöriger Namensraum als zusätzliche Werte des Attributs `schemaLocation` angegeben werden. XML-Instanz-Dokumenten können so beliebig viele Namensraum-Schema-Kombinationen zur Validierung zugewiesen werden. Die Auswahl des zutreffenden XSD-Dokuments bei der Validierung eines Elements bzw. Attributs erfolgt durch die Zuordnung der Bestandteile eines XML-Dokuments durch Hinzufügung eines entsprechenden Präfix.

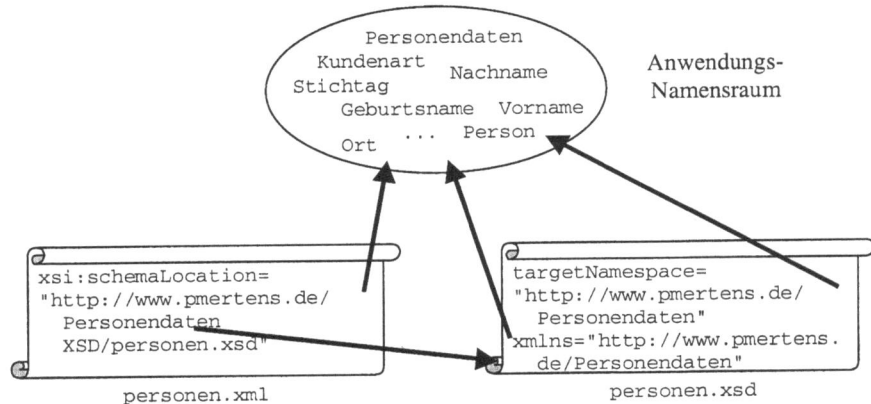

Abbildung 11-2: Namensräume einer XML-Schema-Definition

11.3 Element-Deklarationen

In Schema-Dokumenten müssen alle Komponenten deklariert werden, die in XML-Instanz-Dokumenten eine Repräsentation finden können. Es sind somit alle Elemente und Attribute zu deklarieren. Deklarationen von XML-Elementen werden in Schema-Dokumenten durch das Schlüsselwort element eingeleitet. Da element durch den XML-Schema-Namensraum qualifiziert ist, muss diesem das Präfix xsd vorangestellt werden. Komponenten, die ausschließlich in Schema-Dokumenten genutzt werden und grundsätzlich keine Repräsentation in Instanz-Dokumenten haben, werden in Schema-Dokumenten definiert und nicht deklariert. Hierzu zählen Definitionen von Datentypen, von Attribut- und Elementgruppen.

Bei der Deklaration von Elementen ist zu unterscheiden zwischen den Fällen, dass ein globaler Datentyp genutzt wird oder dass lokal ein anonymer Typ definiert wird. Ein Kennzeichen für globale Element-Deklarationen oder globale Typdefinitionen ist, dass diese direkte Kindelemente des Schema-Wurzel-Elements schema sind. Im Gegensatz hierzu werden lokale Deklarationen und Definitionen in andere Element-Deklarationen bzw. Typdefinitionen eingeschachtelt. Globale Elemente und Typen können referenziert und damit wieder verwendet werden. Da lokale Komponenten nicht außerhalb des jeweiligen Vaterelements sichtbar und referenzierbar sind, können diese nicht für Deklarationen und Definitionen im Rest des Schema-Dokuments oder in anderen Schema-Dokumenten genutzt werden.

11 XML-Schema-Definitionen

Es erfolgt keine Unterscheidung zwischen globalen Typen, die aufgrund des Schema-Standards immer zur Verfügung stehen, und benutzerdefinierten individuellen Typen. Die Einbindung aller Datentypen erfolgt identisch. Die Schema-Syntax für Element-Deklarationen bei Nutzung globaler Datentypen lautet:

```
<xsd:element name="name" type="Datentyp" minOccurs="?" maxOccurs="?"
    default="string-value" fixed="string-value"/>
```

Ein Element wird deklariert, indem der Name und der Typ des Elements angegeben und die Anzahl seines Auftretens spezifiziert wird. Mittels `min-Occurs` und `maxOccurs` wird die minimale und die maximale Anzahl festgelegt. Fehlt ein Wert, so wird für diesen standardmäßig 1 angenommen. Durch das Attribut `default` kann eine Zeichenkette vorgegeben werden, die im Instanz-Dokument dem Element zugewiesen wird, wenn das Element nicht repräsentiert wird. Durch das Attribut `fixed` wird ein Elementinhalt bestimmt, der im Instanz-Dokument nicht abgeändert werden darf. Standardmäßig sind die Attribute `default` und `fixed` nicht gesetzt. In unserem Beispiel tritt das Element `Hochzeitstag` wenn überhaupt maximal einmal auf und ist vom Typ `string`:

```
<xsd:element name="Hochzeitstag" type="xsd:string" minOccurs="0"/>
```

Steht kein vordefinierter Datentyp zur Verfügung, so kann eine Element-Deklaration durch eine lokal eingebundene oder durch eine globale Datentypdefinition erfolgen. In Fällen, in denen Elemente Kindelemente oder Attribute umschließen sollen, führt kein Weg an einer lokalen oder globalen Datentypdefinition vorbei. Allgemein lautet die Syntax für eine Element-Deklaration bei eingebundener lokaler Typdefinition:

```
<xsd:element name="name" minOccurs="?" maxOccurs="?">
    <xsd:complexType>
      ...
    </xsd:complexType>
</xsd:element>
```

Alle Instanz-Dokumente `personen.xml` unseres Beispiels haben ein Root-Element mit Namen `Personendaten`, das nicht einem vordefinierten Typ entspricht. Es enthält Elemente mit Namen `Stichtag` und `Person`. Zur Deklaration wird das Schema-Schlüsselwort `complexType` genutzt, das anzeigt, dass es sich um einen zusammengesetzten komplexen Datentyp handelt.

```
<xsd:element name="Personendaten">
  <xsd:complexType>
    <xsd:sequence>
      <xsd:element ref="Stichtag" maxOccurs="unbounded"/>
      <xsd:element name="Person" type="PersonType"
          maxOccurs="unbounded"/>
    </xsd:sequence>
  </xsd:complexType>
</xsd:element>
<xsd:element name="Stichtag" type="xsd:string"/>
```

Listing 11-2: Referenzierung zu einer globalen Element-Deklaration

Inhalt des Elements `Personendaten` sind mehrere Elemente. Der Bezeichner `sequence` gibt an, dass der Elementinhalt eine Folge von Elementen ist. Zunächst tritt mindestens ein Element mit Namen `Stichtag` auf, wobei beliebig viele Stichtags-Elemente eingeschachtelt sein können. Die Deklaration des Elements `Stichtag` erfolgt nicht lokal, sondern es wird auf die globale Element-Deklaration von `Stichtag` referenziert (siehe Listing 11-2).

Der Vorteil einer globalen Element-Deklaration liegt in der Wiederverwendbarkeit. Es besteht die Möglichkeit, Elemente mit Namen `Stichtag` mittels Referenzierung in weiteren Elementen einzuschachteln, ohne dass das Element `Stichtag` nochmals deklariert werden muss.

11.4 Definition von Datentypen mittels complexType

Neben der Möglichkeit Elemente mittels lokal definierter Datentypen zu deklarieren, kann alternativ ein globaler Datentyp definiert werden, der wiederholt zur Deklaration von Elementen herangezogen werden kann. Soll ein Typ definiert werden, der Kindelemente oder Attribute aufweist, so muss grundsätzlich das Schlüsselwort `complexType` genutzt werden.

In das Root-Element des Beispiel-Dokuments sind neben `Stichtags`-Elementen weiterhin Elemente mit Namen `Person` eingeschachtelt, die direkt in der Sequenz des Root-Elements deklariert sind. Neben der Anzahl ihres Auftretens ist spezifiziert, dass Elemente `Person` vom individuell definierten Datentyp `PersonType` sind. Allgemein werden globale Datentypen durch die Syntax

```
<xsd:complexType name="name">
   ...
</xsd:complexType>
```

definiert.

Im XSD-Dokument ist der Typ `PersonType` global unter Nutzung der Schema-Schlüsselwörter `complexType` und `sequence` definiert worden. Analog einer globalen Element-Deklaration besteht die Möglichkeit der Wiederverwendung des globalen Datentyps. Alternativ hätte eine anonyme lokale Typdefinition lediglich bezogen auf das Element `Person` erfolgen können.

```
<xsd:complexType name="PersonType">
   <xsd:sequence>
      <xsd:element ref="Vorname"/>
      ...
   </xsd:sequence>
   <xsd:attribute name="geaendert"
      type="xsd:string" use="required"/>
</xsd:complexType>
```

11 XML-Schema-Definitionen

Alle Elemente vom Datentyp `PersonType` enthalten neben eingeschachtelten Elementen ein Zeichenketten-Attribut mit Namen `geaendert`, das bei jedem Auftreten des Elements angegeben werden muss.

11.5 Definition von Datentypen mittels simpleType

XML-Schema bietet standardmäßig eine Vielzahl von Grunddatentypen. Eine Anforderung, die seitens DTD nicht erfüllt wird, ist, dass benutzerdefinierte Datentypen gebildet werden können. Mittels DTD kann nicht die Syntax eigener Formate zur Speicherung von individuellen Werten definiert werden. Schema wiederum bietet die Möglichkeit, zur Verfügung stehende Schema-Datentypen mittels der Funktionalität des Schlüsselwortes `simpleType` zu beschränken und somit eigene Datentypen zu definieren.

Schema stellt zur Deklaration von Elementen und zur Bildung eigener Datentypen Grunddatentypen wie `string`, `boolean`, `decimal`, `float`, `double`, `number`, `time` etc. zur Verfügung[70]. Ausgehend von einem bereits definierten Datentyp können abgeleitete Datentypen durch das Spezifizieren von Einschränkungen (Facet) erzeugt werden (siehe Abbildung 11-3). Standardmäßige Schema-Datentypen und selbst definierte Datentypen werden gleich behandelt, sie können jeweils sowohl zur Deklaration von Elementen als auch als Grundtyp beim Bilden weiterer Datentypen herangezogen werden.

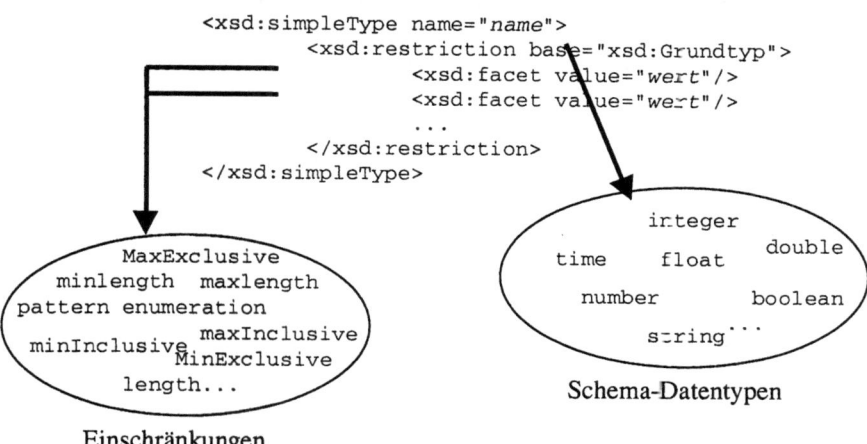

Abbildung 11-3: Definieren neuer Schema-Datentypen

Die möglichen Einschränkungen sind jeweils von dem zu beschränkenden Datentyp abhängig. Der Datentyp `string` kann beispielsweise bezüglich der

---

[70] vgl. W3C: Recommendation XML Schema – Datatypes

Länge, durch Angabe von Mustern oder Aufzählungen oder der Festlegung der Behandlung von Steuerzeichen mittels der Direktiven `length`, `minLength`, `maxLength`, `pattern`, `enumeration` und `whiteSpace` beschränkt werden. Abweichend hiervon kann der Datentyp `boolean` nur bezüglich Mustern und Steuerzeichen durch die Direktiven `pattern` und `whiteSpace` eingeschränkt werden.

In dem Beispiel-XML-Dokument `personen.xml` sollen in Elementen mit Namen `Stichtag` Daten gespeichert werden. Einheitlich sollen alle Daten dem Format `JJJJ.MM.TT` unterliegen, wobei `JJJJ` eine Ganzzahl des Wertebereichs 1900 bis 2099, `MM` eine Ganzzahl des Bereichs 01 bis 12 und `TT` eine Ganzzahl von 01 bis 31 aufweisen soll. Ausgehend vom Datentyp `string` kann ein neuer Datentyp `Datumstyp` definiert werden, der mittels Einschränkungen auf mögliche Zeichenmuster durch die Angabe eines regulären Ausdrucks definiert wird. Die Direktiven `length` und `pattern` legen fest, dass alle Instanzen des neuen Datentyps eine Länge von 10 Zeichen und ein einheitliches Muster aufweisen:

```
<xsd:element name="Stichtag" type="Datumstyp"/>
<xsd:simpleType name="Datumstyp">
   <xsd:restriction base="xsd:string">
      <xsd:length value="10"/>
      <xsd:pattern value="(19[0-9][0-9]|20[0-9][0-9])\.
         (0[1-9]|1[0-2])\.(0[1-9]|[1-2][0-9]|3[0-1])"/>
   </xsd:restriction>
</xsd:simpleType>
```

Das Element `Kundenart` soll eine Information zur Klassifizierung eines Kunden enthalten, wobei nur bestimmte Ausprägungen möglich sein sollen. Basierend auf dem Datentyp `string` können mittels der Direktive `enumeration` gültige Zeichenketten für einen individuellen Datentyp `Kundenarttyp` definiert werden:

```
<xsd:element name="Kundenart" type="Kundenarttyp"/>
<xsd:simpleType name="Kundenarttyp">
   <xsd:restriction base="xsd:string">
      <xsd:enumeration value="privat"/>
      <xsd:enumeration value="gewerblich"/>
      <xsd:enumeration value="oeffentlich"/>
   </xsd:restriction>
</xsd:simpleType>
```

In Deutschland gilt für Postleitzahlen die aktuelle Konvention, dass diese aus fünf Ziffern des Zahlenbereichs von 01000 bis 99999 bestehen. Basierend auf dem Schema-Ganzzahlentyp `integer` kann in einem ersten Schritt durch das Facet `pattern` bestimmt werden, dass im Fokus beliebige Ganzzahlen mit jeweils fünf Ziffern stehen. In einem zweiten Schritt wird der Wertebereich auf Zahlen von 01000 bis 99999 eingeschränkt:

```
<xsd:element name="Postleitzahl" type="Postleitzahltyp"/>
<xsd:simpleType name="Postleitzahltyp">
   <xsd:restriction base="xsd:integer">
      <xsd:pattern value="\d{5}"/>
      <xsd:minInclusive value="01000"/>
      <xsd:maxInclusive value="99999"/>
   </xsd:restriction>
```

11 XML-Schema-Definitionen

```
</xsd:simpleType>
```

Schema bietet die Möglichkeit, individuelle Datentypen als Basisdatentyp für weitere benutzerdefinierte Datentypen zu nutzen. Es findet keine Unterscheidung zwischen standardmäßig vorhandenen Datentypen und individuellen Typen statt. Durch Angabe eines Parameters `fixed` kann festgelegt werden, dass in abgeleiteten Datentypen bestimmte Restriktionen nicht verändert werden können. Wird wie im Folgenden die Einschränkung `pattern` einschließlich dem Attribut `fixed` mit dem Wert `true` festgelegt, so kann in Datentypen, die von `Postleitzahltyp` abgeleitet werden, das Facet `pattern` nicht verändert werden.

```
<xsd:pattern value="\d{5}" fixed="true"/>
```

Zusammenfassend gilt, dass mittels `simpleType` neue Datentypen durch Beschränkungen von vorhandenen Typen gebildet werden können und mittels `complexType` Datentypen definiert werden, die Kindelemente und Attribute aufweisen. Elemente können durch das Nutzen von standardmäßig vorhandenen Datentypen oder durch `simpleType` und `complexType` definierte Datentypen vielfältig deklariert werden.

Beliebige durch `simpleType` definierte Datentypen können zur Bildung eines neuen Datentyps vereinigt werden (siehe Abbildung 11-4). Eine Instanz eines vereinigten Datentyps kann alle Ausprägungen der Ursprungsdatentypen aufweisen.

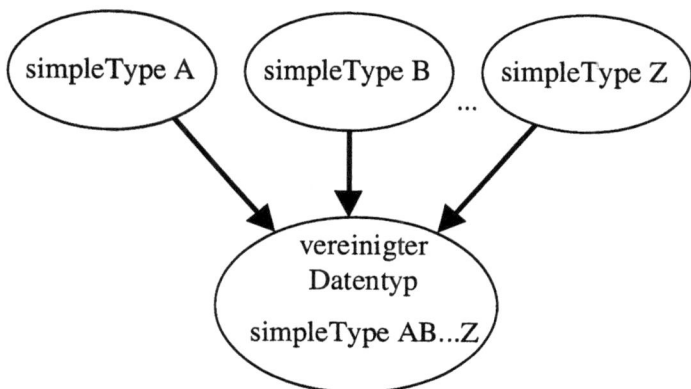

Abbildung 11-4: Vereinigung von Datentypen

Eine Vereinigung von einfachen Datentypen wird definiert, indem einem Schema-Element `union` mittels eines Attributs `memberTypes` alle Grunddatentypen in Form einer Aufzählung zugewiesen werden. Voraussetzung hierfür ist, dass alle angegebenen Grunddatentypen als global definiert sind:

```
<xsd:simpleType name="name">
   <xsd:union memberTypes="simpleTypeA simpleTypeB simpleTypeC"/>
</xsd:simpleType>
```

Alternativ können alle Grunddatentypen als lokale Datentypen eingeschachtelt werden:

```
<xsd:simpleType name="name">
   <xsd:union>
      <xsd:simpleType>
         ...
      </xsd:simpleType>
      <xsd:simpleType>
         ...
      </xsd:simpleType>
      ...
   </xsd:union>
</xsd:simpleType>
```

Mittels union können schnell einfache Datentypen definiert werden, die auf der Vereinigung unterschiedlicher einfacher Datentypen basieren. Zur Deklaration eines Kontonummern-Elements kann beispielsweise ein Ganzzahlentyp definiert werden, der Ganzzahlen mehrerer separater Wertebereiche umschließt. Es ergeben sich so beliebige Möglichkeiten zur Bildung neuer einfacher Datentypen.

11.6 Deklaration von Attributen

XML-Elementen können Attribute zugewiesen werden. Analog zu Elementen kann die Deklaration von Attributen lokal bezogen auf ein bestimmtes Element oder global unabhängig von bestimmten Einzelelementen erfolgen. Die Syntax von Attribut-Deklarationen entspricht in weiten Bereichen der Deklaration von Elementen, wobei Attribute nur auf Datentypen basieren können, die mittels `simpleType` definiert worden sind. Attribute basierend auf durch `complexType` definierte Datentypen sind nicht möglich und würden auch keinen Sinn machen, da Attribute weder Kindelemente noch selbst Attribute aufweisen können. Werden Attribute global deklariert, so erfolgt eine Referenzierung aus dem aufnehmenden Element zu der Attribut-Deklaration. Bei Nutzung eines standardmäßigen Datentyps oder eines individuell mittels `simpleType` definierten Typs ist folgende Deklarationssyntax zu nutzen:

```
<xsd:attribute name="name" type="simple-type"
   use="required/optional/prohibited" default/fixed="string-value"/>
```

Das Deklarationsattribut `default` gibt einen Grundwert an, der dem Instanz-Attribut zugewiesen wird, in dem Fall, dass dem Elementattribut im Instanz-Dokument kein Wert zugewiesen wird. Mittels dem Deklarationsattribut `fixed` kann ein Attributwert ohne Änderungsmöglichkeit festgelegt werden. Der Gebrauch eines Elementattributs wird durch die Direktive `use` spezifiziert. Es kann bestimmt werden, dass dem Elementattribut im Instanz-Dokument in jedem Fall, optional oder nie ein Wert zugewiesen werden darf. Die drei Deklarationsattribute `default`, `fixed` und `use` sind im Zusammenhang zu

11 XML-Schema-Definitionen

nutzen. Bestimmte Wert-Konstellationen sind nicht sinnvoll bzw. sind sogar ausgeschlossen.

Ist ein Grundwert bestimmt, so muss der Gebrauch zwingend optional sein. Wurde ein Attributwert ohne Änderungsmöglichkeit fixiert, so darf dem Elementattribut nie ein Wert zugewiesen werden. Wurde weder ein Standard- noch ein fixierter Wert vorgegeben, so kann zwischen der zwingenden und der optionalen Attributangabe gewählt werden, eine Wertangabe zu verbieten scheidet in dem Fall jedoch aus. Der gleichzeitige Gebrauch von `default` und `fixed` ist grundsätzlich nicht möglich. Wurde der Elementattribut-Gebrauch nicht spezifiziert, so gilt im Falle der Angabe eines fixierten Attributwerts standardmäßig `prohibited`, ansonsten wird immer der optionale Gebrauch angenommen.

Globale und lokal in Element-Deklarationen eingeschachtelte Attribut-Deklarationen unterscheiden sich nur bezüglich des Gebrauchs des `use`-Attributs. Die Angabe des Attributgebrauches darf nur bei eingeschachtelten Attribut-Deklarationen verwandet werden. In einer globalen Attribut-Deklaration darf die `use`-Angabe nicht erfolgen, da die Angabe nur im Kontext einer Element-Deklaration sinnvoll ist.

Wird für eine Attribut-Deklaration kein vordefinierter Datentyp verwandet, so kann lokal mittels `simpleType` ein Datentyp definiert werden. Allgemein lautet die Syntax für Attribut-Deklarationen bei eingeschachtelter Definition eines Datentyps:

```
<xsd:attribute name="name" use="required/optional/prohibited"
    default/fixed="string-value">
    <xsd:simpleType>
        <xsd:restriction base=" simple-type">
            <xsd:facet value="value"/>
            ...
        </xsd:restriction>
    </xsd:simpleType>
</xsd:attribute>
```

In einer Element-Deklaration erfolgt die Deklaration von Attributen jeweils als Letztes nach der Deklaration der eingeschachtelten Elemente. Die Zuordnung von Attributen zu Elementen erfolgt durch Nutzung des Schema-Elements `complexType`. In Listing 11-3 ist die Definition eines Datentyps aufgeführt, der neben Kindelementen zwei Attribute enthält.

Das erste Attribut `Aenderungsdatum` wird lokal deklariert. Auf das zweite global deklarierte Attribut `Quellanwendung` wird referenziert, wobei das `use`-Attribut grundsätzlich in der Element-Deklaration gesetzt wird. Durch Definition eines Zeichenketten-Datentyps wird festgelegt, dass das Attribut `Quellanwendung` lediglich die Werte `Giro`, `Spar`, `Depot` oder `Versicherung` annehmen kann.

```
<xsd:element name="Person" type="PersonType"/>
<xsd:complexType name="PersonType">  ←
    <xsd:sequence>
        <xsd:element name="Nachname" type="NachnameType"/>
        <xsd:element ref="Vorname" maxOccurs="5"/>
        ...
```

```
        </xsd:sequence>
        <xsd:attribute name="Aenderungsdatum"
            type="xsd:string" use="optional"/>
        <xsd:attribute ref="Quellanwendung" use="optional"/>
</xsd:complexType>
<xsd:attribute name="Quellanwendung" default="Giro">
    <xsd:simpleType>
        <xsd:restriction base="xsd:string">
            <xsd:enumeration value="Giro"/>
            <xsd:enumeration value="Spar"/>
            <xsd:enumeration value="Depot"/>
            <xsd:enumeration value="Versicherung"/>
        </xsd:restriction>
    </xsd:simpleType>
</xsd:attribute>
```

Listing 11-3: Deklaration von Attributen

Sollen einem Element mehrere Attribute zugeordnet werden, so können diese, wie zuvor beschrieben, am Ende einer Element-Deklaration einzeln aufgeführt werden. Weiterhin besteht die Möglichkeit mit dem Schlüsselwort `attributeGroup` eine Gruppierung mehrerer Attribute zu definieren, auf die in einer Element-Deklaration referenziert wird.

Im Folgenden wird ein Element basierend auf einer Attributgruppen-Definition deklariert, das einen Dezimalwert und zwei Attribute aufweist:

```
<Einkommen Zeitbezug="jaehrlich/monatlich" Waehrung="EUR/USD/...">
    45756.23</Einkommen>
```

Da das Element `Einkommen` Attribute beinhalten soll, ist mittels `complexType` ein komplexer Datentyp zu definieren. Anstelle von eingeschachtelten Kindelementen enthält unser Element lediglich einen einfachen Inhalt in Form einer Dezimalzahl und zwei Attributen. Basierend auf dem vordefinierten Schema-Datentyp `decimal` kann durch `simpleContent` ein um eine Attributgruppe erweiterter lokaler Datentyp definiert werden. Der Verweis zu der Attributgruppe Einkommensattribute erfolgt eingeschachtelt in die Schema-Elemente `simpleContent` und `extension` (siehe Listing 11-4). Die referenzierte Attributgruppe wird global definiert und enthält die Deklarationen der zwei Attribute `Zeitbezug` und `Waehrung`. Die Zuweisungen an die Deklarationsattribute `default`, `fixed` und `use` erfolgen innerhalb der Definition der Attributgruppe bezogen auf jedes Einzelattribut. Der Gebrauch einer Attributgruppe ist hier nicht zwingend vorgeschrieben. Das Element Einkommen hätte auch ohne die Definition einer Attributgruppe deklariert werden können. Hierzu hätten im Schema-Element `extension` die Attribut-Deklarationen direkt eingeschachtelt werden können. Der Vorteil des Nutzens einer Attributgruppe liegt in der besseren Übersichtlichkeit und wie schon so oft in der Möglichkeit der Wiederverwendung.

```
<xsd:element name="Einkommen">
    <xsd:complexType>
        <xsd:simpleContent>
            <xsd:extension base="xsd:decimal">
                <xsd:attributeGroup ref="Einkommensattribute"/>
            </xsd:extension>
        </xsd:simpleContent>
```

11 XML-Schema-Definitionen

```
        </xsd:complexType>
    </xsd:element>
    <xsd:attributeGroup name="Einkommensattribute">
        <xsd:attribute name="Zeitbezug" use="optional"
                default="monatlich">
            <xsd:simpleType>
                <xsd:restriction base="xsd:string">
                    <xsd:enumeration value="monatlich"/>
                    <xsd:enumeration value="jaehrlich"/>
                </xsd:restriction>
            </xsd:simpleType>
        </xsd:attribute>
        <xsd:attribute name="Waehrung" use="optional" default="EUR">
            <xsd:simpleType>
                <xsd:restriction base="xsd:string">
                    <xsd:enumeration value="EUR"/>
                    <xsd:enumeration value="USD"/>
                    ...
                </xsd:restriction>
            </xsd:simpleType>
        </xsd:attribute>
    </xsd:attributeGroup>
```

Listing 11-4: Deklaration eines Elements bei Nutzung einer Attributgruppe

In vielen Fällen sind Elemente nützlich, die lediglich Attribute aufweisen und weder einen einfachen Inhalt haben noch Kindelemente umschließen. Beispiele für so genannte leere Elemente bilden Verknüpfungen zu Dokumenten oder Bilddateien. Das folgende Element drückt einen Link zu einer `gif`-Bilddatei aus:

```
<image href=" http://localhost:8080/weltkugel.gif" />
```

Ein leeres Element mit Attributen kann deklariert werden, indem ein komplexer Datentyp definiert wird, der lediglich die Deklaration eines Attributs aufweist. Eine Sequenz eingeschachtelter Elemente wird explizit nicht hinterlegt. Zur Deklaration des Attributs `href` kann der Schema-Datentyp `anyURI` genutzt werden. Der zwingende Gebrauch des Attributs ist hinterlegt, da ein Element mindestens einen einfachen Inhalt, eingeschachtelte Elemente oder Attribute aufweisen muss.

```
<xsd:element name="image">
    <xsd:complexType>
        <xsd:attribute name="href" type="xsd:anyURI" use="required"/>
    </xsd:complexType>
</xsd:element>
```

Aufgrund des Wissens aus den vorherigen Abschnitten ist es ein Leichtes, Attribute durch Nutzung der Schema-Elemente `complexType`, `simpleType` und `simpleContent` zu definieren. Die Definition eines Wertebereichs von Attributen erfolgt analog der Definition von Elementen mit einfachen Inhalt.

11.7
Reguläre Ausdrücke

Muster werden in Schema-Dokumenten als reguläre Ausdrücke festgelegt. Ein regulärer Ausdruck R ist eine Zeichenkette, die eine Menge von gültigen Zeichenfolgen der Sprache L(R) festgelegt. Ausgehend von einem regulären Ausdruck zur Beschreibung gültiger Zeichenfolgen können weitere Ausdrücke definiert werden. Der kleinste reguläre Ausdruck ist die leere Menge, die lediglich leere Zeichenfolgen zulässt. Ausgehend von einem Alphabet können durch Einschränkungen und Erweiterungen zulässige Zeichenketten festgelegt werden. Ausgehend von regulären Ausdrücken A und B gelten die in Tabelle 11-1 dargestellten Regeln zur Bildung regulärer Ausdrücke. Als Quantifizierer werden hierbei die Ausdrücke ?, *, +, {n,m} und {n,} bezeichnet.

regulärer Ausdruck R	Beschreibung der Sprache L(R)
leere Zeichenkette	leere Zeichenkette
A	alle Zeichenketten der Sprache über A, d.h. L(A)
A|B	alle Zeichenketten über L(A) oder L(B)
AB	alle Zeichenketten ab mit a aus L(A) und b aus L(B)
A?	leere Zeichenkette und L(A)
A*	alle Zeichenketten in L(A?) und alle Zeichenketten ab mit a aus L(A*) und b aus L(A)
A+	alle Zeichenketten ab mit a aus L(A) und b aus L(A*)
A{n,m}	alle Zeichenketten mit mindestens n und maximal m Zeichen über L(A)
A{n}	L(A{n,n})
A{n,}	L(A{n}A*)
(A)	L(A)
Zeichen x	Zeichen x

Tabelle 11-1: Regeln zur Bildung regulärer Ausdrücke

Basierend auf einzelnen Zeichen können mittels eckigen Klammern Alphabete gebildet werden, durch [a-z] wird das Alphabet aller Kleinbuchstaben definiert. Sollen über dieser Menge alle beliebigen Zeichenfolgen definiert werden, so wird dieses durch den regulären Ausdruck [a-z]* festgelegt. Die Menge aller Dezimalzeichen wird durch die Zeichensequenz \d repräsentiert (siehe Tabelle 11-2).

11 XML-Schema-Definitionen

Zeichen-sequenz	Beschreibung
.	[^\n\r]: beliebiges Zeichen bis auf Newline oder Return Character
\s	[#x20\t\n\r]: Leerzeichen oder Tab, Newline oder Return Character
\S	[^\s]: beliebiges Zeichen bis auf Leerzeichen, Tab, Newline oder Return Character
\i	Buchstabe oder Zeichen „_" oder „."
\I	[^\i]: beliebiges Zeichen bis auf Buchstabe, Zeichen „_" oder „."
\c	Groß- oder Kleinbuchstabe
\C	[^\c]: beliebiges Zeichen bis auf Groß- oder Kleinbuchstabe
\d	Dezimalzahl
\D	[^\d]: beliebiges Zeichen bis auf Dezimalzahl
\w	alle Zeichen bis auf Punktion, Separator oder übrige Zeichen
\W	[^\w]: Punktion, Separatoren oder übrige Zeichen

Tabelle 11-2: XML-Schema-Zeichensequenzen

Mittels dem Zeichen „^" kann ein Alphabet durch Ausblendung einer Zeichengruppe beschrieben werden, durch [^A-D] wird ein Alphabet aller Klein- und Großbuchstaben und Dezimalzahlen ausschließlich der Großbuchstaben A bis D bestimmt. Besondere Beachtung verdient das Zeichen „.", das hier nicht einen Einzelpunkt ausdrückt, sondern für ein beliebiges Einzelzeichen steht. Einige Beispiele für reguläre Ausdrücke sind in Tabelle 11-3 aufgeführt.

regulärer Ausdruck	gültige Zeichenkette
a?b	b, ab
a*b	b, ab, aab, aaab, ...
a+b	ab, aab, aaab, ...
[abc]x	ax, bx, cx
[a-d]x	ax, bx, cx, dx
[-ad]x	-x, ax, dx
[ad-]x	ax, dx, -x
[^0-9]x	ein Nichtdezimalzeichen gefolgt von x
\Dx	ein Nichtdezimalzeichen gefolgt von x
\dx	ein Dezimalzeichen gefolgt von x
(abc){3}	abcabcabc
a.c	beliebiges Zeichen eingerahmt von a und c
a|b	a, b
a{1,4}x	ax, aax, aaax, aaaax

Tabelle 11-3: Beispiele für reguläre Ausdrücke

In Schema-Beschreibungen können die allgemeinen Escape-Zeichen genutzt werden. Zur Bildung regulärer Ausdrücke werden Zeichen und Zahlen und Escape-Zeichen herangezogen. Reguläre Ausdrücke können auf Basis allgemeiner Zeichen, der Dezimalziffern und der Metazeichen ., \, ?, *, +, {, }, (,), [und] gebildet werden. Zum Ausdrücken der Metazeichen müssen die aus der Programmierung bekannten Escape-Zeichen \n, \t, \r, \\, \., \-, \^, \?, \+, *, \(, \), \{, \}, \[und \] genutzt werden.

11.8 Abgeleitete Datentypen mittels complexContent

Datentypen, die mittels `complexType` definiert worden sind, können die Basis für Unterdatentypen darstellen. So genannte abgeleitete Datentypen können durch Erweiterung eines Basisdatentyps um zusätzliche Elemente oder Attribute erstellt werden. Andererseits können Unterdatentypen durch die Festlegung von Restriktionen bezogen auf einzelne Elemente gebildet werden.

```
<xsd:complexType name="PersonType">
   <xsd:sequence>
      <xsd:element name="Nachname" type="NachnameType"/>
      <xsd:element ref="Vorname" maxOccurs="5"/>
      <xsd:element ref="Geburtsdatum"/>
      <xsd:element ref="Hochzeitstag" minOccurs="0"/>
      <xsd:element ref="Geschlecht"/>
      <xsd:element ref="Kundenart"/>
      <xsd:element ref="Familienstand"/>
   </xsd:sequence>
   <xsd:attribute name="geaendert"
      type="xsd:string" use="required"/>
</xsd:complexType>
<xsd:complexType name="PersonAdresseType">
   <xsd:complexContent>
      <xsd:extension base="PersonType">
         <xsd:sequence>
            <xsd:element ref="Postleitzahl"/>
            <xsd:element ref="Ort"/>
            <xsd:element ref="Strasse"/>
         </xsd:sequence>
      </xsd:extension>
   </xsd:complexContent>
</xsd:complexType>
```

Listing 11-5: Erweiterung eines mit `complexType` erstellten Datentyps

Zur Erweiterung eines Datentyps werden alle Elemente oder Attribute angegeben, die zusätzlich zu den Elementen und Attributen eines bereits existierenden Datentyps hinzugefügt werden sollen. Hierzu wird mittels `complexType` ein neuer Datentyp definiert, in dem ein Schema-Element `complexContent` eingeschachtelt ist. Inhalt des Elementes `complex-Content` ist ein Schema-Element `extension` oder `restriction`. Bei beiden Elementen muss durch einen Parameter der zugrunde liegende Basisdatentyp angegeben werden. Im Falle einer Typerweiterung müssen in einem

11 XML-Schema-Definitionen

letzten Schritt lediglich die zusätzlichen Elemente bzw. Attribute angegeben werden.

In Listing 11-5 wird ein Datentyp `PersonType` um drei weitere Elemente ergänzt. Der neu definierte Datentyp `PersonAdresseType` beinhaltet anschließend alle Datenelemente des Grunddatentyps plus der drei neuen Elemente (siehe Abbildung 11-5). Im abgeleiteten Datentyp können die zu übernehmenden Elemente und Attribute nicht beschränkt werden, da in jedem Fall alle Elemente und Attribute des Basisdatentyps übernommen werden.

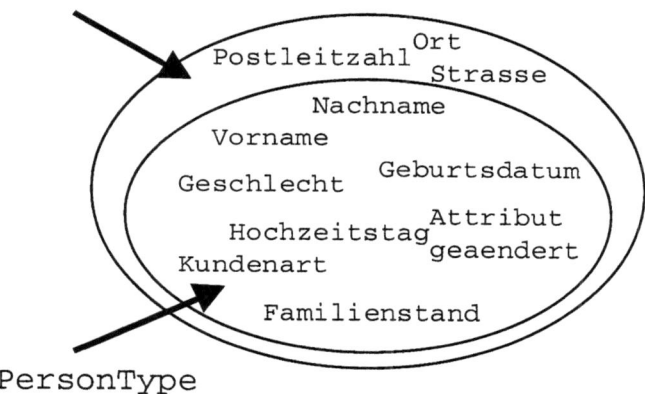

Abbildung 11-5: Elemente und Attribute eines erweiterten Datentyps

Ein bestehender Datentyp kann durch die Angabe von Restriktionen beschränkt werden. Der Basisdatentyp wird hierzu als Attributwert im Schema-Element `restriction` angegeben. Eingeschachtelt in ein Element `sequence` sind alle Elemente des Basistyps, die im abgeleiteten Datentyp enthalten sein sollen, im abgeleiteten Datentyp zu wiederholen. Grundsätzlich gilt, dass ein abgeleiteter Datentyp eine Untermenge des Basisdatentyps ist. Hierdurch sind die Restriktionsmöglichkeiten stark eingeschränkt. Ist im Basisdatentyp für ein Element `A` definiert, dass dieses in einem Oberelement mindestens x-einmal und maximal y-mal auftreten muss, so gilt für die Untergrenze u und die Obergrenze o des Auftretens des Elements `A` im abgeleiteten Datentyp $x \leq u$, $o \leq y$ und $u \leq o$. Dieses bedeutet, dass die Anzahl des minimalen Auftretens nicht unterschritten und die Zahl des maximalen Auftretens in einem abgeleiteten Datentyp nicht überschritten werden darf. Elemente können in einem abgeleiteten Datentyp somit nur dann weggelassen werden, wenn im Basisdatentyp das Attribut `minOccurs` auf null gesetzt ist.

In Listing 11-6 wird ein Datentyp `PersonType` als Basis herangezogen. Für die Elemente `Nachname` und `Geburtsdatum` ist festgelegt, dass beide jeweils genau einmal auftreten müssen. Eine Beschränkung ist nicht möglich, beide Elemente müssen somit im abgeleiteten Datentyp `PersonLightType` wiederum mit gleichen Anzahlen definiert werden. Interessanter sind die

Elemente Vorname und Hochzeitstag. Für das Element Vorname ist definiert, dass es mindestens einmal und maximal fünfmal auftreten kann. Eine Beschränkung kann erfolgen, indem die Obergrenze beispielsweise bis auf die Untergrenze herabgesetzt wird. Das Element Hochzeitstag ist im abgeleiteten Datentyp nicht enthalten, da die Obergrenze und die Untergrenze auf null gesetzt werden.

```
<xsd:complexType name="PersonType">
   <xsd:sequence>
      <xsd:element name="Nachname" type="NachnameType"/>
      <xsd:element ref="Vorname" maxOccurs="5"/>
      <xsd:element ref="Geburtsdatum"/>
      <xsd:element ref="Hochzeitstag" minOccurs="0"/>
   </xsd:sequence>
</xsd:complexType>
<xsd:complexType name="PersonLightType">
   <xsd:complexContent>
      <xsd:restriction base="PersonType">
         <xsd:sequence>
            <xsd:element name="Nachname" type="NachnameType"/>
            <xsd:element ref="Vorname" maxOccurs="1"/>
            <xsd:element ref="Geburtsdatum"/>
         </xsd:sequence>
      </xsd:restriction>
   </xsd:complexContent>
</xsd:complexType>
```

Listing 11-6: Beschränkung eines mit complexContent erstellten Datentyps

In einem mittels complexType definierten Datentyp kann festgelegt werden, dass dieser nicht als Basisdatentyp für Ableitungen genutzt werden kann. Ableitungen können generell oder in Bezug auf Erweiterungen oder Beschränkungen durch ein Attribut final des Schema-Elements complex-Type verhindert werden:

```
<xsd:complexType name="Typename" final="#all|restriction|extension">
```

11.9
Ersetzung von Elementen

Eine Anforderung aus der Praxis verlangt, dass die Struktur von XML-Dokumenten flexibel auf betriebswirtschaftliche Modelle zugeschnitten werden kann. Schema-Definitionen bieten die Möglichkeit, XML-Elemente zu deklarieren, die durch ein anderes XML-Element ersetzt werden können. In unserem Beispiel haben wir festgelegt, dass zu jeder Person ein Hochzeitstag hinterlegt werden kann. Zusätzlich muss bezüglich jeder Person der Familienstand angegeben werden. Im Falle einer Scheidung ist die Information des Hochzeitstags weniger interessant, da dann das Datum der Familienstandsänderung, somit der Tag der Scheidung, entscheidend ist. Im Falle einer Scheidung soll an Stelle des Hochzeitstags der Scheidungstermin hinterlegt werden. In einem Instanz-Dokument ist situationsabhängig in Elementen Person das Element Hochzeitstag oder das Element Scheidungstag enthalten.

11 XML-Schema-Definitionen

Mittels XML-Schema-Definition kann bestimmt werden, welches zu ersetzende Element, bezeichnet als `substitutionGroup`, durch welches andere Element vertreten werden soll.

```
<xsd:element name="Hochzeitstag" type="xsd:string"/>
<xsd:element name="Scheidungstag" substitutionGroup=
   "Hochzeitstag" type="xsd:string"/>
```

Durch obige Anweisung wird bzgl. dem Head-Element `Hochzeitstag` ein Substitutions-Element `Scheidungstag` deklariert. Das Element `Hochzeitstag` kann so an allen Stellen im XML-Dokument, für die ein Vorkommen von `Hochszeitstag` bestimmt ist, durch das Element `Scheidungstag` ersetzt werden.

Voraussetzung für die Deklaration eines Substitutions-Elements ist, dass dieses als globales Element deklariert wird. Sollen Head- und Substitutions-Element einem identischen Datentyp entsprechen, so braucht der Datentyp bei der Deklaration des Substitutions-Elements nicht angegeben zu werden.

Einschränkend gilt, dass Head- und Substitutions-Element vom gleichen Datentyp sein müssen oder dass der Datentyp des Substitutions-Elements vom Typ des Head-Elements abgeleitet sein muss. Es ist somit nicht möglich, ein Zeichenketten-Element durch ein Ganzzahlen-Element zu ersetzen. Die Substitutions-Möglichkeit ist transitiv, das heißt, wenn ein Element X ein Element Y und das Element Y ein Element Z ersetzen kann, so kann auch das Element X das Element Z ersetzen. Andererseits ist die Substitution nicht symmetrisch. Wenn Element A das Element B ersetzen kann, so folgt nicht daraus, das Element B das Element A vertreten kann.

Soll die Ersetzung eines Elements verhindert werden, so kann dieses durch Hinzufügung eines Attributs `block` bei der Element-Deklaration spezifiziert werden:

```
<xsd:element name="name" type="Datentyp" block="substitution"/>
```

Im Vorigen haben wir basierend auf dem Datentyp `PersonType` die abgeleiteten Datentypen `PersonLightType` und `PersonAdresseType` definiert. Diese Konstellation erlaubt es, dass der Datentyp `PersonType` als Typ für das Head-Element und die abgeleiteten Typen für die Substitutions-Elemente gewählt werden können:

```
<xsd:element name="Person" type="PersonType"/>
<xsd:element name="PersonLight" substitutionGroup="Person"
   type="PersonLightType"/>
<xsd:element name="PersonAdresse" substitutionGroup="Person"
   type="PersonAdresseType"/>
<xsd:element name="Personendaten">
   <xsd:complexType>
      <xsd:sequence>
         <xsd:element ref="Stichtag" maxOccurs="unbounded"/>
         <xsd:element ref="Person" maxOccurs="unbounded"/>
      </xsd:sequence>
   </xsd:complexType>
</xsd:element>
```

Im Element Personendaten kann so das Element Person durch Elemente mit Namen PersonLight oder PersonAdresse einschließlich aller definierter Kindelemente und Attribute ersetzt werden. In Listing 11-7 ist ein Ausschnitt eines Instanz-Dokuments aufgeführt, das die Substitutionen der Elemente Hochzeitstag und Person aufgreift.

```
<Person geaendert="2001.09.10">
   <Nachname>Meier</Nachname>
   <Vorname>Holger</Vorname>
   <Geburtsdatum>1942.10.18</Geburtsdatum>
   <Hochzeitstag>1967.08.02</Hochzeitstag>
   <Geschlecht>w</Geschlecht>
   <Kundenart>privat</Kundenart>
   <Familienstand>verheiratet</Familienstand>
</Person>
<PersonAdresse geaendert="2001.09.10">
   <Nachname>Bartels</Nachname>
   <Vorname>Peter</Vorname>
   <Geburtsdatum>1968.03.01</Geburtsdatum>
   <Scheidungstag>1999.05.05</Scheidungstag>
   <Geschlecht>m</Geschlecht>
   <Kundenart>privat</Kundenart>
   <Familienstand>geschieden</Familienstand>
   <Postleitzahl>42275</Postleitzahl>
   <Ort>Wuppertal</Ort>
   <Strasse>Blücherstr. 14</Strasse>
</PersonAdresse>
<PersonLight geaendert="2001.09.10">
   <Nachname>Bühling</Nachname>
   <Vorname>Eckhard</Vorname>
   <Geburtsdatum>1970.11.22</Geburtsdatum>
   <Geschlecht>m</Geschlecht>
   <Kundenart>privat</Kundenart>
   <Familienstand>ledig</Familienstand>
</PersonLight>
```

Listing 11-7: Substitution von XML-Elementen

11.10 Gruppierung von Elementen

Analog der in Abschnitt 11.6 beschriebenen Gruppierung von Attributen können auch Elemente zu einer Gruppierung verknüpft werden. Die erstellte Gruppierung kann aus Element-Deklarationen und Datentypdefinitionen beliebig oft referenziert werden. Zwingend ist, dass die Elementgruppe global definiert wird. Eine lokale Einschachtelung einer Elementgruppierung ist grundsätzlich ausgeschlossen.

Die Syntax zur Gruppierung von Elementen sieht vor, dass die jeweiligen lokalen Element-Deklarationen bzw. Referenzierungen auf globale Element-Deklarationen in die Schema-Elemente group und sequence eingeschachtelt werden.

```
<xsd:group name="name">
   <xsd:sequence>
      <xsd:element .../>
      <xsd:element .../>
```

```
    <xsd:element .../>
  </xsd:sequence>
</xsd:group>
```

Einschränkend gilt für Elementgruppen, dass diese ausschließlich Elemente zusammenfassen können. Einschachtelungen von zusätzlichen Attributen sind nicht möglich.

11.11 Alternative Elementausdrücke

Mittels Schema können flexibel aufgebaute Elemente deklariert werden. In den vorherigen Abschnitten wurden eingeschachtelte Kindelemente als Sequenz in einem komplexen Datentyp beschrieben. Weitere Möglichkeiten bieten sich durch die Schema-Schlüsselwörter choice und all, die neben dem Schlüsselwort sequence in complexType-Elementen eingeschachtelt werden können. Durch das Schlüsselwort sequence wird bestimmt, dass alle aufgeführten Elemente in der vorbestimmten Reihenfolge im XML-Instanz-Dokument enthalten sein müssen. Durch Angabe einer minimalen und maximalen Anzahl wird festgelegt, wie oft eine Sequenz nacheinander in einem Instanz-Dokument wiederholt werden soll.

Im Gegensatz hierzu steht die Funktionalität von choice, bei der aus einer Liste von Elementen eine bestimmte Anzahl von Elementen frei ausgewählt werden kann. Allgemein lautet die Syntax von sequence und choice:

```
<xsd:sequence/choice minOccurs="?" maxOccurs="?">
    <xsd:element .../>
    <xsd:element .../>
    <xsd:element .../>
</xsd:sequence/choice >
```

Soll mittels choice ausgedrückt werden, dass genau ein Element der Auswahl im Instanz-Dokument repräsentiert werden soll, so müssen die maximale und die minimale Anzahl des choice-Abschnittes jeweils auf eins gesetzt werden. Standardmäßig wird bei Nichtangabe der minimalen und maximalen Anzahl immer eins angenommen. Die Funktionalitäten von sequence und choice können frei miteinander kombiniert werden. Es ist jedoch darauf zu achten, dass in ein complexType-Element direkt immer nur eine Sequenz oder eine Auswahl eingeschachtelt wird. Sollen zwei Auswahlen nacheinander umfasst werden, so sind beide innerhalb einer Sequenz zunächst zusammenzufassen.

In Listing 11-8 ist ein Element Konten deklariert, das Informationen über Kontobevollmächtigte und Einzelkontenverbindungen umschließt. Es müssen die Daten mindestens eines und maximal von fünf Bevollmächtigten enthalten sein. Anschließend folgen die Elemente zur Repräsentation spartenorientierter Einzelkonten. Mindestens ein Einzelkonto einer beliebigen Sparte muss spezifiziert werden. Die Anzahl der Einzelkonten ist nach oben nicht begrenzt. Von jedem Kontentyp können in beliebiger Reihenfolge mehrere Instanzen ausgebildet werden. Abhängig von der Sparte eines Kontos sind Pflichtelemente und Wahlelemente spezifiziert.

```
<xsd:element name="Konten">
<xsd:complexType>
   <xsd:sequence>
      <xsd:choice minOccurs="1" maxOccurs="5">
         <xsd:element name="Bevollmaechtigter" type="PersonType"/>
      </xsd:choice>
      <xsd:choice minOccurs="1" maxOccurs="unbounded">
      <xsd:sequence>
         <xsd:element name="Giro" type="xsd:string"/>
         <xsd:element name="Kontonummer" type="xsd:integer"/>
         <xsd:element name="Waehrung" type="xsd:string"/>
         <xsd:element name="Ueberweisung"
            minOccurs="0" maxOccurs="20">
            <xsd:complexType>
               <xsd:sequence>
                  <xsd:element .../>
               </xsd:sequence >
            </xsd:complexType>
         </xsd:element>
      </xsd:sequence>
      <xsd:sequence>
         <xsd:element name="Spar" type="xsd:string"/>
         <xsd:element name="Kontonummer" type="xsd:integer"/>
         ...
      <xsd:sequence >
      </xsd:choice>
   </xsd:sequence>
</xsd:complexType>
</xsd:element>
```

Listing 11-8: Geschachtelte Elementsequenzen und -auswahlen

Mit dem Schlüsselwort `all` kann für die Kindelemente eines Elements festgelegt werden, dass diese in frei wählbarer Reihenfolge im Vaterelement enthalten sein können. Einschränkend gilt, dass die minimale Anzahl, der in `all` deklarierten Elemente, als null oder als eins und die maximale Anzahl als eins hinterlegt werden müssen.

```
<xsd:element name="name">
<xsd:complexType>
    <xsd:all>
        <xsd:element ... minOccurs="0/1" maxOccurs="1"/>
        <xsd:element ... minOccurs="0/1" maxOccurs="1"/>
    </xsd:all>
   </xsd:complexType>
</xsd:element>
```

Zu beachten ist, dass das `all`-Element nicht in `sequence`-, `choice` oder anderen `all`-Elementen eingeschachtelt werden darf. Der Inhalt eines `all`-Elements darf nur Elemente enthalten, Sequenzen oder Auswahlen dürfen grundsätzlich nicht umschlossen werden.

11.12 Listenelemente

Elemente können als Inhalt Listen aufweisen. Allgemein gilt, dass eine Liste eine Folge von Instanzen eines gegebenen Datentyps ist. Listen zählen zu der Gruppe der dynamischen Datenstrukturen. Mittels Schema-Definitionen kann der Inhalt eines Elements als Liste eines einfachen Datentyps definiert werden. In den vorherigen Abschnitten haben wir ein Element mit der Bezeichnung Vorname deklariert. Hat eine Person mehrere Vornamen, so kann festgelegt werden, dass für jeden Einzelnamen ein neues Element instanziiert wird:

```
<Vorname>Uwe</Vorname>
<Vorname>Frank</Vorname>
```

Alternativ kann ein Listentyp zur Formulierung des gleichen Sachstands genutzt werden.

```
<Vorname>Frank Uwe</Vorname>
```

Eine Schema-Liste kann unter Nutzung des Schlüsselworts list definiert werden. Mit dem Attribut itemType wird der Typ der einzelnen Listenbestandteile festgelegt. Einschränkend gilt, dass als Grundtyp nur einfache Datentypen herangezogen werden können. Listenbestandteile können nicht als Instanz eines komplexen Datentyps definiert werden. Weiterhin ist die Definition doppelt geschachtelter Listen ausgeschlossen, da die Glieder einer Liste selbst keine Listen darstellen können. Durch Parameterelemente kann die Ausprägung einer Liste spezifiziert werden. Der Umfang einer Liste kann eingeschränkt werden, indem die minimale, die maximale bzw. die explizite Länge einer Liste festgelegt wird. Weiterhin kann durch die Angabe von Aufzählungen und Zeichenmustern die Form der einzelnen Listenglieder vorgegeben werden.

In Listing 11-9 ist die Deklaration des Elements Vorname beschrieben. Der Inhalt von Vorname ist eine Liste von maximal 8 Zeichenketten, die jeweils aus 1 bis 10 beliebigen Zeichen bis auf Leerzeichen, Tab/Newline oder Return Character bestehen. Hierzu wird ein Datentyp VornameType definiert, der eine maximal acht Glieder lange Liste repräsentiert, die jeweils vom Typ Zeichenkette sind.

```
<xsd:simpleType name="Zeichenkette">
    <xsd:restriction base="xsd:string">
        <xsd:minLength value="1"/>
        <xsd:maxLength value="10"/>
        <xsd:pattern value="\S*"/>
    </xsd:restriction>
</xsd:simpleType>
<xsd:simpleType name="VornameType">
    <xsd:restriction>
        <xsd:simpleType>
            <xsd:list itemType="Zeichenkette"/>
        </xsd:simpleType>
        <xsd:maxLength value="8"/>
    </xsd:restriction>
```

```
</xsd:simpleType>
<xsd:element name="Vorname" type="VornameType"/>
```

Listing 11-9: Beispiel-Deklaration eines Listenelements

In einem Instanz-Dokument müssen einzelne Listenglieder durch Leerzeichen, Tabulator oder durch Zeilenschaltungen voneinander getrennt werden. Aus diesem Grund sind hier die Trennzeichen für die einzelnen Listenglieder durch Angabe eines Musters ausgeschlossen.

11.13 Erweiterbare Instanz-Dokumente

Schema-Dokumente werden in erster Linie dazu genutzt, um eine Menge von validierbaren Instanz-Dokumenten zu definieren. Zur Ermöglichung eines einheitlichen Datenaustauschs zwischen Unternehmen werden branchenweit gültige XML-Dokumente mittels DTD oder XSD vereinbart. Hierdurch kann sichergestellt werden, dass alle verwandten XML-Dokumente einem festgelegten Element- und Attributaufbau folgen. Werden Austauschstandards zwischen zahlreichen Unternehmen in Gremien vereinbart, so wird sich auf Standards verständigt, die alle oder zumindest die Mehrzahl der Gremienmitglieder unterstützen. In der Regel ist es nicht möglich, alle zukünftigen Ausprägungen in einem Standard zu berücksichtigen, da zu viele individuelle Ziele miteinander zu vereinbaren sind. Soll schnell auf das Bestreben eines Unternehmens eine Standarderweiterung durchgeführt werden, so muss der nächste Gremienbeschluss abgewartet werden. Praxiserfahrungen aus der Vergangenheit zeigten, dass Standardisierungsbemühungen häufig ein langwieriges Verfahren darstellen. Der Vorteil großer Vereinheitlichungen steht dem Hemmen von kurzfristigen Innovationen einzelner Unternehmen gegenüber. Alternativ zur Erstellung bzw. zur Erweiterung eines gemeinsamen Standards können Formatstandards individuell kreiert werden. Wobei gerade dieses dem Ziel eines Standards entgegensteuert.

Schema-Dokumente bieten einen Ausweg aus dem obigen Interessenkonflikt, indem Instanz-Dokumente mit einem offenen Inhalt vereinbart werden können. Durch die Schema-Schlüsselwörter any für Elemente und anyAttribute für Attribute kann es Autoren von Instanz-Dokumenten erlaubt werden, zusätzliche Elemente oder Attribute über die im Schema-Dokument hinaus deklarierten Komponenten aufzunehmen. Schema-Dokumente, die einen offenen Inhalt zulassen, ermöglichen eine zügige Erweiterung von Formaten und dabei gleichzeitig zu einem Standard konform zu bleiben. Es ist sinnvoll, Schemata mit offenem Inhalt zu deklarieren, da ein Schematadesigner nie alle Arten von Instanz-Dokumenten kennen kann, die Autoren von Instanz-Dokumenten verwenden möchten. Andererseits bleibt zu berücksichtigen, dass zu umfangreiche Erweiterungen einen einheitlichen Formatstandard aufweichen können, und eine Einbeziehung von Ausprägungen in einen Standard unnötig machen können. Es ist ein Kompromiss zwischen strikter Einschränkung und freier Erweiterbarkeit zu suchen.

Hierzu kann deklariert werden, an welchen Stellen in einem Instanz-Dokument Erweiterungen in welcher Form erlaubt sein sollen. Die Schema-Elemente `any` und `anyAttribute` erlauben es Autoren von Instanz-Dokumenten, individuelle Erweiterungen an den Stellen vorzunehmen, an denen die Schema-Elemente `any` und `anyAttribute` verwandt wurden.

```
<xsd:element name="Person">
   <xsd:complexType>
      <xsd:sequence>
         <xsd:element name="Nachname" type="xsd:string"/>
         <xsd:element name="Vorname" type="xsd:string"/>
         <xsd:element name="Geburtsdatum" type="xsd:string"/>
         <xsd:any processContents="lax"
            minOccurs="0" maxOccurs="unbounded"/>
      </xsd:sequence>
      <xsd:anyAttribute processContents="lax"/>
   </xsd:complexType>
</xsd:element>
```

Im Beispiel wird ein Element `Person` deklariert, das die drei festen Zeichenketten-Elemente `Nachname`, `Vorname` und `Geburtstag` umschließt. Zusätzlich ist bestimmt, dass eine individuelle Anzahl eingeschachtelter Elemente mit beliegigen Namen und Datentypen in `Person` enthalten sein kann. Weiterhin kann das Element `Person` Attribute mit beliebigen Namen und Datentyp enthalten. Das Attribut `processContents` spezifiziert, wie ein Parser mit einem zusätzlichen Element oder Attribut in einem Instanz-Dokument verfahren soll. Auf eine Prüfung zusätzlicher Elemente oder Attribute wird gänzlich verzichtet, wenn der Wert `lax` oder `skip` zugewiesen wird.

Die Menge der möglichen zusätzlichen Elemente oder Attribute kann eingeschränkt werden, indem den Elementen `any` und `anyAttribute` ein Namensraum zugeordnet wird. Hierdurch erfolgt eine Einschränkung auf Elemente und Attribute, die dem jeweiligen Namensraum zugeordnet sind. Standardmäßig verlangt ein Parser, dass ein zugehöriger Namensraum angegeben ist. Das Attribut `processContents` hat standardmäßig den Wert `strict`. In dem Fall prüft ein Parser, ob ein zusätzliches Element oder Attribut tatsächlich im angegebenen Namensraum vorhanden ist. Diese Funktionalität kann jedoch nur greifen, wenn dem Parser der Inhalt des Namensraums bekannt ist. Bei individuellen Namensräumen ist davon auszugehen, dass einem Parser der Inhalt nicht bekannt ist. Eine explizite Prüfung wäre somit nicht möglich, so dass das Attribut `processContents` auf `lax` oder `skip` gesetzt werden muss. Ein Namensraum, den Parser in der Regel kennen, ist beispielsweise der Namensraum `http://www.w3.org/2001/XMLSchema`. In Tabelle 11-4 sind die Alternativen des Namensraum-Attributs `namespace` aufgeführt.

Wert des Namensraum-Attributs	Bedeutung
##any	Standardeinstellung, Elemente oder Attribute jedes Namensraumes
##local	El. oder Attr. sind keinem Namensraum zugeordnet
##other	El. oder Attr., die nicht dem Zielnamensraum des Schema-Dokuments zugeordnet sind
##targetNamespace	El. oder Attr. sind dem Zielnamensraum zugeordnet
anyURI+	El. oder Attr. sind einem Namensraum in der durch Leerzeichen separierten Liste zugeordnet

Tabelle 11-4: Namensraum-Attribut in Elementen any und anyAttribute

Im Folgenden ist ein mögliches Instanz-Element Person aufgeführt. Neben den drei Pflichtelementen sind weitere Elemente eingeschachtelt, wobei zu beachten ist, dass diese selbst beliebige Kindelemente umschließen können.

```
<Person geaendert="2002.06.10" Anwendung="Human Resources">
   <Nachname>Bartels</Nachname>
   <Vorname>Peter</Vorname>
   <Geburtsdatum>1968.03.01</Geburtsdatum>
   <Studium>
      <Abschluss>Diplom-Mathematiker</Abschluss>
   </Studium>
   <Schubildung>Abitur</Schubildung>
</Person>
```

Darüber hinaus sind dem Element Person zwei frei gewählte Attribute zugeordnet.

11.14 Schema Beschreibungselemente

Die Struktur von XML-Dokumenten kann effektiv mittels XSD-Dokumenten festgelegt werden. Erfahrene XML-Anwender können Schema-Beschreibungen lesen und erschließen, welchen Aufbau und Restriktionen Instanz-Dokumenten unterliegen. XSD-Dokumente können durchaus als selbsterklärend bezeichnet werden. Zusätzlich besteht die Möglichkeit, in XSD-Dokumenten Beschreibungselemente einzufügen, die zusätzliche Informationen für Menschen und Computer bereitstellen.

Das Schema-Element annotation umschließt die zwei Elemente documentation und appinfo, wobei das erste Element Informationen für Menschen bereithält, und sich das zweite Element auf Werkzeuge, Stylesheets und Anwendungen fokussiert, die XML-Daten automatisiert weiterverarbeiten. Beiden Elementen kann ein Attribut source zugewiesen werden, das eine Uniform Resource Identifier Reference (URI) enthält, unter dessen Adresse weitere Informationen verfügbar sind.

11 XML-Schema-Definitionen

Elemente mit Namen `documentation` enthalten in Form von Zeichenketten Informationen, wie beispielsweise Copyright-Informationen, für Menschen. In jeder Sprache können Informationen verfügbar gemacht werden, wobei durch das Attribut `xml:lang` die gewählte Sprache angegeben wird. Elemente `appinfo` enthalten Informationen für automatisierte Weiterverarbeitungen. Es können beliebige Elemente eingeschachtelt werden.

In XSD-Dokumenten können beschreibende Elemente an vielen verschiedenen Stellen eingefügt werden. Sie können vor und nach allen globalen Komponenten und zu Beginn der Datendefinition aller lokalen Komponenten positioniert werden. In Listing 11-10 sind zu Beginn einer globalen Element-Deklaration beschreibende Elemente eingefügt. Das Element `documentation` enthält Informationen für Menschen in deutscher Sprache. Im Element `appinfo` sind Daten eingeschachtelt, die sich an Werkzeuge und Anwendungen richten, die das deklarierte Einkommens-Element verarbeiten. Hier wird einer Anwendung mitgeteilt, dass dem Element bei der Erzeugung von Reports ein hoher Stellenwert gebührt. Eine Anwendung kann diese Anweisung beispielsweise nutzen, indem der Inhalt des Elements `Einkommen` bei einer Reportausgabe als eines der ersten Felder aufgeführt wird. Werden automatisierte Berechnungen durchgeführt, so wird bestimmt, dass der Elementinhalt zu addieren ist. Abhängig von Zielanwendungen können unter `appinfo` beliebige ineinander geschachtelte Steueranweisungen abgelegt werden.

Zusätzliche Informationen für Menschen und Anwendungen sind unter der mit dem Attribut `source` angegebenen Adresse verfügbar.

```
<xsd:element name="Einkommen">
   <xsd:annotation>
      <xsd:documentation xml:lang="de"
         source="http://www.pmertens.de/Personendaten">
Element enthält Einkommen bezogen auf Zeitintervall,
spezifiziert durch Attribut Zeitbezug, in der durch das
gleichnamige Attribut angegebenen Waehrung </xsd:documentation>
      <xsd:appinfo source="http://www.pmertens.de/Personendaten">
         <Report Wichtigkeit="hoch"/>
         <Berechnung Art="summation"/>
      </xsd:appinfo>
   </xsd:annotation>
   <xsd:complexType>
      <xsd:simpleContent>
         <xsd:extension base="xsd:decimal">
            <xsd:attributeGroup ref="Einkommensattribute"/>
         </xsd:extension>
      </xsd:simpleContent>
   </xsd:complexType>
</xsd:element>
```

Listing 11-10: Zusätzliche Informationen durch ein beschreibendes Element

Beschreibende Elemente haben grundsätzlich keinen Einfluss auf eine Schema-Validierung. Die in `appinfo` eingefügten Elemente können frei gewählt werden. Die genutzten Bezeichner für Elemente und Attribute gehören dem Anwendungs-Namensraum an und brauchen nicht qualifiziert zu werden, da der Anwendungs-Namensraum hier als Standard-Namensraum angenommen wird.

11.15
Zusammensetzung eines Schemas aus mehreren Schema-Dokumenten

Dem Ziel der Wiederverwendung von Deklarationen und Definitionen folgend, kann basierend auf bestehenden XSD-Dokumenten ein neues Schema erstellt werden, das auf vorhandenen Schema-Komponenten aufbaut. Die Schema-Anweisungen include und import erlauben das Nutzen der Inhalte von bestehenden XSD-Dokumenten bei der Erzeugung eines neuen Schema-Dokuments. Der Unterschied der Anweisungen include und import liegt in der Behandlung der jeweiligen Namensräume. In der Praxis spielt das Einbinden von bereits existierenden Schema-Dokumenten eine große Rolle, da hierdurch in umfangreichen Projekten die Erstellung von komplexen Deklarationen und Definitionen sinnvoll auf mehrere Autoren verteilt werden kann. Für folgende Aufgabenstellungen können bestehende Komponenten wieder genutzt werden oder es können fertige Komponenten aus externen Quellen eingebunden werden.

Mittels der Anweisung include können nur bestehende XSD-Dokumente in ein neues Schema-Dokument eingebunden werden, die die identischen Namensräume wie das neu zu erstellende Schema-Dokument aufweisen. Im Gegensatz hierzu können durch Nutzung der Anweisung import Dokumente wieder genutzt werden, in denen Elemente, Attribute und Datentypen anderen Namensräumen als in dem neu zu bildenden Schema-Dokument zugeordnet sind.

Mit der Anweisung import können keine Komponenten eingefügt werden, die einen identischen Namensraum wie das aufnehmende Schema-Dokument aufweisen. In diesen Fällen muss zwingend die Anweisung include genutzt werden.

Grundsätzlich gilt, dass alle include- und import-Elemente in einem Schema-Dokument vor allen anderen Deklarationen und Definitionen angewandt werden müssen.

11.15.1
Schema-Anweisung include

Mittels dem einzigen Parameter schemaLocation wird der Schema-Anweisung include angegeben, welches XSD-Dokument einzubinden ist. Es können beliebig viele bestehende Dokumente mittels mehrerer include-Anweisungen spezifiziert werden.

```
<xsd:schema ...>
   <xsd:include schemaLocation="datei1.xsd"/>
   <xsd:include schemaLocation="datei2.xsd"/>
   ...
</xsd:schema>
```

11 XML-Schema-Definitionen

Das Einbinden von bestehenden Schema-Dokumenten hat den gleichen Effekt wie das Aufführen aller Schema-Anweisungen eines einzubindenden Dokuments in das XSD-Dokument, in dem die include-Anweisung aufgeführt wird. Dieses verlangt zwingend, dass in den bestehenden und in dem neuen Schema-Dokument Elementen, Attributen und Typen identische Namensräume zugeordnet sind. Auf die Angabe des Standard- und Zielnamensraums kann im einzubindenden Dokument verzichtet werden. In diesen Fällen werden die Namensraum-Zuweisungen des Dokuments, das die Einbindung durchführt, für die einzubindenden Komponenten übernommen. Auf die Angabe des Schema-Namensraums kann in keinem Fall verzichtet werden, dieser ist in allen Dokumenten grundsätzlich zu spezifizieren.

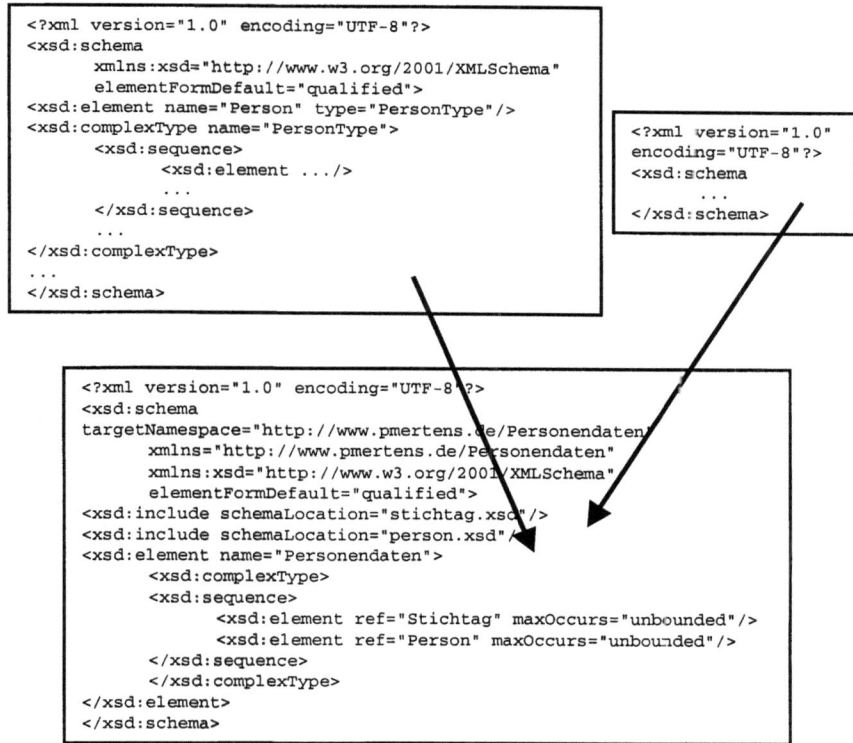

Abbildung 11-6: Einbinden von Schema-Dokumenten mittels include

In Abbildung 11-6 ist ein Beispiel für das Einbinden von Inhalten bestehender Dokumente in ein neues Schema-Dokument aufgeführt. Das Element Personendaten wird deklariert, indem direkt auf die Komponenten zweier einzubindender Dokumente referenziert wird. In den einzubindenden Dokumenten ist lediglich der Schema-Namensraum bestimmt. Standard- und

Zielnamensraum sind nicht spezifiziert, sondern werden vom Dokument, das die Einbindung durchführt, automatisch übernommen.

11.15.2 Schema-Anweisung import

Die Schema-Anweisung import erlaubt den Zugriff auf Komponenten bestehender Schema-Dokumente, deren Elemente, Attribute und Typen verschiedenen Namensräumen zugeordnet sind. Mittels zwei Attributen wird der Namensraum der zu importierenden Komponenten und der Verweis auf ein bestehendes Schema-Dokument fixiert. Das Attribut namespace spezifiziert den Namensraum und das Attribut schemaLocation bestimmt den URL des zu importierenden Schema-Dokuments.

```
<xsd:schema ...>
    <xsd:import namespace="URL 1" schemaLocation="datei1.xsd"/>
    <xsd:import namespace="URL 2" schemaLocation="datei2.xsd"/>
    ...
</xsd:schema>
```

In Abbildung 11-7 wird die Schema-Anweisung import genutzt, um die Komponenten von zwei existierenden Schema-Dokumenten einzubinden, deren Komponenten jeweils abweichenden Namensräumen zugeordnet sind. Wichtig ist, dass den Namensräumen der zu importierenden Komponenten mittels dem Attribut xmlns des Elements schema jeweils ein Präfix zugewiesen wird. Dieses Präfix ist bei der Referenzierung von zu importierenden Komponenten dem Element- oder Attributnamen voranzustellen.

Analog hierzu sind in Instanz-Dokumenten des Schema-Dokuments, das bestehende Dokumente importiert, alle genutzten Namensräume mit einem Präfix zu qualifizieren. Die einzelnen Elemente und Attribute sind in Verbindung der jeweiligen Präfixe entsprechend der zugeordneten Namensräume zu nutzen.

```
<?xml version="1.0"?>
<Kunde:Kunde xmlns:Kunde="http://www.pmertens.de/Kunde"
    xmlns:Adresse="http://www.pmertens.de/Adresse"
    xmlns:Konto="http://www.pmertens.de/Konto"
    xmlns:xsi="http://www.w3.org/2001/XMLSchema-instance"
    xsi:schemaLocation="http://www.pmertens.de/Kunde
               XSD/kunde.xsd
         http://www.pmertens.de/Konto
               XSD/Konto.xsd
         http://www.pmertens.de/Adresse
               XSD/Adresse.xsd">           redundant
<Kunde:Vorname>Hans</Kunde:Vorname>
...
<Kunde:Adresse>
    <Adresse:Postleitzahl>32467</Adresse:Postleitzahl>
...
</Kunde:Adresse>
<Kunde:Konto>
    <Konto:Kontoart>Giro</Konto:Kontoart>
    ...
</Kunde:Konto>
```

11 XML-Schema-Definitionen

```
...
</Kunde:Kunde>
```

Listing 11-11: Redundante Schema-Dokument-Verweise in einem Instanz-Dokument

Zum Validieren von Instanz-Dokumenten braucht lediglich ein Verweis auf das Schema-Dokument, das weitere Dokumente importiert, einschließlich des Ziel-Namensraums gegeben zu werden. Optional können zusätzlich alle zu importierenden Dokumente in Verbindung der jeweiligen Namensräume aufgeführt werden (siehe Listing 11-11).

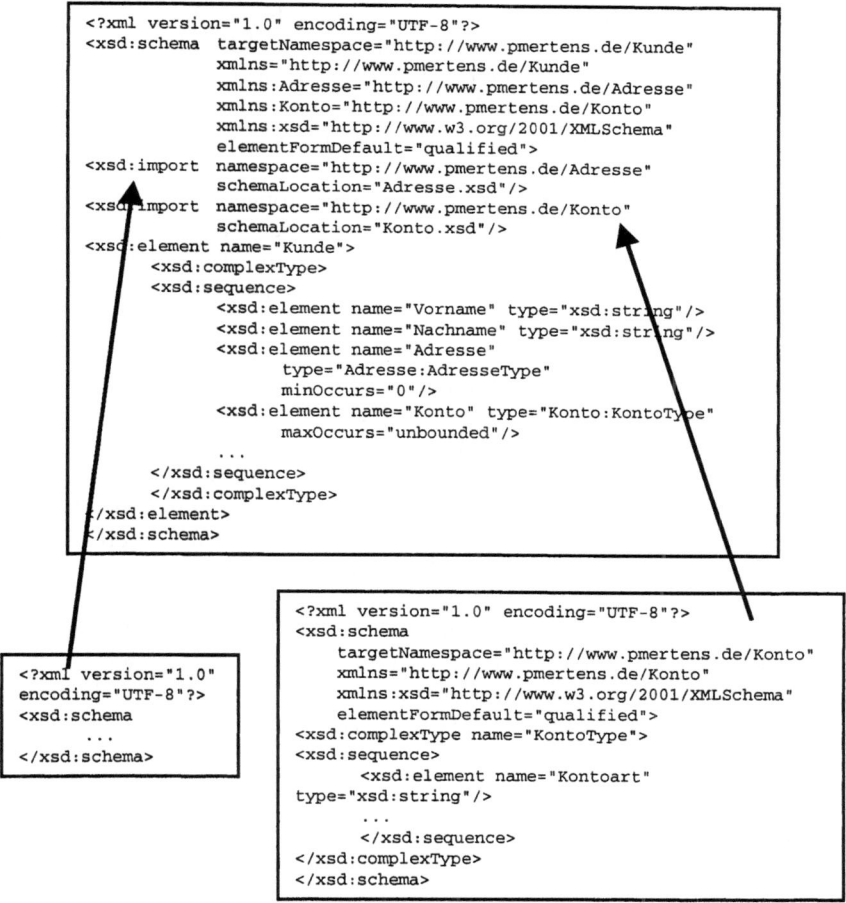

Abbildung 11-7: Nutzen von Schema-Dokumenten mittels `import`

Die redundante Angabe bietet einem Benutzer den Vorteil, dass direkt im Instanz-Dokument ersichtlich ist, in welchem Schema-Dokument Elemente und Attribute eines Namensraums deklariert werden. Auf die Angabe redundanter

Informationen sollte dennoch möglichst verzichtet werden, da der Hinweis, welche XSD-Dokumente importiert oder eingebunden sind, in jedem Fall im einbindenden Schema-Dokument vorhanden ist. Doppelte redundante Angaben verwirren mehr, als sie tatsächlich helfen.

11.16
Fazit

Zur Validierung von XML-Dokumenten können XML-Schema-Definitionen (XSD) eingesetzt werden. Im Gegensatz zu Dokument-Typ-Definitionen (DTD) handelt es sich bei XSD-Dokumenten selbst um XML-Dokumente. Zur Formulierung von Beschränkungen durch XSD-Dokumente kommt somit nicht wie bei DTD eine von der XML-Spezifikation abweichende spezielle Syntax zum Einsatz. Es wird die gleiche Syntax wie bei XML-Instanz-Dokumenten verwandt.

Basierend auf 44 standardmäßigen Datentypen können beliebige benutzerspezifische Datentypen definiert werden. Im Unterschied zu DTD ist so die Anzahl der Datentypen für XSD-Dokumente unbegrenzt. Es können XML-Elemente mit gleichem Namen, jedoch abweichenden Inhalten deklariert werden, die unterschiedlichen Datentypen unterliegen.

XML-Schema-Definitionen folgen einem objektorientierten Ansatz. Standardmäßige oder auch benutzerdefinierte Datentypen können beschränkt oder erweitert werden. Es besteht die Möglichkeit, XML-Elemente zu definieren, die durch andere Elemente ersetzt werden können.

Gruppen von XML-Elementen können festgelegt werden, wobei das Auftreten und die Reihenfolge einzelner Gruppen-Elemente bestimmt werden können. Es können Elemente und Attribute mit festem Inhalt deklariert werden. Weiterhin können Elemente mit leerem Inhalt spezifiziert werden.

Zusammenfassend gilt, dass XML-Schema-Definitionen vielfältige Möglichkeiten bieten, um die Element- und Attribut-Struktur von XML-Instanz-Dokumenten effektiv festzulegen. Aufgrund der aufgezeigten Vorteile gegenüber Dokument-Typ-Definitionen ist der Einsatz von XSD-Dokumenten dem Einsatz von DTD-Dokumenten klar vorzuziehen.

11.17
Literatur

W3C: Recommendation Extensible Markup Language (XML), Version 1.0. http://www.w3.org/TR/1998/REC-xml-19980210, 10. 2. 1998

W3C: Recommendation XML Path Language (XPath), Version 1.0. http://www.w3.org/TR/1999/REC-xpath-19991116, 16. 11. 1999

W3C: Recommendation Extensible Stylesheet Language (XSL), Version 1.0.
`http://www.w3.org/TR/2001/PR-xsl-20010828`, 28. 8. 2001

W3C: Recommendation XSL Transformations (XSLT), Version 1.0.
`http://www.w3.org/TR/1999/REC-xslt-19991116`, 16. 11. 1999

W3C: Recommendation XML Linking Language (XLink), Version 1.0.
`http://www.w3.org/TR/2000/REC-xlink-20010627`, 27. 6. 2001

W3C: Recommendation XML Schema – Primer, Structures and Datatypes.
`http://www.w3.org/TR/xmlschema-0`, 2001
`http://www.w3.org/TR/xmlschema-1`, 2001
`http://www.w3.org/TR/xmlschema-2`, 2001

12 Web Services – vom Hype zum realen Einsatz im Finanzsektor

Im Rahmen eines Pilotprojektes wurde die Technologie Web Services in einer realen Systemumgebung von einem Rechenzentrum der Kreditwirtschaft und dem Autorenteam von IBM Global Services eingehend beleuchtet. Ziel war es, den Reifegrad der Web-Services-Technologie für einen produktiven Einsatz zu bestimmen und damit die Grundlage für weitere Investitionsentscheidungen zu schaffen.

Das Rechenzentrum versorgt als IT-Dienstleister zahlreiche Kreditinstitute und Versicherungen Deutschlands. Die Anforderungen der Institute an das Rechenzentrum sind sehr unterschiedlich.

Um den individuellen Anforderungen jedes einzelnen Institutes gerecht zu werden, bietet das Rechenzentrum seinen Kunden sowohl Standard-Dienstleistungen als auch optionale Dienstleistungen an. Um den Instituten darüber hinaus eine gewisse Flexibilität und Freiheit zu geben, in Eigenverantwortung individuelle Anwendungen zu erstellen und Standardanwendungen auf dem Markt zu kaufen, bietet das Rechenzentrum den Instituten verschiedene Schnittstellen zu deren operativen Daten.

Der Zugang auf die vorhandenen Backend-Prozesse erfolgt über eine 3-Tier-Intranet-Architektur. Die Architektur stellt Schnittstellen wie native Java, D(COM) oder einen eigenentwickelten, prozeduralen Zugangsweg zur Verfügung.

Diese proprietären Lösungen weisen jedoch die Vorteile der Web-Services-Technologie nicht auf. Die wesentlichen Merkmale der Technologie wie Plattform- und Sprachenunabhängigkeit, XML-basierende Standard-Schnittstellen bzw. -Protokolle, höherwertige API und lose Kopplung sollen zukünftig genutzt werden, um so u. a. in der Anwendungsentwicklung den Fokus auf die fachliche Umsetzung zu setzen. Hierbei ist es unerheblich, ob die Anwendungsentwickler in der J2EE- oder .NET-Umgebung heimisch sind. Web Services bilden die Basis für die schnelle Bereitstellung neuer, webbasierter und serviceorientierter Dienste. Die Entwicklungen der Client- und Serveranwendungen können entkoppelt durchgeführt werden und treffen sich erst bei der Nutzung der Services. Durch die lose, standardisierte Kopplung ist es möglich, dass Server (Service Provider) und Client (Service Requestor) erst zur Laufzeit zueinander finden müssen (dynamische Web Services). Die Implementierungen der Web Services bleiben immer transparent für den Client. Durch die Einführung von Web Services in der Middle-Tier-Architektur wird dem Anwendungsentwickler eine höherwertige, standardisierte, serviceorientierte Programmierschnittstelle zur Verfügung gestellt, für die eine Vielzahl von Generierungswerkzeugen bereitstehen.

Im Rahmen des Projekts wurde das vorhandene Schnittstellen-Framework um eine Web-Services-Schnittstelle erweitert. Wichtige Motive, das Pilotprojekt durchzuführen, waren die Erwartungen, die Entwicklungsaufwände und die Wartungskosten zu reduzieren. Es wird damit gerechnet, dass die genannten Infrastrukturvorteile für das Rechenzentrum durch den Einsatz von Standardtechnologien weiter ausgebaut werden. Damit einher gehen kürzere Entwicklungszyklen (time-to-market) und die Sicherung eines hohen Servicelevels (quality-of-service). Die Akzeptanz der Infrastruktur sowohl innerhalb als auch außerhalb des Unternehmens wird dementsprechend weiter erhöht.

Nachfolgend werden zuerst die technologischen Grundlagen dargestellt, die zum Verständnis der Technologie und der Durchführung des Pilotprojekts benötigt werden. Anschließend wird das Projekt detailliert vorgestellt.

12.1
Die Web-Services-Technologie im Überblick

Im Zusammenspiel jeweils zweier Rollen im Web-Services-Szenario (siehe Abbildung 12-1) kommen die verschiedenen (Teil-)Technologien SOAP, WSDL und UDDI zum Einsatz. Diese drei Technologien werden in den nachfolgenden Kapiteln detailliert vorgestellt. Dabei liegt der Schwerpunkt auf der synchronen Kommunikation im Stile eines entfernten Prozeduraufrufs (RPC), da dies der zurzeit am häufigsten genutzte Stil ist[71] und im zugrunde liegenden Projekt zum Einsatz kam.

Um die Anschaulichkeit der nachfolgenden Abschnitte zu erhöhen, werden die einzelnen Aspekte eines Web-Services-Szenarios anhand eines einfachen Beispiels erläutert.

Ein Unternehmen bietet als Web Service z. B. die Umrechnung von Temperaturangaben zwischen den Einheiten Fahrenheit und Celsius an. Der Benutzer gibt einen Temperaturwert mit der Ausgangseinheit und die Zieleinheit an. Als Ergebnis erhält er den Temperaturwert in der Zieleinheit.

Die Servicefunktion wurde als `TemperatureConversion` benannt und ist eine Methode der Klasse `rks.tconv.Tconv`. Die Signatur der Methode enthält einen selbst definierten Datentyp Temperature mit den Attributen `unit` (String) und `value` (int) sowie einen Parameter `targetUnit` (String), der die Einheit angibt, in die die eingegebene Temperatur umgerechnet werden soll.

---

[71] Ein alternativer Stil ist der asynchrone für das Messaging.

12.1.1
SOAP – Service Oriented Architecture Protocol

12.1.1.1
Die Akteure in einem Web-Services-Szenario

Mit einem Web-Services-Szenario werden drei Rollen eingeführt:
- Der Provider bietet einen Dienst an.
  Der Dienst, den der Provider zur Verfügung stellt, wird mit Hilfe eines XML-Dokumentes, der Web Services Description Language (WSDL), beschrieben.
- Der Broker vermittelt diesen Dienst.
  Der Broker erhält die Dienstbeschreibung vom Provider und stellt sie, geordnet nach bestimmten Kriterien, in sein UDDI-Repository (Universal Description, Discovery & Integration) ein.
- Der Requestor nutzt den Dienst des Providers.
  Der Requestor kann bei einem Broker nach einem bestimmten Dienst suchen und, wenn er ihn gefunden hat, die zugehörige WSDL herunterladen. Die Servicenutzung erfolgt anschließend direkt zwischen Requestor und Provider via SOAP, dem Austauschprotokoll für die XML-Dokumente.

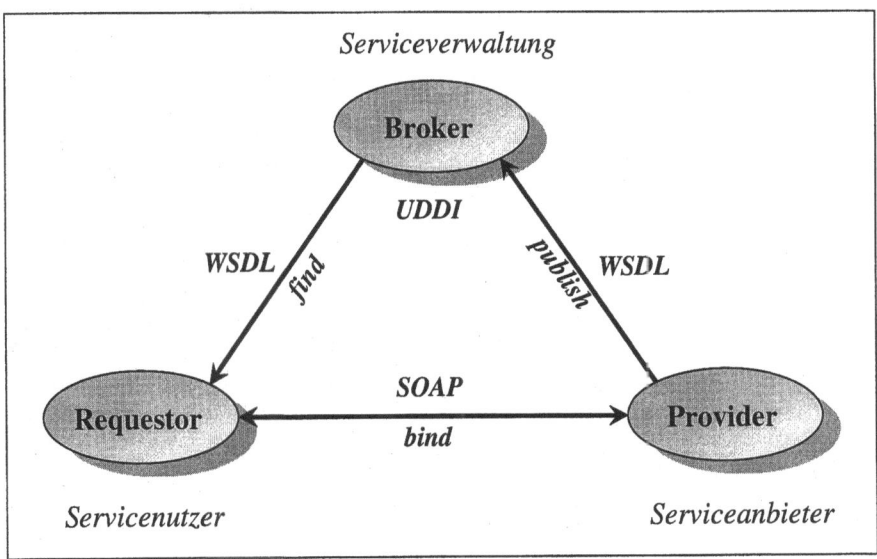

Abbildung 12-1: Die Rollen im Web-Services-Szenario

In Abbildung 12-1 sind die Rollen und deren Beziehungen zueinander nochmals grafisch dargestellt.

12.1.1.2
Definition SOAP

SOAP bezeichnet das Datenaustauschprotokoll, das in der Web-Services-Technologie zur Anwendung kommt. Um sich nahtlos in diese Technologie einfügen zu können, muss das SOAP-Protokoll strukturiert, erweiterbar, programmiersprachenunabhängig und systemneutral sein. Deshalb wird eine SOAP-Nachricht (Message) in Form einer XML-Grammatik definiert. Die Standardisierung erfolgt über das W3C.

SOAP beschäftigt sich ausschließlich mit der Strukturierung der Daten in einer Nachricht. Aspekte wie Sicherheit, Komprimierung und Transportprotokoll werden in der SOAP-Spezifikation nicht behandelt, da diese orthogonal zum Thema Datenstrukturierung zu betrachten sind und daher im Rahmen selbstständiger Spezifikationen behandelt werden.

Anhand des einfachen Beispiels Temperaturkonvertierung wird hier das Übertragungsprotokoll einer SOAP-Nachricht erläutert. In der SOAP-Spezifikation selbst wird nicht vorgeschrieben, wie die SOAP-Nachricht übertragen werden muss. Im Prinzip ist der Austausch eines SOAP-Dokumentes per Diskette ein valides, wenn auch sehr ineffektives Vorgehen. Für den täglichen Einsatz besser geeignet ist das HTTP-Protokoll. HTTP ist das zurzeit am meisten verbreitete Übertragungsprotokoll. Durch die Wahl von HTTP als Übertragungsprotokoll werden die Web-Services-Paradigmen "Verwendung von Standards" und "einfache Handhabung" erfüllt, da HTTP auf allen Plattformen und in nahezu allen Unternehmen verfügbar ist.

SOAP kann sowohl in einem synchronen als auch einem asynchronen Modus genutzt werden. In der gegenwärtigen Diskussion wird in der Regel auf die synchrone Kommunikation in Form eines entfernten Methodenaufrufs (RPC Style) fokussiert. Da in dem nachfolgend beschriebenen Projekt ebenfalls der synchrone Modus verwendet wurde, wird in der anschließenden Diskussion der RPC-Mechanismus im Mittelpunkt stehen.

Bevor das W3C SOAP als einen eigenständigen Namen einführte, war dies ein Akronym für Simple Object Access Protocol. Eine Beschreibung, die der SOAP-Idee nie wirklich gerecht wurde und daher schon sehr früh dazu führte, SOAP in Service Oriented Architecture Protocol umzudefinieren. Eine Altlast, die SOAP aus seinen Tagen als Akronym immer noch mit sich trägt, ist die Vorstellung, dass SOAP bzw. SOAP-Aufrufe objektorientiert sind. Wäre dem so, dann könnte SOAP und damit die Web Services nicht den Anspruch der Programmiersprachenunabhängigkeit aufrecht halten, da in diesem Fall nichtobjektorientierte Sprachen außen vor blieben. Logische Konsequenz daraus ist, dass es keinen über einen Aufruf hinweg gültigen Status von Objekten gibt, der eine Verwaltung von verteilten Objekten bzw. von Objektreferenzen ermöglicht.

Eine "Garbage Collection", wie sie in Java existiert, ist in SOAP nicht vorgesehen.

Natürlich existiert die Möglichkeit, einen Status bzw. eine Session über mehrere Requests in einer Web-Anwendung zu halten. Allerdings besteht diese Möglichkeit aufgrund der Spezifikation des verwendeten Übertragungsprotokolls HTTP.

12.1.1.3
Kommunikation

Bevor auf den Ablauf des Datenaustauschs mit Hilfe von SOAP eingegangen wird, fasst das folgende Kapitel noch einmal den grundsätzlichen Ablauf einer Kommunikation zwischen zwei Systemen zusammen. Der Ablauf, wie er in Abbildung 12-2 gezeigt wird, ist nicht spezifisch für SOAP oder insgesamt für die IT-gestützte Kommunikation.

Exakt der gleiche Prozess läuft ab, wenn beispielsweise zwei Menschen miteinander kommunizieren[72]. Auch hier gibt es unterschiedliche Übertragungsprotokolle wie z. B. die verbale und nonverbale (Gestik). Genau wie im IT-Umfeld sollte das in einem gegebenen Kontext geeignete Protokoll verwendet werden. Die Rollen des Senders und Empfängers sind nur temporär und wechseln im Laufe der Kommunikation.

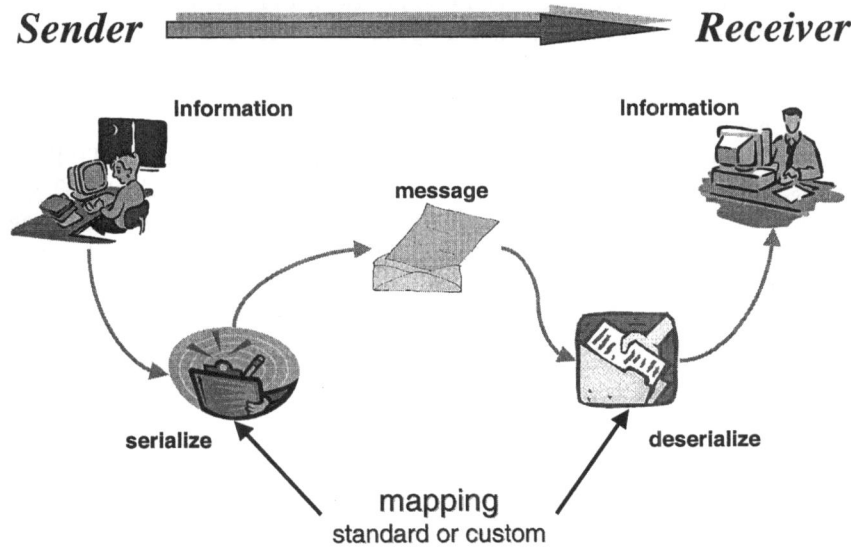

Abbildung 12-2: Prinzip der Kommunikation zweier Systeme

---

[72] Zugegebenermaßen sind die in der menschlichen Kommunikation ausgetauschten Nachrichten wesentlich komplexer, als dies beispielsweise bei einer bankfachlichen Überweisung der Fall ist.

Im Falle einer IT-basierten Kommunikation befindet sich die Information des Senders in einer Datenstruktur (z. B. JavaBean), die in ein Nachrichtenpaket (SOAP-Nachricht) verpackt (serialisieren) wird. Der Empfänger nimmt dieses Paket entgegen und packt das Paket in seiner eigenen Datenstruktur aus (deserialisieren), die nun zumindest gleich viel Information enthält wie das Nachrichtenpaket.

Ein wichtiger Aspekt in diesem Zusammenhang ist, dass die Datenstrukturen des Senders und Empfängers völlig unterschiedlich aufgebaut sein können. Die Transformation erfolgt über das Serialisieren bzw. Deserialisieren der systemneutralen Nachricht. Dadurch wird eine lose Kopplung der Sender-(Client-)- und Empfänger-(Server-)Anwendungen erreicht. Eine Eigenschaft, die notwendig ist, um plattformunabhängige und systemneutrale Web Services zu erhalten.

12.1.1.4
Struktur eines SOAP-Dokuments

Im Folgenden wird nun eine konkrete SOAP-Nachricht diskutiert. Zur Veranschaulichung wird das eingangs beschriebene Szenario "Temperaturkonversion" genutzt. Die Kommunikation wird durch den Web Services Requestor eröffnet, indem er eine SOAP-Nachricht an den Web Services Provider sendet. Da in dem nachfolgend beschriebenen Pilotprojekt HTTP als Kommunikationsprotokoll genutzt wurde, wird nachfolgend die Verwendung von HTTP angenommen. Am SOAP-Mechanismus selbst ändert sich nichts. Zuerst werden der HTTP-Request und die darin enthaltene SOAP-Nachricht, die der Web Services Client abschickt, dargestellt (Listing 12-1).

In den Zeilen 1 bis 4 befinden sich die bekannten Einträge eines HTTP-Post-Requests. Anders als bei der Übertragung von HTML ist hier als Content-Type nicht `html`, sondern `text/xml` eingetragen. Zeile 5 enthält eine Ergänzung durch die SOAP-Laufzeitumgebung, um die nachfolgenden Einträge als einen SOAP-Aufruf zu identifizieren[73].

```
1    POST /Temperatur/servlet/rpcrouter HTTP/1.0
2    Host: localhost:8080
3    Content-Type: text/xml; charset=utf-8
4    Content-Length: 705
5    SOAPAction: ""

6    <?xml version='1.0' encoding='UTF-8'?>
7    <SOAP-ENV:Envelope xmlns:SOAP-ENV=
        "http://schemas.xmlsoap.org/soap/envelope/"
        xmlns:xsi="http://www.w3.org/2001/XMLSchema-instance"
        xmlns:xsd="http://www.w3.org/2001/XMLSchema">
8       <SOAP-ENV:Body>
9         <ns1:TemperatureConversion xmlns:ns1=
            "http://tempuri.org/rks.tconv.Tconv"
            SOAP-ENV:encodingStyle=
```

---

[73] Für eine ausführliche Beschreibung der Einträge in Zeile 1 bis 4 sei auf die entsprechende Literatur zu HTML via HTTP verwiesen.

12 Web Services – vom Hype zum realen Einsatz im Finanzsektor 299

```
10                 "http://schemas.xmlsoap.org/soap/encoding/">
                <temperature xmlns:ns2="http://www.tconv.com/
                  schemas/TconvRemoteInterface"
                  xsi:type="ns2:rks.tconv.Temperature">
11                <unit xsi:type="xsd:string">c</unit>
12                <value xsi:type="xsd:int">30</value>
13              </temperature>
14              <targetUnit xsi:type="xsd:string">f</targetUnit>
15            </ns1:TemperatureConversion>
16         </SOAP-ENV:Body>
17      </SOAP-ENV:Envelope>
```

Listing 12-1: SOAP-Nachricht des Clients

Die SOAP-Nachricht, ein XML-Dokument, befindet sich in den Zeilen 6 bis 17. Das Root-Element ist der so genannte SOAP-Envelope (Zeile 7). Im Start-Tag werden die Namespaces `SOAP-ENV`, `xsi` und `xsd` definiert. Die beiden Letztgenannten werden in dem entsprechenden Kapitel über XML in diesem Buch näher beschrieben.

Hinter der Namespacedefinition von `SOAP-ENV` verbirgt sich ein XML-Schema, das die Struktur eines SOAP-Dokuments festlegt (`http://schemas.xmlsoap.org/soap/encoding`). Demnach besteht ein SOAP-Dokument aus einem Envelope (`SOAP-ENV`), beliebig vielen Headern (`SOAP-ENV:Header`) und genau einem Body (`SOAP-ENV:Body`). Der Header und der Body bilden die im eigentlichen Envelope eingebettete SOAP-Nachricht.

Der Header ist ein optionaler und generischer Bestandteil der SOAP-Nachricht[74]. In dem Header können zusätzliche Eigenschaften für eine SOAP-Kommunikation angegeben werden, ohne dass dies vorher zwischen den Partnern vereinbart wurde. Kann der Empfänger diese Informationen nicht auswerten, so werden diese ignoriert. Typische Beispiele für Headerinformationen sind Authentifizierungsdaten und Digitale Signaturen[75].

In den Zeilen 9 bis 15 befindet sich die eigentliche Nutzlast (Payload) der SOAP-Nachricht – eingerahmt vom Body-Tag.

In Zeile 9 wird ein Tag geöffnet, dessen Name dem Methodennamen des Services (`TemperatureConversion`) entspricht. Die Zuordnung zur Klasse erfolgt über die Namespace-Definition mittels des URN (Unified Resource Name) `http://tempuri.org/rks.tconv.Tconv`. Der zweite Teil `rks.tconv.Tconv` entspricht in Java dem vollständigen Klassennamen. Eingebettet in dieses Tag werden in den Zeilen 10 bis 14 die Parameter des Methodenaufrufs mit ihren aktuellen Werten aufgeführt.

Bei dem ersten Parameter handelt es sich um einen selbst definierten Datentyp einer Java-Klasse. Dieser besitzt daher wiederum eine Struktur. Im XML-Kontext wird ein entsprechender Datentyp komplex (`complexType`) genannt. Alle nicht elementaren Datentypen wie `int` oder `float` werden als Complex-Types realisiert.

---

[74] In dem hier gezeigten Beispiel wird kein Header benötigt.
[75] Selbstverständlich kann das Ignorieren dieser Informationen zu einem Scheitern der Anfrage führen.

Als Antwort auf die oben gezeigte SOAP-Nachricht erhält der Client vom Server die folgende SOAP-Nachricht:

```
1   HTTP/1.1 200 OK
2   Server: WebSphere Application Server/4.0
3   Content-Type: text/xml; charset=utf-8
4   Set-Cookie: JSESSIONID=0000HLX3WSLKQDBF1AO4WAYUAEY:-1;Path=/
5   Cache-Control: no-cache="set-cookie,set-cookie2"
6   Expires: Thu, 01 Dec 1994 16:00:00 GMT
7   Content-Length: 507
8   Content-Language: de
9   Connection: close

10  <?xml version='1.0' encoding='UTF-8'?>
11  <SOAP-ENV:Envelope
        xmlns:SOAP-ENV="http://schemas.xmlsoap.org/soap/envelope/"
        xmlns:xsi="http://www.w3.org/2001/XMLSchema-instance"
        xmlns:xsd="http://www.w3.org/2001/XMLSchema">
12    <SOAP-ENV:Body>
13      <ns1:TemperatureConversionResponse
            xmlns:ns1="http://tempuri.org/rks.tconv.Tconv"
            SOAP-ENV:encodingStyle=
            "http://schemas.xmlsoap.org/soap/encoding/">
14        <return xsi:type="xsd:int">86</return>
15      </ns1:TemperatureConversionResponse>
16    </SOAP-ENV:Body>
17  </SOAP-ENV:Envelope>
```

Listing 12-2: SOAP-Nachricht des Servers

Die Zeilen 1 bis 9 enthalten wiederum den HTTP-Header, in den die SOAP-Nachricht eingebettet ist, wenn als Übertragungsprotokoll HTTP verwendet wird. Die Zeilen 10 bis 12 sind analog zu den entsprechenden Einträgen im Request zu interpretieren.

Das Ergebnis der Anfrage ist im Tag `TemperaturConversion-Response` (Zeile 13 bis 15) codiert. Zur Unterscheidung zum Methodenaufruf wurde hier an den Methodennamen die Sequenz Response angehängt. Für den Namespace gilt das Gleiche wie im SOAP-Dokument für den Request. Sollte der Rückgabetyp ein komplexer Datentyp sein, so würde hier analog zum Request eine komplexere XML-Struktur erscheinen.

12.1.1.5
Encoding

Für beide oben beschriebenen SOAP-Nachrichten bleibt nachzutragen, was der `encodingStyle` ausdrückt, der im "Root"-Tag der Payload innerhalb des SOAP-Bodys festgelegt wurde. Der `encodingStyle` legt die Verarbeitung des XML-Dokuments im SOAP-Body durch die SOAP-Laufzeitumgebung fest. In der SOAP-Implementierung von Apache werden die folgenden Stile definiert:

Literal XML
Hierbei handelt es sich um eine spezielle Variante der Apache-SOAP-Implementierung, die nicht im SOAP-Standard definiert ist. Mit Literal XML besteht

die Möglichkeit, eine XML-Repräsentation wie ein Document Object Model (DOM) direkt im SOAP-Body abzulegen. Der Empfänger erkennt dies und erstellt daraus wieder ein DOM.

XMI
Dieses Akronym steht für XML metadata interchange. Für eine genaue Definition sei hier auf die entsprechende Literatur verwiesen.

SOAP encoding
Ist das vom W3C definierte Format, wie Daten zu encoden sind. D.h., das Zielformat auf der Empfängerseite ist kein XML-Dokument, wie unter Literal XML beschrieben, sondern eine Datenstruktur wie beispielsweise eine JavaBean. Das SOAP encoding beschreibt also die in SOAP definierten Datentypen mit ihrem Wertebereich. Es ist somit das Encoding der Wahl für eine systemneutrale Kommunikation. Die Wahl des einzusetzenden Encodings kann dynamisch während der Laufzeit entschieden werden. Dazu wird auf der Serverseite ein Eintrag im Deployment Descriptor benötigt und auf der Clientseite wird diese Einstellung in der WSDL (siehe weiter unten) festgelegt. Entscheidend ist nur, dass beide Kommunikationsteilnehmer das gleiche Encoding verwenden.

12.1.1.6
Custom Mapping

Nachdem der Aufbau einer SOAP-Nachricht aufgezeigt wurde, wird nun beschrieben, wie die Daten aus der Anwendung heraus in das SOAP-Dokument bzw. aus selbigem wieder heraus in die Anwendung gelangen. Für alle in SOAP definierten Datentypen werden von der SOAP-Laufzeitumgebung die entsprechenden Transformatoren (Mapper) für die Zielsprache mitgeliefert. Dies sind die einfachen XSD-Typen, wie sie in den meisten Programmiersprachen zu finden sind.

Für Strukturen und Arrays werden in der Regel ebenfalls Mapper mitgeliefert. Aufwändiger kann es bei selbst definierten Datentypen werden. In diesem Fall muss ein eigener Mapper, ein so genannter Custom Mapper, entwickelt werden. Damit verbunden sind sogleich Softwareverteilungsaufwände sowohl auf Server- als auch auf Clientseite.

Im Folgenden wird die Betrachtung des Custom-Mapper-Konzepts auf die SOAP-Implementierung von Apache konzentriert. In den Implementierungen anderer Anbieter verlaufen die Ansätze analog.

In Abbildung 12-2 ist dargestellt, dass bei der Umwandlung der Information des Senders aus der Datenstruktur der Anwendung heraus in die Nachrichtenstruktur (SOAP-Nachricht) ein Serialisieren erfolgt. Auf der Empfängerseite erfolgt analog dazu ein Deserialisieren. Diese Serializer bzw. Deserializer werden von der SOAP-Laufzeitumgebung bei Bedarf aufgerufen und müssen das Interface `Serializer` (`org.apache.soap.util.xml.`

Serializer) bzw. Deserializer (org.apache.soap.util.xml.
Deserializer) implementieren.

In einer Java-Umgebung existiert allerdings eine Ausnahme für selbst definierte Datentypen. Folgen diese Datentypen dem JavaBean-Konzept, so wird von Apache ein BeanSerializer bereitgestellt, der über Java Reflektion API die notwendige Transformation vornimmt.

Damit die SOAP-Laufzeitumgebung die benötigten Mapper findet, müssen diese in der Laufzeitumgebung in einer SOAP Mapping Registry angemeldet werden. Auf der Clientseite erfolgt dies innerhalb des Proxys, der die technischen Details der SOAP-Kommunikation auf der Clientseite kapselt. In der Regel wird dieser Proxy vollständig aus den Informationen der WSDL (siehe nachfolgender Abschnitt) generiert.

```
1   package proxy.soap.rks.tconv;
2   import java.net.*;
3   import java.util.*;
4   import org.w3c.dom.*;
5   import org.apache.soap.*;
6   import org.apache.soap.encoding.*;
7   import org.apache.soap.encoding.soapenc.*;
8   import org.apache.soap.rpc.*;
9   import org.apache.soap.util.xml.*;
10  public class TconvProxy
11  {
12     private Call call = new Call();
13     private URL url = null;
14     private String stringURL =
           "http://localhost:8081/Temperatur/servlet/rpcrouter";
15     private SOAPMappingRegistry smr =
           call.getSOAPMappingRegistry();
16     public TconvProxy()
17     {
18     }
19     public synchronized void setEndPoint(URL url)
20     {
21        this.url = url;
22     }
23     public synchronized URL getEndPoint() throws
           MalformedURLException
24     {
25        return getURL();
26     }
27     private URL getURL() throws MalformedURLException
28     {
29        if (url == null && stringURL !=
           null && stringURL.length() > 0)
30        {
31           url = new URL(stringURL);
32        }
33        return url;
34     }
35     public synchronized int TemperatureConversion
           (rks.tconv.Temperature temperature,java.lang.String
           targetUnit) throws Exception
36     {
```

12 Web Services – vom Hype zum realen Einsatz im Finanzsektor

```
37      String targetObjectURI =
            "http://tempuri.org/rks.tconv.Tconv";
38      String SOAPActionURI = "";
39      if(getURL() == null)
40      {
41          throw new SOAPException(Constants.FAULT_CODE_CLIENT,
42          "A URL must be specified via
            TconvProxy.setEndPoint(URL).");
43      }
44      call.setMethodName("TemperatureConversion");
45      call.setEncodingStyleURI(Constants.NS_URI_SOAP_ENC);
46      call.setTargetObjectURI(targetObjectURI);
47      Vector params = new Vector();
48      Parameter temperatureParam = new Parameter("temperature",
            rks.tconv.Temperature.class, temperature,
            Constants.NS_URI_SOAP_ENC);
49      params.addElement(temperatureParam);
50      Parameter targetUnitParam = new Parameter("targetUnit",
            java.lang.String.class, targetUnit,
            Constants.NS_URI_SOAP_ENC);
51      params.addElement(targetUnitParam);
52      call.setParams(params);
53      Response resp = call.invoke(getURL(), SOAPActionURI);

54      //Check the response.
55      if (resp.generatedFault())
56      {
57          Fault fault = resp.getFault();
58          call.setFullTargetObjectURI(targetObjectURI);
59          throw new SOAPException(fault.getFaultCode(),
            fault.getFaultString());
60      }
61      else
62      {
63          Parameter refValue = resp.getReturnValue();
64          return ((java.lang.Integer)refValue.getValue())
            .intValue();
65      }
66  }

67  {
68      org.apache.soap.encoding.soapenc.BeanSerializer ser_1 =
            new org.apache.soap.encoding.soapenc.BeanSerializer();
69      org.apache.soap.encoding.soapenc.BeanSerializer deSer_1 =
            new org.apache.soap.encoding.soapenc.BeanSerializer();
70      smr.mapTypes("http://schemas.xmlsoap.org/soap/encoding/",
            new QName("http://www.tconv.com/schemas/
            TconvRemoteInterface","rks.tconv.Temperature"),
            rks.tconv.Temperature.class, ser_1,deSer_1);
71  }
72  }
```

Listing 12-3: generierter Proxy

In Listing 12-3 wird der für das Temperaturkonvertierungsbeispiel erzeugte Proxy gezeigt. Die Codierung des Proxys ist für den täglichen Umgang des Anwendungsentwicklers mit Web Services nicht von Bedeutung. Es soll jedoch an dieser Stelle dargestellt werden, um die Registrierung der Custom Mapper bei der SOAP-Mapping-Registry aufzuzeigen.

Relevant hierfür ist im Listing 12-3 der Statikblock in den Zeilen 67 bis 71. In dem vorgestellten Beispiel wurde die Methode TemperatureConversion mit dem selbst definierten Datentyp Temperature versehen. Dieser

Datentyp folgt der JavaBean-Konvention, so dass in diesem Fall der BeanSerializer verwendet werden kann. In einem ersten Schritt wird vom Serializer bzw. Deserializer ein Objekt instanziiert (Zeile 68 bzw. 69). Mit der Anweisung in Zeile 70 wird dies an die SOAP Mapping Registry angemeldet.

Jeweils zwei Parameter dieser Anweisung korrelieren für das Serialisieren bzw. Deserialisieren:

Serialisieren:
Der Parameter `rks.tconv.Temperature` korreliert mit dem Parameter `ser_1`. Beginnt die SOAP-Laufzeitumgebung mit der Serialisierung des selbst definierten Datentyps `rks.tconv.Temperature`, so wird anhand des vollständigen Klassennamens die Zuordnung zu der Instanz `ser_1` des Serializers vorgenommen.

Deserialisieren:
Für das Deserialisieren der SOAP-Nachricht ist zu beachten, dass die Zuordnung eines XML-Elements zu der entsprechenden Java-Klasse über den voll qualifizierten Tagnamen, d.h. den Namespace und den Elementnamen, erfolgt. Mit Hilfe der Methode `Qname` wird der Namespace und der Elementname mittels eines : miteinander verknüpft und als Key in die SOAP Mapping Registry eingetragen.

Auf der Serverseite sind der Registrierungsvorgang und die Ermittlung des aktuell benötigten Custom Mappers analog. Im Unterschied zum Client wird auf dem Server die Anmeldung der Custom Mapper mit Hilfe eines XML-Konfigurationsdokuments, dem Deployment Deskriptor (`dds`), vorgenommen.

```
1   <root>
2       <isd:service xmlns:isd="http://xml.apache.org/xml-soap/
              deployment" id="http://tempuri.org/rks.tconv.Tconv"
              checkMustUnderstands="false">
3           <isd:provider type="java" scope="Application"
                 methods="TemperatureConversion">
4               <isd:java class="rks.tconv.Tconv" static="false"/>
5           </isd:provider>
6           <isd:mappings>
7               <isd:map encodingStyle="http://schemas.xmlsoap.org/
                    soap/encoding/" xmlns:x="http://www.tconv.com/
                    schemas/TconvRemoteInterface" qname=
                    "x:rks.tconv.Temperature" javaType=
                    "rks.tconv.Temperature" xml2JavaClassName=
                    "org.apache.soap.encoding.soapenc.BeanSerializer"
                    java2XMLClassName=
                    "org.apache.soap.encoding.soapenc.BeanSerializer"/>
8           </isd:mappings>
9       </isd:service>
10  </root>
```

Listing 12-4: Deployment Descriptor (`dds`)

Der für das Custom Mapping relevante Abschnitt befindet sich in Zeile 7 und ist analog zu der Zeile 70 des Listing 12-3 aufgebaut.

12.1.2
WSDL – Web Services Description Language

Die WSDL bietet die Möglichkeit, einen Web Service strukturiert zu beschreiben. Sie bedient sich dabei einer XML-Grammatik und ist damit sowohl menschen- als auch maschinenlesbar.[76] Erst die Möglichkeit, ein WSDL maschinell zu verarbeiten, macht die Web Services so einfach und elegant nutzbar.

Anwendungsentwickler, die Web Services anbieten oder in ihren Anwendungen nutzen, müssen im Prinzip mit dem Inhalt des eingesetzten WSDL-Dokumentes nicht vertraut sein. Soll ein Web Service publiziert werden, so wird mit Hilfe eines Tools der Entwicklungsumgebung das WSDL-Dokument erzeugt und den potenziellen Servicenutzern zur Verfügung gestellt. Soll ein publizierter Web Service angesprochen werden, wird das servicebeschreibende WSDL-Dokument in die Entwicklungsumgebung geladen und mit Hilfe eines entsprechenden Generators einmalig ein lokaler Proxy erzeugt. Es ist in den seltensten Fällen notwendig, ein WSDL-Dokument manuell zu editieren.

12.1.2.1
Der Aufbau eines WSDL-Dokuments

Ein WSDL-Dokument ist logisch zweigeteilt. In dem ersten Teil wird die Schnittstelle abstrakt beschrieben, in dem zweiten Teil wird der Service einem oder mehreren Netzwerk-Endpunkten zugeordnet.

In der WSDL werden folgende Elemente benutzt:

- *Types*: Datentypdefinitionen unter Benutzung eines Typ-Systems. Derzeit unterstützt WSDL hier die XML-Schema-Definition (XSD), ist aber für zukünftige Systeme erweiterbar.
- *Messages*: Beschreibt die auszutauschenden Nachrichten. Die Elemente einer *Message* sind XSD-Datentypen und die unter *Types* beschriebenen Datentypen.
- *Operations*: Beschreiben die unterstützten Aktionen eines Services mit dessen Eingabe- und Ausgabe-*Message*.
- *Port-Type*: Beschreibt eine Menge aus einer oder mehreren *operations*.
- *Binding*: Die konkrete Beschreibung des Protokolls und Datenformats für einen *Port-Type*.
- *Port*: Beschreibt einen dedizierten Endpunkt durch ein *binding* und eine Netzwerkadresse.
- *Service*: eine Menge zusammengehörender Ports.

---

[76] Die Idee, einen entfernten Service maschinenlesbar zu beschreiben, ist nicht neu. Die Interface Definition Language (IDL) in CORBA verfolgt dieselbe Idee.

Die aufgeführten Elemente und ihre Eigenschaften werden an einem Beispiel dargestellt. Dazu werden nachfolgend die Elemente einzeln erstellt und abschließend in einem WSDL-Gesamtdokument dargestellt.

12.1.2.2
WSDL: Eine Beispielanwendung

Für eine bessere Verständlichkeit wird das im SOAP-Kapitel eingeführte Beispiel hier weiterverwendet. Zur Umsetzung des Beispiels werden drei Datentypen benötigt:

- Eine Struktur zur Angabe des Temperaturwerts mit seiner Ausgangseinheit,
- ein Typ für die Zieleinheit und
- ein Typ für den umgerechneten Temperaturwert.

Die Struktur mit Temperaturwert und Ausgangseinheit ist ein `complexType` und muss als solcher beschrieben werden.

Die Definition erfolgt als XML-Schema-Definition. Die definierte Struktur hat den Namen `rks.tconv.Temperature`. Sie enthält die Felder (elements) `unit` vom Typ String und `value` vom Typ Integer.

```
<types>
   <schema attributeFormDefault="qualified"
       elementFormDefault="qualified"
       targetNamespace="http://tempconv-example.com/
       TemperatureConversion.xsd"
       xmlns="http://www.w3.org/2001/XMLSchema">
     <complexType name="rks.tconv.Temperature">
        <all>
           <element name="unit" type="string"/>
           <element name="value" type="int"/>
        </all>
     </complexType>
   </schema>
</types>
```

Listing 12-5: Beschreibung der Typen

Anschließend werden die Nachrichten, die für die Nutzung des Web Services zwischen Requestor und Provider ausgetauscht werden, definiert. Hierzu werden die Teile (parts), aus denen sich die Nachrichten zusammensetzen, beschrieben.

Die erste Nachricht beschreibt die an den Server zu sendende Anfrage. Sie enthält den bereits beschriebenen komplexen Datentyp `rks.tconv.Temperature` sowie ein Feld zur Angabe der Zieleinheit der gewünschten Umrechnung. Der Namespace `xsd1` muss im WSDL-Gesamtdokument auf den Wert des Target-Namespaces der XSD-Typdefinition gesetzt werden. Mit diesen Einstellungen kann mit `xsd1:rks.tconv.Temperature` der definierte Datentyp angesprochen werden.

Die Zieleinheit ist ein String, daher kann in seinem Attribut `type` direkt der XSD-Datentyp verwendet werden. Die zweite Nachricht beschreibt die vom

Server gesendete Antwort. Sie enthält ein Integer-Feld mit dem Wert der umgerechneten Temperatur.

```
<message name="TConvRequest">
    <part name="temperature" type="xsd1:rks.tconv.Temperature"/>
    <part name="targetUnit" type="xsd:string"/>
</message>
<message name="TConvResponse">
    <part name="result" type="xsd:int"/>
</message>
```

Listing 12-6: Beschreibung der Services

Anhand dieser Definition wird – von den gewählten Namen abgesehen – noch nicht die Zuordnung der Nachrichten als Anfrage oder Antwort ersichtlich.

Diese Zuordnung erfolgt in dem Element `<operation>`. Das Element definiert die Aktion `TemperatureConversion`, die als Eingabe die Nachricht `TConvRequest` benötigt und als Ausgabe die Nachricht `TConvResponse` liefert.

```
<portType name="Tconv">
    <operation name="TemperatureConversion">
        <input message="TConvRequest"
            name="TemperatureConversionRequest"/>
        <output message="TConvResponse"
            name="TemperatureConversionResponse"/>
    </operation>
</portType>
```

Listing 12-7: Zuordnung als Anfrage- bzw. Anwortelement

Mit diesen Definitionen ist die Schnittstelle des Services abstrakt beschrieben, denn die verwendeten Datentypen, die Nachrichten und die Verwendung der Nachrichten als Ein- und Ausgabe sind unabhängig von einer konkreten Implementierung definiert.

In den nachfolgenden Schritten werden das Transportprotokoll und das Datenformat für den Datenaustausch in dem Element `<binding>` definiert. Das Sub-Element `<soap:binding>` definiert die Art des SOAP-Requests und das Transportprotokoll. Der Wert "rpc" im Attribut `style` legt fest, dass in den Nachrichten Aufrufparameter und Rückgabewerte transportiert werden[77]. Der Wert dieses Elements dient als Standardwert für die folgenden `<operation>`-Elemente, so dass das Element dort nicht mehr angegeben werden muss. Der Wert `http://schemas.xmlsoap.org/soap/http` im Feld `transport` ist eine Konstante für das Transportprotokoll `http`. In dem Tag `<operation>` wird die eigentliche Operation definiert.

Das Attribut `soapAction` des Elements `soap:operation` muss zwar definiert werden, hat in heutigen SOAP-Implementierungen aber keine Bedeutung mehr. `SoapAction` definiert den Inhalt eines HTTP-Header-Feldes desselben Namens. Dieses wurde ursprünglich zur Erkennung der

---

[77] Zusätzlich bietet SOAP auch noch die Möglichkeit, XML-Dokumente zu transportieren. Dann wird das Attribut `style` auf den Wert `document` gesetzt.

Operation benutzt, heutige Implementierungen kommen aber ohne dieses Feld im HTTP-Header aus.

In `<input>` und `<output>` wird die Encodierung der Soap-Nachrichten beschrieben. Die Attribute encodingStyle="http://schemas. xmlsoap.org/soap/encoding/" und use="encoded" des Elements soap:binding beschreiben, dass die Nachricht nach den Standard-SOAP-Regeln encodiert wird. Das Attribut namespace gibt einen innerhalb der SOAP-Message benutzten Namespace an.

```
<binding name="TconvBinding" type="Tconv">
   <soap:binding style="rpc"
      transport="http://schemas.xmlsoap.org/soap/http"/>
   <operation name="TemperatureConversion">
      <soap:operation soapAction="" style="rpc"/>
      <input name="TemperatureConversionRequest">
         <soap:body encodingStyle="http://schemas.xmlsoap.org/
            soap/encoding/"
            namespace="http://tempuri.org/rks.tconv.Tconv"
            use="encoded"/>
      </input>
      <output name="TemperatureConversionResponse">
         <soap:body encodingStyle=
            "http://schemas.xmlsoap.org/soap/encoding/"
            namespace="http://tempuri.org/rks.tconv.Tconv"
            use="encoded"/>
      </output>
   </operation>
</binding>
```

Listing 12-8: Binding-Definition einer SOAP-Nachricht

Im letzten Schritt werden der Port-Type, das Binding und die reale Adresse des Services definiert. Hier können mehrere Ports als Alternativen für denselben Service angegeben werden, die sich im Binding oder in der Adresse unterscheiden. Im vorliegenden Beispiel wird der Service unter der fiktiven Internetadresse `tconv-example.com` angeboten.

```
<service name="TconvService">
   <port binding="TconvBinding" name="TconvPort">
      <soap:address location="http://
         tconv-example.com/TemperatureConversion/servlet/rpcrouter"/>
   </port>
</service>
```

Listing 12-9: Definition der SOAP-Endpunkte

Damit ist der Service komplett beschrieben, es erfolgt das Zusammenfügen der einzelnen Teile und die Einführung entsprechender Namespaces.

Der `targetnamespace` ist der Standard-Namespace der WSDL-Definition. Der Namespace `xsd1` ist identisch mit dem Target-Namespace, der innerhalb der Typdefinitionen benutzt wird. Damit können die dort definierten Typen auch außerhalb des XML-Tags `<schema>` angesprochen werden.

Der Namespace `soap` wird für die Soap-spezifischen Tags benötigt, wie z.B. `<soap:binding>`.

Der Namespace `xsd` wird für den Zugriff auf die Standard-XSD-Datentypen (`xsd:string` und `xsd:int`) benötigt.

Das Attribut xmlns gibt das für ein WSDL-Dokument benutzte Schema an.

```xml
<?xml version="1.0" encoding="UTF-8"?>
<definitions name="TconvService" targetNamespace=
   "http://tempconv-example.com/TemperatureConversion.wsdl"
   xmlns:xsd1="http://tempconv-example.com/
   TemperatureConversion.xsd" xmlns:soap=
   "http://schemas.xmlsoap.org/wsdl/soap/"
   xmlns="http://schemas.xmlsoap.org/wsdl/"
   xmlns:xsd="http://www.w3.org/2001/XMLSchema">

   <types>
      <schema attributeFormDefault="qualified"
         elementFormDefault="qualified"
         targetNamespace="http://tempconv-example.com/
         TemperatureConversion.xsd"
         xmlns="http://www.w3.org/2001/XMLSchema">
         <complexType name="rks.tconv.Temperature">
            <all>
               <element name="unit" type="string"/>
               <element name="value" type="int"/>
            </all>
         </complexType>
      </schema>
   </types>

   <message name="TConvRequest">
      <part name="temperature" type="xsd1:rks.tconv.Temperature"/>
      <part name="targetUnit" type="xsd:string"/>
   </message>
   <message name="TConvResponse">
      <part name="result" type="xsd:int"/>
   </message>

   <portType name="Tconv">
      <operation name="TemperatureConversion">
         <input message="TConvRequest"
            name="TemperatureConversionRequest"/>
         <output message="TConvResponse"
            name="TemperatureConversionResponse"/>
      </operation>
   </portType>

   <binding name="TconvBinding" type="Tconv">
      <soap:binding style="rpc"
         transport="http://schemas.xmlsoap.org/soap/http"/>
      <operation name="TemperatureConversion">
         <soap:operation soapAction="" style="rpc"/>
         <input name="TemperatureConversionRequest">
            <soap:body encodingStyle=
               "http://schemas.xmlsoap.org/soap/encoding/"
               namespace="http://tempuri.org/rks.tconv.Tconv"
               use="encoded"/>
         </input>
         <output name="TemperatureConversionResponse">
            <soap:body encodingStyle=
               "http://schemas.xmlsoap.org/soap/encoding/"
               namespace="http://tempuri.org/rks.tconv.Tconv"
               use="encoded"/>
         </output>
      </operation>
   </binding>

   <service name="TconvService">
      <port binding="TconvBinding" name="TconvPort">
         <soap:address location="http://tempconv-example.com/
            TemperatureConversion/servlet/rpcrouter"/>
```

```
    </port>
  </service>
</definitions>
```
Listing 12-10: Vollständiges WSDL-Dokument

Das WSDL-Dokument ist nun vollständig und kann publiziert werden, so dass es von Anwendungsentwicklern aus einer UDDI oder einer anderen Quelle geladen und in die Entwicklungsumgebung importiert werden kann, um daraus die Client-Proxys zu generieren.

12.1.3
UDDI – Universal Description, Discovery and Integration

12.1.3.1
Überblick

Die UDDI kann als Suchmaschine mit Datenbank betrachtet werden, die der Beschreibung (Description) beliebiger Services (Universals) an zentraler Stelle dient, damit sie von anderer Seite aufgrund definierter Kriterien gefunden (Discovery) und in eigene Anwendungen integriert (Integration) werden können. Die Serviceanbieter registrieren über eine einheitliche Schnittstelle die Services in der UDDI, analog können die Servicenutzer sie über diese einheitliche Schnittstelle auffinden. Die Kommunikation erfolgt über SOAP.

Die UDDI wurde als Registry im September 2000 von Ariba, IBM und Microsoft in einer ersten Version vorgestellt mit dem Ziel, Web Services standardisiert zu verwalten, um die Akzeptanz und damit deren Verbreitung in den Unternehmen voranzutreiben (www.uddi.org).

12.1.3.2
Aufbau der UDDI-Registry

Die UDDI-Registry ist – logisch betrachtet – eine zentrale Verwaltung der verfügbaren Services. Sie kann physisch auf mehrere Standorte verteilt sein, die durch Replikation abgeglichen werden. Dabei ist die UDDI-Registry in folgende Bereiche aufgeteilt:

1. White Pages:
   Die White Pages dienen der Beschreibung von Business-Entitäten, wie z.B. Wirtschaftsunternehmen oder anderer Organisationen, die Services zur Verfügung stellen.
2. Yellow Pages:
   In den Yellow Pages werden die Business-Entitäten kategorisiert. Dabei kann ein Unternehmen, das in mehreren Geschäftsfeldern tätig ist, durchaus in verschiedenen Kategorien vertreten sein. Die Kategorien sind hie-

rarchisch aufgebaut, d.h., eine Kategorie enthält Unterkategorien, wodurch eine differenzierte Ablage und Suche möglich ist.
3. Green Pages:
In diesem Bereich werden die Services beschrieben. Dies findet zum einen auf einer fachlichen Ebene statt und beinhaltet weiterhin die Verweise auf die formalen, technischen Beschreibungen wie die in Abschnitt 12.2 beschriebenen WSDL-Dateien.

12.1.3.3
Technische Aspekte

Die interne Implementierung bzw. Realisierung der UDDI erfolgt durch den Broker. Dieser garantiert die bereits angesprochene einheitliche Schnittstelle. Daher ist es nahe liegend, die Schnittstelle auf Standards wie HTTP, XML und SOAP aufzubauen. Hieraus wird ersichtlich, dass eine UDDI selbst ein Web Service ist und daher über Plattformgrenzen und Sprachen hinweg verfügbar ist. Die Schnittstelle (API) zu einer UDDI ist in zwei Bereiche aufgeteilt:

1. Schnittstelle zur Veröffentlichung von Services:
   Hier finden sich Funktionen zum Eintragen von Business-Entitäten, Services und Interface-Beschreibungen, aber auch Sicherheitsfunktionen, die den Zugriff auf die Einträge in der UDDI absichern.
2. Schnittstelle zur Anfrage von Services:
   Zur Anfrage von Services werden Suchfunktionen für die unter 1. genannten Bereiche einer UDDI zur Verfügung gestellt. Des Weiteren sind Funktionen vorhanden, die Details über einen gefundenen Service liefern, um diesen nutzbar zu machen.

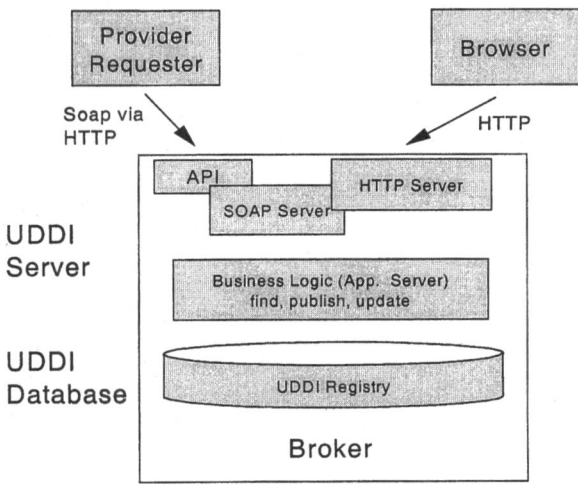

Abbildung 12-3: Aufbau einer UDDI

Wie in Abbildung 12-3 gezeigt, bildet eine Datenbank die Basis der UDDI. In dieser Datenbank werden die Informationen über Business-Entitäten, Services und Schnittstellenbeschreibungen verwaltet. Die Business-Logik für die Zugriffe auf die Datenbank ist in einer mittleren Schicht in Form eines Application Servers realisiert.

Die Funktionen der mittleren Schicht werden in diesem Fall als Web Services zur Verfügung gestellt und sind via SOAP aufrufbar. Weiterhin wird dem Nutzer der UDDI die Möglichkeit geboten, die Einträge in der UDDI über einen gewöhnlichen Browser einzusehen[78].

Die UDDI spielt im Bereich der Web Services als "Gelbe Seiten" des Internets sicherlich eine wichtige Rolle, um Services zu publizieren und damit weiteren Nutzern zugänglich zu machen. Im Falle des zugrunde liegenden Projekts wurde keine explizite UDDI für die Web-Services-Schnittstelle entsprechend der obigen Darstellung implementiert, sondern eine Form der Publizierung vorgezogen, die auf bereits vorhandener Infrastruktur aufsetzte.

Dies zeigt, dass die einzelnen Komponenten wie SOAP, WSDL oder UDDI lose miteinander verbunden sind und somit für jede Systemumgebung entschieden werden kann, welche Komponenten in welcher Ausführung zusammengefügt werden.

12.2
Das Pilotprojekt

Nachdem ein gemeinsames Verständnis zu den einzelnen Web-Services-Komponenten geschaffen wurde, wird nun die praktische Anwendung des Konzeptes in dem von IBM Global Services und dem Rechenzentrum durchgeführten Pilotprojekt vorgestellt.

12.2.1
Systemkontext des Rechenzentrums

Das Rechenzentrum hat schon sehr frühzeitig eine Öffnung der Host-Anwendungssysteme angestrebt, um Clients bzw. Client-/Server-Systemen aus dem Netz den Zugriff auf Funktionen und Daten zu ermöglichen, die aus Gesamtarchitektursicht nicht auf Client-/Server-Systeme verlagert werden sollten.

Hierzu wurde eine unternehmensweite Integrationskomponente, basierend auf MQSeries und WebSphere Application Server, realisiert und in den Jahren konsequent weiterentwickelt.

Aufgrund des erfolgreichen Konzeptes und den bisherigen Erfahrungen hat sich diese Komponente zu einer Plattform in der Anwendungsarchitektur des

---

[78] Als Beispiel seien zwei UDDIs genannt, die per Browser eingesehen werden können: http://www.ibm.com/services/uddi, http://uddi.microsoft.com

12 Web Services – vom Hype zum realen Einsatz im Finanzsektor

Rechenzentrums entwickelt und ist mittlerweile die vertriebswegeneutrale "Enterprise Application Integration"-(EAI-)-Komponente zu den fachlichen Funktionen und Komponenten der Backend-Anwendungssysteme.

Fachlich stellt der EAI-Layer einen fachlichen Baukasten mit unterschiedlichen Bausteinen (Komponenten) zur Verwaltung der Entitäten Person, Adresse, Konto, Vertrag, Produkt, Adresse usw. sowie deren Beziehungen und fachlichen Funktionen wie z.B. Modellberechnungen bereit.

Um den Anforderungen als Integrationsplattform gerecht zu werden, sind nicht nur die angebotenen fachlichen Funktionalitäten entscheidend, sondern auch die technischen Schnittstellen, über die diese wieder verwendet werden können. Die Integrationskomponente bietet daher verschiedene technologische Zugangswege an, die in einen prozeduralen (COBOL) und objektorientierte (Java, (D)COM) Zugänge unterteilt sind und zusammengefasst die technologische Plattform bilden. In Abbildung 12-4 ist dies schematisch dargestellt.

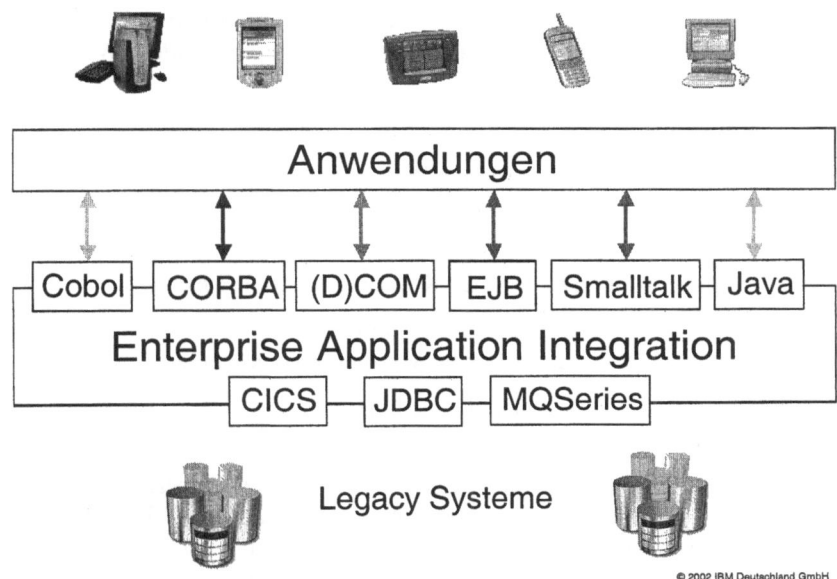

Abbildung 12-4: Systemkontext des Rechenzentrums

Frühzeitig hat das Rechenzentrum versucht, sich an verteilten Anwendungsarchitekturen und Standards wie (D)COM, JavaBeans oder XML zu orientieren sowie diese zu berücksichtigen und zu integrieren. Aus diesem Grund lässt sich an den heute angebotenen Schnittstellen auch die Entwicklung der Anwendungsmodelle der letzten Jahre ablesen.

Eines der Ziele des Rechenzentrums ist es, diese Vielzahl von Schnittstellen zu reduzieren und durch eine universell verfügbare Schnittstelle, wie sie Web Services darstellen, zu ersetzen. Mit der Einführung der Web-Services-Schnittstelle eröffnen sich für die Kreditinstitute und das Rechenzentrum weitere Optionen für die Zukunft, bis hin zu neuen Geschäftsmodellen für die Kreditinstitute.

12.2.2
Phasenweise Projektdurchführung

Bei der Auswahl aus der Vielzahl der von Web Services gebotenen Optimierungsmöglichkeiten waren im Wesentlichen die folgenden Maximen zu berücksichtigen:

- Rückwirkungsfreie Integration:
  Die Einbindung einer Web-Services-Schnittstelle darf nicht zu Änderungen in anderen Bereichen des EAI-Layers führen.
- Minimaler Aufwand für Client-Anwendungsentwickler:
  Auf der Clientseite ist anzustreben, den Anwendungsentwickler für die Erzeugung der Proxy-Klassen nur mit der entsprechenden WSDL zu versorgen.

Daraus wurden die folgenden Phasen für das Projekt definiert.

1. Phase (native Web Services)
Standardeinstellungen, Design des "Service Framework"

2. Phase (Custom Mapping)
Serializer- und Deserializer-Klassen, Pluggable Provider

3. Phase (Konfiguration)
DOM-Parser austauschen, Validierung ausschalten

4. Phase (Konsolidierung)
Refactoring des "Service Framework", Empfehlungen für die Integration

In der ersten Phase (native Web Services) wurde ein Service-Framework entwickelt, das die Verbindung zum EAI-Layer realisierte. Damit wurde sichergestellt, dass der bestehende EAI-Layer nicht für die Web Services modifiziert werden musste. Ferner wurde mit dem Service-Framework eine höherwertige, serviceorientierte Programmierschnittstelle eingeführt, die den Komfort für den Clientwickler erhöht. Für eine einfachere sprachliche Unterscheidung der beiden Web-Services-Schnittstellen mit eigenem Custom Mapper und ohne Custom Mapper wurde Letztere native Web-Services-Schnittstelle genannt.

In der zweiten Phase wurde untersucht, wie und ob die Verwendung eines eigenen Pluggable Providers bzw. eines eigenen Custom Mappers eine Verbesserung der Web-Services-Schnittstelle bewirken. Beide Ansätze ermöglichen es, fachliche Informationen zur Optimierung zu nutzen.

Ein rein technisch orientierter Ansatz zur Optimierung wurde in der dritten Phase gewählt. In dieser Phase wurde untersucht, inwieweit sich die Verwendung weiterer DOM-Parser und deren Konfigurationsmöglichkeiten auf das Gesamtsystem auswirken. Der Einsatz eines SAX-Parsers (Simple API for XML) wurde im Rahmen des Projekts nicht untersucht, da dies zum Zeitpunkt der Projektdurchführung nicht konform zu der verwendeten SOAP-Implementierung war[79]. Zudem wäre eine Neuentwicklung des RPC Request Servlet notwendig geworden – ein Vorgehen, mit dem eine Abkopplung von allen folgenden Versionen eines SOAP-Frameworks einhergegangen wäre.

Die vierte Phase diente dazu, das bis dahin entwickelte Service-Framework zu konsolidieren und Richtlinien bzw. Empfehlungen für nachfolgende Web-Services-Projekte festzulegen. Dies umfasste neben der Refaktorierung des Service-Frameworks auch die Erstellung eines Entwicklungsprozesses sowohl für die Client- als auch für die Serverseite.

12.2.3 Entwicklungsprozess

Vorgestellt wird hier der "klassische" Entwicklungsprozess, für den das Web-Services-Konzept entwickelt wurde. Ausgangssituation ist eine bestehende Anwendung, von der Methoden als Service für Dritte zur Verfügung gestellt werden sollen. Daraus ergeben sich folgende Schritte (siehe Abbildung 12-5):

1. Generieren der WSDL
2. Importieren der WSDL und falls benötigt der Custom Mapper
3. Generieren der Proxyklassen mit dem entsprechenden Generator
4. Entwickeln der Client-Anwendung

Für den Client werden die Mappingeinträge automatisch anhand der Informationen in den WSDL-Dateien in den Proxy hinein generiert. Auf der Serverseite muss das dds-File einmalig deployed werden.

Werden eigene Serializer verwendet, so gibt es zwei Möglichkeiten, auf der Severseite diese Information in die WSDL- und dds-Dateien einzutragen. Entweder wird der WSDL-Generator entsprechend konfiguriert bzw. interaktiv bedient, so dass der Generator diese Eintragungen vornimmt, oder die WSDL- und dds-Dateien werden nach der Generierung von Hand nachbearbeitet (nicht empfohlen, da sehr fehleranfällig). Wichtig ist, dass die ausgelieferte WSDL-Datei die Mappinginformation bereits enthält, da sonst der Client diese Information von Hand nachtragen muss.

---

[79] Die (De)Serializer sehen in den entsprechenden Marshall- bzw. Unmarshall-Methoden einen DOM vor.

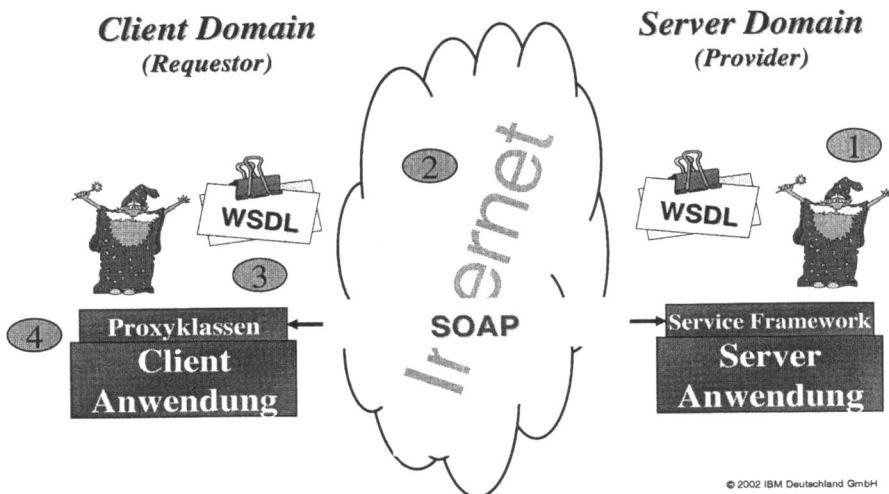

Abbildung 12-5: Web-Services-Entwicklungsprozess

Im Rahmen des Pilotprojektes wurde keine separate Broker-Domäne eingerichtet. Die von der Servergruppe erstellten WSDL-Dokumente wurden auf einem gemeinsam verfügbaren Netzlaufwerk zur Verfügung gestellt. Es ist vorgesehen, die WSDL-Files durch einen einfachen HTTP-Downloadlink verfügbar zu machen, mit dem es dem Entwickler ermöglicht wird, die benötigte WSDL herunterzuladen[80].

12.2.4 Entwicklungsumgebung

Die serverseitige Entwicklung und der Unit-Test erfolgten mit dem IBM WebSphere Studio Application Developer (WSAD) 4.0. Der Vorteil des WSAD liegt darin, dass alle für die Web-Services-Entwicklung benötigten Tools bereits in der Entwicklungsumgebung integriert sind und mit Hilfe von Wizzards bedient werden können.

In der Abbildung 12-6 ist die verwendete Entwicklungsumgebung skizziert. Ausgangspunkt ist im Web-Services-Szenario der Web Services Server, der in einer eigenen Java Virtual Machine (JVM) im WebSphere Test-Environment ausgeführt wird. Die im Serverkontext generierten WSDL-Dokumente wurden in den Clientkontext importiert.

Im Clientkontext wurde eine separate JVM ausgeführt, um eine verteilte Entwicklung schon im Unit-Test durchführen zu können. Der Clientkontext repräsentiert somit den Web Services Client. Aus den WSDL-Dokumenten werden in dieser JVM die benötigten SOAP-Proxyklassen generiert.

---

[80] Die Entwicklung von dynamischen Web Services ist damit jedoch nicht möglich.

12 Web Services – vom Hype zum realen Einsatz im Finanzsektor

Die Testmodule für den Unit-Test wurden als Web-Applikation entwickelt. Die entsprechende Anwendung wird in derselben JVM ausgeführt wie die generierten Proxyklassen. Die JVM des Clientkontextes ist somit gleichzeitig der Server für den Web Client, mit dem der Unit-Test gesteuert wird.

Um für die 2. Phase des Projektes, der Entwicklung eigener Custom Mapper, die Fehlersuche zu vereinfachen, wurde zwischen Web Services Client und Server ein TCP/IP Monitor geschaltet.

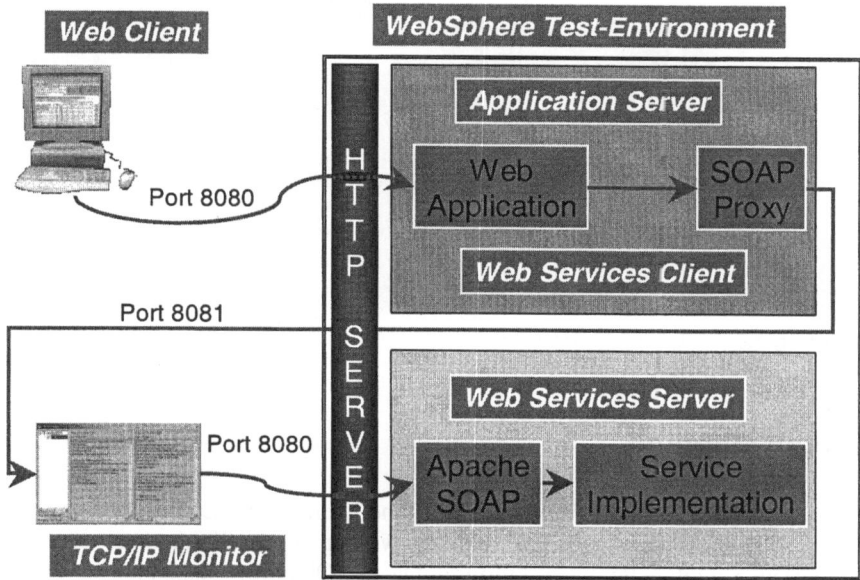

Abbildung 12-6: Web-Services-Entwicklungsumgebung

Mit Hilfe dieses Monitors, realisiert als eigene Anwendung, kann der HTTP-Request mit dem darin enthaltenen SOAP-Dokument des Clients und dem HTTP-Response des Servers mit dem SOAP-Dokument visuell kontrolliert werden. Sollte beim Erzeugen des SOAP-Bodys in den Custom Mappern ein Fehler auftreten, so kann dies mit Hilfe des Monitors sehr schnell überprüft werden (siehe Abbildung 12-7).

Die Umleitung des Web Services Client Requests auf den TCP/IP Monitor ist aufgrund des Web-Services-Konzeptes einfach und problemlos durchführbar. Bei der Generierung der WSDL auf der Serverseite wird lediglich ein anderer Port des HTTP-Servers angegeben, unter dem der TCP/IP Monitor betrieben wird.

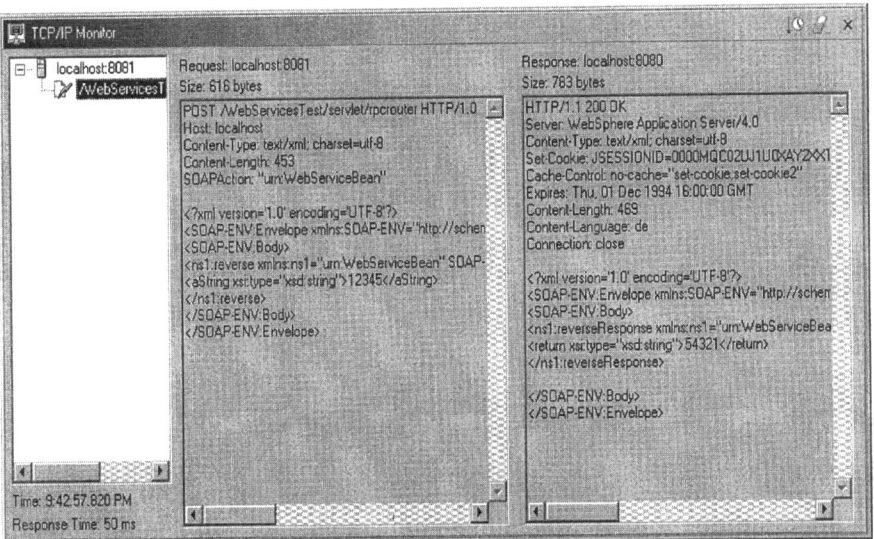

Abbildung 12-7: TCP/IP Monitor

12.2.5 Custom Mapping

Gerade bei komplexeren Anwendungen sind elementare Datentypen an der Schnittstelle eher die Ausnahme. Häufig werden – im Sinne einer serviceorientierten Schnittstelle – strukturierte Daten (Objekte) ausgetauscht. Diese selbstdefinierten Datentypen erfordern jedoch nicht zwangsläufig die Erstellung eigener Custom Mapper. Im Desgin dieser Datentypen sollte im Falle von Java darauf geachtet werden, dass sie der JavaBean Konvention folgen. D.h., die Werte der Attribute der Objekte können mit Hilfe der Java Reflektion API ermittelt werden.

Es wurde in der Apache-SOAP-Implementierung ein so genannter Bean-Serializer entwickelt und ausgeliefert, so dass alles Benötigte in der SOAP-Laufzeitumgebung vorhanden war. Das Entwickeln dieser eigenen Datentypen fällt somit noch in die Phase 1 des Projekts.

Notwendig wurden die Custom Mapper erst in der 2. Projektphase. In dieser Phase wurden Strategien entwickelt, den Anteil der administrativen Daten an der übertragenen SOAP-Nachricht und damit die Größe der Gesamtnachricht zu reduzieren. Damit kann an mehreren Stellen im Kommunikationsweg eine Performanzsteigerung erreicht werden.

Auf beiden Seiten der SOAP-Kommunikation wird aus der SOAP-Nachricht gegenwärtig jeweils ein Document Object Model (DOM) aufgebaut. Je kleiner das aufzubauende DOM ist, desto schneller erfolgt der Aufbau und die Nachricht wird insgesamt schneller verarbeitet.

Ein weiterer wichtiger Aspekt ist die verfügbare Bandbreite des Übertragungsmediums. Müssen mehr Daten übertragen werden als die Bandbreite zulässt, dann wird die Nachricht in mehrere kleinere Pakete zerlegt und sequenziell übertragen. Dieser Effekt kann beobachtet werden, wenn z. B. die Übertragungsgeschwindigkeit eines Modems mit der einer LAN-Verbindung verglichen wird.

Im Rahmen des Pilotprojekts wurden folgende Strategien zur Reduzierung des administrativen Anteils an der SOAP-Nachricht erarbeitet:

- Verkürzen der Tag-Namen:
  Eine Designrichtlinie für XML-Tags lautet: "Verwende sprechende Namen". Dies kann dazu führen, dass sehr lange Tag-Namen entstehen, die zwar für den Anwendungsentwickler nützlich sein können, aber die zu übertragende Datenmenge erhöhen. Aus diesem Grund wurden in dem Projekt lange Tag-Namen durch kurze ersetzt.
- Null-Elemente unterdrücken:
  Ein gesetzter Null-Eintrag bedeutet, dass kein Wert gesetzt wurde. Ist dem Empfänger die Struktur der Nachricht bekannt, z. B. durch das WSDL-Dokument, so kann dieser die Nachricht wieder korrekt zusammensetzen. Die Unterdrückung des Null-Eintrags führt somit zu keinem Informationsverlust.
- Typinformationen entfernen:
  In der aktuellen SOAP-Implementierung von Apache (Version 2.2) wird in einem SOAP-Dokument zu jedem Eintrag der zugehörige Datentyp mit übertragen. Dieser kann im Prinzip als redundant angesehen werden, da er beim Empfänger der Nachricht bereits durch das WSDL-Dokument bekannt ist. Diese Information kann also rekonstruiert werden.
- XML-Elemente kompakt formatieren:
  Ein vollständiger Name eines XML-Elementes entspricht dem Format <namespace>:<tagname>. Vereinfacht ausgedrückt ermöglicht der Namespace die Unterscheidung zweier gleicher Tag-Namen aus unterschiedlichen Kontexten. Ist jedoch die Eindeutigkeit des Tag-Namens garantiert, dann ist die Einführung eines Namespaces nicht notwendig.
- Struktur des SOAP-Bodys vereinfachen:
  Der Zeitbedarf für den Aufbau eines DOM steigt mit der Größe und der Tiefe der Datenstruktur. Daher sollte eine flache Datenstruktur angestrebt werden. Der Idealfall einer flachen XML-Struktur wäre eine Datenliste, deren Datenfelder durch Separatoren getrennt sind.

Alle genannten Custom-Mapping-Strategien beziehen sich ausschließlich auf den Inhalt des SOAP-Bodys. Die Struktur und die Namespaces des SOAP-Envelopes dürfen nicht verändert werden, da diese von der Laufzeitumgebung interpretiert werden.

Die Auswirkungen dieser Strategien werden in einem überschaubaren Ausschnitt einer SOAP-Nachricht dargestellt. Im Listing 12-11 ist der

Ausschnitt einer SOAP-Nachricht gezeigt, wie sie vom Standardserializer der Apache-2.2-Implementierung erzeugt wird.

```
1   <kontext xmlns:ns2=
          "http://www.login.com/schemas/LoginRemoteInterface"
          xsi:type="ns2:com.ibm.service.Kontext">
2       <mandant xsi:type="ns2:com.ibm.service.Mandant">
3           <inr xsi:type="xsd:int">123</inr>
4           <vrz xsi:type="xsd:string">ABC004</vrz>
5       </mandant>
6       <produktID xsi:type="xsd:string">00010101000000000000
        </produktID>
7       <funktion xsi:type="xsd:string">LOGIN</funktion>
8       <benutzer xsi:type="xsd:string">mueller</benutzer>
9       <vertriebsweg xsi:type="xsd:string" xsi:null="true"/>
10  </kontext>
```

Listing 12-11: Auszug einer SOAP-Nachricht im Original

In diesem Listing sind alle Merkmale, die in der Beschreibung der Custom-Mapping-Strategie aufgeführt wurden, enthalten. Im Vergleich dazu ist im Listing 12-12 der gleiche Auszug, nach der Anwendung der oben aufgeführten Custom-Mapping-Strategien, gezeigt.

```
1   <t1>
2       <t2>421</t2>
3       <t3> ABC004</t3>
4       <t4>00010101000000000000</t4>
5       <t5>LOGIN</t5>
6       <t6>mueller</t6>
7   </t1>
```

Listing 12-12: Auszug einer SOAP-Nachricht nach dem Custom Mapping

Durch das vorgestellte Verfahren konnte eine Reduzierung der administrativen Daten um ca. 40% erreicht werden.

In der Implementierung des Piloten kam lediglich die Vereinfachung des SOAP-Bodys nicht zur Anwendung. Ausschlaggebend dafür war, dass die in dem Rechenzentrum verwendeten Datenstrukturen kaum nennenswerte Schachtelungstiefen aufwiesen. Der zu erwartende Performancegewinn durch die Strukturvereinfachung war somit minimal. Zudem müssen durch die Änderung der Datenstruktur neue Schwierigkeiten bei der Zuordnung der Informationen gelöst werden.

Das Serialisieren bzw. Deserialisieren der Nachricht wird von einer Klasse übernommen. Wesentlich ist, dass die Interfaces Serializer und Deserializer und damit die Methoden marshall() und unmarschall() implementiert werden. Das folgende Listing zeigt beispielhaft einen der Serializer:

```
1   import java.io.*;
2   import org.w3c.dom.*;
3   import org.apache.soap.rpc.*;
4   import org.apache.soap.util.*;
5   import org.apache.soap.util.xml.*;
6   /**
```

```
7       * Eigene Serializerklasse für das Serialisieren und
8       * Deserialisieren der Eingabeklasse des bankfachlichen Web
9       * Services
10      * "Konto-Übersicht zu Personen lesen"
11      */
12      public class EingabeSerializer {
13          //Eingabeparameter
14          final static String T_EINGABE      = "eingabe";
15          final static String T_BLZ          = "e1";
16          final static String T_KONTO_DATUM  = "e2";
17          ... //weitere Konstanten für die entsprechenden Felder

18          /**
19           * Übernimmt das Serialisieren der Eingabeklasse. Wird vom
20           * Client Proxy aufgerufen, sobald er auf eine zu
21           * serialisierende
22           * Klasse vom Type „Eingabe" stößt.
23           */
24          public void marshall(String inScopeEncStyle,Class javaType,
25                  Object src,Object context,
26                  Writer sink,NSStack nsStack,
27                  XMLJavaMappingRegistry xjmr,
28                  SOAPContext ctx)
29                  throws IllegalArgumentException, IOException {
30              Eingabe eingabe = (Eingabe) src;
31              writeStartTag(sink, T_EINGABE);

32              if(eingabe.getBLZ()!= null) {
33                  writeElement(sink, T_BLZ, eingabe.getBLZ());
34              }
35              if(eingabe.getKONTO_DATUM()!= null)   {
36                  writeElement(sink, T_KONTO_DATUM,
37                      eingabe.getKONTO_DATUM());
38              ...

39              writeEndTag(sink, T_EINGABE);
40          }

41          /**
42           * Übernimmt das Deserialisieren der Eingabeklasse. Wird vom
43           * RPC Router aufgerufen, sobald er auf ein Tag mit dem
44           * Qualified Name " :eingabe" stößt
45           * (siehe Eintrag im Deployment Descriptor)
46           */
47          public Bean unmarshall(String inScopeEncStyle,
48                  QName elementType, Node src,
49                  XMLJavaMappingRegistry xjmr,
50                  SOAPContext ctx)
51                  throws IllegalArgumentException {
52              Eingabe result = new Eingabe();
53              Element nodeEingabe = (Element)src;

54              Element nodeOfEingabe =
55                  DOMUtils.getFirstChildElement(nodeEingabe);
56              for(int i = 0;i < DOMUtils.countKids
57                  (nodeEingabe, (short)1); i++){
58                  if(nodeOfEingabe.getNodeName().equals(T_BLZ))
59                      result.setBLZ(new DP_SIGNED_INT(Integer.parseInt
60                          (DOMUtils.getChildCharacterData(
                              nodeOfEingabe))));
61                  else if(nodeOfEingabe.getNodeName().
62                      equals(T_KONTO_DATUM)) result.setKONTO_DATUM(
63                          DOMUtils.getChildCharacterData(nodeOfEingabe));
64                  ...

65                  nodeOfEingabe =
```

```
66              DOMUtils.getNextSiblingElement(nodeOfEingabe);
67         }
68         return new Bean(Eingabe.class, result);
69     }

70     protected void writeStartTag(Writer sink, String tag)
71             throws IOException {
72         sink.write("<"); sink.write(tag); sink.write(">");
73     }

74     protected void writeEndTag(Writer sink, String tag)
75             throws IOException {
76         sink.write("</"); sink.write(tag); sink.write(">");
77     }

78     protected void writeElement(Writer sink, String tag,
79             char value) throws IOException {
80
81         sink.write("<"); sink.write(tag); sink.write(">");
82         sink.write(value);
83         sink.write("</"); sink.write(tag); sink.write(">");
84     }
85 }
```

Listing 12-13: Serializerklasse

In Zeile 24 beginnt die Implementierung der `marshall()`-Methode, die durch den RPC Router bzw. den Client Proxy aufgerufen wird. Der RPC Router oder der Client Proxy ruft diese Funktion dann auf, wenn er auf die in der Mappingregistry eingetragene Schnittstellenklasse beim Web-Services-Aufruf trifft. Der RPC Router übergibt die folgenden Parameter:

1. den verwendeten Encoding Style (`inScopeEncStyle`),
2. den Java-Typ als Class-Objekt (`javaType`),
3. das zu serialisierende Objekt (`src`),
4. einen String, der den Namen des Zugreifenden angibt (`context`),
5. das Ausgabeobjekt, in das der XML Stream geschrieben wird (`sink`),
6. eine Datenstruktur, die einen Namespace-Stack innerhalb des Scope implementiert (`nsStack`),
7. die verwendete Mapping Registry (`xjmr`) und
8. den Soap-Kontext für diesen RPC Router (`ctx`).

Der gezeigte Serializer nutzt lediglich das zu serialisierende Objekt (`src`), das in Zeile 30 auf das Eingabeobjekt gecastet wird, sowie das Ausgabeobjekt (`sink`).

Um die Ausgabe zu schreiben, wurden in den Zeilen 70 – 84 die Hilfsmethoden `writeStartTag()`, `writeEndTag()` und `writeElement()` implementiert. Diesen Methoden wird der Tag-Name bzw. der Tag-Name und der zu schreibende Wert übergeben. Zuerst wird nun das Start-Tag geschrieben, das hier den Namen "Eingabe" trägt. Dieser Name muss dem in die Mappingregistries eingetragenen Qualified Name entsprechen, so dass beim Deserialisieren der entsprechende Deserializer gefunden werden kann. In den Zeilen 32

12 Web Services – vom Hype zum realen Einsatz im Finanzsektor

– 38 werden die Werte aus dem Eingabeobjekt ausgelesen und entsprechend auf den XML Stream geschrieben. Schließlich wird die Eingabe mit dem Ende-Tag geschlossen.

In Zeile 47 beginnt die `unmarshall()`-Methode, die aus dem XML Stream wieder ein Eingabeobjekt aufbaut. Folgende Parameter werden übergeben:

1. der verwendete Encoding Style (`inScopeEncStyle`),
2. der Qualified Name, der diesem Deserialiser zugeordnet ist (`element-Type`),
3. der DOM Node, welcher den Teil des XML-Dokumentes enthält, der das Eingabeobjekt beschreibt (`src`),
4. die Mapping Registry (`xjmr`) und
5. der Soap Context (`ctx`).

Nachfolgend wird der DOM Node (`src`) betrachtet. In Zeile 52 wird ein Eingabeobjekt instanziiert, das im Folgenden gefüllt werden soll.

Zeile 53 castet das Nodeobjekt auf ein Elementobjekt, das im weiteren Verlauf zum Auslesen der Daten benutzt wird. Zum besseren Verständnis über den Aufbau des DOMs ist im Folgenden der XML-Abschnitt der Eingabe dargestellt:

```
<eingabe>
   <e1>66190100</e1>    <!-- Bankleitzahl -->
   <e2>22.12.2001</e2>  <!-- Konto Datum  -->
   ...
</eingabe>
```

Listing 12-14: XML Coding des Eingabeobjekts

In Zeile 54 und 55 wird das erste Kindelement der Eingabe in ein neues Elementobjekt abgelegt (hier: `e1`). Im Folgenden wird über alle Kindelemente iteriert. Innerhalb der `for`-Schleife wird das entsprechende Tag identifiziert, um es dann in das entsprechende Feld des Eingabeobjektes abzulegen. Am Ende jeder Iteration wird mit der Funktion `getNextSiblingElement()` das nächste Kindelement geholt (Zeile 65 und 66).

Die Rückgabe erfolgt durch eine Bean-Klasse, die den Typ des Rückgabewerts (hier: Eingabe) und die Objektreferenz auf die Rückgabeklasse kapselt (Zeile 68).

Die zurückgegebene Eingabeklasse kann nun vom RPC Router verwendet werden, um die Methode `execute()` der fachlichen Web-Service-Klasse serverseitig aufzurufen.

In dem obigen Beispiel einer Serializer-Klasse wurde davon ausgegangen, dass das Client-System ebenfalls eine Java-Anwendung ist und die vom Provider erstellten Klassen genutzt werden. Diese Annahme ist in der täglichen Praxis natürlich nicht haltbar. Deshalb wurden alternative Strategien entwickelt, die nachfolgend mit ihren Vor- und Nachteilen diskutiert werden.

- Software:
  Für alle zu erwartenden Zielplattformen und Programmiersprachen werden vom Provider entsprechende (De)Serializer entwickelt. Für den Cliententwickler ist dies sehr komfortabel, da er keinen zusätzlichen Entwicklungsaufwand hat. Allerdings muss der Provider neben den organisatorischen Aufwänden für die Softwareverteilung auch einen hohen Wartungsaufwand in Kauf nehmen.
- Algorithmen:
  Dieser Ansatz hat den Vorteil, dass er plattformneutral und systemunabhängig durchgeführt werden kann. Allerdings hat der Cliententwickler je nach Komplexität des Algorithmus zusätzlichen Entwicklungsaufwand.
- XSLT-Stylesheets:
  Dieser Ansatz hat den Vorteil, dass es, wie die Web Services, die XML-Technologie nutzt und damit technologiebedingt sprachunabhängig und plattformneutral ist. Nachteil dieser Lösung ist allerdings, dass weitere Performanceeinbußen bei der Transformation zu erwarten sind.

Das Rechenzentrum hat sich vorerst für den Softwareansatz entschieden, da die Web-Services-Schnittstelle zunächst im Intranet und Extranet angeboten werden soll.

12.2.6
Ergebnisse

Um den Überblick über die Vielzahl der einzelnen Ergebnisse zu erhalten, werden diese gemäß den oben definierten Phasen gegliedert vorgestellt. Eine Gesamtbewertung wird im nachfolgenden Kapitel vorgenommen.

- Phase 1:
Es wird niemanden überraschen, dass sich die Durchsatzrate bis zum RPC Router Servlet im Rahmen einer HTTP-Verbindung befindet. Performanceeinbußen waren vom Servlet bis zum eigentlichen Aufruf der Servicemethode zu beobachten. Ursache dafür ist der Aufbau des DOM im RPC Router Servlet.

Im Falle der nativen Web Services ist es möglich, sämtliche Schnittstellenkomponenten wie WSDL auf der Serverseite und die Proxy-Klassen für den Client mit Generatoren zu erstellen. Dies gilt im Prinzip für alle Plattformen und Programmiersprachen. Die Einschränkung "im Prinzip" bezieht sich derzeit auf die Zusammenarbeit zwischen Apache SOAP und .NET von Microsoft. Zum Zeitpunkt des Projekts gab es noch kleinere Unstimmigkeiten zwischen beiden SOAP-Implementierungen, die jedoch von Hand behoben werden konnten.

- Phase 2:
Bei der Einführung eines alternativen, optimierten Zugangs zu den Web Services mit Custom Mapping konnten die in Phase 1 implementierten Client-Anwendungen ohne Codeänderung übernommen werden. Dies war möglich, da

das Custom Mapping keine Schnittstellenänderung bedeutet, sondern lediglich ein geändertes Vorgehen bei der (De)Serialisierung. Zudem können auf dem Server des Web-Services-Providers die native und die Custom-Mapping-Web-Services parallel betrieben werden, da sie über verschiedene Ports angesprochen werden.

Wie oben bereits beschrieben, konnte durch den Einsatz von Custom Mapping die Netzlast erheblich gesenkt werden. Der Gewinn an übertragener Nutzlast pro Nachricht ist sowohl abhängig von der Datenmenge, die übertragen wird, als auch von der Strukturtiefe des XML-Dokuments. Eine einfache Faustformel lautet:

> Je höher die Datenmenge und/oder je tiefer die Struktur, desto gewinnbringender ist das Custom Mapping.

Allerdings ist zu bedenken, dass es mit der Einführung von Custom Mapping notwendig wird, entweder Software (die Custom Mapper) oder die entsprechenden Algorithmen zu verteilen.

Der Gewinn ist jedoch eine deutliche Verbesserung der Performance bis um den Faktor 2 durch Custom Mapping gegenüber den nativen Web Services. Primäre Ursache hierfür ist, dass für komplexe Datentypen in einem Java-Umfeld die für das Serialisieren und Deserialisieren mitgelieferte Klasse, der BeanSerializer, umgangen wird. Aufgrund der Allgemeinheit wird in dieser Klasse intensiv die Java Reflection API genutzt.

- Phase 3:

Der Einsatz weiterer DOM-Parser führte nur zu geringen Performanceunterschieden, die sich zudem bei neueren Versionen der Parser wieder ändern können.

Ein größerer Performancegewinn kann durch das Ausschalten der Validierung des XML-Dokumentes erreicht werden. In einem vertrauenswürdigen Umfeld wie in einem Intranet ist dies eine durchaus vertretbare Maßnahme. Vorsicht ist jedoch bei einem Web Service geboten, der einem unbeschränkten Benutzerkreis wie im Internet angeboten wird. In diesem Umfeld – mit einer nicht vorhersagbaren Anzahl von Servicenutzern und deren Nutzungsqualität – kann das Ausschalten der Validierung die Stabilität des Web Services Servers negativ beeinflussen.

- Phase 4:

Die in der letzten Phase gewonnenen Erkenntnisse sind eher allgemeiner Natur und sollten unabhängig von der Web-Services-Technologie beachtet werden. Für alle Client-/Server-Architekturen ist es günstiger, mit wenigen Aufrufen möglichst viele Informationen zu übertragen, um den administrativen Anteil an der übertragenen Nachricht zu reduzieren. Hierzu empfiehlt es sich, die Schnittstelle fachlich orientiert mit einer angemessenen Granularität zu entwerfen, wie z. B. mit dem eingangs beschriebenen Service-Framework.

Zudem sollte das Framework so generisch sein, dass neue fachliche Funktionen mit möglichst wenig Implementierungsaufwand hinzugefügt werden können. Als erstrebenswerter Nebeneffekt wird der time-to-market-Zyklus entsprechend verkürzt.

12.2.7 Zusammenfassung

Die Ergebnisse des Projekts zeigen, dass Web Services einen Reifegrad erreicht haben, der einen Einsatz in einem produktiven Umfeld rechtfertigt. Für die server- und clientseitigen Anforderungen existiert über alle wichtigen Plattformen und Programmiersprachen hinweg eine breite Unterstützung. Die Integration der Web Services in eine bestehende Infrastruktur ist problemlos möglich. Der Aufwand zur Verteilung von Software kann deutlich reduziert werden.

Dem beschriebenen Service-Framework sollte besondere Beachtung geschenkt werden. Die aus den Serviceklassen generierten WSDL-Dokumente enthalten im Falle einer Java-Implementierung die Package-Strukturen. Durch die Einführung dieser weiteren Schicht ist es möglich, die Struktur der eigentlichen Serveranwendung weitgehend zu maskieren.

Auch die Performance kann durch eine sinnvolle Granularität der Service-Methoden im Service-Framework positiv beeinflusst werden. Durch den zusätzlichen Einsatz individueller Custom Mapper besteht die Möglichkeit, die Performanz eines Web-Services-Aufrufs weiter zu verbessern. Das Custom Mapping ist umso erfolgreicher, je geringer die zur Verfügung stehende Bandbreite des Netzwerks ist. Allerdings bleibt die limitierende Größe bei Web Services die Dauer eines HTTP-Aufrufes. Die Verbesserung der Performance wird jedoch durch Aufwände bei der Verteilung der Custom Mapper erkauft.

Die positiven Gesamtergebnisse des Projekts dienen als Grundlage für die Ausweitung des Web-Services-Angebots des Rechenzentrums auf das Extranet und später auf das Internet. Da in dieser Systemlandschaft allerdings der Begriff Sicherheit einen anderen Stellenwert erhält als hinter der Firewall, beeinflusst die Entwicklung von Web-Services-Sicherheit maßgeblich die weitere Zukunft der Web-Services-Technologie. In diesem Zusammenhang bauen die Unternehmen auf die zügige Durchführung der Standardisierungen weiterer Themen wie Security und Transaktionen durch die entsprechenden Gremien.

12.3 Abkürzungen

API	Application Programmer Interface
CICS	Customer Information Control System
CORBA	Common Object Request Broker Architecture

DB2	Relationale Datenbank
(D)COM	(Distributed)Component Object Model
DDS	Deployment Descriptor
DOM	Document Object Model
EAI	Enterprise Application Integration
HTML	Hypertext Markup Language
HTTP	Hypertext Transfer Protocol
IDL	Interface Definition Language
IT	Informationstechnologie
J2EE	Java 2 Enterprise Edition
MQ	Message Queuing
RPC	Remote Procedure Call
SOAP-ENV	SOAP-Envelope
UDDI	Universal Description, Discovery and Integration
URI	Univeral Resource Identifier
URL	Unified Ressource Locator
URN	Unified Resource Name
W3C	World Wide Web Consortium
WAP	Wireless Application Protocol
WML	Wireless Markup Language
WSAD	WebSphere Studio Application Developer
WSDL	Web Services Description Language
WSFL	Web Services Flow Language
WSTK	Web Services Tool Kit
XMI	XML Metadata Interchange
XML	Extended Markup Language
XSD	Extended Style Sheets

12.4 Literatur

Bong, Gavin: Learn how to translate the data types in your apps into XML.
http://www-106.ibm.com/developerworks/
library/ws-soapmap1/, 2002

Soap Spezifikation, Version 1.1.
http://www.w3.org/TR/SOAP/, 2000

Web Services Wizardry with WebSphere Studio Application Developer.
http://www.redbooks.ibm.com/
redpieces/pdfs/sg246292.pdf, 2002

WSDL 1.1 Spezifikation, Version 1.1.
http://www.w3.org/TR/wsdl, 2001

13 XML reicht nicht aus

Das World Wide Web hat die Geschäftsbeziehungen zwischen Unternehmen dramatisch verändert. Das aktuelle WWW basiert auf Standardprotokollen und beschreibt Dokumente und deren Strukturen durch HTML oder durch XML. Dies ermöglicht den Austausch von Informationen unabhängig von einer bestimmten Rechnerplattform. Allerdings beschreiben HTML oder XML eben nur die Struktur von Dokumenten und nicht den Inhalt der Dokumente. Zahlreiche proprietäre Ansätze wie cXML (http://www.CXML.org), Rosetta Net (http://www.rosettanet.org), xCBL (http://www.xCBL.org), ebXML (http://www.ebxml.org) usw. wurden entwickelt, um Bedeutungen von XML-Tags und XML-Dokumenten zu fixieren und so den Datenaustausch zu erleichtern. Inzwischen existieren über 200 solcher Ansätze. Die meisten davon sind auf bestimmte Anwendungsgebiete hin fokussiert und zumeist weniger tauglich für andere Gebiete. Somit kann XML lediglich das Versprechen einlösen, ein allgemein verwendbares syntaktisches Austauschformat zu sein, für das eine Vielzahl von Werkzeugen wie Datenbanken, Parser, Mapping-Werkzeuge o.Ä. zur Verfügung stehen.

Abhilfe verspricht hier die „Semantic Web"-Initiative von Tim Berners-Lee. Diese hat zum Ziel, die Bedeutung der Informationen in Web-Dokumenten so zu repräsentieren, dass diese automatisch durch Computer auswertbar werden. Dadurch werden ganz neue Anwendungen realisierbar, wie z.B. Agenten, die dem Nutzer automatisch eine Reise aus den Informationen aus dem „Semantic Web" zusammenstellen. Bisherige Ergebnisse aus dieser Initiative sind nichtproprietäre Sprachen wie z.B. Resource Description Framework (Schema), RDF (S), die auf XML basieren und die über die Struktur der Dokumente hinaus auch deren Inhalte durch Computer erschließbar machen.

13.1 Beispielszenario: Produktkataloge

Um die Argumentationen auch mit Beispielen belegen zu können, sei zuallererst ein Beispielszenario beschrieben. Produktkataloge beschreiben die Produktpalette eines Anbieters, sei es nun ein Händler oder ein Produzent. Über diese Produktkataloge werden dann die Produkte unterschiedlichen potenziellen

Kunden angeboten. In der Vergangenheit und vielfach auch noch heute sind solche Produkte in Form von physischen Katalogen verfügbar.

Um die Supply-Chain und damit die Organisation des Kunden wirksam zu unterstützen, liegt es nahe, solche Produktinformationen auf elektronischem Wege verfügbar zu machen. Während Lieferanten ihre Produktinformationen vielen Kunden verfügbar machen möchten, wollen die Kunden andererseits die Produktinformationen von vielen Lieferanten haben. Zur leichten Integration in die eigene Organisation fordern insbesondere große Kunden die Produktkataloge in ihrem eigenen Format bei den Lieferanten an. Formatanpassungen wurden deshalb vielfach in aufwendigen Transformationsprozessen vorgenommen. Diese reichen vom manuellen Editieren bis zum Entwickeln von speziellen Transformationsprogrammen. Eine solche Vorgehensweise ist einerseits zu teuer und andererseits zu langsam und unflexibel. So werden z.B. Änderungen der Produkteigenschaften oder Preisänderungen des Lieferanten zu spät auf Kundenseite sichtbar.

In unserem Beispiel enthält der Produktkatalog Daten über Drucker. Ein Drucker wird durch seinen Namen, seinen Preis, seine Eigenschaften, seinen Produzenten und seinen Typ beschrieben. Der Typ unterscheidet Laserdrucker, Tintenstrahldrucker oder Matrixdrucker. Unser Lieferant ist in USA ansässig, so dass die Preise in Dollar gegeben sind. Der Kunde ist in Europa und erwartet deshalb die Preise in Euro. Darüber hinaus ist sein Einkaufskatalog etwas anders strukturiert. Der Typ des Druckers ist nicht als ein Attributwert des Druckers beschrieben, sondern Drucker sind gemäß ihrem Typ in verschiedene Klassen eingeteilt. Somit werden zur Anpassung des Lieferantenkatalogs an den Kundenkatalog wenigstens drei verschiedene Transformationstypen benötigt:

1. Namensänderungen: Namen von Konzepten oder Attributen müssen angepasst werden.
2. Wertumrechnungen: Der Preis in Dollar muss in Euro umgerechnet werden.
3. Strukturänderungen: Der Wert eines Attributs auf der Lieferantenseite bestimmt die Klasse des Produkts auf Kundenseite. Hierbei können insbesondere Strukturänderungen sehr komplex werden.

13.2
Verwendung von XML

XML wird von der Industrie als Lösung von o.g. Problemen beim Austausch von Informationen zwischen Firmen gepriesen. XML-Daten beschreiben solche Produkte in semistrukturierter Form. Dazu sind bestimmte Textteile in Tags eingeschlossen. Gemäß unserem Beispiel könnte die Beschreibung eines Druckers alternativ in folgenden XML-Formaten erfolgen:

```
<article>
   <articleid>a-5634</articleid>
   <category>printer</category>
```

13 XML reicht nicht aus

```
      <name>hp81</name>
      <price>500</price>
      <producer>hp</producer>
      <resolution>2000</resolution>
      <type>laser</type>
      ...
</article>
```

oder

```
<article id=a-5634>
      <type>laser printer</type>
      <name>hp81</name>
      <price currency="E">625</price>
      <producer>hp</producer>
      <resolution>2000</resolution>
      ...
</article>
```

Zur Definition der Struktur von Produktkatalogen oder genereller zur Definition der Struktur von Austauschdaten zwischen unterschiedlichen Institutionen können entweder DTDs oder besser XML-Schemas definiert werden. Damit lassen sich solche XML-Beschreibungen auf ihre (syntaktische) Korrektheit überprüfen.

Gegenüber älteren elektronischen Ansätzen, wie z.B. EDIFACT, werden unmittelbar eine Vielzahl von Vorteilen einer solchen XML-Beschreibung ersichtlich:

- XML ist lesbar und meist auch für Nicht-Experten verständlich,
- XML ist sehr gut integrierbar in andere Dokument-/ Datenaustauschformate,
- DTDs und XML-Schema ermöglichen die Überprüfung der syntaktischen Struktur von XML-Dokumenten,
- DTDs und XML-Schema ermöglichen Werkzeuge wie Formulareditoren o.Ä.,
- XML ist relativ robust bezüglich einiger Modifikationstypen,
- XML ist ein Format für das WWW und wird sich deshalb sehr schnell verbreiten.

Zur Transformation des einen XML-Dokuments in ein anderes, also z.B. zur Transformation des linken XML-Dokuments in das rechte in o.g. Beispiel, werden zumeist XSLT-Programme verwendet. In XSLT werden Regeln definiert, die gewisse syntaktische Transformationen auf dem XML-Dokument bewirken. Wir wollen dies im Folgenden an unserem Beispiel demonstrieren.

Nachfolgende XSLT-Regel würde aus der oberen XML-Datei die untere erzeugen:

```
<xsl:template match="article">
   <article id="{./articleid}">
      <type>
         <xsl:if test="./category='printer'">
            <xsl:if test="./type='laser'">laser printer</xsl:if>
            <xsl:if test="./type='ink'">inkjet printer</xsl:if>
         </xsl:if>
      </type>
```

```
      <name><xsl:value-of select="name"/></name>
      <price currency="E"><xsl:value-of select="price*1.25"/>
      </price>
      <producer><xsl:value-of select="producer"/></producer>
      <resolution><xsl:value-of select="resolution"/></resolution>
   </article>
</xsl:template>
```

Es wird ersichtlich, dass selbst bei einem so einfachen Beispiel XSLT-Regeln sehr komplex werden können. Insbesondere werden hier inhaltliche Aspekte stark mit syntaktischen Aspekten vermischt und machen die Transformationen noch komplexer.

Trotz o.g. Vorteile von XML-Dokumenten zum Austausch von Informationen werden auch eine ganze Reihe von Nachteilen ersichtlich:

- Es besteht keine allgemeine Übereinkunft über das verwendete Vokabular und die verwendete Strukturierung. Eingangs erwähnte Ansätze definieren zwar ein solches Vokabular und auch Strukturierungen. Allerdings sind diese proprietär und jeweils nur auf bestimmte Anwendungsgebiete zugeschnitten. Durch die große Vielzahl solcher proprietären Standards wird eine allgemeine Austauschbarkeit von Informationen wiederum fragwürdig.
- Die Überprüfung von XML-Dokumenten durch DTDs oder XML-Schemas ermöglicht lediglich eine syntaktische Überprüfung der XML-Dokumente. Dadurch werden allerdings keine inhaltlichen Überprüfungen möglich. Eine zu überprüfende inhaltliche Bedingung könnte z.B. sein, dass in einem Bundle-Angebot alle Produkte vom gleichen Hersteller sein müssen.
- In XML existieren keine komplexeren Beschreibungsmittel wie z.B. mehrwertige Attribute, Spezialisierungs-Hierarchien mit Vererbung oder Teil-Ganzes Hierarchien.
- Transformationen, die auf Sprachen wie XSLT basieren, sind rein syntaktischer Natur. Darüber hinaus existieren keine einfachen Möglichkeiten, Informationen aus mehreren XML-Quellen zu integrieren.
- Abfragesprachen, wie XQL und XML-QL, erlauben die Struktur des Dokuments abzufragen, nicht jedoch seinen Inhalt. So ist z.B. die Anfrage „Gebe mir alle Drucker, die ein Papierfach haben, das mehr als 5000 Seiten umfasst" nicht in einfacher und natürlicher Weise durch eine solche Sprache formulierbar. Als Konsequenz sind Transformationen basierend auf semantischen Inhalten oft nur sehr umständlich in solchen Sprachen formulierbar.

13.3
Ontologiebasierte Ansätze (RDF(S))

Im Geschäftsumfeld ist eine Ontologie als eine „formale und explizite Spezifikation einer verteilten Konzeptualisierung" definiert (Tom Gruber,

13 XML reicht nicht aus

1993). Dies bedeutet, dass durch eine Ontologie Geschäftsobjekte, ihre Eigenschaften und Beziehungen definiert werden. Eine wesentliche Abgrenzung gegenüber z.b. einem konzeptuellen Datenmodell im Datenbankbereich ist, dass (i) sowohl Nomenklatur als auch Strukturierung in einem sozialen Prozess erstellt wurden und (ii) beides nach außen sichtbar wird. Somit ist eine hohe Akzeptanz darüber im Anwendungsgebiet sichergestellt. Ein Beispiel für eine solche Ontologie ist z.B. der Dublin-Core-Standard (http://dublincore.org/), der Meta-Informationen über Dokumente im bibliografischen Umfeld beschreibt.

Ontologien sind in unterschiedlichen Ausprägungen bereits vielfach im Einsatz. Sehr einfache Ontologien sind z.B. Begriffshierarchien, sog. Taxonomien, die in Dokumentenmanagement-/Portal-/Contentmanagement-systemen zur Klassifikation von Dokumenten verwendet werden. In Topic Maps sind solche Begriffe zusätzlich noch um Eigenschaften und Beziehungen zwischen diesen Begriffen ergänzt. Topic Maps dienen hauptsächlich zur Navigation in Themenräumen und zur Zuordnung von Dokumenten zu Themengebieten. Ontologien können darüber hinaus über Regeln zur Beschreibung komplexerer Zusammenhänge und Abfragesprachen zur automatischen Auswertung verfügen.

Nachfolgende Abbildung 13-1 zeigt eine grafisch orientierte Darstellung o.g. Druckerbeispiels.

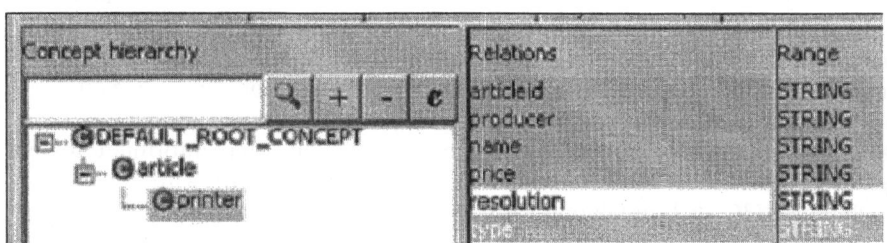

Abbildung 13-1: Beispielontologie in OntoEdit (http://www.ontoprise.de), einem grafischen interaktiven Editor zur Erstellung von Ontologien.

Ein `Drucker` ist ein Unterkonzept von `Artikel`. Die Eigenschaften `ArtNr`, `Hersteller`, `Name`, `Preis` und `Währung` sind für `Artikel` beschrieben. In `Drucker` werden die Eigenschaften `Auflösung` und `Typ` hinzugefügt.

Die andere Strukturierung des Beispiels ist in Abbildung 13-2 gezeigt. Hier ist `Laserdrucker` als ein Unterkonzept von `Drucker` definiert.

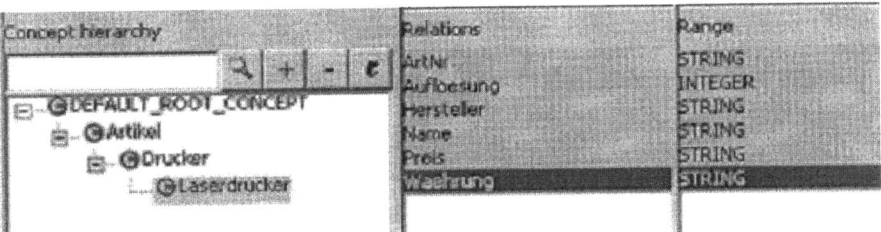

Abbildung 13-2: Beispielontologie in OntoEdit [ontoprise], einem grafischen interaktiven Editor zur Erstellung von Ontologien.

RDF(S) ist eine einfache Sprache zur Definition von Ontologien und deren Instanzen. RDF(S) erlaubt die Darstellung von Konzepten (class) und Beziehungen zwischen Konzepten (property). Konzepte können zueinander in einer Spezialisierungsrelation stehen. Dieses sehr einfache Datenmodell hat eine Syntax, die auf XML basiert. Im Gegensatz zu XML beschreibt RDF(S) Informationen datenzentriert und ist deshalb wesentlich besser zur Beschreibung strukturierter Informationen geeignet als pures XML.

RDF(S) ist eine Sprache der „Semantic Web"-Initiative. Das Ziel dieser Initiative ist es, Sprachen und Werkzeuge zu entwickeln, um in Zukunft das Web inhaltsorientiert zu beschreiben. Eingangs erwähnte Softwareagenten könnten dann solche Informationen auswerten. Beispielsweise könnte ein solcher Softwareagent, auf Anweisung seines Nutzers hin, sich auf die Suche nach einem Gebrauchtwagen – einem roten Golf für maximal EUR 10.000 – machen. Er durchforstet dafür selbstständig die Angebote anderer Softwareagenten, die von Autohäusern und/oder Gebrauchtwagenhändlern ins Internet gestellt wurden, nach einem entsprechenden Fahrzeug und informiert seinen „Auftraggeber" ebenso automatisch über die Treffer. RDF wird inzwischen auch vom W3C als Empfehlung verbreitet.

Ein Ausschnitt aus o.g. Ontologie würde in RDF-Syntax folgendermaßen aussehen:

```
<rdf:RDF xml:lang="en"
    xmlns:rdf="http://www.w3.org/1999/02/22-rdf-syntax-ns#"
    xmlns:rdfs="http://www.w3.org/2000/01/rdf-schema#">
  <rdf:Description ID="article">
    <rdf:type resource=
      "http://www.w3.org/2000/01/rdf-schema#Class"/>
    <rdfs:subClassOf rdf:resource=
      "http://www.w3.org/2000/01/rdf-schema#Resource"/>
  </rdf:Description>
  <rdf:Description ID="printer">
    <rdf:type resource=
      "http://www.w3.org/2000/01/rdf-schema#Class"/>
    <rdfs:subClassOf rdf:resource="#article"/>
  </rdf:Description>
  <rdf:Property ID="resolution">
    <rdfs:range rdf:resource=
      "http://www.w3.org/2000/03/example/classes#Integer"/>
    <rdfs:domain rdf:resource="#printer"/>
  </rdf:Property>
</rdf:RDF>
```

13 XML reicht nicht aus

Allerdings ist dieses Format als internes Format zu betrachten. Es ist nicht dafür ausgelegt, vom Menschen gelesen zu werden, sondern von Programmen.

Für RDF(S) wird momentan eine Regelsprache entwickelt, um auch komplexere Zusammenhänge darstellen zu können. Mit SiLRI und dessen kommerziellen Nachfolger Ontobroker (www.ontoprise.de, www.semanticweb.org) existiert bereits ein Prototyp einer Inferenzmaschine, die in der Lage ist, Regeln für RDF(S)-Ontologien auszuwerten.

Eine solche Regel würde auch o.g. Transformationsproblem einfach lösen:

```
FORALL X,Y,Z
X:laserprinter[price->>Y]
<- X:printer[type->>laserprinter; price->>Z] and Y is Z*1.25.

/* ein Drucker X, dessen Typ als Laserdrucker angegeben ist und
dessen Preis Z ist, wird in die Klasse Laserdrucker eingeordnet und
der Preis Y zu Z*1.25 berechnet */
```

Im Gegensatz zur o.g. XSLT-Transformation, in der sowohl inhaltliche wie auch syntaktische Aspekte behandelt werden, wird an einer solchen Regel klar, dass die Beschränkung auf die inhaltlichen Aspekte die Definition dieser Transformation wesentlich vereinfacht.

Zusammenfassend lassen sich die folgenden Vorteile ontologiebasierter Ansätze, die z.B. auf RDF(S) aufbauen, erkennen:

- Ontologien bieten ein konzeptuelles Modell einer B2B-Anwendung und definieren eine gemeinsame Terminologie für die beteiligten Parteien.
- In einer Ontologie lassen sich mit mächtigeren Beschreibungsmitteln komplexere Sachverhalte einfach darstellen. Z.B. werden in einer Is-a-Hierarchie Attribute von oben nach unten vererbt und müssen nicht jedes Mal neu beschrieben werden. Es ist z.B. definierbar, dass für eine Lieferung und eine dazugehörige Rechnung die Auftragsnummer gleich sein muss o.ä.
- Ontologien selbst und Fakten von Ontologien lassen sich, wie am Beispiel o.g. Transformation gezeigt, einfach automatisch auswerten. Damit werden dann eingangs erwähnte Beispiele wie automatische Reiseplanung durch Agenten o.Ä. möglich.

13.4 Zusammenfassung

XML wird inzwischen vielfach genutzt, um Informationen zu speichern und auszutauschen. Nachdem im Internet die Hardwareschicht und darauf aufbauend die Protokollschichten standardisiert sind, stellt XML eine Standardisierung der syntaktischen Repräsentation von Informationen dar. Um die Bedeutungen zu fixieren und damit den Datenaustausch überhaupt erst zu ermöglichen, wurden von unterschiedlichen Firmen Festlegungen für Tags und Strukturen definiert. Inzwischen existieren bereits über 200 solcher Ansätze und erschweren damit wiederum den Austausch von Informationen zwischen diesen Ansätzen ganz erheblich. Deshalb ist es notwendig, eine nichtproprietäre Standardisierung zu erreichen. RDF(S) ist eine solche Standardisierung. RDF(S) hat eine XML-Syntax und legt darüber hinaus die Bedeutung von XML-Tags fest. RDF(S) verfügt über mächtigere Modellierungsprimitive wie z.B. Is-a-Beziehungen, Attribute und Relationen. Es existieren auch bereits einige Ansätze, um RDF(S) mit Regeln zu ergänzen. Somit stellt RDF(S) die nächste Schicht über XML im Internet dar, die auch in der Lage ist, die Bedeutungen der Inhalte zu beschreiben. Solche Beschreibungen können dann automatisch z.B. von Softwareagenten ausgewertet werden. Damit wird die Unmenge von Informationen im Internet erst sinnvoll auswertbar und austauschbar.

14 RDF: Grundlage des Semantic Web

14.1
RDF und das Semantic Web

Das Resource Description Framework (RDF) ist die technologische Grundlage des sich in Entwicklung befindenden Semantic Web[81]. Dies erläutert Tim Berners-Lee im Text Semantic Web Road Map[82].

Definiert wird RDF derzeit in zwei Standardisierungsdokumenten des World Wide Web Consortium (W3C): in der Recommendation „Resource Description Framework (RDF) Model and Syntax Specification" (Februar 1999) von Ora Lassila and Ralph R. Swick, im Weiteren als RDF-Spezifikation bezeichnet, und in der Candidate Recommendation „Resource Description Framework (RDF) Schema Specification 1.0" (März 2000) von Dan Brickley und R. V. Guha, im Weiteren RDFS-Spezifikation[83] genannt. Der Status Recommendation der RDF-Spezifikation ist die höchste erreichbare Standardisierungsstufe des W3C, insbesondere ist eine kommerzielle Verwendung eines Standards dieses Status erwünscht.

Das W3C ist ein internationaler Zusammenschluss von Forschungseinrichtungen, Firmen und Organisationen mit dem Ziel, die weitere Entwicklung von Web-Technologien zu steuern. Das W3C sieht Einsatzgebiete von RDF für eine Reihe von Anwendungen. Hierzu gehören z.B. intelligente Agenten, die Wissen austauschen, digitale Bibliotheken, die Verbesserung von Ergebnissen aus Suchmaschinen, die Bewertung von Inhalten einer Web-Anwendung durch Dritte (content rating) oder der automatische Austausch von Daten, die Benutzerpräferenzen beschreiben (vgl. hierzu die RDF-Spezifikation).

---

[81] vgl. Decker, Stefan et. al: The Semantic Web: The Roles of XML and RDF, September 2000. Webseiten (http://www.w3.org/2001/sw) der Semantic Web Activity des World Wide Web Consortiums (W3C, http://www.w3.org)

[82] vgl. Technical Report, W3C, 1998

[83] Wird von den RDF-Spezifikationen gesprochen, dann sind beide Dokumente gemeint. Die URLs der Dokumente finden sich, wie auch die URLs der meisten anderen referenzierten Dokumente, in den Literaturangaben.

Im Artikel The Semantic Web[84] legen Tim Berners-Lee et al. ihre Visionen hinsichtlich des zukünftigen Semantic Web dar: *"The Semantic Web – A new form of Web content that is meaningful to computers will unleash a revolution of new possibilities"*. Als Beispiele neuer Möglichkeiten werden u.a. Web-Agenten angeführt, die für ihren Benutzer einen Termin bei einem Arzt arrangieren und dabei zu optimierende Bedingungen (engl. constraints), wie z.b. kurzer Anfahrtsweg und guter Ruf des Arztes, berücksichtigen.

Das Semantic Web soll es ermöglichen, Daten so auszutauschen, dass deren Bedeutung/Semantik (engl. semantic) automatisiert interpretiert werden kann. Anwendungen des Semantic Web sollen mittels der ausgetauschten Daten „Schlussfolgerungen ziehen" (engl. inferencing) bzw. „Überlegungen" (engl. reasoning) anstellen können, um so z.b. als intelligente Agenten stellvertretend für einen Benutzer agieren zu können.

Während XML[85] für den syntaktisch interoperablen Austausch von Daten genutzt werden kann, soll RDF, als Anwendung von XML, darüber hinausgehend als Grundlage für den semantisch interoperablen Austausch dienen und die logische Interpretation von Daten durch Computer ermöglichen.

Im folgenden Abschnitt 14.2 wird RDF an einem Beispiel vorgestellt und die im Zusammenhang mit RDF benutzten Begrifflichkeiten werden eingeführt. Der Anspruch an RDF, Grundlage für den semantisch interoperablen Austausch von Daten zu sein, kann ohne eindeutige Definition des zugrunde liegenden Datenmodells und der dazugehörigen Sprachmittel nicht erfüllt werden. Die RDF-Spezifikationen lassen diesbezüglich – nicht zuletzt wegen der vielen Prosa-Definitionen – Fragen offen. Abschnitt 14.2.2 zeigt deshalb das RDF-Datenmodell und die grundlegenden RDF-Sprachmittel und kommentiert diese. Jede Formalisierung von RDF kann wegen der mehrdeutigen, textuellen Definitionen in den RDF-Spezifikationen allerdings nur eine von mehreren möglichen Auslegungen sein. Eine RDF-Beschreibung, d.h. die Anwendung von RDF zur Beschreibung bzw. Annotation von Web-Ressourcen, kann auf mehrere Arten repräsentiert werden. Abschnitt 14.2.3 geht auf die grafische Notation und zwei textuelle Linearisierungen ein. Bei der grafischen Notation handelt es sich um gerichtete Graphen. Die erste der besprochenen textuellen Notationen ist die so genannte Triple-Notation, die in direkter und einfacher Weise die Statements eines RDF-Beschreibungsmodells darstellt. Bei der zweiten textuellen Notation handelt es sich um die RDF/XML-Syntax. Diese wird detailliert dargestellt. Die RDF-Schema-Spezifikation definiert Sprachmittel, die zur Erstellung so genannter RDF-Schemata dienen. Instanzen solcher Schemata, also RDF-Beschreibungsmodelle, die das Vokabular solcher

---

[84] vgl. Berners-Lee, Tim, Hendler, James, and Lassila, Ora: Scientific American, 2001
[85] In dieser Arbeit wird Bezug genommen auf die jeweils aktuellen Standardisierungsdokumente zu XML (2nd Edition), XML-Schema, XML Info Set u.a. Auf eine detaillierte Referenzierung wird verzichtet, die Literaturangaben enthalten genaue Referenzinformationen inkl. URL. Ebenso finden sich Angaben zu RFCs und zu SWI-Prolog in den Literaturangaben.

14 RDF: Grundlage des Semantic Web

Schemata verwenden, können auch als einfache Ontologien aufgefasst werden. Diese Sprachmittel werden in Abschnitt 14.3 dargestellt und kommentiert. Eine anschließende Diskussion der RDF-Technologien und der aktuellen Forschung rund um RDF schließt die Einführung in Abschnitt 14.4 ab.

RDF kann als Wissensrepräsentationssprache aufgefasst werden. In dem Buch Knowledge Representation: Logical, Philosophical, and Computational Foundations[86] definiert Sowa:

*"**Knowledge representation** is a multidisciplinary subject that applies theories and techniques from three other fields:*
- *__Logic__ provides the formal structure and rules of inference.*
- *__Ontology__ defines the kinds of things that exist in the application domain.*
- *__Computation__ supports the applications that distinguish knowledge representation from pure philosophy.*

Without logic, a knowledge representation is vague, with no criteria for determining whether statements are redundant or contradictory. Without ontology, the terms and symbols are ill-defined, confused, and confusing. And without computable models, the logic and ontology cannot be implemented in computer programs. Knowledge representation is the application of logic and ontology to the task of constructing computable models for some domain."

In Abschnitt 14.5 wird gezeigt, wie RDF in einen Wirtsformalismus eingebettet und die Semantik von RDF durch logische Wissensprädikate repräsentiert werden kann (als Beispiel dient SWI-Prolog). Dies ermöglicht logisches Schließen (engl. inferencing) auf RDF-Beschreibungen (Wissensbasen). Abhängig vom Einsatzgebiet bzw. von der Präferenz eines Entwicklers kann der geeignete Wirtsformalismus gewählt werden. Der Wirtsformalismus bestimmt das Verarbeitungsmodell und stellt eine Abfragesprache zur Verfügung. Zur beispielhaften Implementierung wurde SWI-Prolog verwendet. SWI-Prolog ist eine frei verfügbare und im Open-Source vorliegende Implementierung von Prolog. Bestandteil der SWI-Prolog-Distribution ist ein von Jan Wielemaker entwickelter RDF-Parser. Bijan Parsia zeigt in den Artikeln *An Introduction to Prolog and RDF* und *RDF Applications with Prolog* sehr anschaulich, wie RDF-Anwendungen mit SWI-Prolog entwickelt werden können.

Die Sprachmittel von RDF sind sehr limitiert. Eine Erweiterungsmöglichkeit zur Definition von Semantik, welche über die durch die RDF-Spezifikationen nahe gelegte Semantik hinausgeht, ist nicht vorgesehen. Abschnitt 14.5.3 stellt einen Erweiterungsmechanismus vor, der angewendet werden kann, um in der Notation eines Wirtsformalismus erweiterte Semantik von RDF-Schemata zu definieren. Die Anwendung des Erweiterungsmechanismus wird an einem Beispiel aus dem Bereich Zugriffskontrolle gezeigt. Der Abschnitt 14.6 verweist auf alternative Ansätze und fasst die Eigenschaften des vorgestellten Ansatzes zusammen.

---

[86] vgl. Sowa, John F.: Brooks/Cole/Thomson Learning, 2000

14.2
Resource Description Framework (RDF)

Das Resource Description Framework (RDF) wird durch die bereits genannten Spezifikationen Resource Description Framework Model and Syntax Specification (RDF) und Resource Description Framework Schema Specification (RDFS) definiert. RDF kann für den webbasierten, interoperablen Austausch von Metadaten, die Ressourcen beschreiben, genutzt werden. Ziel von RDF ist es, zu ermöglichen, dass Semantik, die durch Metadaten repräsentiert wird, automatisiert interpretiert werden kann.

Die RDF-Spezifikationen definieren ein Datenmodell und eine Syntax, die XML und XML-Namensräume als Grundlage zur Repräsentation von Semantik nutzt. Im Gegensatz zur RDF-Syntax dient XML ausschließlich der Strukturierung von Daten (wenn nicht zusätzlich XML-Namensräume verwendet werden). Die Bedeutung der Daten für einen maschinellen generischen Interpreter wird durch XML jedoch nicht festgelegt. Unter einem generischen Interpreter sei hier ein System verstanden, das, abgesehen von den zu interpretierenden Daten, nicht über spezielles Domänenwissen verfügt. Dazu folgendes Beispiel:

```
<Buch href=" http://www.galaxy.gal/HitchhikersGuide" >
   <Titel>The Hitchhiker's Guide to the Galaxy</Titel>
   <Autor>Douglas Adams</Autor>
</Buch>
```

Für einen Menschen mag die Interpretation nahe liegen, dass „Douglas Adams" der Autor des Buchs mit dem Titel „The Hitchhiker's Guide to the Galaxy" sei. Ein maschineller, generischer Interpreter kann das folgende XML-Fragment von dem obigen semantisch, d.h. in seiner Bedeutung, nicht unterscheiden – ein einfacher generischer Interpreter kann allenfalls feststellen, dass verschiedene Token für die strukturgebenden Elemente verwendet worden sind.

```
<xyz abc="http://www.galaxy.gal/HitchhikersGuide">
   <ghi>The Hitchhiker's Guide to the Galaxy</ghi>
   <jkl>Douglas Adams</jkl>
</xyz>
```

Fortgeschrittenere Systeme, z.B. Systeme zur Verarbeitung natürlicher Sprache, könnten die Token bestimmten Konzepten zuordnen und so auf deren vermutliche Bedeutung schließen. Derartige Systeme sollen hier jedoch nicht betrachtet werden. Die Explizierung von Metadaten durch RDF versucht nicht zuletzt, den Aufwand zur semantisch interoperablen Verarbeitung von Daten zu minimieren. Die natürlich-sprachlich orientierte Interpretation von Daten ist derzeit weder mit wenig Aufwand möglich noch so, dass die semantische Interoperabilität, etwa durch eine nachvollziehbar-eindeutige Abbildung der gefundenen Konstrukte auf den beschriebenen Objekt- bzw. Ressourcenraum, gewährleistet wäre. Ziel von RDF ist es, Daten so zu repräsentieren, dass diese von generischen Interpretern möglichst ohne weitere Annahmen semantisch verarbeitet werden können.

14 RDF: Grundlage des Semantic Web

14.2.1
Begriffseinführungen und Beispiel

Ein RDF-Beschreibungsmodell kann als Graph dargestellt werden. Ein RDF-Graph besteht aus Knoten und gerichteten markierten Kanten. Ein Knoten repräsentiert entweder eine Ressource oder ein Literal (String oder XML-Datentyp).

Jede Entität, die eindeutig durch einen URI identifiziert werden kann, ist eine Ressource (engl. resource), wie z.B. eine HTML-Seite bzw. ein Fragment davon, ein Bild, eine Audio- oder Video-Datei. Eine Ressource kann auch eine Entität sein, auf die nicht im Web zugegriffen werden kann: z.B. ein gedrucktes Buch oder eine Person. Sie muss nur, im URI-Sinne, benennbar sein. Die Markierung (label) einer gerichteten Kante repräsentiert eine Eigenschaft (property) einer Ressource. Abbildung 14-1 zeigt ein Statement (bestehend aus subject, predicate, object), welches aussagen soll, dass Douglas Adams der Autor (creator) der Ressource `http://www.galaxy.gal/HitchhikersGuide` ist. Vokabular, das zur Beschreibung von Web-Ressourcen genutzt werden kann, wird durch RDF-Schemata definiert. Im Beispiel referenziert der URL `http://www.schema.org/lit#` das RDF-Schema, in dem die Bedeutung des Propertys `creator` definiert ist. Ein Property kann genutzt werden, um Aussagen (statement) über Eigenschaften von Web-Ressourcen oder über Beziehungen (relations) zwischen Web-Ressourcen auszudrücken. Ein Property wird Prädikat (predicate) genannt, wenn es in einem Statement verwendet wird.

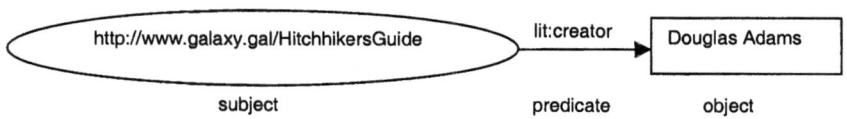

Abbildung 14-1: Beispiel eines RDF-Statements

Die RDF-Spezifikation definiert eine XML-Syntax, in der Beschreibungsmodelle notiert werden können. Das durch den in Abbildung 14-1 gezeigten Graph dargestellte Beschreibungsmodell kann auch durch die in Abbildung 14-2 gezeigte Syntax repräsentiert werden. Zeile 1 deklariert das Dokument als XML-Dokument. In Zeile 3 wird der Namensraum-Präfix `rdf` deklariert, der das RDF-Schema referenziert, in dem das RDF-Vokabular definiert ist. Damit ist für Zeile 2 festgelegt, dass das XML-Element `RDF` aus diesem Namensraum gemeint ist. Zeile 4 deklariert den Namensraum-Präfix `lit`, der ein weiteres Vokabular referenziert. RDF/XML ermöglicht es, Properties aus verschiedenen Vokabularen innerhalb *eines* Beschreibungsmodells zu verwenden. Das Element `rdf:Description` in Zeile 6 legt mit dem Attribut `rdf:about` fest, über welche Web-Ressource, also über welches `subject`, eine Aussage gemacht werden soll – hier über das Buch HitchhikersGuide, das durch die URL `http://www.galaxy.gal/HitchhikersGuide` referenziert wird. Das XML-Element `lit:creator` in Zeile 7 mit dem Inhalt (engl. content) „Douglas Adams" repräsentiert Prädikat und Objekt der Aussage.

```
1  <?xml version="1.0"?>
2    <rdf:RDF
3        xmlns:rdf="http://www.w3.org/TR/REC-rdf-syntax#"
4        xmlns:lit="http://www.schema.org/lit#">
5
6      <rdf:Description rdf:about="http://.../HitchhikersGuide">
7        <lit:creator>Douglas Adams</lit:creator>
8      </rdf:Description>
9    </rdf:RDF>
```

Abbildung 14-2: RDF-Statement linearisiert in XML-Syntax

Im Beispiel referenzieren die Namensraum-Präfixe `rdf` und `lit` RDF-Schemata, die Vokabular zur Beschreibung von Web-Ressourcen zur Verfügung stellen. Zur Erstellung eines RDF-Schemas dient ein durch die RDFS-Spezifikation definiertes Meta-Vokabular. Dieses wird im Folgenden als RDFS-Vokabular bezeichnet.

Ein RDF-Schema legt z.B. fest, welchen Typen von Web-Ressourcen ein RDF-Property zugeordnet werden darf und welche Werte für dieses Property erlaubt sind. Anzumerken ist, dass dies nur in der hier befürworteten Interpretation von RDF, die eine Validierung von RDF-Dokumenten gegen typisierende Schemata unterstützt, möglich ist. Damit kann, neben der Zuweisung von Attributen, definiert werden, welche Beziehungen zwischen bestimmten Typen von Web-Ressourcen erlaubt sind. Die Autoren der RDFS-Spezifikation vergleichen das Typ-System von RDF mit Typ-Systemen objektorientierter Programmiersprachen und finden Ähnlichkeiten – explizit wird die Programmiersprache Java genannt. Das Typ-System unterscheidet sich jedoch durch einige Besonderheiten von der traditionellen Sichtweise, bei der eine Klasse definiert, welche Attribute eine Instanz der Klasse haben darf. Ein RDF-Schema definiert dagegen, welchen Klassen ein Property zugeordnet werden darf. Die Klasse „kennt" ihre Attribute nicht, sondern die Attribute „kennen" ihre Klasse(n). In der RDF-Schema-Spezifikation wird dies als Property-zentrierter Ansatz bezeichnet.

Ein RDF-Schema kann selbst mittels eines RDF-Beschreibungsmodells ausgedrückt werden. Abbildung 14-3 zeigt ein RDF-Schema, welches für das Property `creator` festlegt, dass dieses Ressourcen vom Typ `Book` Werte vom Typ `Literal` zuordnen darf.

14 RDF: Grundlage des Semantic Web

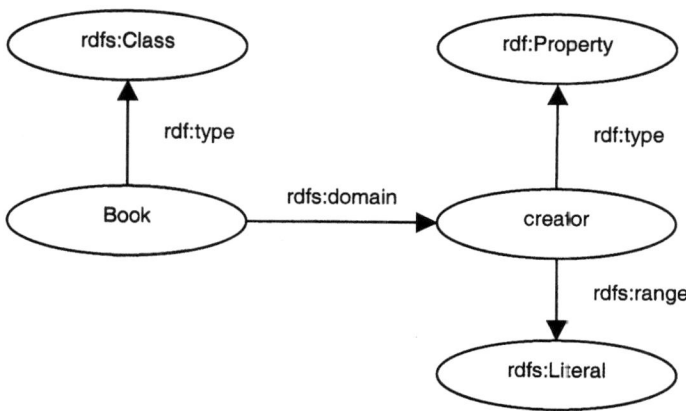

Abbildung 14-3: Grafische Repräsentation eines RDF-Schemas

Unter der Annahme, dass an anderer Stelle die Ressource http://www.galaxy.gal/HitchhikersGuide als Instanz vom Typ Book deklariert wurde, zeigt Abbildung 14-1 eine grafische Repräsentation einer Instanz dieses Schemas.

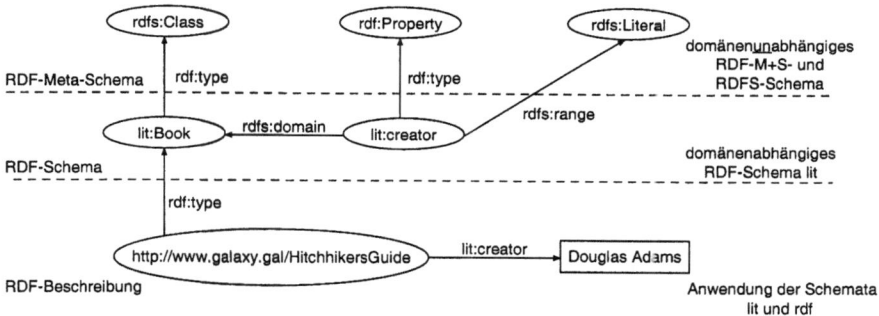

Abbildung 14-4: Zusammenhang von RDF-Beschreibungen und RDF-Schemata

Abbildung 14-4 zeigt die Zusammenhänge im Überblick[87]. Auf der untersten Ebene wird die RDF-Beschreibung gezeigt, die Vokabular aus den Namensräumen rdf und lit verwendet. Das Schema lit definiert Vokabular zur Beschreibung von Literatur. Zur Erstellung des Schemas lit wird RDF- und RDFS-Vokabular benutzt.

---

[87] Weitere einführende Darstellungen finden sich im W3C Draft RDF Primer (s. Literaturangaben).

14.2.2
RDF-Datenmodell

Die RDF-Spezifikation beschreibt textuell und nicht formal das RDF-Datenmodell, welches allen RDF-Beschreibungsmodellen zugrunde liegt. Anzumerken ist, dass die RDF-Spezifikation terminologisch nicht zwischen der Definition des Datenmodells (in dieser Arbeit RDF-Datenmodell genannt) und der Anwendung des RDF-Datenmodells (in dieser Arbeit RDF-Beschreibungsmodell bzw. kurz RDF-Beschreibung genannt) unterscheidet. Mit mengentheoretischen Termini wird in der RDF-Spezifikation ein abstraktes Datenmodell dargelegt, das zur Erstellung von RDF-Ausdrücken genutzt werden kann. Die Abbildung 14-5 zeigt die in Sektion 5 der RDF-Spezifikation aufgeführten mengentheoretischen Zusammenhänge grafisch.

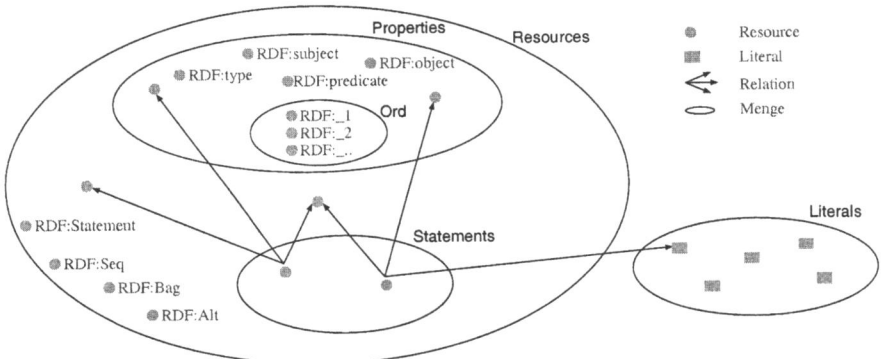

Abbildung 14-5: RDF-Konzepte

Die Elemente des Datenmodells werden im Folgenden zusammengefasst dargestellt. Zentraler Bestandteil des Datenmodells ist die Menge der Ressourcen (Resources). Namen von Ressourcen werden durch URIs gemäß RFC 2396 angegeben. Es gibt auch unbenannte Ressourcen, die zwar eine Identität haben, aber keinen URI-Namen. Zudem gibt es eine Menge von Literalen (Literals), die aus Strings gemäß der XML-Spezifikation bestehen (also auch XML-Markup enthalten können). Ressourcen und Literale sind die Grundbestandteile von RDF. Eine Teilmenge der Ressourcen bildet die Menge der Properties. Gemeinsam mit einer Ressource als Subjekt und einer Ressource oder einem Literal als Objekt treten Properties als Prädikate auf und formen Sätze, so genannte Statements. Diese Statements haben die Form {pred, sub, obj} (dies wird häufig auch in der natürlicheren Infix-Form [sub pred obj] angegeben). Ein Beschreibungsmodell ist eine Untermenge der Menge aller möglichen Statements. Die RDF-Spezifikationen definieren nicht eindeutig, ob ein Modell auf die durch ein RDF-Dokument repräsentierten Statements beschränkt ist oder ob vom Dokument referenzierte RDF-Dokumente bzw. durch diese repräsentierte Statements auch Bestandteil eines Modells sind.

Es gibt einige vorgegebene Elemente in der Menge der Properties. Eines dieser Elemente ist das Property `rdf:type`. `rdf:type` kann genutzt werden, um eine Ressource explizit einer Menge (bzw., in RDFS-Diktion, einer Klasse) zuzuordnen.

Im RDF-Datenmodell beschreibt `rdf:type` ausschließlich Beziehungen zwischen Ressourcen. In den Ausführungen zu RDFS wird klar werden, dass die Ressource an Objekt-Position als Element einer, durch die Ressource an Subjekt-Position angegebenen Klasse, angesehen werden soll. Unter der Annahme, dass die Mengen `Resources` und `Literals` disjunkt sind, bedeutet dies, dass Literale nicht in Type-Relationen vorkommen dürfen. Es ist anzumerken, dass in den RDF-Spezifikationen nicht unmissverständlich ausgedrückt wird, dass die Mengen `Resources` und `Literal` tatsächlich disjunkt sind. Zeichenketten werden im RDF-Datenmodell nicht explizit als Literal deklariert. Dies kann zu Zweideutigkeiten führen. So lässt sich eine Zeichenkette, die einem URI syntaktisch gleicht, nicht von einem URI unterscheiden, der eine Ressource repräsentieren soll.

Im RDF-Datenmodell wird `rdf:type` u.a. verwendet, um eine Ressource als Repräsentant („Reifikant") eines Statements auszuweisen. Hierzu existieren die Ressource `rdf:Statement` und die Properties `rdf:subject`, `rdf:pedicate` und `rdf:object`. Eine so genannte Reifikation eines Triples {pred,sub,obj} lässt sich wie folgt mit Hilfe von vier Triplen angeben: {rdf:predicate,r,pred},   {rdf:subject,r,sub}, {rdf:object,r,obj}, {rdf:type,r,rdf:Statement}. Hier ist r der Reifikant des angegebenen Triple. Dies wird besonders durch die Zuweisung des Typs `rdf:Statement` betont. Anzumerken ist, dass das Konzept `rdf:Statement` nur die Ressourcen bezeichnet, die ein Statement reifizieren – es repräsentiert also nicht die Menge der Statements, d.h. Aussagen der Form {pred, sub, obj} bzw. [sub pred obj]. Im Prinzip kann man nun Aussagen über (reifizierte) Statements machen, indem man r in Aussagen stellvertretend verwendet. Wie genau eine solche Verwendung semantisch zu interpretieren ist, wurde in den Spezifikationen nicht festgelegt – das Statement könnte sich einerseits direkt auf die Ressource r beziehen, etwa {creator r "Joe"}, oder auf das repräsentierte Triple, etwa {hasTruthValue r "FALSE"}, in diesem Fall um auszudrücken, dass {pred sub obj} eine falsche Aussage enthält. Es ist zudem zu beachten, dass ein Reifikant auch Triple repräsentieren kann, die selbst nicht Element des Beschreibungsmodells sind. Dies kann man etwa nutzen, um „Beliefs" (grob: Ansichten) von Fakten zu unterscheiden.

Zudem kann mittels `rdf:type` eine Ressource als Sammlung (Container) ausgewiesen werden. Es gibt drei Typen von Containern, die durch die Ressourcen `rdf:Seq`, `rdf:Bag` und `rdf:Alt` repräsentiert werden. Container können Ressourcen und Literale enthalten, die auch jeweils mehrfach vorkommen können. Der Typ `rdf:Bag` repräsentiert ungeordnete Sammlungen, `rdf:Seq` repräsentiert geordnete Sammlungen und der Typ `rdf:Alt` repräsentiert eine Sammlung von zueinander alternativen Elementen. Einer Sammlung wird ein Element durch ein Property `rdf:_n` zugeordnet (n ist eine natürliche Zahl). Die RDF-Spezifikation ist unpräzise bzgl. der Benutzung solcher „Ordinal-Properties". Es wird zwar außerhalb der normativen Definitionen festgelegt, dass mit `rdf:_1` das erste Element zugeordnet wird und dass alle weiteren Elemente aufsteigend durch `rdf:_2` ... `rdf:_k` zugeordnet werden sollen. Es ist jedoch nicht definiert, wie zu verfahren ist, wenn Elemente aus einer Sammlung entfernt oder zu einer Sammlung hinzugefügt werden.

14.2.3
RDF-Repräsentationen

Zur Repräsentation der RDF-Ausdrücke stehen drei Notationen zur Verfügung: der RDF-Graph, die Triple-Notation und die RDF/XML-Syntax. In der RDF-Spezifikation wird angeführt, dass die drei Repräsentationen dieselbe Semantik darstellen: "... *These representations have equivalent meaning*". Dies ist jedoch nicht der Fall. Beispielsweise hat das `xml:lang`-Attribut der RDF-Syntax keine Entsprechung im RDF-Graph. Die RDF-Spezifikationen definieren keine Transformations-Grammatiken. Die Transformation von einer Repräsentation (z.B. RDF-Syntax) in eine andere Repräsentation (z.B. RDF-Graph) ist nicht genau beschrieben und ist daher je nach RDF-Transformations-Werkzeug unterschiedlich. Im Folgenden werden die drei Notationen vorgestellt. Es wird insbesondere detailliert auf die Varianten der RDF/XML-Syntax eingegangen.

14.2.3.1
Grafische Notation

Der RDF-Graph besteht aus Knoten und gerichteten markierten Kanten. Ein Knoten repräsentiert entweder eine Ressource oder ein Literal. Eine Ressource wird als Oval, das einen Ressourcen-Namen (URI) beinhaltet, dargestellt. Ein Literal wird als Viereck dargestellt, das einen String beinhaltet. Ein Prädikat wird als gerichtete markierte Kante dargestellt. Die Kante wird mit einem entsprechenden Property-Namen beschriftet. Die RDF-Spezifikationen machen keine klare Aussage darüber, wie der Prädikat-Name im RDF-Graph darzustellen ist: (1) als URI oder (2) als Konkatenation von Namensraum-Präfix:Property-Name – dies wird auch QName genannt und kann in einen URI gewandelt werden. In den Beispiel-Graphen der Spezifikationen wird Variante 1 genutzt.

Ein Statement wird durch zwei Knoten, die durch eine gerichtete Kante verbunden sind, dargestellt. Der Knoten, von dem die Kante ausgeht, wird als Subjekt (engl. subject) einer Aussage bezeichnet und der Knoten, auf den die Kante zeigt, als Objekt (engl. object). Vierecke sind Blätter des Graphen, d.h., von Vierecken gehen keine Kanten aus. Vierecke repräsentieren daher immer Objekte. Ein Oval kann sowohl Subjekt als auch Objekt sein. Abbildung 14-6 zeigt den abstrakten Aufbau eines RDF-Graphen, der aus einem Statement besteht:

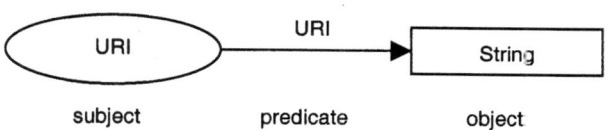

Abbildung 14-6: Einfacher RDF-Graph

14.2.3.2
Triple-Notation

Abschnitt 5 der RDF-Spezifikation zeigt eine Triple-Notation, in der RDF-Modelle aufgeschrieben werden können. Die Triple-Notation wird ausschließlich anhand von Beispielen eingeführt. Eine Formalisierung hierfür gibt die RDF-Spezifikation nicht an. Folgend ist das Beispiel-Statement aus Abbildung 14-1 in Triple-Notation gezeigt:

```
{lit:creator,[http://www.galaxy.gal/HitchhikersGuide],
   „Douglas Adams" }
```

Im Folgenden wird eine Grammatik für die Triple-Notation in EBNF-Notation angegeben (für eine Erläuterung der EBNF-Notation siehe Abschnitt 6 der XML-Spezifikation).

```
triple     ::= '{' predicate',' subject',' object '}'
predicate  ::= URI | QName
subject    ::= URI | QName
object     ::= URI | QName | String
URI        ::= '[' (URI gemäß RFC2396) ']'
String     ::= '"' (String gemäß der XML-Spezifikation) '"'
QName      ::= (siehe Produktion 6 aus der
   XML-Namespace-Spezifikation)
```

Diese Formalisierung ist eine Interpretation der Triple-Beispiele aus der RDF-Spezifikation. Aus den Triple-Beispielen der RDF-Spezifikation wird nicht klar, ob für ein Prädikat der entsprechende URI oder der QName in einem Triple angegeben werden muss. In der vorliegenden Grammatik gilt diesbezüglich Wahlfreiheit. Zur Überprüfung der Übereinstimmung eines Prädikats, das durch einen QNamen repräsentiert wird, mit einem Prädikat, das durch einen URI repräsentiert wird, ist der QName in den durch ihn repräsentierten URI zu transformieren.

Der Working-Draft RDF Test Cases (s. Literaturangaben) definiert im Abschnitt 3 ebenfalls eine Triple-Notation (sog. N-Triples) in EBNF-Notation. Die N-Triple-Notation ist ein zeilenbasiertes, textuelles (7-bit US-ASCII) Format, durch das ein RDF-Graph linearisiert werden kann.

14.2.3.3
RDF-Syntax

Im Rahmen des einführenden Beispiels zu RDF-Beschreibungen wurde bereits eine Linearisierung (engl. serialization) eines RDF-Graphen in RDF-Syntax gezeigt. Abschnitt 6 der RDF-Spezifikation definiert die Grammatik der RDF-Syntax durch Angabe einer entsprechenden EBNF-Notation. Durch Anwendung der EBNF-Produktionen lässt sich ein RDF-Dokument erstellen, das in seiner syntaktischen Struktur einem XML-Dokument entspricht. RDF-Dokumente sind wohlgeformte (engl. well-formed) XML-Dokumente. Eine Validierung eines RDF-Dokuments kann jedoch nicht durch XML-Werkzeuge vorgenommen werden, da keine XML-DTD für die RDF-Syntax definiert ist. Dies ist aufgrund der durch die EBNF definierten, syntaktischen Struktur von RDF-Dokumenten für den generellen Fall nicht möglich, da diese vom Vokabular abhängig ist, das Benutzer in RDF-Schemata definieren können (s. etwa die typedNodes, Produktion 6.13 der EBNF-Grammatik). Eine Validierung eines RDF-Dokuments gegen ein RDF-Schema ist jedoch durch entsprechende RDF-Werkzeuge möglich, dies wird in Abschnitt 14.5 noch detailliert erläutert.

Die RDF-Syntax wird von der RDF Core Working Group derzeit überarbeitet. Allerdings wird es auch für diese RDF-Syntax nach dem derzeitigen Stand der Diskussionen in den RDF-Mailinglisten und nach den vorliegenden Working Drafts keine XML-DTD geben. Es ist Zielvorgabe, die revidierte RDF-Syntax weitgehend kompatibel zur aktuell gültigen („standardisierten") RDF-Syntax zu halten. Im Folgenden wird die aktuell gültige RDF-Syntax im Detail diskutiert und an Stellen, an denen es notwendig ist, auf zu erwartende Änderungen hingewiesen.

Es gibt zwei Arten von RDF-Syntax: die Basic-Serialization-Syntax, siehe Abschnitt 2.2.1 der RDF-Spezifikation, und die Basic-Abbreviated-Syntax, siehe Abschnitt 2.2.1 der RDF-Spezifikation. Ziel beim Entwurf der Basic-Abbreviated-Syntax war es, eine, im Vergleich zur Basic-Serialization-Syntax, kompaktere und für den Menschen besser lesbare Syntax zur Repräsentation von RDF-Beschreibungen zu entwickeln.

Die Basic-Abbreviated-Syntax ist jedoch nicht so ausdrucksstark wie die Basic-Serialization-Syntax – es lassen sich nicht alle RDF-Beschreibungen in Basic-Abbreviated-Syntax ausdrücken. Basic-Serialization-Syntax und Basic-Abbreviated-Syntax können gemischt verwendet werden, d.h., ein Teil einer Beschreibung kann in der kompakteren Syntax verfasst werden und der Rest in der ausdrucksstärkeren Basic-Serialization-Syntax. Die RDF-Syntax wird im Folgenden entlang der EBNF-Definitionen diskutiert.

```
[6.1] RDF ::= ['<rdf:RDF>'] obj* ['</rdf:RDF>']
```

14 RDF: Grundlage des Semantic Web

Eine RDF-Beschreibung wird durch die Tags `<rdf:RDF>` und `</rdf:RDF>` markiert. `rdf:` ist das Namensraum-Präfix, welches das RDF-Schema[88] referenziert. Dort sind die Konzepte der RDF-Spezifikation definiert.

```
[6.2]  obj   ::= description | container
```

Eine RDF-Beschreibung ist entweder eine `description`, die ein oder mehrere Statements beschreibt, oder ein `container`, d.h. eine Sammlung von Inline-Ressourcen oder Ressourcen-Referenzen. Eine Ressource wird als Inline-Ressource bezeichnet, wenn diese innerhalb der RDF-Beschreibung definiert wird.

```
[6.3]   description   ::= '<rdf:Description' idAboutAttr? bagIdAttr?
        propAttr* '/>'|'<rdf:Description' idAboutAttr? bagIdAttr?
        propAttr* '>' propertyElt* '</rdf:Description>'|typedNode
[6.13]  typedNode     ::= '<' typeName idAboutAttr? bagIdAttr?
        propAttr* '/>'|'<' typeName idAboutAttr? bagIdAttr? propAttr* '>'
        propertyElt* '</' typeName '>'
[6.15]  typeName      ::= Qname
[6.5]   idAboutAttr   ::= idAttr | aboutAttr | aboutEachAttr
[6.6]   idAttr        ::= ' ID="' IDsymbol '"'
[6.7]   aboutAttr     ::= ' about="' URI-reference '"'
[6.8]   aboutEachAttr ::= ' aboutEach="' URI-reference '"'
        |'aboutEachPrefix="' string '"'
[6.9]   bagIdAttr     ::= ' bagID="' IDsymbol '"'
[6.10]  propAttr      ::= typeAttr
        |propName '="' string '"' (with embedded quotes escaped)
[6.11]  typeAttr      ::= ' type="' URI-reference '"'
[6.14]  propName      ::= Qname
[6.19]  Qname         ::= [ NSprefix ':' ] name
[6.20]  URI-reference ::= string, interpreted per [URI]
[6.21]  IDsymbol      ::= (any legal XML name symbol)
[6.22]  name          ::= (any legal XML name symbol)
[6.23]  NSprefix      ::= (any legal XML namespace prefix)
[6.24]  string        ::= (any XML text, with "<", ">",
        and "&" escaped)
```

Eine Description (vgl. Produktion `description`) beschreibt eine Sammlung von einem oder mehreren Statements, wobei jedes Statement eine Aussage über das gleiche Subjekt beschreibt. Eine Description ist implizit ein RDF-Container, der die reifizierten Statements aller durch die Description beschriebenen Aussagen enthält. Es gibt verschiedene syntaktische Ausprägungen einer Description, die jeweils als XML-Elemente realisiert sind. Allen gemeinsam ist die Verwendung der im Folgenden beschriebenen XML-Attribute. Durch XML-Attribute gemäß der Produktion `idAboutAttr`[89] wird das Subjekt definiert. Das XML-Attribut `about=URI-reference` referenziert mittels des URIs das Subjekt, über das eine Aussage gemacht wird. Wird stattdessen das XML-Attribut `ID=Idsymbol` verwendet, wird über eine Inline-Ressource eine Aussage gemacht. Wenn keines der beiden Attribute angegeben ist, handelt es sich um eine anonyme (Subjekt-)Ressource. Das Attribut `bagID=IDsymbol`

---

[88] vgl. `http://www.w3.org/1999/02/22-rdf-syntax-ns`
[89] Auf das `aboutEachAttr` wird nicht näher eingegangen, da es in der zukünftigen Syntax (vgl. Brickley, Dan and Guha, R.V.: RDF Vocabulary Description Language 1.0: RDF Schema. Working Draft, W3C, April 2002) nicht mehr verwendet werden wird.

definiert einen Bezeichner für die Description, welcher verwendet werden kann, wenn über die Description, d.h. den Container, der eine Sammlung von Statements enthält, eine Aussage gemacht werden soll. Wird keine `bagID` definiert, handelt es sich um eine anonyme Description. Durch XML-Attribute gemäß der Produktion `propAttr` werden Prädikat und Objekt des/der Statements angegeben. Ein XML-Attribut `propName=String` definiert das Prädikat `propName` und das Objekt (`String`, entspricht einem Literal) eines Statements, wobei `propName` ein in einem RDF-Schema definierter Prädikat-Name ist. `propName` ist ein QName (siehe auch XML-Spezifikation), d.h. ein Name inklusive eines XML-Namensraum-Präfix. Durch Angabe mehrerer derartiger XML-Attribute werden mehrere Statements definiert. Das XML-Attribut `type=URI-reference` definiert den Typ des Subjekts. Es gibt folgende syntaktische Ausprägungen von Descriptions:

Repräsentation von Prädikaten durch XML-Attribute. Diese Möglichkeit kann als Kurzschreibweise genutzt werden, wenn alle für Prädikate angegebenen Werte (Objekte) Literale sind. Bei dieser Schreibweise ist es nicht möglich, das gleiche Prädikat mehrfach zu verwenden.

Beispiel:
```
<rdf:RDF xmlns:rdf="http://www.w3.org/1999/02/22-rdf-syntax-ns#"
  xmlns:lit="http://www.schema.org/lit#"> <rdf:Description
  rdf:about=" http://www.galaxy.gal/HitchhikersGuide"
  lit:creator="Douglas Adams"/>
</rdf:RDF>
```

In Triple-Notation:
```
{lit:creator,[http://www.galaxy.gal/HitchhikersGuide],
  "Douglas Adams"}
```

Repräsentation von Prädikaten durch XML-Elemente. Hier ist es möglich, ein Prädikat mehrfach anzugeben. Außerdem können als Werte (Objekte) für Prädikate Literale und Ressourcen inklusive Containern und weiterer Descriptions angegeben werden. Diese Schreibweise wird auch Striped-Syntax[90] genannt, da Knotenrepräsentanten (Subjekt oder Objekt) und Prädikatrepräsentanten verschachtelt notiert werden, so dass ein Pfad durch einen RDF-Graphen beschrieben wird. Die Produktion `propertyElt` definiert, dass Prädikate statt durch XML-Attribute durch XML-Elemente beschrieben werden können.

```
[6.12] propertyElt  ::= '<' propName idAttr? '>'
             value '</' propName '>'
           | '<' propName idAttr? parseLiteral '>'
                   literal '</' propName '>'
           | '<' propName idAttr? parseResource '>'
                   propertyElt* '</' propName '>'
           | '<' propName idRefAttr? bagIdAttr? propAttr* '/>'
[6.16] idRefAttr    ::= idAttr | resourceAttr
[6.17] value        ::= obj | string
```

---

[90] vgl. Brickley, Dan: RDF: Understanding the Striped RDF/XML Syntax. Personal View Only, W3C, November 2001 und Manola, Frank, Miller, Eric: RDF Primer. Working draft, W3C, March 2002

14 RDF: Grundlage des Semantic Web

```
[6.18] resourceAttr    ::= ' resource="' URI-reference '"'
[6.32] parseLiteral    ::= ' parseType="Literal"'
[6.33] parseResource   ::= ' parseType="Resource"'
```

Der Wert des optionalen XML-Attributs ID (siehe Produktion idAttr) eines propName-Elements ist der Bezeichner des Reifikanten des Statements. Optional kann das XML-Attribut parseType angegeben werden, mit dem die Interpretation des propName-Elementinhalts beeinflusst wird. Zulässige Attribut-Werte sind Resource und Literal. Der Wert Resource bedeutet, dass der Inhalt als weitere RDF-Beschreibung zu interpretieren ist – es wird also ein Teilgraph des RDF-Graphen entlang eines Pfades, der abwechselnd aus Properties und Ressourcen besteht, beschrieben. Der Wert Literal bedeutet, dass der Wert als Literal zu interpretieren ist. Damit ist es möglich, als Wert eines Prädikats XML-Markup anzugeben. Der Wert des optionalen XML-Attributs resource eines propName-Elements ist der URI einer Ressource, die als Objekt eines Statements verwendet werden soll – in diesem Fall wird also keine Inline-Ressource definiert.

Beispiel:
```
<rdf:RDF xmlns:rdf="http://www.w3.org/1999/02/22-rdf-syntax-ns#"
     xmlns:lit="http://www.schema.org/lit#"> <rdf:Description
     rdf:about="http://www.galaxy.gal/HitchhikersGuide">
   <lit:creator>Douglas Adams</lit:creator>
   <lit:creator>Second Author</lit:creator>
   <lit:creator rdf:resource="http://www.autor.org/ThirdAuthor"/>
</rdf:Description> </rdf:RDF>
```

In Triple-Notation:
```
{lit:creator,[http://www.galaxy.gal/HitchhikersGuide],
   "Douglas Adams"}
{lit:creator,[http://www.galaxy.gal/HitchhikersGuide],
   "Second Author"}
{lit:creator, [http://www.galaxy.gal/HitchhikersGuide],
   [http://www.autor.org/ThirdAuthor]}
```

XML-Element als Repräsentant für typisierte Knoten. Der XML-Element-Name ergibt sich aus dem Klassen-Namen bzw. Konzept-Namen, der durch einen Benutzer in einem RDF-Schema definiert ist. Dies kann als Kurzschreibweise genutzt werden, bei welcher der Typ der Subjekt-Ressource durch den XML-Elementnamen bezeichnet wird bzw. hierüber ermittelt werden kann. Prädikate können als XML-Attribute mit den gleichen Einschränkungen wie oben und als XML-Elemente, die Teilgraphen des RDF-Graphen unmittelbar beschreiben, notiert werden.

Beispiel:
```
<rdf:RDF xmlns:rdf="http://www.w3.org/1999/02/22-rdf-syntax-ns#"
     xmlns:lit="http://www.schema.org/lit#">
<lit:Book rdf:about="http://www.galaxy.gal/HitchhikersGuide"
     lit:creator="Douglas Adams"/> </rdf:RDF>
```

In Triple-Notation:
```
{lit:creator,[http://www.galaxy.gal/HitchhikersGuide],
   "Douglas Adams"}
```

```
{rdf:type, [http://www.galaxy.gal/HitchhikersGuide],
   [http://www.schema.org/lit#Book]}
```

Zur Beschreibung von Sammlungen von Ressourcen und/oder Literalen dienen Container. Es werden die bekannten drei Arten von Container unterschieden.

```
[6.4]  container        ::= sequence | bag | alternative
[6.25] sequence         ::= '<rdf:Seq' idAttr? '>' member* '</rdf:Seq>'
     | '<rdf:Seq' idAttr? memberAttr* '/>'
[6.26] bag              ::= '<rdf:Bag' idAttr? '>' member* </rdf:Bag>'
     | '<rdf:Bag' idAttr? memberAttr* '/>'
[6.27] alternative      ::= '<rdf:Alt' idAttr? '>'
   member+ '</rdf:Alt>' | '<rdf:Alt' idAttr? memberAttr? '/>'
[6.28] member           ::= referencedItem | inlineItem
[6.29] referencedItem   ::= '<rdf:li' resourceAttr '/>'
[6.30] inlineItem       ::= '<rdf:li' '>' value </rdf:li>'
     | '<rdf:li' parseLiteral '>' literal </rdf:li>'
     | '<rdf:li' parseResource '>' propertyElt* </rdf:li>'
[6.31] memberAttr       ::= 'rdf:_n="' string '"' (n integer)
[6.34] literal          ::= (any well-formed XML)
```

Die Elemente (member) eines Containers können entweder durch XML-Attribute oder durch XML-Elemente beschrieben werden. Werden XML-Attribute verwendet, können als Elemente des Containers nur Literale angegeben werden. Der XML-Attribut-Name entspricht dann rdf:_n, wobei n eine natürliche Zahl ist, durch die im Falle eines Seq- oder Alt-Containers die Reihenfolge bestimmt wird. Alternativ kann das XML-Element rdf:li verwendet werden, welches die Verwendung von Ressourcen als Elemente eines Containers erlaubt. Die Semantik der XML-Attribute ID, resource und parseType wurde bereits beschrieben. Durch wenige Änderungen der RDF-Syntax können Container als typisierte Knoten (typedNode) dargestellt werden. Im Diskussionsdokument *A Proposed Interpretation of RDF Containers*[91] wird eine entsprechende Änderung/Interpretation der Container-Syntax vorgeschlagen. Im aktuellen Draft *RDF/XML Syntax Specification (Revised)*[92] wird dies bereits berücksichtigt.

Beispiel:

```
<rdf:RDF xmlns:rdf="http://..../22-rdf-syntax-ns#"
   xmlns:lit="http://www.schema.org/lit#">
<rdf:Description rdf:about="http://www.galaxy.gal/HitchhikersGuide">
   <lit:creator>
      <rdf:Seq ID="authors">
         <rdf:li>Douglas Adams</rdf:li>
         <rdf:li>Second Author</rdf:li>
         <rdf:li rdf:resource="http://www.autor.org/ThirdAuthor"/>
      </rdf:Seq>
   </lit:creator>
</rdf:Description> </rdf:RDF>
```

Es folgt die Triple-Notation. Hierbei steht das Zeichen # für den relativen URI, der das Dokument referenziert, in dem die RDF-Beschreibung selbst enthalten ist.

---

[91] vgl. McBride, Brian and Beckett, Dave: Draft, HP Labs/University of Bristol, 2000
[92] vgl. Beckett, Dave: Working Draft, W3C, March 2002

```
{lit:creator,[http://.../HitchhikersGuide],[#autors]}
{rdf:type,[#autors],[http://.../22-rdf-syntax-ns#Seq]}
{rdf:_1,[#autors],"Douglas Adams"}
{rdf:_2,[#autors],"Second Author"}
{rdf:_3,[#autors],[http://www.autor.org/ThirdAuthor]}
```

Weitere Konzepte werden durch die im Folgenden erläuterte RDF-Schema-Spezifikation definiert.

14.3 RDF-Schema

Die RDF-Schema-Spezifikation[93] definiert Vokabular, hier Meta-Schema-Vokabular genannt, mit dem RDF-Schemata erstellt werden können. Ein RDF-Schema definiert Vokabular, das zur Beschreibung von Ressourcen genutzt werden kann. Im Folgenden wird eine mengentheoretische Darstellung des RDF-Meta-Schema-Vokabulars vorgestellt.

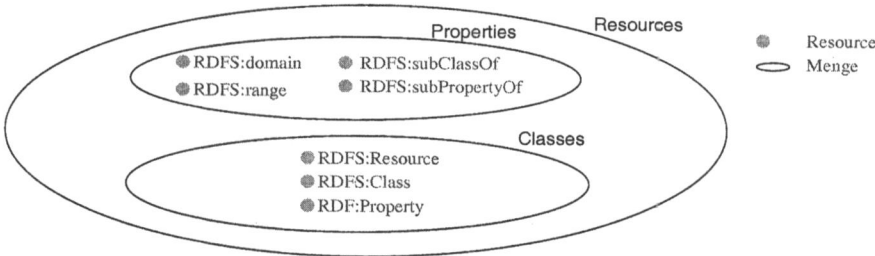

Abbildung 14-7: RDFS-Konzepte

Das zentrale Konzept von RDFS sind Klassen. Um eine Ressource mittels `rdf:type` explizit zu einer Klasse zu erklären, steht die Ressource `rdfs:Class` zur Verfügung, die selbst eine Klasse repräsentiert.

Beispiel:

```
{rdf:type, rdfs:Class, lit:book}
{rdf:type,[http://www.galaxy.gal/HitchhikersGuide],lit:Book}
```

Hier wird zunächst `lit:book` zu einer Klasse erklärt und dieser dann ein Element ("...HitchHikersGuide") zugeordnet.

Einige Ressourcen sind bereits als Klassen vorgegeben, so umfasst `rdfs:Resource` die Ressourcen und `rdf:Property` die Properties.

---

[93] vgl. auch RDF Vocabulary Description Language 1.0: RDF Schema (s. Literaturangaben). Dieser Working Draft ist eine Revision der RDF-Schema-Spezifikation, die jedoch noch nicht abgeschlossen ist. Im folgenden Text wird an den Stellen, an denen es notwendig ist, auf die Änderungen, die sich aus der beabsichtigten Revision ergeben, hingewiesen.

Ein wichtiges Element der Menge der Properties ist das Property `rdfs:subClassOf`, das es erlaubt, eine Unterklassen- bzw. Teilmengenbeziehung zwischen zwei Klassen auszudrücken. Sind also A und B Klassen, und sei {`rdfs:subClassOf` A B} gegeben, dann ist jedes Element der Menge A auch Element der Menge B. Diese Relation ist transitiv.

Beispiel:
```
{rdfs:subClassOf, lit:Proceedings, lit:Book}
{rdf:type, [#b], lit:Proceedings}
```

Daraus folgt:
```
{rdf:type, [#b], lit:Book}
```

Spezielle Elemente der Menge der Properties sind zudem `rdfs:domain` und `rdfs:range`[94]. Mit ihrer Hilfe können der Definitions- oder Anwendungsbereich (engl. domain) bzw. der Wertebereich (engl. range) für Properties festgelegt werden.

Beispiel:
```
{rdf:domain, lit:creator, lit:Book}
{rdf:range, lit:creator, art:Artist}
```

Hier legt das erste Triple fest, dass `lit:creator` auf Elemente von `lit:Book` angewendet werden darf – solche „Bücher" dürfen also an Subjekt-Position verwendet werden. Das zweite Triple legt fest, dass Autoren von Büchern nur aus der Klasse `art:Artist` stammen dürfen – dies schränkt also die an der Objekt-Position erlaubten Werte ein.

Eine weitere spezielle Property ist `rdfs:subPropertyOf`. Wenn p und sp Properties, also Elemente der Menge der Properties, sind und {`rdfs:subPropertyOf` p sp} gegeben ist, dann folgt aus {p,x,y}, dass auch {sp,x,y} gilt, d.h., wenn x zu y in einer p-Relation steht, dann steht es auch in einer sp-Relation zu y.

Beispiel:
```
{rdfs:subPropertyOf, lit:author, lit:creator}
{lit:Book, lit:author, "Douglas Adams"}
```

daraus folgt:
```
{lit:Book, lit:creator, "Douglas Adams"}
```

Die speziellen Properties `rdfs:seeAlso`, `rdfs:isDefinedBy`, `rdfs:comment` und `rdfs:label` werden in einer zukünftigen Version des

---

[94] `rdfs:domain` und `rdfs:range` sind zunächst Elemente der Menge `rdfs:ConstraintProperties`, welche in `rdfs:subClassOf`-Relation zu der Menge Properties steht, also eine Teilmenge dieser Menge beschreibt. Dies wird hier nicht dargestellt, da die RDF Core Working Group beschlossen hat, diese Mengen aus dem RDF-Schema-Vokabular zu eliminieren (vgl. http://lists.w3.org/Archives/Public/w3c-rdfcore-wg/2001Nov/0294.html)

RDF-Meta-Schemas nicht mehr vorhanden sein, da die Modelltheorie[95] keine Bedeutung für diese Properties definiert.

14.4
Diskussion von RDF/RDFS

XML dient dem interoperablen Austausch von strukturierten Daten und RDF soll zusätzlich dem interoperablen Austausch von semantisch interpretierbaren Daten dienen. Es gibt eine Reihe von Arbeiten und Artikeln, die diesen Zusammenhang diskutieren. Folgend eine Auswahl: *Why RDF model is different from the XML model; Web Architecture: Describing and Exchanging Data; The Semantic Web: The Roles of XML and RDF* und *The Yin/Yang Web: XML Syntax and RDF Semantics.*[96]

Die in der RDF-Spezifikation vorgestellte XML-Syntax ist nur eines von vielen möglichen Austauschformaten für RDF-Beschreibungen. Die derzeit von RDF genutzte XML-Syntax wird durchaus kritisch diskutiert (siehe die in den Literaturangaben aufgeführten Mailinglisten) und wird von vielen Nutzern als zu komplex und verwirrend empfunden. Verwirrend unter anderem deshalb, weil es verschiedene XML-Linearisierungen der RDF-Syntax (basic und abbreviated) gibt und zudem keine XML-DTD existiert, sondern eine Grammatik, die durch EBNF-Notation ausgedrückt ist.

Die Komplexität der RDF-Syntax resultiert u.a. aus der Anforderung, mit „älteren" HTML- und XML-unterstützenden Werkzeugen RDF zumindest „lesen" zu können. Bereits 1999 wurde beschlossen, eine vereinfachte XML-Syntax zu entwickeln.[97] Ziel der RDF Core Working Group (s. Literatur) ist es, eine überarbeitete RDF-Syntax zu erstellen, die weitgehend kompatibel zur aktuell gültigen RDF-Syntax sein soll. Der erwähnte Working-Draft RDF/XML Syntax Specification (Revised) fasst die bisherigen Ergebnisse zusammen. Der Aufbau der Syntax hat sich allerdings bisher nicht wesentlich verändert und leidet deshalb weiter unter deren Komplexität und Unverständlichkeit.

Die RDF- und RDF-Schema-Spezifikation enthalten keine Transformationsgrammatik, die definiert, wie ein RDF-Dokument in eine Triple-Menge oder in einen RDF-Graphen zu transformieren ist. Als Beispiel für einen möglichen Weg zur Definition einer deklarativen Transformationsgrammatik kann das

---

[95] vgl. Hayes, Patrick: RDF Model Theory. Draft, W3C, April 2002. Diese wird nach einer Standardisierung die genaue Bedeutung der RDF- und RDFS-Konzepte formal erfassen.
[96] vgl. Berners-Lee, Tim: Why .... Technical report, W3C, October 1998. Berners-Lee, Tim, Connolly, Dan and Swick, Ralph R.: Web Architecture.... Note, W3C, June 1999. Decker, Stefan et al.: The Semantic ... .IEEE Internet Computing, September 2000. Patel-Schneider, Peter and Siméon, Jérôme: The Yin/Yang ... . WWW11, May 2002
[97] vgl. Swick, Ralph R. and Thompson, Henry S.: The Cambridge Communiqué. Note, W3C, October 1999

XSLT-Stylesheet dienen, das im Text *Transforming RDF with XSLT*[98] von Dan Connolly vorgestellt wird.

Die EBNF zur RDF-Syntax formuliert ausschließlich Constraints für die syntaktische Korrektheit eines RDF-Dokuments. In welche Triple ein RDF-Dokument transformiert werden muss und was diese bedeuten, ist nicht eindeutig bzw. nicht formal definiert. In der Praxis produzieren verschiedene RDF-Parser unterschiedliche Triple-Mengen aus identischen Dokumenten. Dies kann dazu führen, dass ein und dasselbe RDF-Dokument semantisch unterschiedlich interpretiert wird. Um das zu vermeiden, enthält der Working Draft zur Revised-RDF-Syntax, aufbauend auf dem XML Information Set, Transformationsregeln, die definieren, wie die einzelnen Bestandteile der RDF-Syntax in entsprechende Bestandteile eines RDF-Graphen zu transformieren sind. Zur Überprüfung der Korrektheit von RDF-Werkzeugen können die Testfälle herangezogen werden, die im Working Draft RDF Test Cases definiert werden.

Zur Identifikation von Ressourcen benutzt RDF URIs. Die Interpretation der durch den URI referenzierten Ressource hängt von dem MIME-Type (vgl. RFC 2046, RFC 3023) der Ressource ab. Derzeit ist kein MIME-Type für RDF registriert (zum Registrierungsprozess siehe RDF 2048). Es ist allerdings der RFC 3023 im Standardisierungsprozess, der den MIME-Type `application/rdf+xml` definiert, mit dem XML-Dokumente als RDF-Dokumente deklariert werden können. Der RFC 3023 definiert jedoch nicht, wie der Inhalt eines RDF-Dokuments semantisch zu interpretieren ist.

Um dies zu ermöglichen, ist eine Sprache nötig, mit der Semantik formal beschrieben werden kann. Die RDF-Schema-Spezifikation definiert Vokabular, das zur Definition von domänenabhängigem Vokabular genutzt werden kann. Das domänenabhängige Vokabular wird durch RDF-Syntax ausgedrückt. Ein RDF-Dokument, das domänenabhängiges Vokabular definiert, wird RDF-Schema genannt. Domänenabhängiges Vokabular dient zur Beschreibung von Ressourcen und deren Zusammenhängen in einem bestimmten Anwendungsbereich. Aufbauend auf der RDF-Schema-Spezifikation entwickelt die W3C-Arbeitsgruppe Web Ontology (WebOnt WG) derzeit eine Sprache zur Definition von Ontologien, die Web Ontology Language (WOL). Dem Draft *Requirements for a Web Ontology Language* (zum Draft und zur Arbeitsgruppe s. Literaturangaben) kann entnommen werden, was in diesem Zusammenhang unter einer Ontologie verstanden wird:

"An ontology defines the terms used to describe and represent an area of knowledge. Ontologies are used by people, databases, and applications that need to share domain information (a domain is just a specific subject area or area of knowledge, like medicine, tool manufacturing, real estate, automobile repair, financial management, etc.). Ontologies include computer-usable definitions of basic concepts in the domain and the relationships among them (note that here and throughout this document, definition is not used in the technical sense understood by logicians). They encode knowledge in a domain

---

[98] vgl. Technical report, W3C, 2001

14 RDF: Grundlage des Semantic Web

and also knowledge that spans domains. In this way, they make that knowledge reusable."

Ziel der WebOnt WG ist die Entwicklung einer Sprache (WOL), die formal Semantik beschreibt und maschinelles Schließen ermöglicht. Die Sprache soll über die grundlegende, in der RDF-Schema-Spezifikation definierte Semantik hinausgehen. Die RDF-Schema-Spezifikation definiert eine Sprache, die zur Datentypisierung verwendet werden kann. Der Draft RDF Datatyping definiert Methoden, wie typisierte Informationen in RDF ausgedrückt werden können und wie durch die XML-Schema-Spezifikationen vordefinierte Datentypen verwendet werden können. Zukünftige Sprachen sollen die WOL erweitern können, z.b. um zusätzliche logikbasierte Fähigkeiten. Als Anwendungsfälle einer solchen Sprache werden Verbesserungen in der Nutzung von webbasierten Anwendungen gesehen – z.B. im Zusammenhang mit dem Suchen in vielen Web-Portalen, mit der Beschreibung von Multimedia-Sammlungen, mit Web-Site-Management, mit „intelligenten" Agenten oder mit personalisierten allgegenwärtigen Informationsdiensten (Ubiquitous computing). Die W3C-Arbeitsgruppe Semantic Web Advanced Development bemüht sich um die Entwicklung von entsprechenden Beispielanwendungen und Prototypen.

14.5 Die Einbettung von RDF in Wirtsformalismen

RDF-Syntax ist eine Anwendung von XML, die dem interoperablen Austausch von Semantik zwischen Web-Anwendungen dienen soll. Mit der aktuellen RDF-Technologie ist dieses Ziel aufgrund der unzureichenden Formalisierung und der Limitationen von RDF, zumindest für komplexere Systeme, nicht zu erreichen. Auch wenn für das RDF-Datenmodell und für die grundlegenden RDF-Konzepte Formalisierungsvorschläge zur Erfassung der Semantik vorliegen, wie dies z.B. durch die verfügbaren Formalisierungen[99] gegeben ist, ist die Anwendbarkeit von RDF aufgrund fehlender Erweiterungsmöglichkeiten und mangelnder Ausdrucksmächtigkeit beschränkt: RDF stellt ein Datenmodell zur Verfügung, jedoch kein Verarbeitungsmodell. Die RDF-Spezifikationen beschreiben einige grundlegende ontologische Konzepte und Constraints – Verarbeitungs- bzw. Interpretationsvorschriften für RDF-codierte ontologische Informationen werden jedoch nicht spezifiziert. Die Ausdrucksmächtigkeit der Constraints ist sehr beschränkt. RDF definiert keine semantisch skalierbaren Ausdrucksmittel, mit denen Semantik, die über Datentypisierung hinausgeht, spezifiziert werden könnte.

---

[99] vgl. Conen, Wolfram and Klapsing, Reinhold: A Logical Interpretation of RDF, December 2000. Fikes, Richard and McGuinness, Deborah: An Axiomatic Semantics for RDF, RDF-S, and DAML+OIL. Technical report, W3C, 2001. Hayes, Patrick: RDF Model Theory. Draft. W3C, April 2002

Der folgende Abschnitt stellt einen pragmatischen Ansatz vor, der RDF mit zusätzlicher Ausdrucksmächtigkeit ausstattet, so dass RDF-Schemata auch semantisch skalierbar sind. Die Definition und Interpretation von Semantik und die Verarbeitung von RDF-codierten Informationen wird an einen Wirtsformalismus delegiert – hier an Prädikatenlogik erster Ordnung (engl. first-order logic, abgekürzt FOL). An einem Beispiel wird demonstriert, wie ein erweiterter mengenalgebraischer range-Constraint spezifiziert und wie dieses erweiterte Vokabular im Sicherheitsmanagement angewendet werden kann. Die Definition der Semantik wird explizit und formal im RDF-Schema mit Ausdrucksmitteln des Wirtsformalismus spezifiziert. Zusätzliche Konzepte und Constraints werden der zugrunde liegenden axiomatischen Interpretation[100] von RDFS hinzugefügt. Die wesentlichen Elemente dieser Axiomatisierung werden zuvor präsentiert. Eine Prolog-basierte Implementierung des Ansatzes, der RDF-Schema-Explorer, wird besprochen. Dieses Werkzeug ermöglicht es, die FOL-Interpretation von RDF zu erweitern. Unerweiterte und semantisch erweiterte RDF-Schemata und -Beschreibungen können mit dem RDF-Schema-Explorer validiert und befragt werden.

14.5.1
Austausch von erweiterbarer Semantik im Web

Die semantische Annotation von Daten ist notwendig, wenn komplexe Interaktionen, in die eine Vielzahl von Aktoren involviert sind, verteiltes und gemeinsames Verständnis der ausgetauschten Informationen erfordern. Möglich werden durch semantische Annotation z.B. intelligentes Suchen statt Schlüsselwort-Matching, Query-Answering-Systeme statt Information-Retrieval[101], Definition und Austausch von Wissensbasen statt rein datenformatbasiertem Austausch von Informationen usw. Die Semantic-Web-Arbeitsgruppe des W3C unterstreicht die Relevanz des Austausches von Semantik für die weitere Entwicklung des Web.

Damit das Semantic Web skaliert, müssen unabhängige und heterogene Aktoren (Benutzer, Agenten, Werkzeuge) in der Lage sein, Metadaten auszutauschen und auf der Grundlage von gemeinsamen semantischen Interpretationen zu verarbeiten. Es kann jedoch in Frage gestellt werden, ob RDF diesbezüglich geeignet ist. Zwei Feststellungen seien hervorgehoben: (1) die meisten Aspekte der RDF- und RDFS-Spezifikation sind informal beschrieben und (2) die Konzepte und Constraints von RDF bieten nur eine sehr

---

[100] Hier und im Weiteren bezieht sich dies auf: Conen, Wolfram and Klapsing, Reinhold: A Logical Interpretation of RDF, December 2000.
http://www.ep.liu.se/ea/cis/2000/013/

[101] Fensel bietet in Ontologies: A Silver Bullet for Knowledge Management and Electronic Commerce (Springer 2001) einen aufschlussreichen Überblick und Begründungen für (ontologiegetriebene) Semantik in verschiedenen organisatorischen Kontexten.

14 RDF: Grundlage des Semantic Web

limitierte Ausdrucksmächtigkeit, zudem fehlt ein Mechanismus zur Erweiterung der Ausdrucksmächtigkeit.

Mit Bezug zum ersten Kritikpunkt wird in der genannten Arbeit von Conen und Klapsing eine Formalisierung der RDF-Konzepte und RDF-Constraints in Prädikatenlogik erster Ordnung vorgeschlagen und präsentiert. Ein Vorteil der Verwendung von Prädikatenlogik erster Ordnung ist, dass hierfür gut untersuchte Ausdrucksmechanismen mit allgemein anerkannter Interpretation vorliegen. Dieser Vorteil wird durch den RDF-Schema-Explorer genutzt. Es handelt sich dabei um ein Prolog-basiertes Werkzeug, in das der von Jan Wielemaker entwickelte RDF-Parser[102] und die in der erwähnten Arbeit eingeführten Axiome integriert sind. Die Axiome werden weiter unten erläutert. Eine webbasierte Version des RDF-Schema-Explorers ist online verfügbar.[103] Der RDF-Schema-Explorer ermöglicht die Validierung von RDF-Beschreibungen sowie die Abfrage von Wissen, das entweder durch die Statements der RDF-Beschreibung explizit ausgedrückt wurde oder, unter Berücksichtigung der Fakten und Regeln, welche die semantischen Konzepte und Constraints von RDF erfassen, geschlossen werden kann.

Die zweite Feststellung wird im Zusammenhang mit der Modellierung von Ontologien in RDFS diskutiert. Staab et al.[104] stellen bzgl. RDFS fest, dass *"the lack of capabilities for describing the semantics of concepts and relations beyond those provided by inheritance mechanisms makes it a rather weak language for even the most austere knowledge-based systems"*. Es wird ein Ansatz vorgeschlagen, der die Semantik von RDF-Vokabularen durch Axiome erweitert. Axiome werden als Objekte aufgefasst, die durch bzw. innerhalb von RDF-Syntax beschrieben werden. Der in diesem Kapitel vorgestellte Ansatz kombiniert eine RDF-Axiomatisierung mit einem wählbaren Wirtsformalismus, um in dessen ausdrucksstarker Syntax die Semantik von RDF-Konstrukten zu definieren.[105] Der Ansatz ermöglicht es, explizit die Semantik von Properties innerhalb von RDF-Syntax axiomatisch zu spezifizieren (zur Verdeutlichung siehe Abbildung 14-8). Der Erweiterungsmechanismus wurde im RDF-Schema-Explorer implementiert.

---

[102] SWI-Prolog. http://www.swi.psy.uva.nl/projects/SWI-Prolog/
[103] Web-based RDF Schema Explorer. http://wonkituck.wi-inf.uni-essen.de/rdfs.html
[104] vgl. Staab, Steffen, Erdmann, Michael, Mädche, Alexander, and Decker, Stefan: An extensible approach for Modeling Ontologies in RDF(S), September 2000
[105] vgl. Staab et. al: An extensible approach for Modeling Ontologies in RDF(S): Der dort vorgeschlagene Erweiterungsmechanismus kann zu dem in diesem Kapitel vorgeschlagenen Ansatz als verwandt angesehen werden. Diese Arbeit sei empfohlen als ergänzende Quelle gut gewählter Argumente für eine Erweiterung von RDFS durch eine ausdrucksmächtigere Sprache, in der sich Axiome eindeutig und explizit ausdrücken lassen.

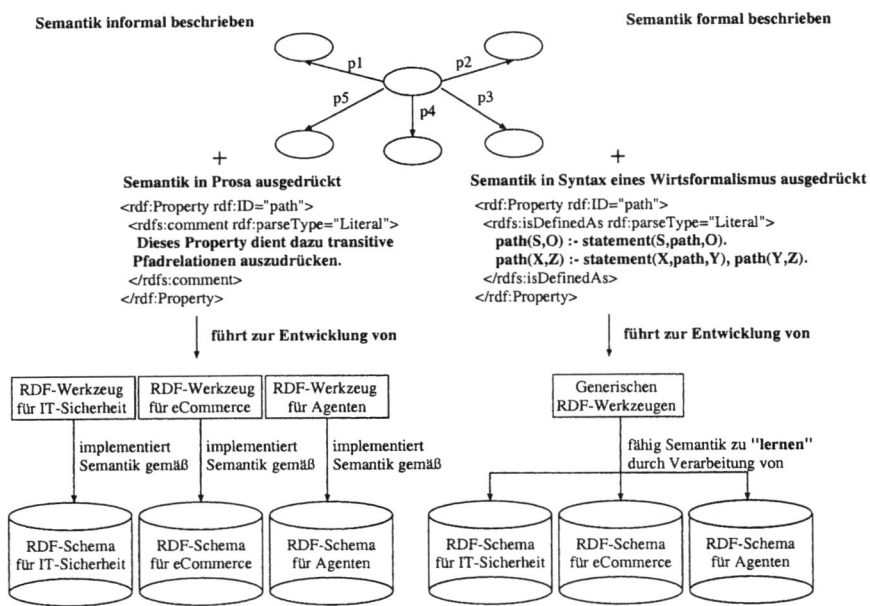

Abbildung 14-8: Informale „Semantik" vs. generische, formale Semantik

Abbildung 14-8 stellt Ansätze, die generische RDF-Werkzeuge nutzen, Ansätzen gegenüber, die domänenabhängige RDF-Werkzeuge erfordern. Auf der linken Seite der Abbildung ist zu sehen, wie „Semantik" informal durch rdfs:comment-Properties beschrieben wird. Diese Vorgehensweise kann die Entwicklung einer Vielzahl interpretationsspezifischer und domänenabhängiger RDF-Werkzeuge erfordern. Dies steht im Kontrast zu Ansätzen, die Bedeutung axiomatisch definieren und explizit verfügbar machen (siehe rechte Seite der Abbildung). Bedeutung ist bei diesen Ansätzen generisch definiert. Es kann webbasiert darauf zugegriffen werden, so dass eindeutige und interoperable Interpretationen möglich sind – natürlich im Rahmen des gewählten Wirtsformalismus.

Im folgenden Unterabschnitt wird beschrieben, wie der RDF-Schema-Explorer arbeitet und welche logischen Prädikate zur Verfügung stehen, um eine RDF-Beschreibung zu befragen und zu validieren. Der Erweiterungsmechanismus wird erläutert, der es ermöglicht, formal Semantik zu definieren, die durch RDF-Sprachmittel nicht ausgedrückt werden kann. Die Anwendung des Erweiterungsmechanismus wird an einem Beispiel zur Zugriffskontrolle demonstriert. Das Kapitel wird mit einer kurzen Diskussion des hier vorgestellten Ansatzes abgeschlossen.

14.5.2
Spezifikation erweiterter Semantik in RDF

Der RDF-Schema-Explorer ermöglicht es, RDF-Beschreibungen zu befragen, zu validieren und zu erweitern. Eine Abfrage kann sich sowohl auf die Statements einer RDF-Beschreibung beziehen als auch auf Wissen, das mittels der Fakten und Regeln, welche die Semantik der Konzepte und Constraints von RDFS erfassen, geschlossen werden kann. Diesem Zweck dienen die unten aufgeführten, vordefinierten Prädikate. Zusätzliche Prädikate können zur Validierung einer RDF-Beschreibung genutzt werden. Ein Entwickler kann einer RDF-Beschreibung bzw. einem RDF-Schema zusätzliche Prädikate hinzufügen und deren Semantik formal in der Syntax eines Wirtsformalismus (hier SWI-Prolog) spezifizieren. Die benutzerdefinierten Prädikate können ebenfalls zur Abfrage, Prüfung und Validierung des semantisch erweiterten Modells genutzt werden.

Abbildung 14-9 verdeutlicht die Zusammenhänge: Der RDF-Parser liest ein RDF-Dokument, inklusive der Semantikerweiterungen, ein und erzeugt daraus logische Prädikate und Instanzen dieser Prädikate, die in eine Wissensbasis eingetragen werden.

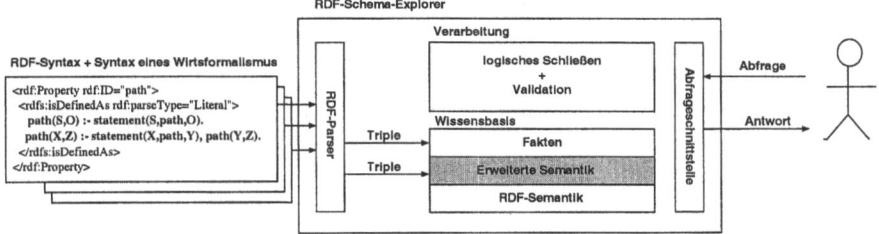

Abbildung 14-9: RDF-Schema-Explorer

Ein Benutzer kann über die Abfrageschnittstelle die vordefinierten logischen Prädikate der Axiomatisierung und die in den RDF-Dokumenten vom Benutzer/Modellierer definierten logischen Prädikate verwenden, um die Wissensbasis zu befragen bzw. zu validieren.

Zur Funktionsweise des RDF-Schema-Explorers im Detail: Der SWI-Prolog-basierte RDF-Parser[106] liest ein RDF-Dokument ein und erzeugt ein Prolog-Prädikat, das die Statements/Triple einer RDF-Beschreibung repräsentiert. Ein Triple, z.B. [S P O] (hier und im Weiteren in der Infix-Notation), wird zur Relation statement(S,P,O). Es sollte nicht per se davon ausgegangen werden, dass jedes Triple einer Instanz einer binären Relation P(S,O)

---

[106] Der RDF-Parser wurde von Jan Wielemaker entwickelt. Er ist Bestandteil des SWI-Prolog. Dieses Prolog ist frei verfügbar und liegt im Quellcode vor, s. http://www.swi.psy.uva.nl/projects/SWI-Prolog/

entspricht. So wird etwa in RDF M&S revisited: *From reification to nesting, from containers to lists, from dialect to pure XML* von Conen, Klapsing und Köppen diskutiert und gezeigt, dass die Reifikation eines Triples und ein negiertes Wahrheitsprädikat genutzt werden können, um Aussagen zu negieren – dann kann bei gegebenem Triple [S P O] und gegebenem Reifikanten R, der [S P O] repräsentiert, mit dem Triple [R hasTruthValue FALSE] ausgedrückt werden, dass es bekannt ist, dass die Aussage [S,P,O] nicht wahr ist. Dies wäre so nicht möglich, wenn Triple generell binäre Relationen repräsentieren würden, also immer „wahr" wären. Außerdem sind bei Verwendung einer dreistelligen Relation statement(S,P,O) auch Abfragen auf den Prädikatnamen P möglich, ohne dass syntaktische Konstrukte einer Prädikatenlogik höherer Ordnung nötig werden. Dies ist bei binären Relationen, deren Relationsname der Prädikatname P ist, nicht gewährleistet.

Innerhalb der Relation statement repräsentieren URIs Ressourcen. Ein URI kann an Subjekt-, Prädikat- oder Objekt-Position vorkommen. XML-Namensraum:Ressourcen_Name und URI#Ressourcen_Name sind syntaktische Formate, in denen ein URI angegeben wird. Damit festgestellt werden kann, dass z.B. ns-prefix:yyy und URI#yyy die gleiche Ressource repräsentieren, ist eine Normalisierung, d.h. eine Transformation aller URIs in ein einheitliches Format, nötig. Die im RDF-Schema-Explorer verwendete Version des SWI-Prolog RDF-Parsers wurde entsprechend modifiziert.

Die Relation statement kann nach dem Einlesen eines RDF-Dokuments zur Abfrage der Fakten der entsprechenden Wissensbasis genutzt werden, siehe Abbildung 14-9. Zur Abfrage einer Wissenbasis bietet der RDF-Schema-Explorer ein Feld, in das Prolog-Abfragen, z.B. statement(S,rdf:type,O) oder setof(O,statement(S,P,O), Z), eingegeben werden können.

Darüber hinaus implementiert der RDF-Schema-Explorer Fakten und Regeln zur Erfassung der RDF/RDFS-Semantik, die Bestandteil jeder durch den RDF-Explorer verarbeiteten Wissensbasis sind. Eine detaillierte Erläuterung der Fakten und Regeln zur Erfassung der RDF-Semantik findet sich in der genannten Axiomatisierung von Conen und Klapsing. Die Fakten und Regeln werden durch Prolog-Prädikate repräsentiert. Diese werden weiter unten erläutert. Prolog ermöglicht die Implementierung einer Untermenge der Prädikaten-Logik erster Ordnung, der um negation-as-failure erweiterten Horn-Logik. Es ist zudem Einschränkungen hinsichtlich sich gegenseitig referenzierender Prädikate unterworfen. Eine Einschränkung im Vergleich zu der Axiomatisierung besteht daher im Umgang mit dem Property subPropertyOf und mit der Zirkularität. Dafür steht Prolog ansonsten vollständig zur Definition von Prädikaten zur Verfügung. Die vordefinierten Prädikate können zur Abfrage einer RDF-Beschreibung und zu ihrer Validierung, also zum Auffinden von Constraint-Verletzungen, genutzt werden.

Zudem implementiert der RDF-Schema-Explorer weitere logische Prädikate zur komfortablen Abfrage von RDF-Beschreibungen. Ein Beispiel ist das Prolog-Prädikat `show_statements(S,P,O)` – für eine Anfrage kann jede der Variablen S, P und O durch einen Wert ersetzt werden, woraufhin der RDF-Schema-Explorer eine Liste der Triple zeigt, welche die Werte an den entsprechenden Positionen enthalten.

Ein Hinweis zur Prolog-Syntax: Soll in Abfragen ein Ressourcen-Name verwendet werden, der mit Großbuchstaben anfängt, ist der Ressourcen-Name in Anführungszeichen zu setzen – z.B. `'Resource'`. Das gilt auch, wenn Sonderzeichen im Ressourcen-Namen verwendet werden – dies ist etwa bei Verwendung von Namensräumen der Fall, z.B. `rdfs:'Resource'`. Ist einem Benutzer nicht bekannt oder präsent, welche Namen bereits vergeben worden sind, kann das Prolog-Prädikat `show_instanceOf` zur Anzeige aller Instanz-Relationen verwendet werden. Der RDF-Parser des SWI-Prolog speichert jedes Literal L als Term `literal(L)` ab. Soll ein Literal abgefragt werden, ist ein solcher Term in der Anfrage zu verwenden. Auch hier gilt: Fängt das Literal mit Großbuchstaben an, ist es in Anführungszeichen zu setzen – z.B. `literal('Test')`.

Zur komfortablen Bedienung des RDF-Schema-Explorers bietet dieser vordefinierte Abfragen, die aus einer Liste ausgewählt werden können. Bei Verwendung einer vordefinierten Abfrage ist die Kenntnis von Prolog für die Bedienung des RDF-Schema-Explorers zwar hilfreich, aber nicht notwendig. In der folgenden Auflistung werden die zur Verfügung stehenden Basisprädikate erläutert. Hinzu kommen in der Implementierung noch die Fakten, welche die durch die RDF/RDFS-Spezifikationen bereits vorgegebenen Beziehungen, wie [rdfs:Class rdf:type rdfs:Class], codieren.

- `statement(S,P,O)`: Repräsentiert die Fakten der Wissensbasis.
- `res(R)`: Repräsentiert Ressourcen.
- `lit(O)`: Repräsentiert Literale.
- `reifies(R,S,P,O)`: R reifiziert ein (nicht notwendigerweise vorhandenes) Triple [S P O].
- `reifyingStatement(R)`: R erfüllt `reifies/4` für eine Belegung S, P, O.
- `reifies_fact(R)`: R erfüllt `reifies/4` für eine Belegung S, P, O und das Triple [S P O] ist Fakt der Wissensbasis.
- `subClassOf(C,D)`: Transitives Prädikat, welches die Relation erfasst, die durch das Property `rdfs:subClassOf` ausgedrückt wird.
- `instanceOf(R,C)`: Transitives Prädikat, welches die Relation erfasst, die durch die Properties `rdf:type`/`rdfs:subClassOf` ausgedrückt wird. Jedes Literal, jede Ressource und jede Property wird explizit in die Wissensbasis eingefügt, und zwar entsprechend als Instanz von `rdfs:'Literal'`, `rdfs:'Resource'` oder `rdf:'Property'`. In einer korrekten RDF-Beschreibung sollten diese Relationen explizit

durch das Property `rdf:type` beschrieben werden, da die RDF-Spezifikationen nicht klar definieren, ob diese Relationen automatisch in die Wissenbasis eingetragen werden müssen, wenn eine `statement`-Relation eingetragen wird.

- `subClass_cycle_violation(C)`: Prädikat zur Validierung. Das Prädikat ist erfüllt („wahr"), wenn aus der Wissenbasis `subClassOf(C,C)` geschlossen werden kann. Der aktuelle RDF MT Draft erlaubt, im Gegensatz zur RDFS-Spezifikation, solche zirkulären Relationen in Klassenhierarchien. Durch zirkuläre Relationen einer Klassenhierarchie soll dort die Gleichheit von Klassen ausgedrückt werden können. Diese Constraint-Verletzung wird also voraussichtlich in zukünftigen RDFS-Versionen erlaubt sein. Dies gilt im Übrigen, wie bereits erwähnt, auch für alle anderen Verletzungen. Eine Validierung von RDF-Beschreibungsmodellen gegen diese Constraints wird dann nicht mehr möglich sein.
- `subPropertyOf(X,Y)`: Transitives Prädikat, welches die Relation erfasst, die durch das Property `subPropertyOf` ausgedrückt wird. Wie bereits erwähnt erfordert der Inferenzmechanismus von Prolog eine besondere Behandlung der Regeln für die Properties `statement` und `subPropertyOf`, da diese voneinander abhängig sind, vgl. hierzu auch *Exchanging Semantics with RDF* von Conen und Klapsing.[107]
- `subProperty_cycle_violation(P)`: Prädikat zur Validierung. Das Prädikat ist wahr, wenn aus der Wissenbasis `subPropertyOf(P,P)` geschlossen werden kann.
- `domain_constrained_property(P)`: Es existiert mindestens ein Statement, welches einen Domain-Constraint für das Property `P` spezifiziert.
- `domain(X,P)`: X ist eine Instanz einer der Klassen, die im Domain von P liegen.
- `domain_violation(S,P,O)`: Prädikat zur Validierung. Es ist erfüllt, wenn ein Triple [S P O] in der Wissenbasis ist, für P ein Domain-Constraint existiert und S nicht im Domain von P ist. Wenn kein Domain- bzw. Range-Constraint vorhanden ist, dann ist die Verwendung der Property bzw. die Zuweisung eines Werts durch die Property laut RDFS-Spezifikation nicht eingeschränkt. Diese Bedingung ist natürlich in dynamischen Kontexten, in denen neue Einschränkungen nach und nach bekannt werden, problematisch, denn die Bedingung wird strenger, wenn ein erster Domain-Constraint bekannt wird, während sie im Falle des Bekanntwerdens eines zweiten, dritten usw. Domain-Constraints schwächer wird. Im ersten Fall kann dies dazu führen, dass bereits „erlaubte" Verwendungen nun zu Constraint-Verletzungen führen (nicht monoton),

---

[107] Proceedings der Jahrestagung Wirtschaftsinformatik, Physika-Verlag, 2001

während im zweiten Fall nun bisherige Verletzungen erlaubt sein können (monoton).
- `is_range(C,P)`: C ist eine der Range-Restriktion(en) für P.
- `range_cardinality_violation(P)`: Prädikat zur Validierung. Es ist erfüllt, wenn zwei oder mehr verschiedene Range-Restriktionen für P existieren.
- `has_range(P)`: Für P existiert ein Range-Constraint.
- `range(X,P)`: X ist Instanz einer (der) Klasse(n), für die ein Range-Constraint spezifiziert ist.
- `range_violation(S,P,O)`: Prädikat zur Validierung. Es ist erfüllt, wenn für P ein Range-Constraint existiert, das Triple [S P O] in der Wissensbasis ist und O nicht im Range von P liegt.
- `violation(T,S,P,O)`: Zusatzprädikat, das alle Constraint-Verletzungen sammelt. T zeigt den Typ der Verletzung und [S P O] ist das Constraint-verletzende Triple.

Der RDF-Schema-Explorer ermöglicht die Anwendung der RDF-Konzepte und -Constraints auf selbst entworfene RDF-Dokumente bzw. RDF-Schemata und erleichtert so die Entwicklung und den Test neuer RDF-Anwendungen. Die durch RDF-Konzepte bzw. -Constraints ausdrückbare Semantik ist jedoch sehr limitiert. Im Folgenden wird vorgeschlagen, wie die im RDF-Schema-Explorer implementierte RDF-Semantik auf formale Art durch Prolog-Notation erweitert werden kann (zur Einordnung siehe erweiterte Semantik in Abbildung 14-9). Dies kann auf zwei Arten erfolgen:

Verwendung von Assert: In das Abfragefeld des RDF-Schema-Explorers werden Prolog-Regeln eingegeben; z.B.:
```
assert(trans_rel(S,O):- statement(S,path,O)).
assert(trans_rel(S,O):- statement(S,path,Z),trans_rel(Z,O)).
```

Dies definiert ein Prädikat `trans_rel`, welches ein transitives Property `path` repräsentiert. Dies ermöglicht die Abfrage, ob zwei Ressourcen in transitiver Relation zueinander stehen.

Erweiterungsmechanismus: Die Verwendung von Notation eines Wirtsformalismus (z.B. Prolog) in Kombination mit RDF-Syntax. Wie dies erfolgen kann, wird im Detail im folgenden Abschnitt erläutert.

14.5.3
Generischer Erweiterungsmechanismus

Der Erweiterungsmechanismus ermöglicht die formale Definition der Semantik von Properties innerhalb von RDF-Schemata. Hierzu wird das Property `rdfs:isDefinedAs` eingeführt. Ein RDF-Schema-Entwickler kann ein von ihm entworfenes Property durch das `isDefinedAs`-Property definieren. Als

Wert des `isDefinedAs`-Properties kann hierzu eine Definition in der formalen Notation eines Wirtsformalismus angegeben werden. Für die aktuelle Implementierung des RDF-Schema-Explorers wird Prolog verwendet. Im Übrigen ist die Einführung des Properties `rdfs:isDefinedAs` die einzige Änderung des RDFS-Schemas, die vorgenommen wird. Ein RDF-Schema, das Properties zusätzlich durch das Property `isDefinedAs` beschreibt, bleibt syntaktisch RDF-standardkonform, d.h., RDF-standardkonforme Werkzeuge können ein derart erweitertes RDF-Schema verarbeiten.

Im folgenden Beispiel wird die transitive Property `path` definiert. Der Wert des Properties `isDefinedAs` definiert die Semantik der Property in Prolog-Notation. Die resultierende Syntax kann durch den RDF-Schema-Explorer eingelesen werden. Nach dem Einlesen kann die so erzeugte Wissensbasis (= vorhandene RDF-Semantik + erweiterte Semantik) abgefragt werden. Um sinnvolle Abfragen mit dem Property `path` vornehmen zu können, müssen natürlich Fakten zur Wissensbasis hinzugefügt werden, die Ressourcen durch das Property `path` in Beziehung zueinander setzen.

```
<?xml version="1.0"?>
<RDF xmlns="http://www.w3.org/1999/02/22-rdf-syntax-ns#"
    xmlns:rdf="http://www.w3.org/.../22-rdf-syntax-ns#"
    xmlns:rdfs="http://.../2000/CR-rdf-schema-20000327#">
  <rdf:Property rdf:ID="path">
    <rdfs:isDefinedAs rdf:parseType="Literal">
        path(S,O) :- statement(S,path,O).
        path(X,Z) :- statement(X,path,Y), path(Y,Z).
    </rdfs:isDefinedAs>
  </rdf:Property>
</RDF>
```

Die Semantik des Properties `statement` ist bereits, wie alle grundlegenden RDF-Konzepte und -Constraints, durch die RDF-Semantik definiert. Diese (logischen) Prädikate können beim Entwurf der Semantik von Properties genutzt werden, da sie Bestandteil jeder RDF-Wissensbasis sind bzw. sein sollten. Auf die gleiche Art kann auf Properties zugegriffen werden, die durch das `isDefinedAs`-Property definiert werden – vorausgesetzt, das entsprechende RDF-Schema ist in den RDF-Schema-Explorer geladen und somit Bestandteil der Wissensbasis.

In der aktuellen Version des RDF-Schema-Explorers kann innerhalb von RDF-Schemata Prolog-Code verwendet werden, den der SWI-Prolog-Interpreter in der Reihenfolge interpretiert, die aus der XML-Linearisierung resultiert. Für den (resolutionsbasierten) Inferenzmechanismus von Prolog hat die Reihenfolge der Fakten und Regeln eine Bedeutung. Dies passt zur XML-Philosophie, da XML-Grammatiken ebenfalls Reihenfolgen definieren können, jedoch nicht zur RDF-Philosophie, in der Reihenfolgen, mit Ausnahme der `Seq`-typisierten Container, keine Bedeutung haben. Werden z.B. aus der XML-Linearisierung einer RDF-Beschreibung die entsprechenden Triple berechnet und diese in ihrer Reihenfolge vertauscht, dann kann dies zu Antworten führen, die nicht intendiert waren.

In zukünftigen Versionen kann die Verwendung anderer Formalismen ebenso ermöglicht werden und Definitionen verschiedener Formalismen innerhalb eines Schemas beispielsweise durch `xml:lang`-Attribute unterschieden werden.

Im folgenden Abschnitt wird an einem Beispiel gezeigt, wie der Erweiterungsmechanismus angewendet werden kann, um zusätzliche Constraints für RDFS-Konzepte zu definieren.

14.5.3.1
Mengentheoretische Range-Constraint-Erweiterung

Die RDF-Schema-Spezifikation definiert den `Range`-Constraint, mit dem beschrieben werden kann, welcher Wertebereich für ein Property zulässig ist. Zwei mögliche Interpretationen des `Range`-Constraint wurden/werden in RDF-Mailinglisten (z.B. RDF-Interest, RDF-Logic) diskutiert: die Constraint-Interpretation und die Axiomatic-Interpretation. Die Constraint-Interpretation besagt, dass ein Property p nur Werte annehmen darf, die Instanzen einer Klasse sind, die im Range von p liegt. Die Axiomatic-Interpretation besagt, dass der Typ/die Klasse einer Instanz, die als Wert eines Properties p angegeben wird, aus dem `Range`-Constraint des Properties p geschlossen werden kann. Beide Interpretationen können formal formuliert werden als `statement(S,P,O)`, `range(P,C)` → `instanceOf(O,C)`, mit dem Unterschied, dass bei der Constraint-Interpretation gefragt wird, ob dies eine logische Konsequenz aus den bekannten Statements (Fakten) und Regeln (Axiome) ist, während bei der Axiomatic-Interpretation dies als eines der Axiome behandelt wird und es daher ermöglicht, Typ-Information zu schließen. In diesem Fall ist eine Validierung, d.h. das Finden von Constraint-Verletzungen, nicht mehr möglich. Unserer Meinung nach legt die RDFS-Spezifikation die nützliche Constraint-Interpretation zumindest stellenweise nahe: „*to state that a .. property only 'makes sense' when it has a value which is an instance of the class ...*". Es sei darauf hingewiesen, dass der aktuelle RDF MT Draft von April 2002 die axiomatische Interpretation vorschlägt. Der RDF-Schema-Explorer implementiert die Constraint-Interpretation wie folgt (vgl. hierzu auch die Liste der Prädikate weiter oben):

```
is_range(X,P)      :- statement(P,rdfs:range,X).
has_range(P)       :- is_range(_,P).
range(X,P)         :- is_range(C,P), instanceOf(X,C).
range_violation(S,P,O) :-
    statement(S,P,O), has_range(P), not(range(O,P)).
```

Die Semantik zur Bildung von Untermengen (engl. subclassing) kann durch die folgenden Regeln erfasst werden:

```
instanceOf(I,C) :- statement(I,rdf:type,C).
instanceOf(I,D) :- statement(I,rdf:type,C),subClassOf(C,D).
```

Nimmt man an, dass Fakten existieren können, die (noch) nicht Bestandteil der Wissensbasis sind (sog. open world assumption), dann ist das Schließen von Verletzungen des `Range`-Constraints nicht sicher möglich, da z.B. aus dem

Wissen, dass der Range eines Properties p die Menge X ⊆ Resources ist und dass eine Ressource r Element der Menge Y ⊆ Resources ist, nicht geschlossen werden kann, dass der Range-Constraint verletzt ist, wenn r als Wert von p angegeben wird. Dieses wäre möglich, wenn bekannt wäre, dass X und Y disjunkte Mengen sind. Diese Information ist aber nur für die Mengen Literals und Resources bekannt (und ist auch in diesem Fall nicht klar spezifiziert). Eine derartige Relation kann zwischen zwei oder mehr beliebigen Untermengen der Menge Resources durch RDF-Sprachmittel jedoch nicht ausgedrückt werden. Nimmt man eine geschlossene, vollständige Wissensbasis an (closed world assumption), für die es möglich wird, aus der Abwesenheit von Aussagen deren Ungültigkeit zu schließen, so könnte argumentiert werden, dass zwei Unterklassen, X und Y, einer Klasse R disjunkt sind, wenn es kein Element gibt, das Instanz von beiden Klassen ist. Dennoch blieben Diskussionspunkte: Wie ist zu verfahren, wenn Schemata geändert werden (müssen)? Wird eine Information hinzugefügt, könnten vorher zulässige Schlüsse nicht mehr inferiert werden – z.B. wenn hinzugefügt wird, dass eine Klasse Unterklasse einer weiteren Klasse wird oder Elemente hinzugefügt werden, so dass die zwei Klassen nicht mehr disjunkt sind. Eine Welt als vollständig zu betrachten, kann zumindest hinsichtlich intertemporaler Validität problematisch sein. In beiden Fällen kann es attraktiv sein, (beliebig) komplexe Wertebereiche (Range-Constraints) für Properties ausdrücken zu können. Betrachtet man RDFS, so sind weitere Sprachmittel erforderlich, wie sie allgemeine mengentheoretische Konstrukte, beispielsweise zur Definition von Differenzmengen, bieten. Zur Verdeutlichung folgende Betrachtung: Gegeben seien die Klassen C1, C2 und das Property p. Für [x p y] und range(p,Exp) soll der Range-Constraint für p derart festgelegt werden können, dass y Element der Menge Exp sein muss. Exp kann folgende Form haben:

Exp := C1 ∪ C2	(y in C1 OR y in C2)
Exp := C1 ∩ C2	(y in C1 AND y in C2)
Exp := C1 \ C2	(y in C1 AND y NOT in C2)
Exp := C2 \ C1	(y in C2 AND y NOT in C1)
Exp := (C1 \ C2) ∪ (C2 \ C1)	(y in C1 XOR y in C2)
Exp := !(C1)	(y not in C1)

Im Folgenden wird eine Lösung vorgeschlagen, die standardkonform zu RDF ist und einen flexiblen, generellen Ansatz zur Formulierung von komplexen Property-Wertebereichen zur Verfügung stellt – oder analog zur Definition von Anwendungsbereichen/Domains. Der Ansatz ermöglicht die Definition konstruierter Klassen durch ein RDF-Schema. Eine konstruierte Klasse entspricht einem zusammengesetzten mengentheoretischen Ausdruck.

Die RDF-Spezifikationen erlauben nur einen Range-Constraint je Property, d.h., es darf genau nur eine Klasse als Wertebereich angegeben werden. Diese Einschränkung wird durch den hier vorgestellten Ansatz nicht verletzt, da auch bei komplexen Wertebereichen genau nur eine (konstruierte) Klasse angegeben

14 RDF: Grundlage des Semantic Web

wird. Das folgende Beispiel zeigt die Anwendung des Ansatzes zur Formulierung eines Range-Constraints unter Benutzung einer konstruierten Klasse:

```
[C1,rdf:type,rdfs:Class]
[C2,rdf:type,rdfs:Class]
[A,rdf:type,ConstructedClass]
[A,isConstructedFrom,"C2 \ C1"]
[p, rdfs:range, A]
```

Bei gegebenem Statement [X rdf:type C1] würde X den Range-Constraint verletzen, wenn X als Wert für p angegeben würde.

Die Modellierung des Ausdrucks „C2 \ C1" als Literal ist eine syntaktisch sehr einfache und RDF-standardkonforme Lösung. Die Interpretation des Ausdrucks wäre in diesem Fall jedoch nur durch entsprechend angepasste RDF-Werkzeuge möglich – dies würde die Interoperabilität einschränken. Soll ein konstruierender Ausdruck von „generischen" RDF-Werkzeugen interpretiert werden können, so sind diese durch Statements zu beschreiben, die die Klassen und Operatoren im Sinne von RDF als Ressourcen und Properties explizieren. Dazu ist der Wert des Properties isConstructedFrom, der eine mehrstellige Relation zwischen Klassen beschreibt, RDF-konform in eine Sequenz von 3-stelligen „atomaren" mengentheoretischen Operationen umzuformulieren. Es folgt ein Beispiel, das A = (C1 ∩ C2) \ C3 ausdrückt.

```
[ A1, intersection, [C1,C2] ]
[ A,  difference,   [A1, C3] ]
```

Durch RDF-Syntax kann dies mittels Reifikation und mittels einer entsprechenden Interpretation des reifizierten Statements ausgedrückt werden.

```
[ A1, rdf:type, rdf:Statement ]
[ A1, rdf:subject, C1 ]
[ A1, rdf:predicate, rdfsets:intersection]
[ A1, rdf:object, C2 ]

[ A, rdf:type, rdf:Statement ]
[ A, rdf:subject, A1 ]
[ A, rdf:predicate, rdfsets:difference]
[ A, rdf:object, C3 ]
```

Dies ermöglicht die Formulierung eines zusammengesetzten Range-Constraints, wie z.B.:

```
[ p, rdfsets:range, A ]
```

14.5.3.2
Beispiel: Zugriffskontroll-Schema

Im Folgenden wird die Semantik konstruierter Klassen bzw. der zugrunde liegenden mengentheoretischen Konstrukte durch Anwendung des Erweiterungsmechanismus definiert. Die Semantik baut auf der oben angegebenen, grundlegenden RDF-Semantik auf. Damit ist es möglich, komplexe Property-Wertebereiche formal zu definieren.

Eine Anwendung des Ansatzes wird an einem Beispiel aus dem Bereich rollenbasierter Zugriffskontrolle demonstriert. Die entsprechenden RDF-

Dokumente des gezeigten Beispiels stehen als Bestandteil der webbasierten Version des RDF-Schema-Explorers online unter http://wonkituck.wi-inf.uni-essen.de/rdfs.html zur Verfügung. Ziel ist die Formulierung von Zugriffsregeln, anhand derer entschieden werden kann, ob ein Benutzer Zugriffsrecht auf ein Dokument hat. Das Zugriffsrecht wird gewährt, wenn ein Benutzer Mitglied einer bestimmten Gruppe ist. Konzeptuell kann die Mitgliedschaft in Gruppen bzw. die Rollenzuweisung durch mengentheoretische Ausdrücke repräsentiert werden – dies ist der dem Beispiel zugrunde liegende Mechanismus. Abbildung 14-10 verdeutlicht die Zusammenhänge.

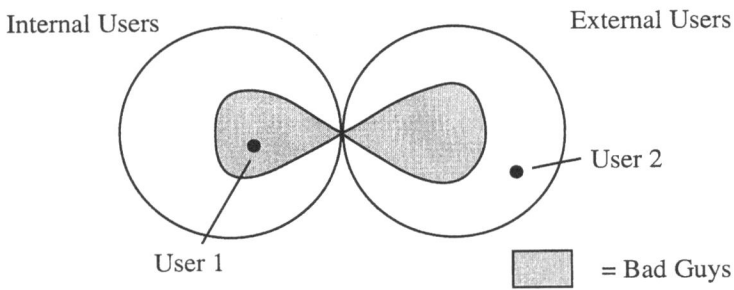

Abbildung 14-10: Zugriff soll einem Benutzer nur gewährt werden, wenn er im weiß markierten Bereich des Venn-Diagramms ist. D.h., Mitglieder der Menge Bad Guys, wie z.B. User 1, erhalten kein Zugriffsrecht.

Als Sprachmittel zur Definition konstruierter Klassen werden die Properties union, difference und intersection eingeführt, mit denen mengentheoretische Ausdrücke formuliert werden können. Ein NOT wird nicht eingeführt, da es die Formulierung ungebundener Klassenausdrücke, d.h. von Ausdrücken, die von einer (unbekannten) universellen Menge abhingen, ermöglichen würde. Für Differenzmengen gilt implizit ein gebundenes NOT-Constraint – dies ist für viele Fälle ausreichend.

Zur formalen Definition der Semantik dieser Properties wird das im Zusammenhang mit dem Erweiterungsmechanismus bereits vorgestellte Property isDefinedAs genutzt. Zur Vereinfachung der Demonstration sei angenommen, dass das Property isDefinedAs Bestandteil des Namensraums rdfs ist. Damit ein RDF-Schema und eine RDF-Beschreibung, die dieses RDF-Schema anwendet, syntaktisch in einem RDF-Dokument zusammengefasst werden können, wird der URI this# eingeführt. Dieser kann in einer Namensraumdeklaration verwendet werden, so dass in einem RDF-Dokument (lokal) definierte Klassen und Properties durch Instanzen, die Bestandteil des gleichen RDF-Dokuments sind, referenziert werden können. Die RDF-Spezifikationen definieren hierfür keine Sprachmittel, d.h., die Definition von Klassen/Properties und deren Instanzen können nicht in ein und demselben RDF-Dokument notiert werden. Der Vorschlag der Verwendung des speziellen

14 RDF: Grundlage des Semantic Web

URIs `this#` ist allerdings keine syntaktische Verletzung der RDF-EBNF (s. oben). Um Abfragen einfacher formulieren zu können, eliminiert der RDF-Schema-Explorer den Namensraumpräfix von Ressourcen-Namen, die mit dem URI `this#` assoziiert sind – in Abfragen braucht nur der Ressourcen-Name anstelle des üblichen Präfix:Ressourcen-Namens angegeben zu werden.

Das folgende RDF-Meta-Schema definiert die Klasse `Constructed-Class` als Unterklasse der Klasse `rdfs:Class`. Die Semantik der Properties `union`, `difference` und `intersection` wird unter Verwendung der Fakten und Regeln, die die RDF-Semantik implementieren, definiert. Außerdem wird die Semantik der Properties `rdf:type` und `rdfs:range` (monoton) erweitert, so dass konstruierte Klassen mit ihnen behandelt werden können.

```
<?xml version="1.0"?>
<RDF xmlns="http://www.w3.org/1999/02/22-rdf-syntax-ns#"
     xmlns:rdf="http://www.w3.org/../22-rdf-syntax-ns#"
     xmlns:rdfs="http://.../2000/CR-rdf-schema-20000327#"
     xmlns:rdfsets="this#">
  <!-- Meta Schema definitions -->
  <rdfs:Class rdf:ID="ConstructedClass">
    <rdfs:subClassOf rdf:resource=
      "http://.../TR/2000/CR-rdf-schema-20000327#Class"/>
  </rdfs:Class>

  <Description about="http://www.w3.org/../22-rdf-syntax-ns#type">
    <rdfs:isDefinedAs rdf:parseType="Literal">
      constructed_class(C):-instanceOf(C,'ConstructedClass').
    </rdfs:isDefinedAs>
  </Description>

  <Property rdf:ID="union">
    <rdfs:isDefinedAs rdf:parseType="Literal">
      in(X,S,P,O) :- P = union, instanceOfSet(X,S).
      in(X,S,P,O) :- P = union, instanceOfSet(X,O).
    </rdfs:isDefinedAs>
  </Property>

  <Property rdf:ID="difference">
    <rdfs:isDefinedAs rdf:parseType="Literal">
      in(X,S,P,O) :- P = difference,
      instanceOfSet(X,S), not(instanceOfSet(X,O)).
    </rdfs:isDefinedAs>
  </Property>

  <Property rdf:ID="intersection">
    <rdfs:isDefinedAs rdf:parseType="Literal">
      in(X,S,P,O) :- P = intersection,
      instanceOfSet(X,S), instanceOfSet(X,O).
    </rdfs:isDefinedAs>
  </Property>

  <Description about=".../CR-rdf-schema-20000327#range">
    <rdfs:isDefinedAs rdf:parseType="Literal">
      instanceOfSet(X,A) :- constructed_class(A),
      reifies(A,S,P,O), in(X,S,P,O).
      instanceOfSet(X,A) :- instanceOf(X,A).
      range(X,P) :- is_range(C,P), instanceOfSet(X,C).
    </rdfs:isDefinedAs>
  </Description>
```

Nun werden die Klassen `Internal_Users`, `External_Users` und `Bad_Guys` sowie die konstruierten Klassen `All_Users` und `Trusted_Users` definiert, für die Folgendes gilt: `All_Users` = `Internal_Users` ∪ `External_Users` und `Trusted_Users` = `All_Users` \ `Bad_Guys`.

```
<rdfs:Class rdf:ID="Internal_Users"/>
<rdfs:Class rdf:ID="External_Users"/>
<rdfs:Class rdf:ID="Bad_Guys"/>

<rdfsets:ConstructedClass rdf:ID="All_Users">
   <subject rdf:resource="#Internal_Users"/>
   <predicate rdf:resource="#union"/>
   <object rdf:resource="#External_Users"/>
   <type rdf:resource="...rdf-syntax-ns#Statement"/>
</rdfsets:ConstructedClass>

<rdfsets:ConstructedClass rdf:ID="Trusted_Users">
   <subject rdf:resource="#All_Users"/>
   <predicate rdf:resource="#difference"/>
   <object rdf:resource="#Bad_Guys"/>
   <type rdf:resource="...rdf-syntax-ns#Statement"/>
</rdfsets:ConstructedClass>
```

Zugriff wird gemäß einer geschlossenen Sicherheitspolice gewährt, d.h., jeder Zugriff muss explizit erlaubt sein. Dies kann durch das Property `AccessAllowedFor` ausgedrückt werden, welches auf Ressourcen angewendet wird. Der Wertebereich (Range) des Properties `AccessAllowedFor` ist auf Instanzen der Klasse `Trusted_Users` beschränkt.

```
<Property rdf:ID="AccessAllowedFor">
   <rdfs:range rdf:resource="#Trusted_Users"/>
</Property>
```

Die folgenden Instanz-Definitionen verletzen den `Range`-Constraint:

```
<Description rdf:ID="user_1">
   <type rdf:resource="#Internal_Users"/>
</Description>

<Description rdf:ID="user_1">
   <type rdf:resource="#Bad_Guys"/>
</Description>

<Description rdf:ID="user_2">
   <type resource="#External_Users"/>
</Description>

<!-- Objects to restrict access to: -->
<rdfs:Class rdf:ID="Important_Documents"/>

<rdfsets:Important_Documents rdf:ID="Weak_Secret_1">
   <rdfsets:AccessAllowedFor rdf:resource="#user_1"/>
   <rdfsets:AccessAllowedFor rdf:resource="#user_2"/>
</rdfsets:Important_Documents>
</RDF>
```

Es ist spezifiziert, dass `user_1` Element der Menge `Bad_Guys` ist, weshalb diesem Benutzer kein Zugriff gewährt wird, d.h., der `Range`-Constraint des Properties `AccessAllowedFor` ist verletzt. Zur Verdeutlichung werden die involvierten Regeln für den erweiterten mengentheoretischen Range-Constraint zusammengefasst aufgeführt:

```
/* RDFS-Regeln */
is_range(X,P)   :- statement(P,rdfs:range,X).
has_range(P)    :- is_range(_,P).
range(X,P)      :- is_range(C,P), instanceOf(X,C).

/* Erweiterung */
range(X,P)      :- is_range(C,P), instanceOfSet(X,C).

/* Finden von Constraint-Verletzungen */
range_violation(S,P,O) :- statement(S,P,O),
   has_range(P), not(range(O,P)).
```

Aus diesen Regeln kann abgeleitet werden, dass user_1 nicht Element der konstruierten Klasse Trusted_Users ist und deshalb nicht im erlaubten Wertebereich des Properties AccessAllowedFor liegt.

14.6 Diskussion

Das Beispiel zur rollenbasierten Zugriffskontrolle demonstriert, wie der vorgeschlagene Erweiterungsmechanismus und die Interpretation von RDF-Beschreibungen in einem Wirtsformalismus (im gezeigten Fall SWI-Prolog) angewendet werden kann, um erweiterte RDF-Beschreibungen zu interpretieren/zu befragen, um die Semantik der RDF-Konzepte zu definieren/zu erweitern und um RDF-Dokumente sowohl hinsichtlich der RDFS-Constraints als auch hinsichtlich benutzerdefinierter Constraints zu validieren.

Ein Entwickler eines neuen RDF-(Meta)-Schemas kann die Semantik, bei geeignet gewähltem Wirtsformalismus, formal und explizit in der Syntax des Wirtsformalismus definieren. Diese Definitionen sind Ressourcen einer RDF-Beschreibung und können durch Statements beschrieben werden, d.h., die Semantik-Definitionen selbst können ebenfalls in Relation zueinander gesetzt werden. Beispielsweise könnten die Semantik-Definitionen durch Properties beschrieben werden, die semantische Abhängigkeiten oder Abstraktionen ausdrücken. Dies kann die Wartung und Wiederverwendung von Schemata erleichtern.

Einen verwandten Ansatz, der es ermöglicht, Axiome explizit in RDF-Schema-Dokumente einzubetten, stellen Staab et al. in der erwähnten Arbeit vor. Es wird demonstriert, wie der Ansatz zur Modellierung von Ontologien eingesetzt werden kann. Der in diesem Kapitel vorgestellte Ansatz unterscheidet sich hiervon im Wesentlichen dadurch, dass eine Interpretation der RDF-Konzepte und -Constraints in Prädikatenlogik erster Ordnung zugrunde liegt, die in einem Wirtsformalismus (SWI-Prolog) implementiert ist und auf die aufbauend, mittels des Erweiterungsmechanismus, eine Semantik neuer Konzepte definiert werden kann. Es besteht also eine direkte Anbindung an die RDF-Semantik.

Der hier vorgestellte Ansatz ist weitgehend unabhängig von einem bestimmten Paradigma der Wissensrepräsentation bzw. -verarbeitung, da er ermöglicht, abhängig vom Zweck, einen (Wirts-)Formalismus zu wählen. Natürlich bedingt die Modellierung/Beschreibung durch Triple bereits eine bestimmte Betrachtungsweise der Welt. Da Untersuchungsgegenstand RDF ist, ist dies jedoch gewollt. Das gilt ebenso für die Betrachtungsweise, die sich durch die Konzepte und Constraints von RDF ergeben. Der hier verwendeten Interpretation der Konzepte und Constraints von RDF liegt Prädikatenlogik erster Ordnung zugrunde. Prädikatenlogik erster Ordnung setzt ebenfalls eine bestimmte Sicht der Welt voraus. Dennoch folgt hieraus für den hier vorgestellten Ansatz nicht notwendigerweise eine Abhängigkeit von FOL, denn die Formalisierung soll auch (und vor allem) als „eindeutige" formale Grundlage dienen, um die Semantik von RDF/RDFS und von Erweiterungen auf den gewählten Wirtsformalismen übertragen zu können. Die Eigenschaft, nicht an eine bestimmte Betrachtung der Welt bzw. an ein bestimmtes Paradigma gebunden zu sein, etwa ontologiebasierte Agentenmodellierung, unterscheidet den hier vorgestellten Ansatz von Sprachen wie z.B. OIL oder DAML[108]. Weiteres Unterscheidungsmerkmal ist, dass durch den hier vorgestellten Ansatz auch die zur Definition von Semantik eingesetzten Sprachmittel selbst semantisch erweitert werden können.

Die Prolog-basierte Anwendung des Ansatzes ist ausdrucksstark, da die durch Prolog zur Verfügung gestellte Ausdrucksmächtigkeit genutzt werden kann. Prolog als Umsetzung des Wirtsformalismus zu verwenden, hat außerdem den Vorteil, dass auf eine Reihe von Implementierungen zurückgegriffen werden kann, die schon lange im produktiven Einsatz sind und eine hohe Qualität aufweisen. Interpreterimplementierungen für spezielle Sprachen, wie z.B. OIL oder DAML, müssen sich dagegen erst noch bewähren.

In diesem Zusammenhang stellt sich die Frage, warum nicht Prolog oder eine Wissensrepräsentationssprache (wie z.B. KIF/SKIF[109]) als Implementierungssprache für das Semantic Web gewählt wird. Für einen möglichst weit verbreiteten Einsatz von Semantic-Web-Technologien ist es sicher sinnvoll, möglichst unabhängig von einer bestimmten Sprache zu sein, da jede Sprache auf bestimmte Präferenzen und Ressentiments trifft und Nachteile der Sprachwahl gesehen werden. Der vorgestellte Ansatz gibt einem Entwickler die Möglichkeit, die für sein Anwendungs-/Wissensgebiet geeignete Implementierungssprache zu wählen. RDF dient als Austauschformat und rudimentäre Wissensrepräsentation. Ein Entwickler kann die grundlegende RDF-Semantik in den von ihm gewählten Wirtsformalismus integrieren und, aufbauend darauf,

---

[108] Broekstra, Jeen et. al: OIL: a case-study in extending RDF-Schema. Fensel, D. et. al: OIL in a Nutshell. Both technical reports from ontoknowledge.org, 2000. Horrocks, Ian et. Al: DAML+OIL Language. December 2000

[109] Knowledge Interchange Format, draft proposed American National Standard(dpANS), NCITS.T2/98-004, American National Standards Institute, 1998. Hayes, Patrick and Menzel, Christopher: A Semantics for the Knowledge Interchange Format. August 2001

weitere Semantik in der Notation des Wirtsformalismus definieren. Dies hat allerdings zur Konsequenz, dass Wissen, welches in der Notation eines Wirtsformalismus formuliert ist, nicht (bzw. nur nach einer Transformation) durch andere Wirtsformalismen interpretiert werden kann.

Zusammenfassend sei Folgendes festgehalten: Der vorgeschlagene Ansatz ermöglicht die Interpretation von RDF-Statements als Fakten einer Wissensbasis und die formale Definition der Semantik von Vokabularen/Ontologien durch eine, im Vergleich zum unerweiterten RDF/RDFS-Vokabular und abhängig vom Wirtsformalismus, ausdrucksmächtigere Wissensrepräsentationssprache. Als Abfragesprache steht die jeweilige Abfragesprache des gewählten Wirtsformalismus zu Verfügung. Abhängig vom Anwendungsgebiet bzw. der Präferenz eines Entwicklers/Anwenders kann der passende Wirtsformalismus gewählt werden. Die Semantik des RDF/RDFS-Vokabulars kann in der Notation der gewählten Wissensrepräsentationssprache formal erfasst werden. Dies ermöglicht, aufbauend auf den RDF/RDFS-Constraints, die formale Spezifikation von RDFS-Vokabularen. Derart definierte Vokabulare können für die Spezifikation von weiteren Vokabularen für andere Anwendungsgebiete wiederverwendet werden. Der RDF-Schema-Explorer unterstützt dies durch dynamisches Laden von RDF-Schemata. Es wäre damit auch möglich, auf RDFS-Schemata via HTTP zuzugreifen und diese in den RDF-Schema-Explorer zu laden, womit die Verwendung von verteilten Vokabularen möglich wird. Darüber hinaus unterstützt der RDF-Schema-Explorer das Prototyping von (semantisch erweiterten) RDF-Schemata, da die Semantik der spezifizierten Properties dynamisch geändert werden kann und die daraus resultierenden Konsequenzen durch Abfragen, beispielsweise mittels der vordefinierten logischen Prädikate `violation`, `show_classes` etc., ersichtlich werden.

Für zukünftige, fortgeschrittene webbasierte Anwendungen, in die eine Vielzahl von autonomen Partnern/Agenten involviert sind, wie z.B. eine automatische Prozess- bzw. Geschäftsabwicklung, ist eine Definition von Metadaten erforderlich, die syntaktische und semantische Interoperabilität gewährleistet. Dies wollen RDF und der vorgeschlagene Erweiterungsansatz ermöglichen.

14.7 Literatur

Archiv der www-rdf-interest@w3.org E-Mail-Liste.
http://lists.w3.org/Archives/Public/www-rdf-interest/

Archiv der www-rdf-logic@w3.org E-Mail-Liste.
http://lists.w3.org/Archives/Public/www-rdf-logic/

Archiv der www-rdf-comments E-Mail-Liste.
http://lists.w3.org/Archives/Public/www-rdf-comments/

Archiv der w3c-rdfcore-wg E-Mail-Liste.
http://lists.w3.org/Archives/Public/w3c-rdfcore-wg/

Archiv der www-webont-wg E-Mail-Liste.
http://lists.w3.org/Archives/Public/www-webont-wg/

Archiv der rdf-dev@mailbase.ac.uk Email-Liste.
http://www.mailbase.ac.uk/lists/rdf-dev/archive.html

Barstow, Art, Beckett, Dave: RDF Test Cases. Working Draft, W3C. http://www.w3.org/TR/2001/WD-rdf-testcases-20011115/, November 2001

Beckett, Dave: RDF/XML Syntax Specification (Revised). Working Draft, W3C. http://www.w3.org/TR/2002/WD-rdf-syntax-grammar-20020325/, März 2002

Berners-Lee, Tim: Semantic Web Road map. Technical report, W3C. http://www.w3.org/DesignIssues/Semantic.html, September 1998

Berners-Lee, Tim: Why RDF model is different from the XML model. Technical report, W3C. http://www.w3.org/DesignIssues/RDF-XML.html, Oktober 1998

Berners-Lee, Tim: Notation 3: Ideas about Web Architecture – yet another notation. Personal View Only, W3C. http://www.w3.org/DesignIssues/Notation3, November 2001

Berners-Lee, Tim: Primer: Getting into RDF & Semantic Web using N3. Personal View Only, W3C. http://www.w3.org/2000/10/swap/Primer.html, November 2001

Berners-Lee, Tim, Connolly, Dan, Swick, Ralph R.: Web Architecture: Describing and Exchanging Data. Note, W3C. http://www.w3.org/1999/04/WebData, Juni 1999

Bernes-Lee, Tim, Hendler, James, Lassila, Ora: The Semantic Web. Scientific American, 2001

Biron, Paul V., Malhotra, Ashok: XML Schema Part 2: Datatypes. Recommendation, W3C. http://www.w3.org/TR/2001/REC-xmlschema-2-20010502/, Mai 2001

Bray, Tim, Paoli, Jean, Sperberg-McQueen, C. M., Maler, Eve: Extensible Markup Language (XML) 1.0 (Second Edition). Recommendation, W3C. http://www.w3.org/TR/2000/REC-xml-20001006, Oktober 2000

Brickley, Dan: RDF: Understanding the Striped RDF/XML Syntax. Personal View Only, W3C. http://www.w3.org/2001/10/stripes/, November 2001

Brickley, Dan, Guha, R.V.: Resource Description Framework (RDF) Schema Specification 1.0. Candidate Recommendation, W3C. http://www.w3.org/TR/2000/CR-rdf-schema-20000327, März 2000

Brickley, Dan, Guha, R.V.: RDF Vocabulary Description Language 1.0: RDF Schema. Working Draft, W3C. http://www.w3.org/TR/2002/WD-rdf-schema-20020430/, April 2002

Broekstra, Jeen, Klein, Michel, Fensel, Dieter, Decker, Stefan, Horrocks, Ian: OIL: a case-study in extending RDF-Schema. Technical report, ontoknowledge.org. http://www.ontoknowledge.crg/oil/oil-rdfs.pdf, 2000

Carroll, Jeremy J.: Unparsing RDF/XML. In Proceedings of the Eleventh International World Wide Web Conference. http://www2002.org/CDROM/refereed/184/index.html. Hewlett-Packard Labs, Mai 2002

Conen, Wolfram, Klapsing, Reinhold, Köppen, Eckhart: Chapter RDF M&S revisited: From reification to nesting, from containers to lists, from dialect to pure XML. Frontiers in Artificial Intelligence and Applications. In: The Emerging Semantic Web – Selected papers from the First Semantic Web Working Symposium. ISBN 1-58603-255-0, IOS press, 2002

Conen, Wolfram, Klapsing, Reinhold: A Logical Interpretation of RDF. Linköping Electronic Articles in Computer and Information Science. ISSN 1401-9841, 5(13), http://www.ep.liu.se/ea/cis/2000/013/, Dezember 2000

Connolly, Dan: Transforming RDF with XSLT. Technical report, W3C. http://www.w3.org/XML/2000/04rdf-parse/, 2001

Cowan, John, Tobin, Richard: XML Information Set. Recommendation, W3C. http://www.w3.org/TR/2001/REC-xml-infoset-20011024, Oktober 2001

Decker, Stefan, Melnik, Sergey, Harmelen, Frank Van, Fensel, Dieter, Klein, Michel, Broekstra, Jeen, Erdmann, Michael, Horrocks, Ian: The Semantic Web: The Roles of XML and RDF. IEEE Internet Computing, September 2000, pages 63–74

Doan, AnHai, Madhavan, Jayant, Domingos, Pedro, Halevy, Alon: Learning to Map between Ontologies on the Semantic Web. In Proceedings of the Eleventh International World Wide Web Conference. http://www2002.org/CDROM/refereed/232/index.html, University of Washington, Mai 2002

Fallside, David C.: XML Schema Part 0: Primer. Recommendation, W3C. http://www.w3.org/TR/xmlschema-0/, Mai 2001

Fensel, D., Horrocks, I., Harmelen, F. Van, Decker, S., Erdmann, M., Klein, M.: OIL in a Nutshell. Technical report, ontoknowledge.org. http://www.cs.vu.nl/~dieter/oil/oil.nutshell.pdf, 2000

Fensel, Dieter: Ontologies: A Silver Bullet for Knowledge Management and Electronic Commerce. Springer, Heidelberg, 2001

Fikes, Richard, McGuinness, Deborah: An Axiomatic Semantics for RDF, RDF-S, and DAML+OIL. Technical report, W3C. http://www.w3.org/TR/2001/NOTE-daml+oil-axioms-20011218, 2001

Freed, N., Borenstein, N.: Multipurpose Internet Mail Extensions (MIME) Part Two: Media Types. RFC, Category: Standards Track. http://www.ietf.org/rfc/rfc2046.txt, IETF, November 1996

Freed, N., Klensin, J., Postel, J.: Multipurpose Internet Mail Extensions (MIME) Part Four: Registration Procedures. RFC, Category: Best Current Practice. http://www.ietf.org/rfc/rfc2048.txt, IETF, November 1996

Hayes, Pat, Melnik, Sergey, Stickler, Patrick: RDF Datatyping. Working Draft, W3C. http://www-nrc.nokia.com/sw/rdf-datatyping.html, April 2002

Hayes, Patrick: RDF Model Theory. Editor's Working Draft (updates W3C Public Working Draft 20010925), W3C. http://nestroy.wi-inf.uni-essen.de/rdf/working-draft-mt-retrived-05-11-2001-12:00-GMT.ps, November 2001

Hayes, Patrick, Menzel, Christopher: A Semantics for the Knowledge Interchange Format. In IJCAI Workshop on the IEEE Standard Upper Ontology. http://reliant.teknowledge.com/IJCAI01/HayesMenzel-SKIF-IJCAI2001.pdf, August 2001

Heflin, Jeff, Volz, Raphael, Dale, Jonathan: Requirements for a Web Ontology Language. Working Draft, W3C. http://www.w3.org/TR/2002/WD-webont-req-20020307/, März 2002

Horrocks, Ian, van Harmelen, Frank, Berners-Lee, Tim, Brickley, Dan, Connolly, Dan, Dean, Mike, Decker, Stefan, Fensel, Dieter, Hayes, Pat, Heflin, Jeff, Hendler, Jim, Lassila, Ora, McGuinness, Deb, Patel-Schneider, Peter, Stein, Lynn Andrea: DAML+OIL Language. http://www.daml.org/2000/12/daml+oil-index.html, Dezember 2000

Knowledge Interchange Format, draft proposed American National Standard (dpANS). NCITS.T2/98-004, Technical report. http://Logic.Stanford.EDU/kif/dpans.html, American National Standards Institute, 1998

Lassila, Ora, Swick, Ralph R.: Resource Description Framework (RDF) Model and Syntax Specification. Recommendation, W3C. http://www.w3.org/TR/1999/REC-rdf-syntax-19990222, Februar 1999

Manola, Frank, Miller, Eric: RDF Primer. Working draft, W3C. http://www.w3.org/TR/2002/WD-rdf-primer-20020319/, März 2002

Marchiori, Massimo, Saarela, Janne: Query + Metadata + Logic = Metalog. In: Online Proceedings of the QL'98 – The Query Languages Workshop. http://www.w3.org/TandS/QL/QL98/pp/metalog.html

McBride, Brian, Beckett, Dave: A Proposed Interpretation of RDF Containers. Draft. http://www.hpl.hp.co.uk/people/bwm/rdf/issues/containersyntax/current.htm, HP Labs/University of Bristol, 2000

Murata, M., Laurent, S. St., Kohn, D.: XML Media Types. RFC, Category: Standards Track. http://www.ietf.org/rfc/rfc3023.txt, IETF, Januar 2001

Parsia, Bijan: An Introduction to Prolog and RDF. http://www.xml.com/pub/a/2001/04/25/prologrdf/index.html, April 2001

Parsia, Bijan: RDF Applications with Prolog. http://www.xml.com/pub/a/2001/07/25/prologrdf.html, Juli 2001

Patel-Schneider, Peter, Siméon, Jérôme: The Yin/Yang Web: XML Syntax and RDF Semantics. In: Proceedings of the Eleventh International World Wide Web Conference. http://www2002.org/CDROM/refereed/231/index.html, Mai 2002

Web-based RDF-Schema-Explorer. http://wonkituck.wi-inf.uni-essen.de/rdfs.html

Sowa, John F.: Knowledge Representation: Logical, Philosophical, and Computational Foundations. Brooks/Cole/Thomson Learning, 2000

Staab, Steffen, Erdmann, Michael, Mädche, Alexander, Decker, Stefan: An extensible approach for Modeling Ontologies in RDF(S). In: Proceedings of ECDL-2000 Workshop "Semantic Web: Models, Architectures and Management". http://www.aifb.uni-karlsruhe.de/~sst/Research/Publications/onto-rdfs.pdf, September 2000

Swick, Ralph R., Thompson, Henry S.: The Cambridge Communiqué. Note, W3C. http://www.w3.org/TR/1999/NOTE-schema-arch-19991007, Oktober 1999

SWI-Prolog. http://www.swi.psy.uva.nl/projects/SWI-Prolog/

Thompson, Henry S., Beech, David, Maloney, Murray, Mendelsohn, Noah: XML Schema Part 1: Structures. Recommendation, W3C. http://www.w3.org/TR/2001/REC-xmlschema-1-20010502/, Mai 2001

RDFCore Working Group. http://www.w3.org/2001/sw/RDFCore/

Semantic Web Activity. http://www.w3.org/2001/sw

Semantic Web Advanced Development. http://www.w3.org/2000/01/sw/

Web-Ontology (WebOnt) Working Group. http://www.w3.org/2001/sw/WebOnt/

World Wide Web Consortium (W3C). http://www.w3.org

Autorenverzeichnis

Prof. Dr. Jürgen Angele
Geschäftsführer
Ontoprise GmbH
Haid- und Neu-Straße 7
D-76131 Karlsruhe
angele@ontoprise.de

Prof. Dr. Ralf Bruns
Fachbereich Informatik
Fachhochschule Hannover
Ricklinger Stadtweg 120
D-30459 Hannover
ralf.bruns@inform.fh-hannover.de

Dipl.-Wirt.Inform. Wolfram Conen
Geschäftsführer
XONAR GmbH
Wodanstr. 7
D-42555 Velbert
conen@xonar.biz

Dr. Wolfgang P. Dostal
IT-Architect
IBM Global Services
Lyoner Str. 13
D-60528 Frankfurt
Wolfgang.Dostal@de.ibm.com

Prof. Dr. Jürgen Dunkel
Fachbereich Informatik
Fachhochschule Hannover
Ricklinger Stadtweg 120
D-30459 Hannover
juergen.dunkel@inform.fh-hannover.de

Dr. Rüdiger Eichin
Systems Engineer
eXcelon Deutschland GmbH
Kreuzberger Ring 64
D-65205 Wiesbaden
Ruediger.Eichin@web.de

Prof. Dr. Josef von Helden
Lehrgebiet Datenkommunikation und Betriebssysteme
Fachbereich Informatik
Fachhochschule Hannover
Ricklinger Stadtweg 120
D-30459 Hannover
josef.vonhelden@inform.fh-hannover.de

Dipl.-Wirt.Inform. Reinhold Klapsing
Wirtschaftsinformatik und Softwaretechnik
Universität Essen
D-45117 Essen
Reinhold.Klapsing@uni-essen.de

Dipl.-Math. Peter Mertens
Leiter Informationstechnik der Sparkassen-Akademie
für Finanzwirtschaft und Informationstechnologie
Schiffgraben 6–8
D-30159 Hannover
peter@pmertens.de

Dipl.-Inform. Gerhard Müller
Produktmanager
Informatikzentrum der Sparkassenorganisation GmbH
Königswinterer Straße 552
D-53227 Bonn
Geri_Mueller@yahoo.com

Helmut Pickruhn
Informatik-Architekt
dvg Hannover
Laatzener Straße 5
D-30539 Hannover
helmut.pickruhn@dvg.de

Dr. Frank Michael Priesnitz
Softwareingenieur und Berater in der Abteilung Standardsoftware der ACG in Frankfurt
Lyoner Straße 11a
D-60528 Frankfurt am Main
frankpriesnitz@web.de

Dipl.-Inform. Manfred Rieck
Project Manager, PMP
IBM Global Services
Lyoner Str. 13
D-60528 Frankfurt
Manfred.Rieck@de.ibm.com

Ralf Rutke
Director Mobile Computing
Software AG
Uhlandstraße 12
D-64297 Darmstadt
ralf.rutke@softwareag.com

Dipl.-Ing. Ralf Schandl
IT-Consultant
IBM Global Services
Lyoner Str. 13
D-60528 Frankfurt
schandl@de.ibm.com

Dipl.-Wirt.Inform. Christoph Sieb
IT-Specialist
IBM Global Services
Lyoner Str. 13
D-60528 Frankfurt
christoph.sieb@de.ibm.com

Dr. Karl Teille
Leiter des Fachbereichs Banken und Versicherungen der ACG in Frankfurt
Lyoner Straße 11a
D-60528 Frankfurt am Main
kteille@aol.com

Index

A

abgeleitete Daten 38
ACID 147, 168
ACORD 176
Apache 155, 162
Applikationsserver 98

B

B2B 189
B2C 189
BDSG 73
BizTalk 180, 219
Bluetooth 168
BMEcat 20
Browser 156, 168
Bundesdatenschutzgesetz 73

C

CDATA 241
Client 144, 168
CML 20
Cocoon 67, 71
COM 145
complexContent 274
complexType 264
CORBA 145
cXML 20, 329

D

Data Mart 40
Data Warehouse 30
Datenarchitekturkonzeption 32
Datenbankverwaltungssystem 39

Datencursor 160
Datenintegrität 30
Datenlader 156
Datenqualität 37
Datenrelationen 42
Datenreplikation 152
denormalisierte Daten 35
detaillierte Daten 34
Document Object Model 47, 72, 162, 168, 226, 251
Document Type Definition 49, 116, 227, 230
DOM 47, 72, 162, 168, 226, 251
DTD 49, 116, 227, 230

E

ebXML 20, 176, 217, 329
EDIFACT 176, 189
ejbGen 99
eLearning 85
Element-Deklaration 264
Elementknoten 236, 248
Enterprise JavaBeans 98
Entity Beans 98

F

Formattransformation 146, 153, 156, 169
Fragmentierung 159
FTP 180

G

GenCode 16
Geschäftsdaten 34
Geschäftsprozesse 34

GML 16
GPRS 141, 156
GSM 156
GUI 122

H

historisierte Daten 34
HTML 16, 168
HTTP 168
HTTP/S 180
HTTP-Server 155

I

i-mode 141
Indizierung 159
Informationssystem 34, 39
Infotainment 150
ISO-8859-1 252

J

Java 2 Enterprise Edition 97
Java Messaging Services 180
Java Publishing Framework 71
JAXR 218
JDOM 101
JMS 180
JV-XML 177

M

Mediator 152, 166
Metadaten 34, 155
mLearning 148
MobileFact 152, 165
MobileLogic 152
mobiles Lernen 96
Modellierung von Daten 34
Model-View-Controller-Muster 92
Multimedia-Anwendungen 157

N

Namensraum 259, 283
Nebenläufigkeit 161
normalisierte Daten 42

O

OLTP 39
OpenLearningPlatform 85

P

Parser 168
PDA 152
Persistenz 168
Pocket Internet Explorer 156
Portal 150
Präsentationsschicht 90
Proxy 169

R

RDF 329, 332, 337, 340
RDF-Datenmodell 344
RDF-Dokument 348
RDF-Graph 346
RDF-Schema 342, 353
redundante Daten 34, 37
reguläre Ausdrücke 272
RELAX 212
RELAX NG 212
Remote Procedure Call 145, 147, 169, 294
Replizierungsprozess 39
Reports 117, 126
Resource Description Framework 329, 332, 337, 340
Rollback 160
Rosetta Net 329
RPC 145, 147, 169, 294

S

SAX 47, 72, 161, 169, 228
Scalable Vector Graphic 214
Schema-Datentyp 265
Schema-Namensraum 262
Semantic Web 329, 337
Server 144, 168
Servlet 155
Servlet Container 67
Session Beans 98
SGML 16, 169
SIDES 214

Index   387

Simple API for XML 47, 72, 161, 169, 228
simpleType 265
SMIL 20, 24
SMTP 180
SOAP 23, 145, 169, 180, 294, 295
SOX 212
Speicherverwaltung 159
Sprachverarbeitung 152
Staffing Industry Data Exchange Standards 214
SVG 214
SwiftML 215
SWIFTStandards XML 215
Synchronisierung 169

T

Tag 169
Tamino 156, 157
Template 67
TEX 16
thin Client 144
Tomcat 67, 155
Transaktion 39, 160
TREX 212
TROFF 16

U

UDDI 145, 217, 294, 310
UML 108
UMTS 141, 148, 156
Unified Ressource Locator 231
Universal Description, Discovery and Integration 145, 217, 294, 310
Unternehmensdatenmodell 42
unternehmensinterne Schnittstellen 188
URL 231
UTF-8 251

V

vereinheitlichte Daten 34, 42, 45
virtuelle Hochschule 166
virtuelles Data Warehouse 36
VoiceXML 25, 153, 169

W

W3C 64, 169
WAP 169
WAP2 142
Web Services 23, 145, 169, 294
Web Services Description Language 23, 145, 294, 305
Webserver 155, 156
Windows 2000 113
WLAN 148, 156
WML 169
Workflows 164
World Wide Web Consortium 64, 169
WSDL 23, 145, 294, 305

X

XALAN 93, 136
XBRL 215
xCBL 20, 329
XDR Schema 212
Xerces 93, 162, 229, 234, 251
XLink 31, 48, 54, 70, 228
XML Namespace 199
XML Path Language 64
XML Registry 215
XML Repository 179, 215
XML Vocabulary 210
XML-Attribut 53, 248, 268
XML-basierte Schnittstellen 190
XML-Datenbank 156, 157
XML-Dokument 240
XML-Namensraum 199
XML-Objekt 51
XML-Parser 133, 251
XML-Schema-Definition 50, 211, 230, 257
XPath 31, 64, 88, 159, 162, 170
XSD 50, 211, 230, 257
XSL FO 64
XSL Formatting Objects 64
XSL Transformation 31, 63, 87, 117, 128, 170
XSL-Dokument 69
XSLT 31, 63, 87, 117, 128, 170
XSLT-Prozessor 67, 87, 136
XSLT-Stylesheet 153, 156, 161

Z

Zeichensequenz 272

Zeitmodalität 41
ZIP-Algorithmus 157

If you have any concerns about our products,
you can contact us on
ProductSafety@springernature.com

In case Publisher is established outside the EU,
the EU authorized representative is:
**Springer Nature Customer Service Center GmbH
Europaplatz 3, 69115 Heidelberg, Germany**

Printed by Libri Plureos GmbH
in Hamburg, Germany